한국십진분류법 제6판의 이해와 적용

오동근
여지숙
배영활

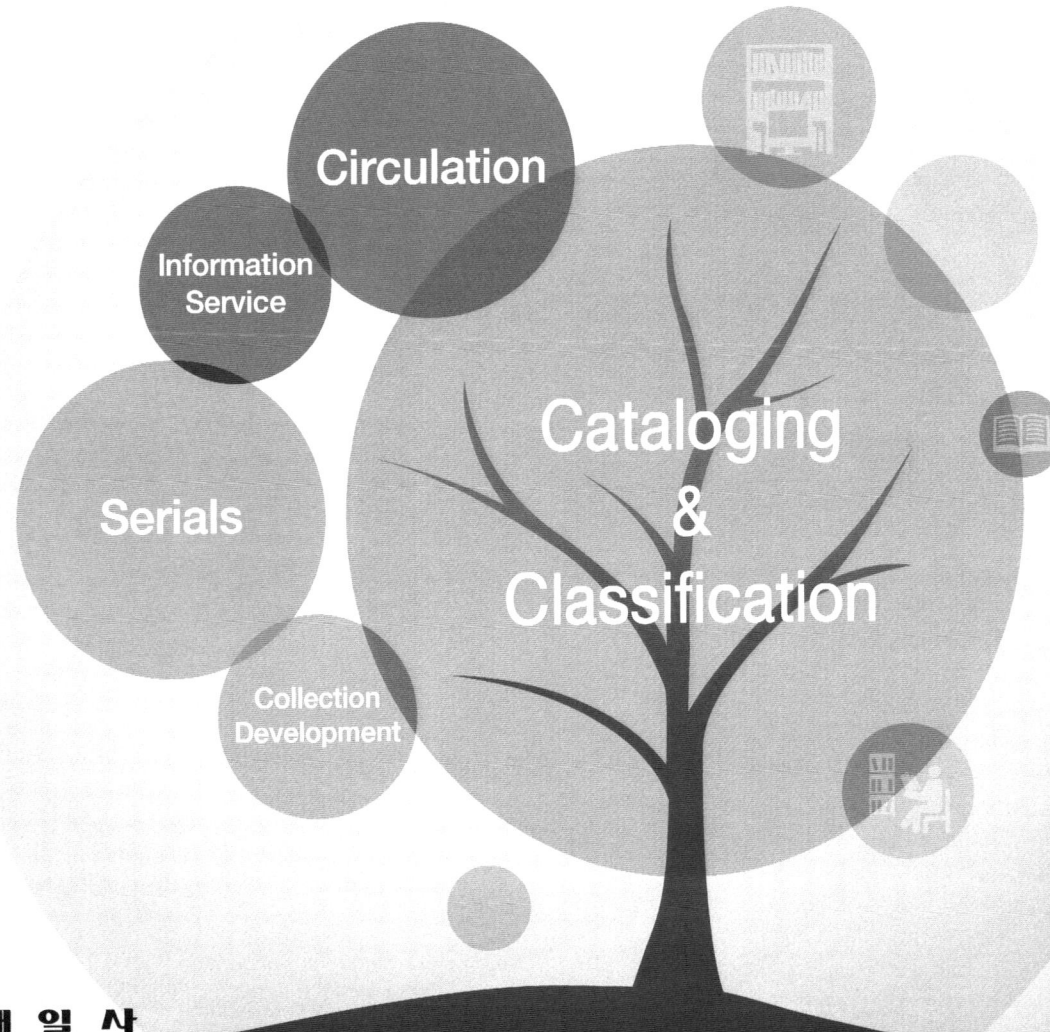

서 문

　한국십진분류법(KDC: Korean Decimal Classification)은 1964년에 그 초판을 발행한 이후 한국도서관협회에서 지금까지 여러 판을 거듭하면서 발행해오고 있고 대부분의 공공도서관과 학교도서관, 그리고 상당수의 대학도서관 등에서 사용하고 있는 대한민국의 표준분류법이다.

　이번에 발행된 『한국십진분류법 제6판』에서는 제5판 발행 이후에 이루어진 각 학문 분야의 변화들을 적극적으로 수용하고자 노력하였다. 또한 그 구성과 내용의 면에서도 해설서를 제3권으로 함께 발행하고, 본표의 체제를 전면적으로 개편하였을 뿐만 아니라, 상관색인에 인덴션을 도입하여 이전판들의 틀을 한층 업그레이드하는 등 많은 부분에서 개선하고자 시도하였다. 특히 제6판은 다양한 형태의 협력을 통해 이루어낸 소중한 성과물이라는 점에서 또 다른 의미를 갖는다고 할 수 있다. 문헌정보학계의 연구자들은 물론 도서관 현장의 실무자들이 분류위원회에 직접 참여하여 개정 작업을 함께 하였고, 공학 분야를 비롯한 여러 학문 분야의 연구자들과 전문가들이 관련 주제 분야의 분류에 대한 검토와 자문에 참여하였으며, 대한민국의 국가대표도서관인 국립중앙도서관의 국가서지과에서도 분류 업무를 담당하는 전문가들이 태스크포스팀을 구성하여 개정 작업을 적극적으로 뒷받침하였고, 발행 기관인 한국도서관협회에서는 개정과 편찬의 전 과정을 통해 분류위원회에 대한 모든 행정적, 재정적 지원을 마다하지 않았다.

　이 책은 이러한 『한국십진분류법 제6판』의 내용을 종합적으로 분석하여 문헌정보학을 공부하는 학생들은 물론 도서관 현장의 실무자들이나 연구자들이 쉽게 활용할 수 있도록 하기 위해 준비된 것이다. 특히 이 책은 기존의 책들의 틀을 유지하면서도 독자들이 쉽게 이해할 수 있도록 하기 위해 전면적으로 개편한 새로운 내용으로 구성하였다. 저자 세 사람은 모두 제5판의 개정 작업 때부터 한국도서관협회 분류위원회의 위원으로서 한국십진분류법의 개정에 참여해왔다. 특히 대표 저자는 20년 이상

서 문

　분류위원회의 위원으로 그 개정의 역사를 직접 체험하면서 한국십진분류법의 역사와 개정에 관련된 많은 경험을 체험해왔을 뿐만 아니라, 분류위원회의 위원장으로서 제6판의 개정에 참여한 바 있다. 또한 저자들은 이미 발행된『DDC 22의 이해』와『KDC의 이해』, 『KDC 5의 이해』등을 통해 듀이십진분류법(DDC: Dewey Decimal Classification)과 한국십진분류법의 이해를 높이기 위한 다양한 분석을 시도한 바 있다. 따라서 이러한 경험들은 이 책이 독자 여러분에게 한국십진분류법의 실질적인 내용들을 전달하는 데 도움이 될 수 있을 것이다.

　한국십진분류법을 잘 이해하기 위해서는, 이를 편찬하기 위해 참고가 된 듀이십진분류법을 함께 검토하는 것이 좋을 것이다. 따라서 앞서 제시한 저자들의 책들은 좋은 참고가 될 것이다. 아울러 제6판의 개정에 참여한 분류위원회의 위원들이 직접 집필한『한국십진분류법 제6판. 제3권: 해설서』도 상호보완적 성격을 가질 수 있다는 면에서, 함께 참고하면 도움이 될 것이다.

　『한국십진분류법 제6판』의 개정 작업을 통해 한 국가의 표준분류표가 얼마나 중요하고 그 개정 작업이 어려운지를 다시 한 번 상기한 바 있고, 이 책을 집필하면서 저자들의 능력 부족을 또 다시 확인한 바 있다. 아무쪼록 여러 모로 부족한 이 책이 새로이 편찬된 우리『한국십진분류법 제6판』을 이해하고 활용하는 데 다소나마 도움이 되기를 간절히 바라면서, 독자 여러분의 지속적인 관심과 격려, 질정을 부탁드린다.

2014년 2월
저자 일동

■ 서 문 / iii

제1부
한국십진분류법의 연혁과 구조

01 | 한국십진분류법의 발전 과정과 주요 특징 ········· 3

제1절 한국십진분류법의 발전 과정과 이용 현황 / 3
   1. 한국십진분류법의 등장과 발전 과정 / 3
   2. 한국십진분류법의 이용 현황 / 7

제2절 한국십진분류법의 주요 특징 / 10
   1. 학문에 의한 분류에 대한 주제에 의한 분류의 보완 / 10
   2. 계층적 구조 / 12
   3. 십진식에 의한 전개 / 15
   4. 조기성의 도입 / 16

제3절 한국십진분류법의 장점과 단점 / 18
   1. 장점 / 18
   2. 단점 / 19

02 | 한국십진분류법 제6판의 구조와 분류의 실제 ········· 21

제1절 제6판의 포맷과 기본 구조 / 21
   1. 제1권: 서문, 서설, 조기표, 본표 등 / 22
   2. 제2권: 상관색인 / 30
   3. 제3권: 해설서 / 33

제2절 분류 작업의 실제 / 34
   1. 분류 작업의 일반적 과정 / 34
   2. KDC 제6판을 사용하기 위한 분류의 일반 규정 / 35

제2부
조기표의 분석과 적용

03 | 표준구분표 ···································· 41

제1절 표준구분표의 개요와 주요 개정 부분 / 41
   1. 표준구분표의 개요 / 41
   2. 표준구분표의 주요 개정 부분 / 44
제2절 표준구분표의 특성 / 46
제3절 표준구분표의 사용법 / 47
   1. 표준구분표의 적용 단계 / 47
   2. "0"의 사용 규칙 / 49
   3. 표준구분표 적용상의 유의 사항 / 53
제4절 표준구분표의 주요 기호 합성에 대한 분석 / 56
   1. 철학, 학설, 법칙을 다룬 저작 / 56
   2. 시험 대비용 교재 및 문제집 / 57
   3. 특정 직업 종사자를 위한 저작 / 59
제5절 표준구분표의 적용 사례 분석 / 60

04 | 지역구분표 ···································· 65

제1절 지역구분표의 개요와 주요 개정 부분 / 66
   1. 지역구분표의 개요 / 66
   2. 지역구분표의 주요 개정 부분 / 68
제2절 지역구분표의 사용법 / 70
   1. 부가 지시 사항에 따른 지역구분표의 사용 / 71
   2. 표준구분표의 -09를 사용하는 방법 / 76

제3절 지역구분표의 주요 기호 합성에 대한 분석 / 79
    1. 한국지역 및 한국시대에 대한 저작 / 79
    2. 동양 각국의 건축사 / 80
    3. 한국의 미확인 비행 물체 / 81
제4절 지역구분표의 적용 사례 분석 / 83

05 | 국어구분표 ································· 89

제1절 국어구분표의 개요 / 90
제2절 국어구분표의 사용법 / 92
제3절 국어구분표의 주요 기호 합성에 대한 분석 / 95
    1. 민족심리학 / 95
    2. 현대 각국어 성서(별법) / 96
제4절 국어구분표의 적용 사례 분석 / 97

06 | 언어공통구분표 ···························· 101

제1절 언어공통구분표의 개요 / 101
제2절 언어공통구분표의 사용법 / 103
    1. 700 언어류의 기본 구조 / 103
    2. 700 언어류와 언어공통구분표 기호의 합성 / 104
    3. 언어공통구분 기호의 추가 전개 / 106
    4. 2개국어 사전의 분류 / 107
제3절 언어공통구분표의 주요 기호 합성에 대한 분석 / 110
    1. 독일어 어원 / 110
    2. 각 지방의 방언 / 111
제4절 언어공통구분표의 적용 사례 분석 / 112

CONTENTS

07 | 문학형식구분표 ·· 117

제1절 문학형식구분표의 개요 / 118
제2절 문학형식구분표의 사용법 / 119
    1. 문학류의 기본 구조 / 119
    2. 문학형식구분표의 사용법 / 121
제3절 문학형식구분표의 주요 기호합성에 대한 분석 / 126
    1. 명 시대 수필 / 126
    2. 수필사 / 127
제4절 문학형식구분표의 적용 사례 분석 / 129

08 | 종교공통구분표 ·· 135

제1절 종교공통구분표의 개요와 주요 개정 부분 / 135
제2절 종교공통구분표의 사용법 / 136
    1. 220 불교-240 도교 / 137
    2. 250 천도교 및 270-280 그 밖의 종교 / 139
제3절 종교공통구분표의 주요 기호 합성에 대한 분석 / 141
    1. 성 서 / 141
    2. 조계종 포교(별법) / 141
제4절 종교공통구분표의 적용 사례 분석 / 143

제3부

본표의 분석과 적용

09 | 000 총 류 ·········· 151

제1절 총류의 개요와 주요 개정 부분 / 152
   1. 총류의 개요 / 152
   2. 총류의 주요 개정 부분 / 156

제2절 총류의 주요 기호 합성에 관한 분석 / 159
   1. 특정 주제나 학문 분야에 관한 저작의 서지와 목록 (016) / 159
   2. 특정 주제의 신문 (078) / 161
   3. 수서, 정리 및 보존 (024) / 163
   4. 기타 언어로 된 백과사전 (039) / 164
   5. 각국의 신문 (071-077) / 165
   6. 각국 저작권 (011.21-.27) / 166
   7. 시스템 프로그래밍 (005.42) (별법) / 167
   8. 2인 이상의 일반 전집, 총서 (082) / 168
   9. 향토 자료 (090) (별법) / 169
   10. 연 감 (059) / 170

제3절 총류의 적용 사례 분석 / 171

10 | 100 철 학 ·········· 177

제1절 철학류의 개요와 주요 개정 부분 / 177
   1. 철학류의 개요 / 177
   2. 철학류의 주요 개정 부분 / 185

제2절 철학류의 주요 기호 합성에 관한 분석 / 187
   1. 윤리학사, 윤리 사상사 (190.109) / 187
   2. 민족 심리학 (182.67) / 188
   3. 중앙아시아 제국의 철학, 사상 (156) / 189

4. 석경(石經) (140.9) (별법) / 190

　　5. 기타 서양 제국 철학 (169.9) / 191

　　6. 심리학 사전 (180.3) / 192

　　7. 기타 전문직과 직업 (195.9) / 193

　　8. 국가 심리학 (182.69) / 194

　　9. 특정 분야에 대한 심리학의 응용 (189) / 195

　　10. 동양 철학, 동양 사상의 표준구분 (150.01-.09) / 196

제3절 철학류의 적용 사례 분석 / 197

11 | 200 종 교 ········ 203

제1절 종교류의 개요와 주요 개정 부분 / 203

　　1. 종교류의 개요 / 203

　　2. 종교류의 주요 개정 부분 / 208

제2절 종교류의 주요 기호 합성에 관한 분석 / 210

　　1. 종교와 사회의 관제 (215.82) (별법) / 210

　　2. 신화, 신화학 (219) / 213

　　3. 현대 각국어 성서 (233.077) (별법) / 214

　　4. 이슬람교 (280) (별법) / 215

　　5. 사지(寺誌), 사적(寺蹟) (226.9) / 216

　　6. 기독교 윤리 (234.17) / 217

　　7. 불교의 종파, 교파 (228) (별법) / 218

　　8. 각국 교회사 (236.91-.979) / 219

　　9. 구약 성서 (233.1) (별법) / 220

　　10. 기독교인의 전기 (230.99) (별법) / 221

제3절 종교류의 적용 사례 분석 / 223

12 | 300 사회과학 ········ 229

제1절 사회과학류의 개요와 주요 개정 부분 / 229

　　1. 사회과학류의 개요 / 229

　　2. 사회과학류의 주요 개정 부분 / 238

제2절 사회과학류의 주요 기호 합성에 관한 분석 / 242
    1. 각국의 외교 (349.1-.7) / 242
    2. 각국의 중앙 행정 (351-357) / 244
    3. 초등 교육 지도 (375.3) / 246
    4. 조세의 표준구분 (329.4001-.4009) / 247
    5. 대학 정책 및 행정 (377.1) / 248
    6. 각 지역의 일반 통계 자료 (311-317) / 249
    7. 육군의 군사 행정 (396.1) / 250
    8. 특정 분야의 영재 교육 (379.22) / 251
    9. 교육 과정 (374) / 252
    10. 각국 헌법 (362.01-.07) / 254
제3절 사회과학류의 적용 사례 분석 / 256

13 | 400 자연과학 ·········· 261

제1절 자연과학류의 개요와 주요 개정 부분 / 262
    1. 자연과학류의 개요 / 262
    2. 자연과학류의 주요 개정 부분 / 271
제2절 자연과학류의 주요 기호 합성에 관한 분석 / 273
    1. 도서(島嶼) 생물학 (477.2) 및 해양 생물학 (477.3) / 273
    2. 화학의 표준구분 (430.01-.09) / 275
    3. 척추동물의 바이러스성 질병 (496.6234) / 276
    4. 병리 생리학 (472.21) / 278
    5. 동물 생리학 (491.1) / 279
    6. 해저 지형학 (454.054) / 280
    7. 조류학 (498.01-.08) / 281
    8. 언어에 의한 인종의 구별 (471.8) / 282
    9. 미생물의 발생, 성숙, 유전 (475.13) / 283
    10. 각 지역의 지층 (456.09) / 284
제3절 자연과학류의 적용 사례 분석 / 285

14 | 500 기술과학 291

제1절 기술과학의 개요와 주요 개정 부분 / 291
    1. 기술과학류의 개요 / 291
    2. 기술과학류의 주요 개정 부분 / 304

제2절 기술과학류의 주요 기호 합성에 관한 분석 / 308
    1. 각 지역의 특허, 규격, 상표 (502.9) / 308
    2. 치과 간호 (512.851) / 310
    3. 소화 기관 외과학 (514.43) / 312
    4. 축산학 (527) / 314
    5. 한의 진단학 (519.21) / 315
    6. 수산 경제학 (529.2) / 316
    7. 과일주 및 제조 (573.2) / 317
    8. 의복의 표준구분 (592.001-.009) / 318
    9. 기타 종교 건물 (549.24-.29) / 319
    10. 재료별 요리 (594.55) / 320

제3절 기술과학류의 적용 사례 분석 / 322

15 | 600 예 술 327

제1절 예술류의 개요와 주요 개정 부분 / 327
    1. 예술류의 개요 / 327
    2. 예술류의 주요 개정 부분 / 336

제2절 예술류의 주요 기호 합성에 관한 분석 / 339
    1. 미술의 표준구분 (601-609)과 예술의 표준구분 (600.1-600.9) / 339
    2. 미술 재료 및 기법 (602.1-.7) / 341
    3. 시대별 및 국별 회화 (653) / 342
    4. 시대별 및 국별 미술사 (609) / 344
    5. 오르간의 악보 (676.58) / 346
    6. 주제별 음악 (673.68) / 347
    7. 일반 음악 이론 및 기법 (671)과 특수 주제 음악의 이론 및 기법 / 348
    8. 각국의 영화사 및 영화 평론 (688.091-.097) / 349

9. 동계 종합 체육 대회 (697.069) / 350
　　　10. 사진집 (668) / 351
　제3절 예술류의 적용 사례 분석 / 352

16 | 700 언　어 ·· 359

　제1절 언어류의 개요와 주요 개정 부분 / 360
　　　1. 언어류의 개요 / 360
　　　2. 언어류의 주요 개정 부분 / 364
　제2절 언어류의 주요 기호 합성에 관한 분석 / 366
　　　1. 일본의 언어 정책 (730.9) / 366
　　　2. 동양어의 옥편(玉篇) (7△3.02) / 367
　　　3. 각국어의 2개 국어 사전 (7△3.1-.9) / 368
　　　4. 각국어의 문법 (7△5) / 370
　　　5. 일반 국어사전 (713)과 특수 사전 / 372
　　　6. 각국어의 독본, 해석, 회화 (7△7) / 373
　　　7. 서양어의 음운, 음성, 문자 (7△1) (별법) / 374
　　　8. 동남아 지역 언어의 형성 과정 (709.14) / 375
　　　9. 중국어 방언 (728.1-.8) / 376
　　　10. 중국어의 표준구분 (720.1-.9) / 377
　제3절 언어류의 적용 사례 분석 / 378

17 | 800 문　학 ·· 383

　제1절 문학류의 개요와 주요 개정 부분 / 383
　　　1. 문학류의 개요 / 383
　　　2. 문학류의 주요 개정 부분 / 389
　제2절 문학류의 주요 기호 합성에 관한 분석 / 390
　　　1. 고려 시대 서간문 모음집 (816.4) / 390
　　　2. 문장 작법 일반 (802)과 각국어 문학 문장 작법 / 392
　　　3. 개별 문학 형식의 역사 (809.1-.8) / 393
　　　4. 논문 작성법 (802.066)의 추가 세분 (별법) / 394
　　　5. 기타 각국어 문장 작법 (802.042-.049) / 395

6. 제주도 방언 문학 연구 (810.91-.99) / 396
  7. 현대 중국 우수 희곡선 (822.7) / 397
  8. 세계 문학 전집, 총서 (808) / 398
  9. 영미 문학의 시대 구분 (840) (별법) / 399
  10. 국가별 영문학 (840)의 추가 세분 (별법) / 400
 제3절 문학류의 적용 사례 분석 / 402

18 | 900 역 사 ········· 409

 제1절 역사류의 개요와 주요 개정 부분 / 409
  1. 역사류의 개요 / 409
  2. 역사류의 주요 개정 부분 / 418
 제2절 역사류의 주요 기호 합성에 관한 분석 / 421
  1. 해 양 (988) / 421
  2. 역사관, 보조학, 사료 (910.01-.099) / 422
  3. 지리의 표준구분 (980.1-.9) / 424
  4. 지도 및 지도책 (989) / 426
  5. 전기의 지역별 분류 (99△) (별법) / 428
  6. 주제별 전기 (998) (별법) / 430
  7. 중국 북부 지방사 (912.1) / 431
  8. 한국사의 표준구분 (911.001-.009) / 432
  9. 세계 여행 안내 (980.24)와 특정 지역 여행 안내 / 433
  10. 각 지역의 계보, 족보 (999.1-.7) / 434
 제3절 역사류의 적용 사례 분석 / 435

■ **참고문헌** / 441

■ **부   록** / 445
  Ⅰ. KDC 제6판의 개요표 / 447
  Ⅱ. KDC 제6판의 조기표 / 459
  Ⅲ. KDC 제6판과 DDC 제23판의 강목 대비표 / 463

■ **색   인** / 467

제1부

한국십진분류법의 연혁과 구조

제1장 한국십진분류법의 발전 과정과 주요 특징
제2장 한국십진분류법 제6판의 구조와 분류의 실제

제1장

한국십진분류법의 발전 과정과 주요 특징

한국십진분류법(KDC: Korean Decimal Classification)은 한국도서관협회 분류위원회에서 개발을 시작하여 그 개정을 수행하고 있는 대한민국의 표준적인 국가 문헌분류표이다. 이 장에서는 KDC의 탄생 및 발전 과정, 구조, 일반적인 특성을 포함한 전반적인 성격에 대해 살펴보고자 한다.

제1절 한국십진분류법의 발전 과정과 이용 현황

1. 한국십진분류법의 등장과 발전 과정

한국 근대 문헌분류법의 사용은 일제강점기에 시작되었다고 할 수 있는데, 당시에 사용되었던 대표적인 예들로는 다음과 같은 것들이 있었다.

① 십진식
  - 조선총독부도서관 분류법
  - 경성제국대학 부속도서관 화한서분류표(和漢書分類表)[1]

---

1) 和漢書分類表 (發行地未詳: 發行處未詳).

② 비십진식
  - 경성제국대학 부속도서관의 양서분류표(洋書分類表)[2](미국의회도서관분류법(LCC)과 유사)

이러한 분류표들은 대한민국의 독립과 더불어 자연스레 도서관에서 도태되고, 우리 도서관계의 여러 선각자들에 의해 다음과 같은 새로운 분류표들이 개발되기 시작하였다.

① 박봉석의 조선십진분류표[3]
② 고재창의 한은분류표(韓銀分類表)[4]
③ 국방연구원의 국연십진분류표(國研十進分類表)[5]

1950년대까지에 이르는 초창기에는 이 중에서도 특히 조선십진분류표(KDCP)가 국립도서관을 비롯한 많은 공공도서관에서 사용하는 대표적인 분류표가 되었다. 아울러 미국의 도서관학이 도입된 1950년대 말부터는 듀이십진분류법(DDC: Dewey Decimal Classification)이 광범위하게 사용되기 시작하였다.

그러나 도서관 수가 늘어나고 분류표에 대한 중요성이 인식되면서, 초창기에 널리 사용되던 양대(兩大) 분류표에 대해 여러 가지 문제점이 제기되기 시작하였다. 조선십진분류표에 대해서는, 4자리까지만 전개된 분류 항목의 문제와 함께 편찬자의 부재(不在)로 인해 개정이 이루어지지 못하는 점 등의 문제가 지적되었다. 미국에서 도입된 DDC에 대해서는, 그 대부분의 항목들이 미국 및 서양 중심으로 전개되어 있어 대한민국의 실정에 맞지 않는다는 지적이 많았다.

---

[2] Keijo Imperial University Library, *Classification of European Books* (Keijo, 1934).
[3] 朴奉石 編, 朝鮮十進分類法 (서울: 國立圖書館, 1947).
[4] 한국은행 조사부, 한은도서분류법 (1954).
[5] 國防研究院, 國研十進分類表 (1958).

이러한 시기에 한국도서관협회가 결성되고, 1963년에 그 산하에 구성된 분류분과 위원회는 곧바로 대한민국의 실정에 맞는 우리의 분류표의 편찬을 시작하였다.

그 결과로 1964년 5월에 한국십진분류법(KDC)의 초판[6]이 발행되었는데, 주요 특성은 다음과 같다.[7]

① 주류(主類: 10구분)는 DDC의 주류를 바탕으로 하되, 언어와 문학을 근접시키고 있다.
② 일부 강목(綱目: 100구분)과 상당 부분의 요목(要目: 1000구분) 및 세목(細目)은 일본십진분류법(NDC)을 참고하고 있다.
③ 한국과 동양 관련 주제는 박봉석의 조선십진분류표와 구개명(裵開明)의 한화도서분류법(漢和圖書分類法), 성균관대학교 도서관의 한적분류법 등을 참고하였다.
④ 사회과학의 강목은 미국의회도서관분류법(LCC), 의학 분야의 요목은 국제십진분류법(UDC)을 따르고 있다.

한국십진분류법은 현재 제6판이 발행되어 있는데(〈표 1-1〉 참조), 이러한 주요 특징은 현재에도 그대로 이어지고 있다.[8]

표 1-1 KDC 발행 및 개정의 역사

판차	발행 연도	서설 면수	조기표 면수	본표 면수	색인 면수	총 페이지	편집 책임자
1	1964	12	4	420	214	642	천혜봉
2	1966	12	4	439	221	686	천혜봉
3	1980	14	8	547	438	1027	이병수
4	1996	12	15	923	532	1516	권기원
5	2009	12	39	922	525	1540	남태우
6	2013	12	51	899	391	1719	오동근

---

6) 韓國圖書館協會 編, 韓國十進分類法 (서울: 韓國圖書館協會, 1964).
7) 오동근, 배영활, 여지숙, KDC의 이해 (대구: 태일사, 2002), 24.
8) 오동근은 다양한 분류표의 여러 특징과 장점을 받아들인 KDC의 이러한 특성을 "찌개분류표"라는 용어로 정리하여 소개한 바 있다. 자세한 내용은 Oh, Dong-Geun (2012). Developing and Maintaining a National Classification System, Experience from Korean Decimal Classification. *Knowledge Organization*. 39(2) 참조.

제1부   한국십진분류법의 연혁과 구조

　한편 한국십진분류법은 시대의 흐름을 반영하고 이전판의 오류 등을 바로잡고 개선하기 위해, 한국도서관협회 분류위원회에서 개정 작업을 계속해오고 있다.
　그리고 제2판[9])까지 한 권으로 발행되던 KDC는 제3판[10])과 제4판,[11]) 제5판[12])에서는 본표와 상관색인의 두 권으로 발행되었고, 2013년에 개정된 제6판[13])은 본표와 상관색인, 해설서의 총 세 권으로 발행되었다.
　2013년 7월에 발행된 최신판 제6판은 기존의 판들에 비해 상당히 빠른 시기에 그 개정이 이루어졌다. 그 이유로는 제5판의 발행 이후, 일부 주제의 개정 내용과 오탈자(誤脫字) 등의 문제에 대한 개선 요구가 꾸준히 있어 왔고, 특히 2011년에는 KDC가 참고하고 있는 DDC가 개정(DDC 제23판)되어 이에 대한 검토가 필요하게 되었다는 점 등을 들 수 있을 것이다. 이에 따라 한국도서관협회에서는 2011년 9월 분류위원회를 새로이 구성하고, 가능한 한 KDC의 기본 골격은 그대로 유지하되 필요할 경우 특정 주제 분야는 적극적으로 개정한다는 방침을 세우고, 이를 바탕으로 개정 작업을 진행하였다. 또한 제6판에서는 상관색인을 대폭 보완하고, KDC에 대한 해설서도 함께 발행하였다.[14]) 제6판이 갖는 주요 특징은 다음과 같다.

① 학문의 발전과 도서관의 실제 장서 구성에 따라 최신 동향을 반영한 재전개
② 일부 강목(건축술 및 건물 → 건축학) 및 요목의 통폐합
③ 분류 기호 합성 방식의 광범위한 도입
④ 분류 항목에 대한 상세한 주기 추가
⑤ 기술 방식 일원화, 용어의 최신화 및 현대화, 한자 병기
⑥ 인덴션의 도입을 포함한 상관색인의 대폭적인 수정

---

9) 한국도서관협회 편, 한국십진분류법, 제 2 판 (서울: 한국도서관협회, 1966).
10) 한국도서관협회 편, 한국십진분류법, 제 3 판 (서울: 한국도서관협회, 1980).
11) 한국도서관협회 편, 한국십진분류법, 제 4 판 (서울: 한국도서관협회, 1996).
12) 한국도서관협회 편, 한국십진분류법, 제 5 판 (서울: 한국도서관협회, 2009).
13) 한국도서관협회 편, 한국십진분류법, 제 6 판 (서울: 한국도서관협회, 2013).
14) KDC 제 6 판의 개정과정에 대해서는, 제 1 권의 "분류위원회보고"(ix-xvi) 참조.

⑦ 활용 가능한 상세한 해설서의 동시 발행
⑧ 제5판의 미비한 표기 등 수정, 보완
⑨ 국립중앙도서관과의 지속적 협의와 자문을 통한 도서관 현장의 의견 반영
⑩ 개별 주제 분야의 연구자 및 해당 분야 교수의 적극적인 자문을 통한 전문성 강화

2. 한국십진분류법의 이용 현황

한국십진분류법은 한국도서관협회에서 공식적으로 개정과 관리를 맡아 발행하는 대한민국의 표준 분류표이다. 이와 같은 이유 때문에 한국십진분류법은 특히 공공도서관과 학교도서관에서 널리 채택되고 있다. 최근의 통계에 의하면, 공공도서관의 경우 동양서의 분류는 99.1%, 서양서의 분류는 97.8%가 한국십진분류법을 사용하고 있다.15) 대학도서관의 경우는 동양서의 분류에는 43.2%, 서양서의 분류에는 23.7%가 한국십진분류법을 사용하고 있는 것으로 나타났다.16) 이러한 KDC의 채택 현황을 DDC와 비교하여 요약하면 〈표 1-2〉와 같다.

표 1-2 국내 도서관의 KDC 및 DDC 이용실태17)

구분		KDC	DDC	기타	계
공공 도서관	동양서	99.1% (541)	0.2% (1)	0.7% (4)	100% (546)
	서양서	97.8% (534)	1.5% (8)	0.7% (4)	
대학 도서관	동양서	43.2% (73)	54.4% (92)	2.4% (4)	100% (169)
	서양서	23.7% (40)	73.4% (124)	2.9% (5)	

---

15) 한국도서관협회, 공공도서관통계결과자료. 2010.
16) 국공립대학도서관협의회, 회원관통계(〈http://www.knula.or.kr/index.php〉)와 한국사립대학교도서관협의회, 회원관통계(〈http://www.kpula.or.kr/index.php〉)의 데이터 재분석.
17) Oh, Dong-Geun (2012), Developing and Maintaining a National Classification System, Experience from Korean Decimal Classification, *Knowledge Organization*, 39(2), 72-82.

제1부 한국십진분류법의 연혁과 구조

　표에서 볼 수 있는 것처럼, 공공도서관의 경우는 동양서 및 서양서 모두에 KDC를 사용하는 도서관이 대부분인 반면, 대학도서관의 경우는 DDC를 채택하는 경향이 많고, 특히 서양서의 경우에는 그러한 경향이 더 두드러짐을 알 수 있다.

　한편 KDC 분류 기호는 국립중앙도서관의 온라인 종합 목록(http:// www.nl.go.kr)의 MARC 레코드에서 확인할 수 있다(〈그림 1-1〉과 〈그림 1-2〉 참조: 〈그림 1-2〉의 MARC 데이터의 경우는 056 필드의 KDC 분류 기호). 따라서 각 도서관에서는 이러한 시스템에 접근하여 KDC 기호를 이용할 수 있을 것이다.

그림 1-1　KDC의 분류 기호를 담고 있는 국립중앙도서관의 온라인 목록(상세 정보)

제1장 한국십진분류법의 발전 과정과 주요 특징

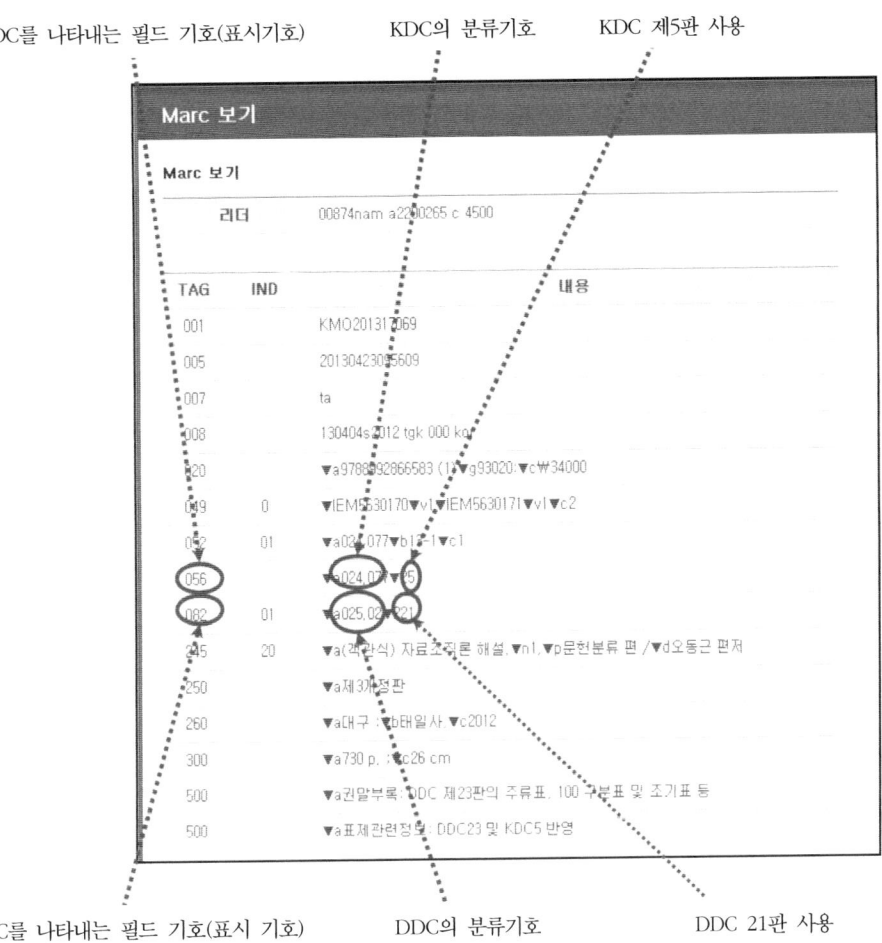

그림 1-2 KDC의 분류 기호를 담고 있는 국립중앙도서관의 온라인 목록(MARC 데이터)

제2절 한국십진분류법의 주요 특징

한국십진분류법은 DDC 계열의 십진식 분류표로서의 일반적인 특성을 가지면서도 나름대로의 고유의 특징을 가지고 있다. 이 절에서는 그 주요 특징에 대해 살펴보고자 한다.[18]

1. 학문에 의한 분류에 대한 주제에 의한 분류의 보완

현대의 분류표들은 일반적으로 학문적 분류표 또는 측면적 분류표(aspect scheme)[19]라고 한다. 그 이유는 오늘날의 거의 모든 분류표에서는 일반적으로 동일한 주제를 다루고 있는 자료라도, 그 주제에 대한 관점이나 다루는 측면에 따라 그 학문 분야 또는 연구 분야에 분류하는 이른바 "학문에 의한 분류"[20]를 채택하고 있기 때문이다.

한국십진분류법은 기본적으로 이러한 학문적 분류를 채택하고 있는 DDC와 마찬가지로 해리스(Harris)와 베이컨(Bacon)으로 이어지는 학문 분류를 따르고 있다. 즉 DDC는 일반적으로 베이컨의 학문 분류[21]의 역순(逆順)을 채택하고 있는 해리스의 분류법의 영향을 받고 있기 때문에 KDC의 주류 배열은 DDC와 마찬가지로, 베이컨의 학문분류의 역순을 따르고 있다.

---

18) 이 절의 내용은 다음 자료를 주로 참고하였음: 오동근, 배영활, 여지숙, KDC의 이해 (대구: 태일사, 2002).
19) Brian Buchanan, 문헌분류이론, 정필모, 오동근 공역 (서울: 구미무역출판부, 1989), 126.
20) 오동근, DDC 22의 이해 (대구: 태일사, 2007), 47.
21) Bacon은 인간의 정신 능력을 기억(memory)과 상상(imagination), 오성(悟性(understanding); 또는 이성(理性, reason))으로 구분하고, 그에 대응하여 학문을 사학(史學: history)과 시학(詩學: poesy), 이학(理學: philosophy)으로 분류하였다. 자세한 내용은 오동근, 배영활, 여지숙. KDC의 이해 (대구: 태일사, 2002), 30. 참조.

다만 KDC의 주류(主類)의 배열 순서는 지식의 전 분야를 9개의 주류와 1개의 총류로 구분하고, 베이컨의 학문 분류의 역순을 따라 주류를 배열하는 DDC의 일반적 구분을 따르면서도, 나름대로의 특성을 보여주고 있다(〈표 1-3〉 참조). 즉 DDC에서는 언어(400)와 문학(800)이 분리되는 반면, KDC에서는 이 두 주류를 각각 700과 800에 근접시켜, 그 단점을 해결하고 있는 것이다. 그 결과 자연과학과 기술과학, 예술은 각각 한 단계씩 위로 이동시켜, 400과 500, 600에 배열하게 된다.

표 1-3 KDC와 DDC의 주류 배열 비교

KDC 6		DDC 23
000	총류	000 Computer science, information & general works
100	철학	100 Philosophy & psychology
200	종교	200 Religion
300	사회과학	300 Social sciences
400	자연과학	400 Language
500	기술과학	500 Sciences
600	예술	600 Technology
700	언어	700 Arts & recreation
800	문학	800 Literature
900	역사	900 History & geography

한편 KDC에서는 학문에 의한 분류라는 일반적인 원칙을 따르면서도, 적지 않은 부분에서 주제분류표적 특성을 따르고 있다. 즉 학문에 의한 분류에 따라, 동일한 주제의 자료가 분류표 상에서 둘 이상의 곳에 나타나는 경우가 있다. 예를 들면 "자동차"라는 주제는 설계나 운송, 경기(스포츠) 등 여러 학문 분야에서 이를 다룰 수 있다. 이 경우 자동차의 "설계"는 자동차 공학의 일부로 556.1에 분류되고, "운송"은 교통의 일부로 326.335에 분류되며, "(자동차) 경기"는 스포츠의 일부로서 698.98에 분류된다. 아울러 KDC에서는 이와 같이 동일 주제를 다루면서도 본표에서 그 학문적 측면에 따라 여러 곳에 분산되어 있는 관련 항목을 함께 모으고, 어떤 주제의 다양한

측면을 한 곳에서 확인할 수 있는 장치로, DDC와 마찬가지로 상관색인(relative index)을 마련하고 있다.22)

그러나 한국십진분류법 제6판 제3권 해설서에 명시된 것처럼, "KDC는 전체적으로 학문에 의한 분류를 바탕으로 하면서 부분적으로 주제에 의한 분류를 보완하고 있다"23)는 사실에 유의해야 한다. 예를 들면, 건축과 건축술에 관련된 주제들이 각각 690과 720으로 분리되어 있는 DDC와 달리, KDC에서는 이를 540으로 통합하고 있고, 하드웨어와 소프트웨어를 포함한 컴퓨터과학의 전 영역을 004에 통합하고 있다.

2. 계층적 구조

KDC는 주류(主類: main classes) - 강목(綱目: divisions) - 요목(要目: sections) - 세목(細目: subdivisions)으로 이어지는 구조를 갖는 계층적 분류표(hierarchical classification)이다. 이것은 KDC의 전개가 일반적인 것들로부터 시작하여 점차 구체적인 것들로 확장됨을 의미한다.24) 다만 이러한 원칙이 분류표 전체에 걸쳐 반드시 모든 경우에 완전하게 적용되는 것은 아니라는 사실에 유의해야 한다.

주류(主類: main classes)의 경우는, 지식의 전 영역을 전통적인 학문 분야에 따라, 각각 광범위한 학문 분야 또는 일단의 상호 관련된 학문 분야로 이루어지는 9개의 주류(100-900)로 구분하고 있다. 또한 너무 일반적인 성격으로 어떤 유에도 속하기 어렵거나 여러 학문 분야를 망라적으로 다루는 주제들을 모아 총류(總類)라는 별도의 유(000)를 설정하였다. 그 결과 다음과 같은 10개 주류를 구성하게 되었다:

---

22) 오동근, 배영활, 여지숙, KDC 의 이해 (대구: 태일사, 2002), 31.
23) 한국도서관협회 편, **한국십진분류법**, 제 6 판, 제 3 권 (서울: 한국도서관협회, 2013), 7.
24) Marty Bloomsberg and Hans Weber, *An Introduction to classification and number building in Dewey* (Colorado: Libraries Unlimited, 1976), p.17.

<u>0</u>00   총   류
<u>1</u>00   철   학
<u>2</u>00   종   교
<u>3</u>00   사회과학
<u>4</u>00   자연과학
<u>5</u>00   기술과학
<u>6</u>00   예   술
<u>7</u>00   언   어
<u>8</u>00   문   학
<u>9</u>00   역   사

주류의 3자리 기호 중 밑줄 친 첫 번째 자리만 의미를 갖게 되며, 뒤에 붙는 나머지 2개의 '0'은 기호를 항상 3자리로 유지한다는 KDC의 원칙을 지키기 위해 형식적으로 추가되는 기호이다.

강목(綱目: divisions)들은 각 주류들을 다시 각각 10개씩 세분하여 구성된다. 이를 400 '자연과학'의 예를 들어 설명하면 다음과 같다:

4<u>0</u>0   자연과학
4<u>1</u>0   수   학
4<u>2</u>0   물 리 학
4<u>3</u>0   화   학
4<u>4</u>0   천 문 학
4<u>5</u>0   지   학
4<u>6</u>0   광 물 학
4<u>7</u>0   생명과학
4<u>8</u>0   식 물 학
4<u>9</u>0   동 물 학

이 경우 강목의 의미는 밑줄 친 두 번째 자리의 기호로 나타난다. 그러므로 주류의 기호로 사용되는 '400'과 강목의 기호로 사용되는 '400'은 외견상으로는 동일한 기호이지만, 그 의미는 다른 것이다.

요목(要目: sections)들은 각 강목들을 다시 각각 10개씩 세분하여 구성된다. 이를 480 '식물학'의 예를 들어 설명하면 다음과 같다:

  48<u>0</u> 식물학
  48<u>1</u> 일반 식물학
  48<u>2</u> 은화식물
  48<u>3</u> 엽상식물
  48<u>4</u> 조균류
  48<u>5</u> 현화식물, 종자식물
  48<u>6</u> 나자식물
  48<u>7</u> 피자식물
  48<u>8</u> 단자엽식물
  48<u>9</u> 쌍자엽식물

이 경우 요목의 의미는 밑줄 친 세 번째 자리의 기호로 표현된다. 그러므로 강목의 기호로 사용되는 '480'과 요목의 기호로 사용되는 '480'은 외견상으로는 동일하지만, 그 의미는 다른 것이다.

세목(細目: subdivisions)은 요목을 추가로 필요에 따라 계속적으로 세분하여 만들어지게 된다. KDC는 DDC와 마찬가지로, 3자리가 넘는 분류 기호의 경우 3자리 다음에 소수점을 찍도록 하고 있으므로, 세목들은 소수점 아래의 기호로 표현된다.

KDC의 계층적 구조는 기호에 의해서도 나타나는데, 예를 들어 설명하면 다음과 같다:

<u>4</u>00   자연과학
<u>49</u>0   동물학
<u>498</u>   조류
<u>498</u>.7   맹금류
<u>498.7</u>2   매 목
<u>498.7</u>6   올빼미목
<u>498.</u>8   반금류

   KDC의 계층적 구조는 밑줄로 표시된 의미를 갖는 분류 기호의 자리 수에 의해 해당 분야의 상하 관계나 대등 관계를 나타내게 된다. '동물학'은 의미를 갖는 자리 수가 그보다 하나 더 적은 '자연과학'의 하위류(下位類: subordinate class)가 되며, 그보다 자리 수가 하나 더 많은 '조류'의 상위류(上位類: superordinate class)가 된다. '맹금류'와 '반금류'는 둘 모두 '조류'의 하위류가 되지만, 두 주제는 서로 동위류(同位類) 또는 등위류(等位類: coordinate class)가 된다. '매목'은 '맹금류'의 하위류가 되지만, '올빼미목'과는 서로 동위류 또는 등위류가 된다.

3. 십진식에 의한 전개

   한국십진분류법은 그 이름 그대로 십진식(十進式)에 의해 전개되는 분류법이다. 이미 살펴본 것처럼, KDC에서는 모든 지식을 총류를 포함한 10개의 광범위한 학문 분야(주류)로 구분하고, 계속하여 이를 강목, 요목, 세목의 단계로 10개씩 십진식으로 세분한다. 이 과정에서 주류와 강목의 단계에서는 분류 기호의 최소 자리 수를 3자리로 채우기 위해, 3자리가 안 되는 경우에는 필요한 만큼 '0'을 추가하고, 세목의 경우는 세 번째와 네 번째 분류 기호 사이에 소수점을 찍게 된다. 그러므로 이론상으로는 이러한 십진식 전개에 의해 분류 기호를 무한히 전개할 수 있게 된다.

   이론적 측면에서 보면, 모든 학문 분야나 주제를 항상 10개씩으로 세분해야 하는 십진식 전개는 근본적으로 불합리성을 내재하고 있다. 그러나 실제적인 측면에서 보면, 숫자만을 사용하는 순수 기호법(pure notation)을 채택하고 있다는 점과 함께, 이 십진식 전개는 그 편리성 때문에, KDC의 원조격인 DDC가 국제적으로 사용되도록 하는 데 큰 도움을 주고 있는 것이 사실이다.

아울러 KDC 기호가 부여된 자료나 목록 카드의 배열은 분류 기호에 의해 다음과 같은 방식으로 십진식으로 이루어지게 된다:

> 490
> 498.01
> 498.0109
> 498.026
> 498.7
> 499
> 499.749
> 499.9

분류 기호의 배열은 분류 기호의 길이가 아니라, 그 기호의 십진 값에 의해 배열되기 때문에, 이 경우 498.0109가 498.7의 앞에 오고, 499.749는 499.9의 앞에 배열된다는 사실에 주의해야 한다.

4. 조기성의 도입

기억을 돕거나 향상시키기 위한 기술이나 방법을 의미하는 조기성(助記性: mnemonics, memorability)은 문헌 분류에서는 분류 기호의 특성과 관련하여, '분류 체계가 개념을 표현할 때 어떤 개념이 출현하는 위치에 관계없이 이를 동일한 기호로 표현하여 기억을 돕는 것, 또는 그 반대로 분류 체계에서 동일 기호는 동일한 개념을 표현하도록 하여 기억을 돕는 것'[25]으로 정의되고 있다.

---

25) 김성원, DDC 기호의 조기성에 대한 연구 (연세대학교 대학원 석사학위논문, 1989), 7-8.

Kumar는 조기성이 부여된 분류 기호의 장점을 다음과 같이 열거하고 있다[26]:

① 분류 담당자가 문헌에 대한 분류 기호를 부여할 때 그의 기억을 도와준다.
② 분류표와 색인을 참고해야 하는 일을 상당 부분 줄여 준다.
③ 분류표의 길이를 줄여 줄 수 있다.
④ 유사한 배열 구조에는 일관된 순서를 택할 수 있도록 해준다.

다소간의 논란이 없는 것은 아니지만, 조기성이 갖는 여러 가지 실제적인 장점 때문에, 현대의 대부분의 분류표에서는 이러한 조기성을 광범위하게 도입하고 있다. 특히 많은 분류법에서 이른바 분석합성식 기법을 도입하면서 그 중요성과 가치가 인정되고 있다.

KDC에서는 6개의 조기표(助記表)를 포함한 많은 부분에서 주제의 합성을 위해 조기성의 기법을 도입하고 있다. 이와 같이 동일한 개념에 대해 동일한 기호를 부여하도록 하는 방법을 체계적 조기성(systematic mnemonics) 또는 일정적(一定的) 조기성 내지 표에 의한 조기성(scheduled mnemonics)이라 한다.

KDC에서는 조기표를 사용하는 경우 외에도, 본표의 다른 부분에서 이미 전개하여 사용하고 있는 분류 기호의 일부를 해당 분류 기호에 직접 추가하도록 함으로써 조기성을 부여하는 이른바 주제구분을 사용하는 경우도 있다. 예를 들면 다음과 같다:

004.51 특정컴퓨터를 위한 인터페이스 및 통신
    004.511-.519는 004.11-.19와 같이 세분한다.

이 경우에는 주기의 지시에 따라 004.51 '특정컴퓨터를 위한 인터페이스 및 통신'과 004.1 '특정컴퓨터에 관한 일반 저작'의 전개는 조기성을 갖게 되는 것이다.

---

[26] Krishan Kumar, *Theory of Classification*, 2nd rev. ed. (New Delhi: Vikas Publishing House Pvt Ltd., 1981), 163-164.

제1부 한국십진분류법의 연혁과 구조

제3절 | 한국십진분류법의 장점과 단점

　한국십진분류법은 한국의 실정에 맞는 분류표를 지향하여 개발된 이래 50여년의 세월 동안 여러 차례의 개정을 거치면서 발전해왔다. 또한 공공도서관과 학교도서관, 대학도서관 등 많은 도서관에서 이를 사용하면서 끊임없는 비판과 평가를 받아왔다. 이 소절에서는 다양한 논문과 단행본에 나타난 KDC의 장점과 단점에 대한 평가를 종합적으로 살펴보고자 한다.[27]

1. 장 점

① 한국의 실정에 맞게 고안된 우리나라 고유의 분류표로서, 현재 국가대표도서관인 국립중앙도서관을 포함한 전국의 많은 도서관에서 사용하고 있는 실용적이고 실제적인 분류표이다.

② 분류표를 유지·관리할 수 있는 한국도서관협회라는 영구적 기관에 의해 지속적으로 개정판이 발행되기 때문에, 분류표의 최신성의 유지가 가능하다. 아울러 제6판 개정 작업의 과정에서 볼 수 있는 것처럼, 국립중앙도서관과의 지속적인 협력을 통해 도서관 현장의 의견을 수용하고자 노력하고 있다.

③ 우수한 상관색인(relative index)을 갖추고 있기 때문에, 본표의 여러 곳에 분산된 관련 주제들을 한 곳에서 일목요연하게 찾아볼 수 있다. 특히 제6판에서는 이전판에 비해 상당히 개선된 상관색인을 마련하고 있다.

④ 분류 기호를 기억하고 활용하기에 용이하도록 하기 위해, 6개의 조기표를 포함하여 다양하고 풍부한 조기성을 유지하기 위한 장치를 갖추고 있다.

⑤ 분류 기호 간의 상호 관계를 이해하고 이를 통해 탐색에 도움이 될 수 있도록, 분류 기호의 계층적 성격을 유지하고 있다.

---

[27] 이하의 내용은 참고 문헌에 수록된 주요 단행본과 특히 오동근, 배영활, 여지숙, KDC의 이해 (대구: 태일사, 2002)의 평가를 종합하여 작성하였음.

⑥ 국가대표도서관인 국립중앙도서관과 국회도서관에서 KDC 기호를 부여한 목록 정보를 제공하고 있기 때문에, 도서관 현장에서는 이를 활용한 카피 편목(copy cataloging)을 통해 자료의 정리에 도움을 받을 수 있다.

⑦ 분류 기호의 사용에 있어 아라비아 숫자만으로 이루어지는 순수 기호법(pure notation)을 채택하고 있기 때문에, 그 기호가 단순하고 이해하기 쉽다.

⑧ 새로운 지식 영역을 수용해야 할 경우에는, 십진식에 의한 추가 전개가 가능하기 때문에, 분류표를 비교적 용이하게 확장할 수 있다.

⑨ 본표에 사용법에 관한 다양한 주기를 수록하고 있을 뿐만 아니라, 해설서를 함께 발행하고 있기 때문에, 분류표를 이해하고 사용하기가 편리하다.

2. 단 점

① 모든 십진식분류법이 갖는 공통의 문제이기는 하지만, 학문 분야나 주제를 10구분법에 의해 기계적으로 구분해야 하는 이론상의 불합리성 때문에, 학문간 및 주제간 불균형이 생기게 되는 경우가 많다.

② 십진식 전개에 따른 문제점으로, 기존의 분류 기호가 대부분 사용된 경우 새로운 주제를 적절한 위치에 삽입하기가 지극히 어려울 뿐만 아니라, 상세한 분류를 위해 계속적으로 전개할 경우 분류 기호가 지나치게 길어질 수 있다.

③ 분류표를 개정할 때마다 이루어지는 특정 분야의 전면 개정이나 주제의 재배치(relocation)에 따라 분류 기호의 변경이 이루어질 경우, 도서관 현장에서는 기존 장서의 재분류(reclassification)라는 부담을 갖게 된다.

④ 정기적이고 주기적인 개정이 이루어지지 못하는 경우가 많았다. 제4판과 제5판의 경우는 10년 이상의 간격을 두고 발행된 반면, 최신판인 제6판의 경우에는 5년 이내에 개정판이 발행되는 등 그 발행 주기를 예측하기 어려워 도서관 현장에서 특정판의 채택이나 판의 변경에 어려움을 겪고 있다.

제 2 장

한국십진분류법 제6판의 구조와 분류의 실제

제1절 제6판의 포맷과 기본 구조

KDC 제6판은 조기표와 본표로 이루어져 있는 제1권과 상관색인으로 이루어져 있는 제2권, 해설서로 이루어져 있는 제3권의 총 세 권으로 간행되었다(〈그림 2-1〉 참조).

그림 2-1 KDC 제6판

각 권의 구성은 다음과 같다.

제1권: 서문, 분류위원회 보고, 각 판의 서문 및 위원회 보고, 서설, 조기표, 개요표, 본표
제2권: 상관색인
제3권: 해설서

1. 제1권: 서문, 서설, 조기표, 본표 등

(1) 서 문

KDC 제6판의 제1권은 먼저 제6판 "서문"으로 시작한다. 제6판은 2009년 제5판이 나온 후 4년 만에 나온 개정판이다. 한국도서관협회 회장의 제6판 서문에서는 발간사와 아울러 개정의 필요성과 제6판의 특징을 설명하고, 개정에 참여한 분류 위원들의 노고를 치하하고 있다.

(2) 분류위원회 보고 등

그 다음으로 제6판의 발행 과정에 대한 개요와 각 위원들이 맡은 분류표의 각 부분들을 소개하는 "분류위원회 보고"가 있다. 이 보고에는 위원회에서 정한 분류법의 개정 방침을 다음과 같이 제시되어 있다.[28]

① 주류와 강목은 제5판의 골격을 가능한 한 그대로 유지하되, 필요할 경우 특정 주제 분야는 적극적으로 개정하도록 한다.
② 조기표의 개정 및 본표의 조기성은 일관성 있게 유지한다.
③ 기술 방식을 통일하고, 용어를 최신화·현대화한다.
④ 북한 관련 항목을 적절하게 반영한다.

---

28) 한국도서관협회, 한국십진분류법, 제 6 판, 제 1 권(서울: 한국도서관협회, 2013), x.

⑤ 제5판의 오류와 표기상의 미비점 등을 수정·보완한다.
⑥ 분류 기호 합성 방식을 적극적으로 도입하고, 분류 항목에 다양한 주기를 기술한다.
⑦ 의미상 한자의 병기가 필요한 경우 (　) 속에 병기한다.
⑧ 한국지역구분표와 한국시대구분표는 별도의 조기표로 유지하지 않는다.
⑨ 도서관에 따라 선택적으로 적용할 수 있는 별법에 대해서는, 맨 앞에 "별법: "을 명시하여 표시한다.
⑩ 제6판의 간략판 및 해설서(매뉴얼)를 발간하고, 차후 KDC를 기반으로 한 시소러스도 함께 편찬할 수 있도록 대비한다.

또한 이상과 같은 일반적인 개정 방침에 따라, 분류표의 체계와 색인어 및 주기의 표기 통일, 상관색인의 작성 등을 위해 마련된 지침도 함께 제시되어 있다. 이러한 개정 방침은 KDC 제6판의 특성을 이해하는 데 도움이 될 것이다.

제6판에 대한 서문과 분류위원회 보고 다음으로는 지금까지 발간된 KDC 각 판의 서문 및 분류위원회 보고, 목차가 차례로 수록되어 있다.

(3) 서 설

그 다음으로 조기표와 본표의 바로 앞에 나오는 것은 "서설(序說)"이다. 이것은 DDC의 "서론"(The Introduction to Dewey Decimal Classification)에 해당하는 부분으로, "Ⅰ. 분류법의 해설"과 "Ⅱ. 사용법"의 두 부분으로 이루어진다. "해설" 부분은 주류의 배열과 분류 기호의 조직, 조기성, 주기의 설명, 별법(別法), 상관색인에 대한 설명으로 이루어져 있다. "사용법" 부분은 실제로 분류표를 사용한 도서 기호와 배가 등에 대한 설명으로 이루어져 있다.

(4) 조기표

제6판의 제1권의 핵심 부분은 조기표(助記表)와 본표(本表)로 구성된다. 조기표는 문헌의 일반적 구성 형식이나 특정한 주제 내에서 공통성을 가지는 것에 대하여 공통된 기호를 배당한 것으로, 이를 적용함으로써 전반적인 기호의 조직을 쉽게 이해하고 기억할 수 있도록 마련한 것이다.29) 제6판의 조기표는 서설 다음에 제시되어 있는데, 다음과 같은 6종류로 구성되어 있다.

① 표준구분표
② 지역구분표
③ 국어구분표
④ 문학형식구분표
⑤ 언어공통구분표
⑥ 종교공통구분표

제6판에서는 제5판까지 별도의 조기표로 유지되어 오던 2개의 보조표를 제외하였다. 즉 "한국지역구분표"는 지역구분표에 통합하여 지역구분표 -111-1199와 같이 세분하도록 하고, "한국시대구분표"는 본표의 기호로 대체하여 본표 911.01-082와 같이 세분하도록 하고 있다.30) 각 조기표의 내용과 사용법에 대해서는, 이 책의 제3장부터 제8장에서 구체적으로 살펴보고자 한다.

(5) 개요표

조기표의 다음에는 3종의 개요표(概要表)를 제시하여 본표를 간단하게 전체적으로 살펴볼 수 있도록 하고 있다(〈부록 1〉 참조).

① 주류표(主類表): 본표의 학문의 전 주제를 10개의 주제로 구분한 주류를 한 눈에 볼 수 있도록 한 개요표.
② 강목표(綱目表): 총류 및 각 주류를 다시 십진으로 세분한 강목으로 구성된 100 구분표
③ 요목표(要目表): 각 강목을 또 다시 십진으로 구분한 요목까지 수록된 1000 구분표

---

29) 정필모, 문헌분류론 (서울: 구미무역, 1991), 214.
30) 한국도서관협회 편, 한국십진분류법, 제 6 판, 제 1 권 (서울: 한국도서관협회, 2013), 61.

한편 KDC에서는 DDC와 달리, 어떤 유가 2페이지 이상에 걸쳐 나타날 때 이를 개략적으로 살펴볼 수 있도록 하기 위해 해당류의 맨 앞에 제시되는 단일 단계 개요표와, 여러 단계의 개요가 일목요연하게 제시되는 다단계 개요표[31]는 마련하지 않고 있다.

(6) 범 례

개요표와 본표의 사이에는 본표의 이용에 도움을 주기 위해 범례(凡例)를 마련하여, 본표에 사용된 표기법과 용어, 부호 및 표시 등을 설명하고 있다. 그 주요 내용을 요약하면 다음과 같다.[32]

① 한글표기 우선. 다만 동음이의어, 일부 전문용어 및 고유명사, 한글만으로는 이해가 곤란한 명사 등은 ( )에 한자 병기
② 용어의 표기: 원칙적으로 국립국어원의 『한글맞춤법』, 『외래어표기법』, 『로마자표기법』 준용
③ 중국·일본의 인명·지명: 현지의 원음 표기 후 ( )에 한자 병기
④ 외국어 발음의 한글 표기: 대체로 그 다음에 원어 부기
⑤ 전문용어: 각 학회의 표준용어 사용. 다만 표준용어로 채택되지 못한 것은 영어 발음에 따라 한글 표기 후 원어 부기
⑥ 분류법 본표의 주류와 강목, 요목 대부분의 항목과 특히 자연과학, 기술과학, 역사 등의 주요 세목명: 양서분류의 편의를 도모하기 위해 영어 병기
⑦ 연대: 서기로 통일
⑧ 분류법 본표의 참조표시: 『 → 』 부호 사용
⑨ 공통으로 구분·세분할 수 있는 항목: 본표를 간소화하기 위해 많은 경우 조기성을 활용하여 분류 항목의 전개 생략

---

31) 오동근, DDC 22의 이해 (대구: 태일사, 2007), 70.
32) 한국도서관협회 편, 한국십진분류법, 제6판, 제1권 (서울: 한국도서관협회, 2013), 79.

⑩ 분류항목(명사)이 다른 분류기호로 이치(移置)된 경우:
　〈예〉　[310.14]　자료수집
　　　　　　　　　413.83에 분류한다.
⑪ 분류항목(명사)이 다른 분류번호에서 이치된 경우:
　〈예〉　549.31　도서관 [전 613.1]
⑫ 분류항목(명사)이 변경된 경우:
　〈예〉　378.9　부모교육 [전 가정교육]
⑬ 별법(別法)의 경우: 도서관의 상황에 따라 별도의 방법으로 선택할 수 있도록 『별법: 』을 앞세워 표시
⑭ 본표 상단의 분류 기호 표시: 좌측(짝수면) 또는 우측(홀수면)에 이용상의 편의를 위해 해당 페이지의 마지막 분류 항목의 분류 기호 첫 3자리 기재

(7) 본 표

본표는 "000 총류(總類) General works"부터 시작하여 "999.99 국기, 휘장"에 이르기까지 분류 기호 순으로 제시되어 있다(본표의 한 페이지에 대한 예는 〈그림 2-4〉 참조).

본표의 각 엔트리(entry)는 DDC와 마찬가지로,[33] 기본적으로 ① 분류 기호 칼럼과 ② 표목, ③ 주기 칼럼의 3가지 요소로 이루어진다(〈그림 2-2〉 참조). 다만 분류 기호 칼럼과 표목은 필수 요소인 반면, 주기 칼럼은 필요할 경우에 한해 기재된다.

> 019 장서목록 Library catalogs
> 　종합목록을 포함한다.
> 　별법: 도서관에 따라 특수주제의 장서목록은 주제별 서지 및 목록 또는 해당주제 아래에 분류할 수 있다. 예: 화학부문 장서 목록 430.26

그림 2-2 기본적인 엔트리의 예 (019)

---

33) 오동근, DDC 22의 이해 (대구: 태일사, 2007), 70.

(가) 분류 기호 칼럼(column): 분류 기호를 표시하는 칼럼(〈그림 2-2〉의 "019")

본표의 분류 기호는 해당 엔트리의 맨 앞에 표시된다. 이 중 주류와 강목, 요목을 의미하는 처음 3자리는 기호 칼럼의 맨 처음에 한 번만 표시하게 되는데, 다만 페이지가 바뀔 경우에는 새 페이지의 첫 번째 엔트리는 주류와 강목, 요목 등의 기호를 포함하는 완전한 분류 기호를 표시한다. 또한 보조표의 기호는 붙임표(-)를 앞세워 적는다.

모든 분류 기호는 최소한 3자리를 유지하도록 하고 있으며, 3자리가 넘는 경우에는 3번째 자리와 4번째 자리 사이에 소수점을 찍는다. 각괄호([ ])로 묶어 표시된 분류 기호는 해당류가 다른 곳으로 재배치되었거나 더 이상 사용하지 않는 기호, 즉 제5판에서 사용하던 기호로, 제6판을 활용하여 분류할 경우에는 더 이상 사용해서는 안 된다.

(나) 표목(heading): 해당 분류 기호에 상응하는 분류 항목(〈그림 2-2〉의 "장서목록 Library catalogs")

표목 칼럼의 분류 항목은 앞서 살펴본 범례에 제시된 표기법과 용어로 기재된다. 일반적으로 주류, 강목, 요목에는 항목명에 영어를 부기하고 있고, 세목의 경우는 필요에 따라 영어를 부기하고 있다. 이 기호 칼럼과 표목 칼럼은 분류표 내에서의 계층 구조의 위치에 따라 다양한 크기의 활자로 인쇄된다. 이 표목들은 분류표상에 주제의 계층 구조를 나타낼 수 있도록, 주제가 세분되어 더 하위 주제로 갈수록 오른쪽으로 들이켜 기재하도록 하는 인덴션(indention)을 사용하고 있다. 따라서 이러한 인덴션을 확인하면 주제의 종속 관계를 어느 정도 파악할 수 있다. 〈그림 2-3〉은 이러한 인덴션의 예이다.

```
400 자연과학(Natural science)
 490 동물학(動物學) Zoological science
    499      포유류 Mammalia Mammals
    499.3       진수하류 Eutheria
    499.32        설치목 Glires
    499.322         토끼(토)목
    499.323         쥐(설치)목
```

그림 2-3 표목 칼럼의 인덴션

제1부 한국십진분류법의 연혁과 구조

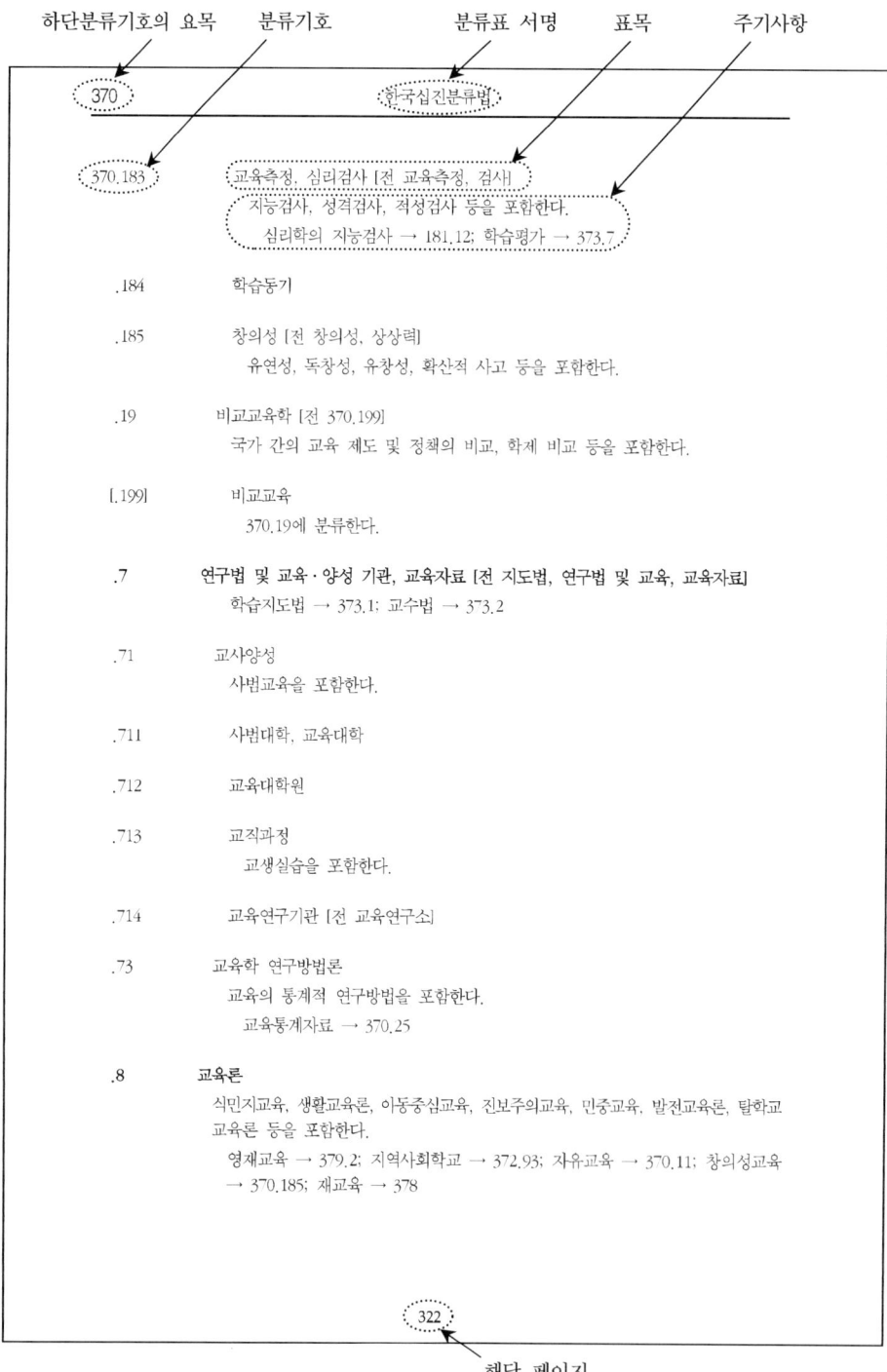

그림 2-4-1 KDC 제6판 본표의 한 페이지: 짝수면 (제1권, p.322).

제2장 한국십진분류법 제6판의 구조와 분류의 실제

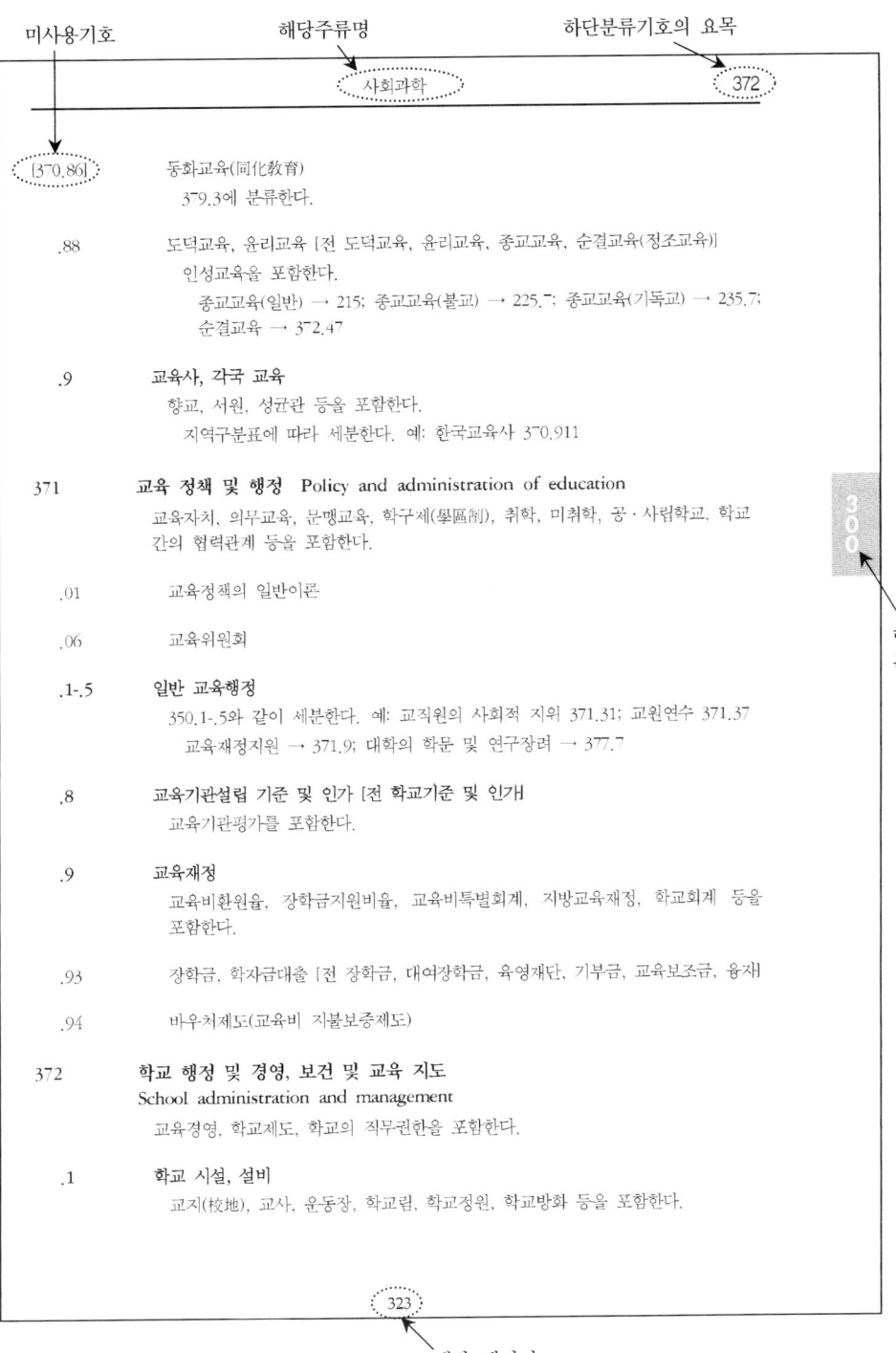

그림 2-4-2 KDC 제6판 본표의 한 페이지: 홀수면 (제1권, p.323).

(다) 주기 사항: 필요에 따라 분류에 관련된 다양한 측면을 설명하기 위해 기재 (〈그림 2-2〉의 "종합목록을 . . . 장서 목록 430.26")

주기는 분류 항목만을 나열한 분류표로는 정확한 분류를 하기 어려울 경우에 제시된다. 따라서 모든 엔트리에 주기가 제시되는 것은 아니다. 주기의 일반적인 내용은 다음과 같다.[34]

① 주요 분류 항목에 대한 정의와 간단한 설명 제시 또는 내포된 개념의 범위 표시
② 분류 항목에 관련된 주제, 접근된 주제, 오분류(誤分類) 가능성이 높은 다른 분류 기호를 갖는 주제에 대한 안내 사항표시
③ 앞으로의 연구를 기다려야 할 세분(細分), 즉 입석(立席: standing room)의 토픽 열거
④ 고문헌 분류에 도움이 되도록 하기 위한 특정 서명의 예시
⑤ 분류에 도움이 될 수 있는 인명과 지명 수록
⑥ 각종 조기표의 효과적 사용을 위한 구분의 전개 지시 및 예시
⑦ 별법(別法) 선택에 대한 설명
⑧ 참조가 필요한 항목에 대한 참조 표시 열거

2. 제2권: 상관색인

한국십진분류법 제6판의 상관색인은 제2권에 포함되어 있다. 상관색인은 분산된 관련 항목(distributed relatives), 즉 분류표 전체에 걸쳐 각 학문 분야로 분산되어 있는 동일한 주제에 관한 서로 다른 관점들을 함께 모아주는 기능을 하게 된다.[35] KDC의 상관색인은 특정 주제와 관련된 모든 주제의 명사와 그 주제를 도치 형식으로 표현한 명사를 가나다순으로 배열하여 특정 주제의 분류 위치, 항목의 관련성과 하위 관계, 다른 입장에서 본 분류 기호를 한 곳에 전부 제시하였기 때문에, 분류 항목과 중요한 주를 정확하게 찾을 수 있도록 되어 있다.[36] 표목의 바로 옆에는 그 표목에 해당하는 분류 기호가 나타나게 된다(〈그림 2-5〉 참조).

---

34) 한국도서관협회 편, 한국십진분류법, 제 6 판, 제 1 권 (서울: 한국도서관협회, 2013), 7-8.
35) 오동근, DDC 22의 이해 (대구: 태일사, 2007), 73.
36) 한국도서관협회 편, 한국십진분류법해설 (서울: 한국도서관협회, 1997), 13.

제2장 한국십진분류법 제6판의 구조와 분류의 실제

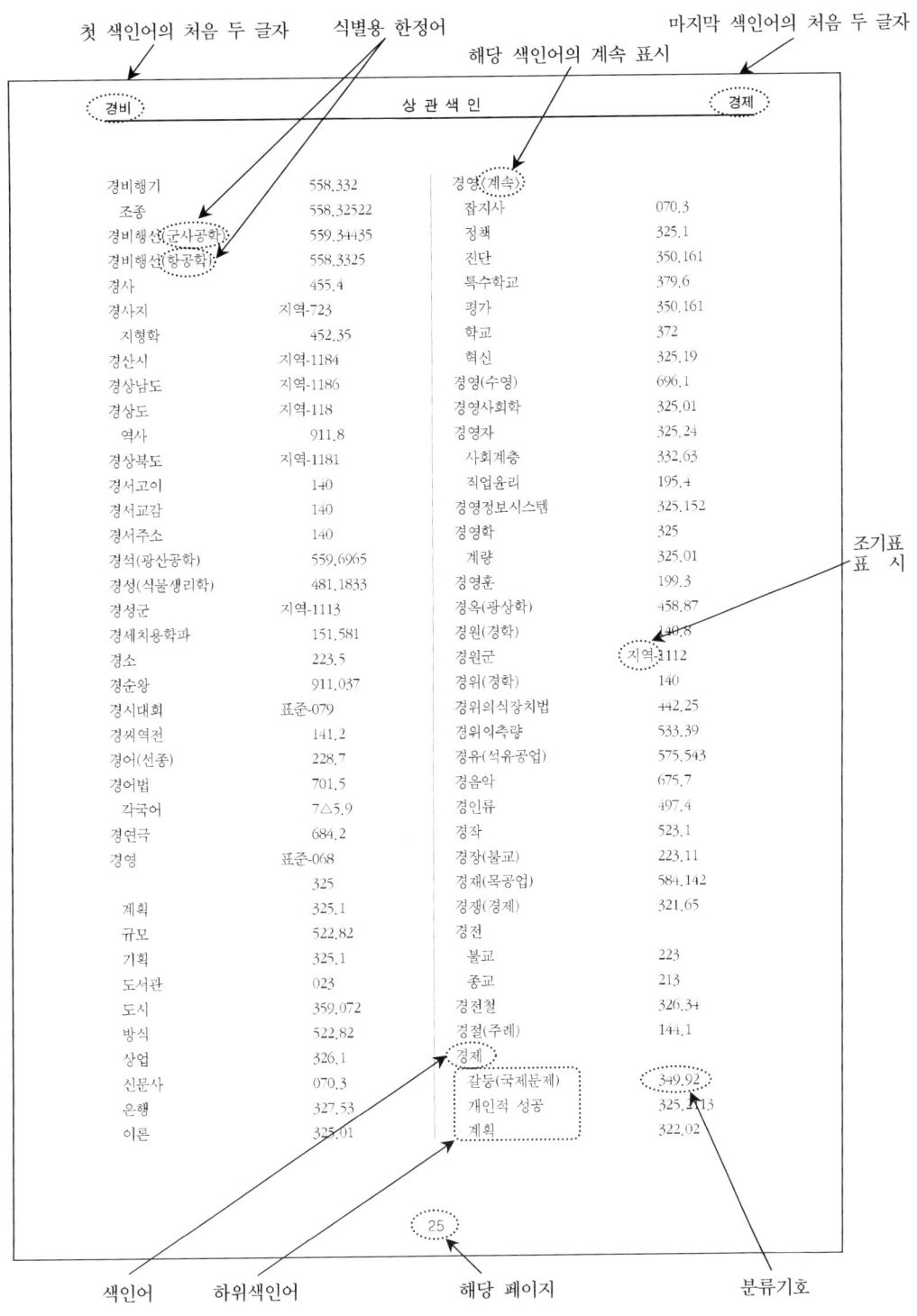

그림 2-5 상관색인의 한 페이지 (제2권, p.25).

제6판의 상관색인의 색인어로는 다음과 같은 용어들을 추출대상으로 하였다.[37]

① 본표와 조기표의 표목과 주기에 표기된 용어(인명(人名), 지명, 국가명, 고유명 포함)
② 검색의 접근점이 될 가능성이 있는 ①항의 용어의 동의어
③ 영어로 된 두문자어(acronym)
④ 병립되어 있으나 자주 사용되는 용어(예: 이광수(춘원)의 경우 "이광수"와 "춘원"을 각각 색인어로 함)
⑤ 기타 분류 담당자의 분류 업무에 도움이 된다고 판단되는 용어

그 밖에도 아라비아 숫자는 한글음과 아라비아 숫자 모두 색인어로 추출(예: 3·1절, 삼일절)하고, 순차 색인 및 도치 색인 모두 색인어로 추출하며, 한자가 병기된 동양의 인명, 지명 등의 경우 현지음과 한자음을 모두 색인어로 추출(예: 도쿄, 동경)하되, 기본적으로 2단계까지 색인어를 추출하도록 하였다.[38]

색인어의 형식과 관련해서는, 도치 항목은 용어 다음에 ' , '를 표기한 후 도치형 수식어를 표기하고, 한정어는 용어 다음에 '( )'로 묶어 표기하여, 동음이의어는 한정어를 '( )'로 묶어 부가하도록 하고 있다.[39]

색인어의 배열과 관련해서는, 자순배열(letter by letter)로 하되, 조기표의 경우는 조기표 이름의 첫 2글자(예: 표준구분표는 '표준')를 앞세워 적도록 하고, 동일한 단어나 어구에 서로 다른 구두점이 부가된 항목은 ① 용어, ② 용어(한정어), ③ 용어, 도치형 수식어의 순으로 배열하도록 하고 있다.[40]

아울러 제6판에서는 이전판들과는 달리, 색인어의 배열에 인덴션을 전면적으로 도입하였다.

---

37) 한국도서관협회 편, 한국십진분류법, 제6판, 제2권 (서울: 한국도서관협회, 2013), xii.
38) *Ibid.*, xii-xiii.
39) *Ibid.*, xiii.
40) *Loc. cit.*

상관색인을 이용할 때는 분류하고자 하는 항목이 색인어로 바로 나타난다고 하더라도, 이 상관색인에만 의존하여 분류 기호를 부여하게 되면 자칫 오분류(誤分類)를 범할 수도 있다. 따라서 일단 색인을 통해 해당 항목의 분류 기호를 찾은 경우라고 하더라도, 반드시 본표에서 이를 대조·확인하여야 하며, 만일 본표에서 해당 주제의 분류 기호를 구했다면 정확한 분류를 위해 색인과 대조·검토한 후에 분류 기호를 결정하는 것이 바람직하다.[41]

3. 제3권: 해설서

한국십진분류법 제6판의 특징 중 하나는 그에 대한 해설서를 제3권으로 함께 발행했다는 점이다. 제4판의 경우에는 『개정 제4판 한국십진분류법 해설』[42]을 별도로 발행한 바 있었으나, 제5판의 경우에는 여러 가지 사정으로 별도의 해설서를 발행하지 못하였다.

제6판 해설서는 그 서문에서도 명시적으로 밝히고 있는 것처럼, 기본적으로 『개정 제4판 한국십진분류법 해설』의 내용과 골격을 바탕으로 하여 제6판의 내용을 반영하여 이루어진 것이다.[43]

그 내용을 보면, 한국십진분류법의 일반적 내용과 문헌 분류에 관한 일반적 내용을 다루고 있는 "제1장 총론," 분류 작업에 관련된 다양한 실제적 측면들을 다루고 있는 "제2장 분류의 실제," 구체적 분류 규정을 다루고 있는 "제3장 분류 규정"으로 구성되며, 이치번호표와 참고문헌을 함께 수록하고 있다. 특히 제3장의 분류 규정에는 분류의 일반 규정과 특수 규정에 관한 설명과 함께, 각 주류별로 상세한 분류 규정들을 제시하고 있어 분류 담당자에게 많은 도움이 될 것이다.

---

41) 오동근, 배영활, 여지숙, KDC의 이해 (대구: 태일사, 2002), 47.
42) 한국도서관협회 편, 한국십진분류법해설 (서울: 한국도서관협회, 1997)
43) 한국도서관협회 편, 한국십진분류법, 제6판, 제3권 (서울: 한국도서관협회, 2013), vii.

제2절 분류 작업의 실제

1. 분류 작업의 일반적 과정

분류 작업은 일반적으로 다음과 같은 과정을 거치게 된다.[44]

① 사용할 분류표의 선정 및 이해
② 분류 대상 문헌의 내용에 대한 정확한 파악
③ 해당 분류표에서 그 문헌의 내용에 가장 알맞은 분류 기호의 결정 및 부여
④ 동일 분류 기호 내의 2차 배열을 위한 도서 기호의 결정과 청구 기호의 구성
⑤ 청구 기호에 따른 문헌의 서가 배열

KDC 제6판을 사용할 경우에는 우선 이 분류표에 대한 충분한 이해가 선행되어야 할 것이다. 이를 위해서는, 한국십진분류법에서도 밝히고 있는 것처럼, 분류표의 조직에 정통한 것은 물론 상관색인의 이용법도 충분히 숙지해야 할 것이다.[45]

다음으로는 분류 대상 문헌의 내용을 정확하게 파악하여 그 문헌의 주제와 학문 분야를 올바르게 결정하는 것이 중요하다. 이는 일반적으로 문헌의 표제(서명: title), 목차(table of contents), 서문(preface 또는 introduction), 본문 자체, 참고문헌, 외부의 주요 정보원 등을 보고 종합적으로 판단하게 된다.[46]

표제 또는 서명은 전문 서적을 포함한 대부분의 경우, "문헌의 내용을 가장 잘 표현하는 간단한 어구(語句)로 나타내는 것으로, 문헌의 주제를 파악하는 첫 번째 정보원"[47]이 된다. 다만 문학류를 포함한 대중적이거나 상업성이 강한 분야의 경우에는

---

[44] 오동근, DDC 22의 이해 (대구: 태일사, 2007), 93.
[45] 한국도서관협회 편, 한국십진분류법, 제6판, 제1권 (서울: 한국도서관협회, 2013), 10.
[46] 이하의 설명은 오동근, DDC 22의 이해 (대구: 태일사, 2007), 95-96과 한국도서관협회 편, 한국십진분류법해설 (서울: 한국도서관협회, 1997), 8-19의 내용을 종합하여 재구성하였다.

과장되거나 함축적인 표현이 사용되는 경우가 많기 때문에 유의해야 한다.

목차는 표제나 서명보다 더 구체적으로 문헌의 내용을 표현해 주는 경우가 많기 때문에 도움이 된다. 서문과 서론, 동양 자료의 발문(跋文)도 저자의 집필 의도나 동기, 입장, 관점을 파악할 수 있다는 점에서, 도움이 된다. 이러한 부분을 통해서도 문헌의 주제를 파악할 수 없는 경우에는 본문 자체를 읽고 확인해야 한다. 때로는 해당 문헌에 포함되어 있는 참고 문헌이나 서지, 색인 등도 좋은 정보원이 된다. 해당 문헌의 저자가 속한 전문 분야나 그 경력 등도 도움이 될 수 있다.

해당 문헌 이외의 외부에서 얻을 수 있는 정보원들도 주제나 학문 분야를 파악하는 데 도움이 되는 경우가 많다. CIP(Cataloging-In-Publication) 데이터나 국가대표도서관(미국의회도서관이나 한국의 국립중앙도서관 등)에서 온라인 목록 등을 통해 제공하는 각종 서지 정보도 주제명 표목과 분류 기호를 포함한 중요 정보를 포함하고 있기 때문에 도움이 될 수 있다. 또한 각종 출판사 등에서 발행하는 서평(書評)이나 참고 도서 등의 각종 참고 정보원, 해당 분야의 연구자나 주제 전문가도 도움이 될 수 있을 것이다.

2. KDC 제6판을 사용하기 위한 분류의 일반 규정

일반적으로 분류 규정(classification code)은 분류표를 해당 도서관에서 적용하고 운용하기 위한 규칙으로, "분류표의 구체적 운용법"[48]이다. 이는 자관(自館)에 입수되는 자료를 분류할 때 적용할 일반 원칙이나 개별 주제에 관한 특별 규정을 성문화(成文化) 또는 공식화한 지침[49]이라고 할 수 있다. 한국십진분류법 제6판에서는 이 분류 규정을 제3권 해설서의 제3장 전체에 걸쳐 상세하게 다루고 있다.[50] 분류 규정에는 분류 작업의 일반적인 방침이나 원칙을 다루는 일반 규정과 개개의 주제에 관한

---

47) 오동근, 배영활, 여지숙, KDC의 이해 (대구: 태일사, 2002), 48.
48) 志保田務, 高鷲忠美, 資料組織法, 第6版 (東京: 第一法規, 2008), 29.
49) 윤희윤, 정보자료분류론, 수정증보판 (대구: 태일사, 2005), 56.
50) 한국도서관협회 편, 한국십진분류법, 제6판, 제3권 (서울: 한국도서관협회, 2013), 29-286.

구체적인 지침이 되는 특수 규정으로 구분할 수 있다.[51] 해설서에서는 13개의 일반 규정을 먼저 다루고, 표준 구분을 포함한 각 주류별 특수 규정을 상세하게 다루고 있는데, 여기서는 13개의 일반 규정만을 간략하게 제시하고자 한다.[52] 특수 규정에 대해서는 한국십진분류법 제6판의 제3권 해설서를 참고하기 바란다.

① 기본 원칙: 일시적인 필요나 요구보다는 이용자에게 가장 유용하도록 주제에 따라 일관성 있는 분류 원칙 적용
② 주제와 형식: 먼저 주제에 따라 분류하고, 다음으로 그 주제를 표현하는 형식 고려. 다만 총류(000)의 일부와 문학류(800)의 문학 작품의 경우는 예외
③ 복수 주제: 가장 중요하다고 판단되는 주제 아래에 분류. 다만 비중이 동일할 경우는 첫 번째 주제에 분류하고, 셋 이상의 주제를 포함하고 있는 경우는 중점을 둔 주제 또는 전체를 포괄하는 상위 주제에 분류
④ 관점: 주된 관점을 우선적으로 고려하여 분류하고, 판단이 어려운 경우는 저자의 전공 분야를 고려하여 분류
⑤ 주제와 연구 방법: 연구 방법이나 이론을 특정 주제에 응용한 경우 연구 대상 주제에 분류
⑥ 인과 관계: 결과에 해당하는 주제에 분류
⑦ 영향: 영향을 받거나 작용을 받는 주제에 분류
⑧ 구체적인 주제와 추상적인 주제: 구체적인 주제에 분류
⑨ 비교, 대조: 저자가 옹호하거나 지지하는 주장에 분류
⑩ 비판: 비판의 대상이 되는 저작에 분류하지 않고, 비판한 학자에 분류
⑪ 원저작과 그 관련 저작: 원저작의 번역, 비평, 해설, 평역(評譯), 주석(註釋) 등은 원저작과 같은 곳에 분류. 어학 학습 목적의 대역서(對譯書), 주해서(註解書) 등은 학습하고자 하는 언어의 해석 및 독본(讀本)으로 분류. 다만 특정 목적을

---

[51] 한국도서관협회 편, 한국십진분류법해설 (서울: 한국도서관협회, 1997), 21.
[52] 한국도서관협회 편, 한국십진분류법, 제6판, 제3권 (서울: 한국도서관협회, 2013), 29-33 의 내용을 바탕으로 하였음.

가지고 원저작의 일부를 별도로 간행한 경우나 이를 대상으로 한 번역서 및 연구서는 그 일부분의 주제에 따라 분류
⑫ 총서(叢書) 및 단행본: 특정 주제에 한정되지 않은 것이나 여러 사람의 문학 작품집 및 미술 전집, 개인의 저작집, 크기나 부피가 작은 문고본(文庫本) 등은 총서로 분류. 권·호 표시가 없거나 총서명이 본서명(本書名)에 비해 아주 작게 표시된 경우나 출판사 총서류는 단행본으로 분류
⑬ 분류표에 없는 새로운 주제: 해당 주제와 가장 밀접한 관계가 있다고 생각되는 주제에 추가하거나 별도의 유를 신설하여 분류

제2부

조기표의 분석과 적용

제3장 표준구분표

제4장 지역구분표

제5장 국어구분표

제6장 언어공통구분표

제7장 문학형식구분표

제8장 종교공통구분표

제3장

표준구분표

표준구분표는 KDC 제6판의 6개 조기표 중에서 가장 먼저 제시되어 있으며, 문헌분류 과정에서 본표 전반에 걸쳐 가장 광범위하게 사용되는 조기표이다.

표준구분표는 어떤 주제를 그 표현 형식이나 자료의 물리적 형식, 체제 등에 따라 함께 모으고, 표를 간소화하여 이용을 편리하게 하고자 마련된 것이다.[1] KDC의 표준구분표는 제1판에서 "형식구분"이라는 이름으로 처음 사용되었으며, 이는 제3판까지 동일하게 사용되었다. 이후 제4판부터 현재의 이름으로 변경되었다.

KDC의 표분구분표는 DDC의 Table 1 Standard subdivisions와 동일한 역할을 수행하는 조기표로서, 주제의 취급 형식, 체제, 자료의 물리적 형태가 동일한 것은 동일한 기호를 부여하기 위해 마련한 조기표이다.

제1절 표준구분표의 개요와 주요 개정 부분

1. 표준구분표의 개요

표준구분표는 -0으로 시작하는 분류 기호를 가지며, -01부터 -09까지 십진식으로 전개되어 있다. 표준구분표의 분류 기호는 2자리로 세분 전개된 경우, 그 자리수가 4자리에 이르는 기호도 있다. 먼저 KDC 제6판에 제시된 표준구분표의 개요를 살펴보면 〈그림 3-1〉과 같다.

---

[1] 한국도서관협회 분류위원회 편, 한국십진분류법, 제6판, 제1권 (서울: 한국도서관협회, 2013), 4.

-01		철학 및 이론
	-012	분류론
	-015	수학원리
	-019	윤리적 접근
-02		잡저(雜著)
	-021	편람, 핸드북, 포켓북
	-022	스크랩북, 클리핑 등
	-023	법령 및 규정
	-024	시청각자료 및 디지털자료
	-025	제표, 사물목록, 도보
	-026	서지, 도서목록, 초록, 색인, 해제
	-027	보조기법 및 절차
	-029	특허, 규격, 상표
-03		사전(辭典), 사전(事典), 인용어사전, 용어집, 약어집
	-034	커뮤니케이션, 용어연구, 술어, 명명법
-04		강연집, 수필집, 연설문집
-05		연속간행물
	-059	연감, 통계연감, 연보, 역(曆)
-06		각종 단체, 조직(학회, 단체, 협회, 기관, 회의) 및 경영
	-061-067	국가 및 지방 조직
	-068	경영
	-069	박물관 및 상설전시장
-07		지도법, 연구법 및 교육, 교육자료
	-071	교육양성기관(강습회, 연구집회)
	-072	지도법
	-073	연구방법론
	-074	기술, 기기, 기구, 비품
	[-076]	교과서 및 문제집
	-077	각종 시험 대비용 교재 및 문제집, 면허증
	-079	경시/경진대회, 포상, 상품, 상장
-08		총서, 전집, 선집
	-081	개인전집, 총서, 선집
	-082	2인 이상의 전집, 총서, 선집
-09		역사 및 지역구분
	-0901	원시시대
	-0902	고대(1~499)
	-0903	중세(500~1499)
	-0904	근세(1500~1899)
	-0905	20세기(1900~1999)
	-0906	21세기(2000~2099)
	-091-096	대륙, 국가, 지방구분
	-097	지역구분 일반
	-098	해양구분
	-099	전기

그림 3-1 표준구분표의 개요

제3장 표준구분표

표준구분표는 분류 대상 자료의 본질적인 주제는 아니지만 서술 형식과 출판 형식에 대한 항목들로 구성되어 있다. 표준구분표에 제시된 항목 중 -01, -07, -09는 서술 형식에 대한 항목이며, -02, -03, -04, -05, -06, -08은 편집 또는 출판 형식에 대한 항목이다. 그리고 표준구분표의 항목 중 상당부분은 총류의 강목과 조기성을 갖도록 하고 있다.[2] 〈표 3-1〉은 표준구분표의 항목 구분 및 총류와의 조기성을 분석한 것이다.

표 3-1 KDC 표준구분표의 항목 구분 및 총류와의 조기성 비교

표준구분표	본표 주류 및 강목	항목 구분
-01 철학	100 철학*	서술형식
-02 잡저		편집/출판형식
-03 사전(辭典), 사전(事典), 인용어사전, 약어집	030 백과사전	편집/출판형식
-04 강연집, 수필집, 연설문집	040 강연집, 수필집, 연설문집	편집/출판형식
-05 연속간행물	050 일반연속간행물	편집/출판형식
-06 각종 단체, 조직 및 경영	060 일반 학회, 단체, 협회, 기관	편집/출판형식
-07 지도법, 연구법 및 교육, 교육자료	370 교육학**	서술형식
-08 총서, 전집, 선집	080 일반 전집, 총서	편집/출판형식
-09 역사 및 지역 구분	900 역사*	서술형식

* 주류와 조기성을 갖는 경우, ** 총류 이외의 강목과 조기성을 갖는 경우

〈표 3-1〉에서 제시된 것과 같이, 표준구분표의 항목들 중 총류의 강목과 조기성을 가지는 것은 9개 중 5개(-03, -04, -05, -06, -08)이며, 나머지 3개(-01, -07, -09)는 다른 주류 또는 강목과 조기성을 가지고 있다.

그리고 표준구분표에서는 -09 역사 및 지역구분에 시대구분(-0901~0906)과 지역구분(-091~098)을 함께 전개하고 있다. 그러나 상당수의 문헌분류표에서는 시대구분을 표준구분과는 별도로 표를 마련하고 있다. KDC가 시대구분을 표준구분의 일부로

---

[2] 한국도서관협회 분류위원회 편, 한국십진분류법, 제6판, 제1권 (서울: 한국도서관협회, 2013), 4.

포함하고 있는 것은 DDC의 체재를 따르고 있는 것이다.[3] KDC의 900 역시 역사 관련 주제들이 먼저 전개되고 980에 지리가 전개되어 표준구분표의 -09와 밀접한 조기성을 띄고 있다.

2. 표준구분표의 주요 개정 부분

KDC 제6판에서 표준구분표는 분류표의 실용성을 위해 일부 항목이 신설되거나 이치, 삭제 등 약간의 조정이 이루어졌다. KDC 제6판 표준구분표의 개정 내용을 구체적으로 살펴보면 다음과 같다.

① 지역구분표의 개정에 따른 -097 지역구분 일반 항목의 신설: 지역구분표의 개정으로 표준구분의 -09 역사 및 지역구분 아래 -098 일반지대, 지방, 해양구분에서 일부 항목들이 이치되면서 해양구분으로 명칭이 조정되었다. 그리고 이전 판의 -091~097 특수 대륙, 국가, 지방구분은 -091~096 대륙, 국가, 지방구분으로 조정되었고, -097에는 기후, 지형, 식생 등 지역구분 일반을 위한 항목이 신설되었다.

② 표준구분표에서 신설된 분류 항목: -097 외에도 표준구분표에서 일부 항목들이 신설 및 전개되었는데, 그 내용은 〈표 3-2〉와 같다.

표 3-2　표준구분표의 신설 분류 항목

분류 기호	분류 항목
-015	수학원리
-019	윤리적 접근
-028	특정 직업 종사자를 위한 저작
-0601	국제조직
-061-067	국가 및 지방조직
-068	경영

---

3) 김자후, "KDC(한국십진분류표) 4판에 대한 제언," 도서관학논집 27 (1997), 10.

③ 분류 항목의 명칭의 조정 및 이치: 분류표의 실용성을 유지하기 위해 일부 항목들을 이치하였는데, 이치된 항목들은 〈표 3-3〉과 같다.

표 3-3 표준구분표의 조정 및 이치 분류 항목

제5판	제6판
-076 교과서 및 문제집	[-076] 교과서 및 문제집 　　　　자습서 및 문제집은 표준구분 　　　　-077에 분류한다.
-077 각종시험, 면허증	-077　각종 시험 대비용 교재 및 문제집, 면허증
-079 포상, 상품, 상장	-079　경시/경진대회, 포상, 상품, 상장
	-09711　한대지방
	-09713　온대지방
	-09717　열대지방
	-09723　산악지방
	-09746　사막지방
-0981 한대지방	
-0982 온대지방	
-0983 한열대지방	
-0984 산악지방	
-0985 사막지방	

아울러 -098 일반지대, 지방, 해양구분의 항목 조정으로 -0988 해양, -0999 기타 항목은 삭제되었다.

제2부 조기표의 분석과 적용

제2절　표준구분표의 특성

KDC의 표준구분표는 DDC의 표준세구분표와 동일한 역할을 수행하며 특징도 대체로 동일하다. 따라서 DDC의 표준세구분표의 특징에 준거하여 KDC의 표준구분표의 특징을 살펴보면 다음과 같다.[4]

① 표준구분표의 구성
  ㉠ 어떤 주제에 반복적으로 나타나는 비본질적인 특성
    - 예: "정치 철학"이라는 주제의 기본 요소는 정치이며, 철학은 비본질적 요소로서 주제의 일부
  ㉡ 해당 문헌의 일차적인 주제보다는 오히려 문헌 자체에 관련된 비주제적 특성
    - 예: "정치 철학 사전"의 경우 정치 철학이 그 주제, 그러나 사전이라는 개념은 정보 내용이 아닌 자료의 표현 형식에 관련되기 때문에 그 주제에 대해서는 아무런 영향도 미치지 못함
② 표준구분표는 본표에 표준구분표의 적용 불가 지시가 있거나 적용시 기호 중복의 경우를 제외하고, 토픽의 범위나 상세도에 관계없이 해당 분류 기호의 전체에 상당하는 모든 토픽의 분류 기호에 적용 가능
③ 표준구분표는 공식적인 부가 지시 사항 없이 열거되거나 합성된 어느 주제에 대해서나 추가 가능(몇몇 예외적인 경우는 제외)
④ 표준구분표는 단독으로 사용할 수 없음
  - 표준구분표 기호의 앞에 붙은 붙임표(-)는 다른 조기표의 경우와 마찬가지로 표준구분표가 단독으로 사용할 수 없음을 나타냄

---

[4] Lois Mai Chan and others, *Dewey Decimal Classification: A practical guide,* 2nd ed. (New York: Forest Press, 1996), 97-98 과 오동근, DDC 22 의 이해 (대구: 태일사, 2007), 118-120, 오동근, 배영활, 여지숙, KDC 의 이해 (대구: 태일사, 2002), 58-59 에 제시된 내용을 바탕으로, KDC 에 적합하게 조정하였음.

⑤ 표준구분표의 기호는 최소한 2자리로 구성되며, 항상 영(0)으로 시작
- 영(0)은 기본 주제 또는 해당 주제의 기본 요소로부터 두 번째 주제 또는 해당 주제의 두 번째 요소로 변경되고 있음을 나타내 주는 이른바 패싯 지시 기호(facet indicator)의 역할을 수행함[5]
⑥ 표준구분표는 KDC의 다른 모든 기호들과 마찬가지로, 십진식으로 확장·전개 가능

제3절 표준구분표의 사용법

1. 표준구분표의 적용 단계

표준구분표는 본표에 적용을 금지하는 별도의 지시가 없는 한 본표의 기호에 부가하여 사용할 수 있다. KDC의 표준구분의 적용 단계를 "약학 교육"을 예로 들어 설명하면 다음과 같다.

▶ 1단계: 주제 파악 및 표준구분 적용 요소의 분리

표준구분을 적용하기 위하여 가장 먼저 해야 할 단계는 분류 대상 자료의 주제를 파악하는 것이다. 자료의 주제 파악 후 해야 할 것이 표준구분표를 적용할 수 있는 요소를 파악하는 것이다. "약학 교육"의 경우에서 볼 수 있는 것처럼, "약학"과 "교육"의 두 요소로 분리되는데, 이 두 요소 모두 본표와 표준구분에 모두 전개되어 있다. 이러한 이유로 표준구분표의 일부는 주제 요소처럼 보이는 예들이 많아 이를 파악하기가 어려운 경우도 많기 때문에 주의해야 한다.

"약학 교육"에서 고유주제는 "약학"이며, 표준구분을 적용할 수 있는 요소는 "교육"이다.

---

[5] Lois Mai Chan and others, *Dewey Decimal Classification: A practical guide*, 2nd ed. (New York: Forest Press, 1996), 98.

▶ 2단계: 주제에 대한 본표 기호 부여

두 번째 단계는 분류 대상 자료의 주제에 대해 본표의 기호를 부여하는 것이다. 이 경우 주류, 강목, 요목의 경우 KDC 본표 앞 부분에 제시되어 있는 주류표, 강목표, 요목표를 보고 주제에 해당하는 분류 기호를 찾을 수 있다. 그러나 세목의 경우에는 상관색인을 이용하여 파악된 주제명을 검색하여 제시된 분류 기호를 찾은 후, 본표의 해당 부분에서 다시 확인하여 주제에 대한 분류 기호를 결정할 수 있다. 위의 예에서 주제인 "약학"의 분류 기호는 "518"이다.

▶ 3단계: 표준구분 적용 요소에 대한 표준구분 기호 부여

세 번째 단계는 표준구분을 적용할 수 있는 요소에 해당하는 기호를 표준구분표에서 찾는 것이다. 위의 예에서 표준구분을 적용할 수 있는 요소인 "교육"의 표준구분 기호는 "-07"이다.

▶ 4단계: 본표의 기호와 표준구분 기호의 합성

네 번째 단계는 주제에 해당하는 본표의 기호에 표준구분의 기호를 부가하는 것이다. 위의 예인 "약학 교육"의 최종 분류기호는 주제에 해당하는 본표 기호 "518"에 표준구분의 기호 "-07"을 부가하여 "518 + -07 → 518.07"이 된다.

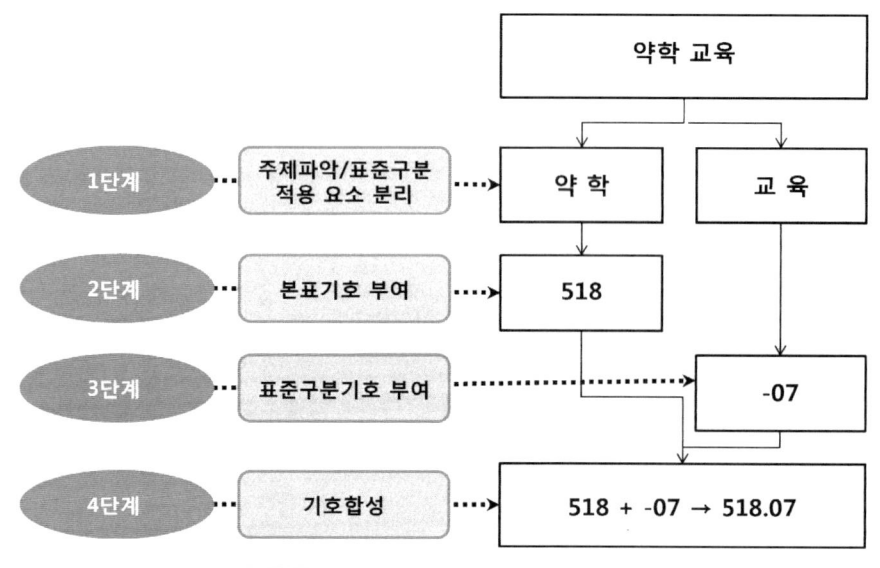

그림 3-2 표준구분표의 적용 단계

이를 그림으로 나타내면 〈그림 3-2〉와 같다.

2. "0"의 사용 규칙

KDC에서 본표의 기호와 조기표의 기호를 합성할 경우, 특히 주류 및 강목의 기호에 대해 주의해야한다. 이것은 KDC가 분류 기호의 기본 자리수를 3자리로 정하고 있기 때문이다. 이 원칙에 따라 주류의 경우 1자리, 강목의 경우 2자리의 분류 기호만 의미를 가지며, 나머지 자리는 기본 3자리를 채우기 위하여 의미를 가지지 않는 영(0)이 부여된다. 따라서 주류 및 강목의 기호에 표준구분표의 기호를 부가할 경우, 본표에 별도의 지시가 없는 한, 이 의미를 가지지 않는 "0"은 생략해야 한다. KDC에서는 이렇게 형식적으로 부여된 주류와 강목의 '0'은 표준구분을 붙일 때는 원칙적으로 삭제해야 함[6]을 명기하고 있다. 따라서 KDC의 주류와 강목에 대해 표준구분표의 기호를 부여할 때는 영(0)의 사용과 관련하여 특히 주의해야 한다.

영(0)의 사용에 대한 주류의 예를 "사회과학 연구방법론"에 적용하여 앞서 살펴본 표준구분의 적용 단계에 따라 살펴보면 〈그림 3-3〉과 같다.

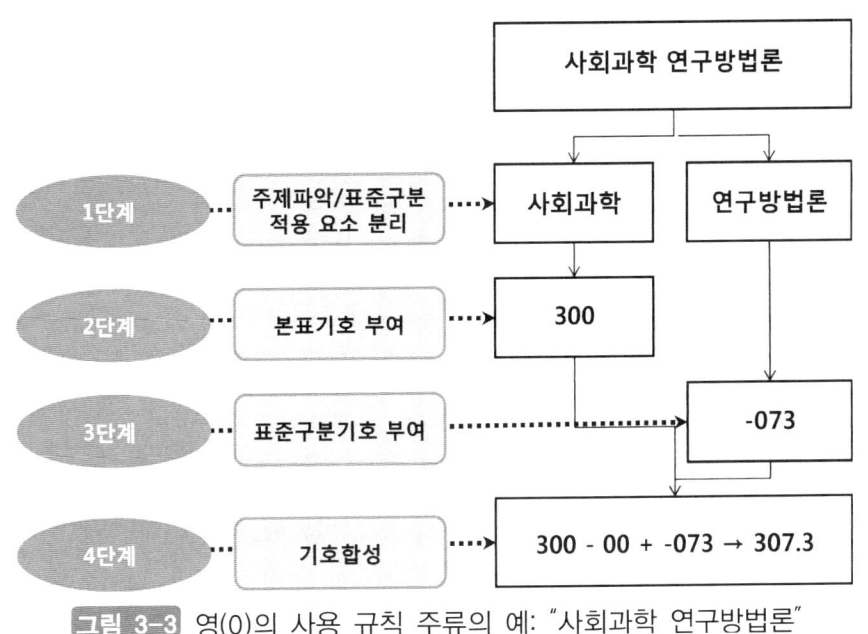

그림 3-3 영(0)의 사용 규칙 주류의 예: "사회과학 연구방법론"

---

6) 한국도서관협회 분류위원회 편, 한국십진분류법, 제6판, 제1권 (서울: 한국도서관협회, 2013), 4.

그러나 '0'을 삭제한 기호가 이미 다른 주제를 나타내는 기호로 사용되고 있을 경우에는 기호의 중복을 막기 위해 이를 삭제하지 않고 그대로 부여해야 한다.[7] 10개의 주류 가운데 총류(000)와 예술류(600) 2개 주류는 이 규칙을 그대로 적용시킬 수 없는 경우이다.

우선 총류(000)의 경우, 표준구분표를 부가할 의미를 갖는 분류 항목이 존재하지 않을 뿐만 아니라, 003-005에는 이미 시스템 및 컴퓨터과학, 프로그래밍에 관한 주제를 부여하고 있기 때문에, 이와 같은 일반 규칙을 적용시킬 수 없다.

예술류(600)의 경우, 601-609를 예술류의 대부분을 차지하고 있는 미술의 표준구분표로 사용하고 있기 때문에, 역시 이와 같은 일반 규칙을 적용시킬 수 없다. 따라서 예술류의 표준구분표는 패싯 지시 기호 "0"을 추가한 600.1-600.9가 된다.

강목(綱目)의 경우도 일반적인 경우는 기본적인 세 자리를 채우기 위해 부여된 "0"을 삭제해야 한다. "0"의 사용에 대한 강목의 예를 "교육 철학"에 적용하여 앞서 살펴본 표준구분의 적용 단계에 따라 살펴보면 〈그림 3-4〉와 같다.

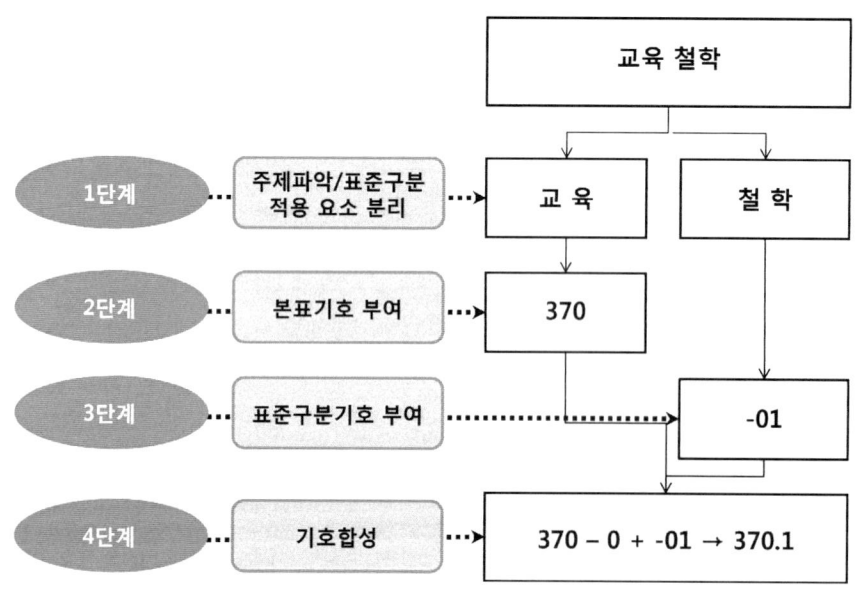

그림 3-4 영(0)의 사용 규칙 강목의 예: "교육 철학"

---

7) *Loc. cit.*

제3장 표준구분표

강목의 기호에 표준구분의 기호를 부가할 경우, 화학 공학(570)의 경우처럼 "0"의 삭제를 유보하는 경우도 있다. 〈그림 3-5〉에서 제시된 것처럼 이러한 경우에는 분류표 상에 주기로 "0"의 삭제 유보를 위한 주기가 제시되어 있다.

```
570    화학공학(化學工學) Chemical engineering
       570.01-.09는 표준구분에 따라 세분한다.
```

그림 3-5 본표 570 화학 공학

이 지시에 따라 "화학공학 연속간행물"의 경우, "화학공학"에 해당하는 분류기호 570에서 0을 삭제하지 않고 "연속간행물"에 해당하는 표준구분 기호 -05를 부가하여 570.05가 되며, 이를 그림으로 나타내면 〈그림 3-6〉과 같다.

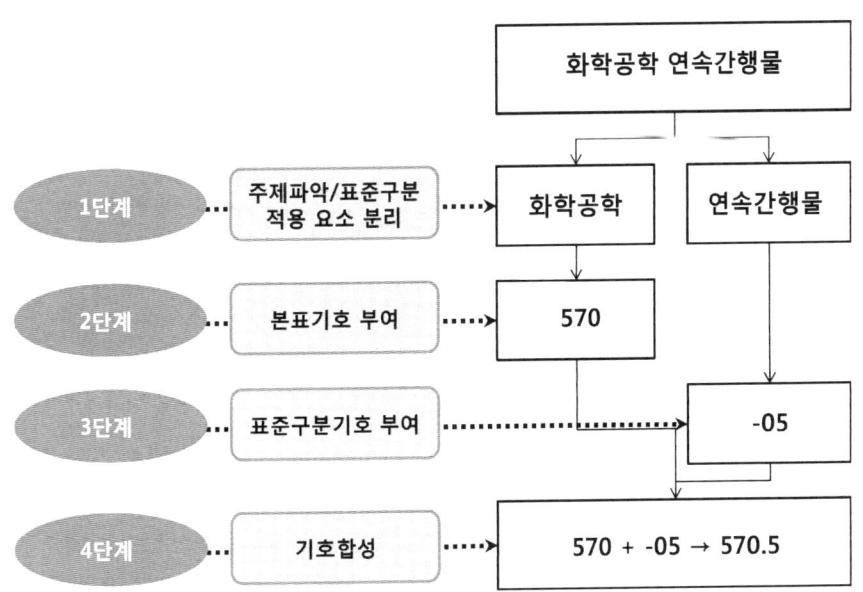

그림 3-6 영(0)의 사용 규칙 강목의 예: "화학공학 연속간행물"

요목이나 세목의 경우에는 원칙적으로 해당주제의 기호에 표준구분의 기호를 추가하게 되지만, 이 경우에도 합성된 기호가 이미 다른 주제를 나타내는 기호로 사용되고 있으면 기호의 중복을 막기 위해 "0"을 하나 더 추가해야 한다.[8] 예를 들면 〈그림 3-7〉에서 제시된 것처럼 지방 자치 및 지방 행정(359)의 표준구분표 적용 기호는 359.001-359.009로, 이것은 표준구분 기호가 부가된 합성기호가 이미 다른 주제의 기호와 중복되므로 이를 막기 위해 "0"을 하나 더 추가한 것이다.

359   지방자치 및 지방행정 Local government and local administration
       359.001-.009는 표준구분에 따라 세분한다.

그림 3-7 본표 359 지방 자치 및 지방 행정의 주기

이 지시에 따라 "지방 자치 행정 사전"은 359.003이 된다(〈그림 3-8〉 참조).

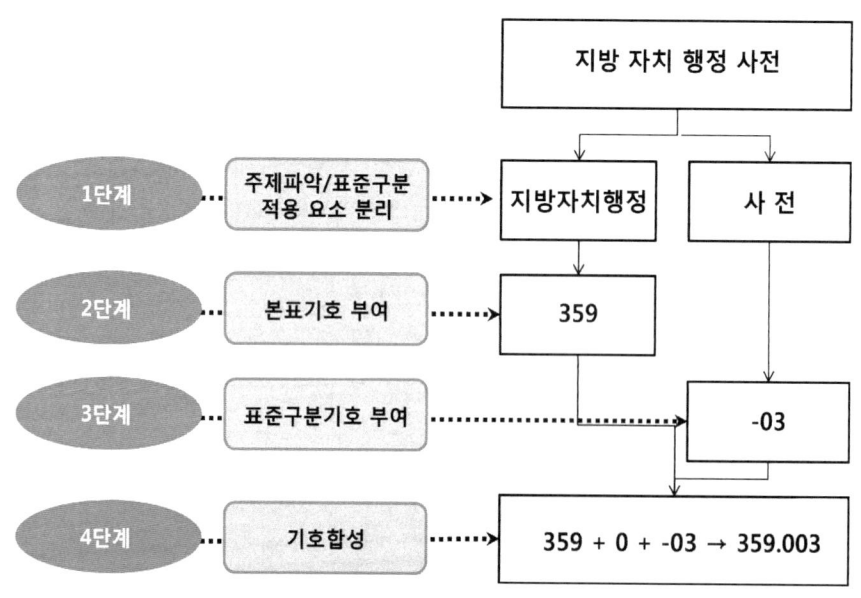

그림 3-8 영(0)의 사용 규칙 요목의 예: "지방 자치 행정 사전"

---

8) 한국도서관협회 분류위원회 편, 한국십진분류법, 제6판, 제1권 (서울: 한국도서관협회, 2013), 4.

이상에서 살펴본 것처럼, 표준구분표의 "0"의 사용에는 일반 규칙에 대한 예외적인 적용이 있기 때문에 반드시 본표의 지시를 확인하고 표준구분표의 기호를 부여해야 한다.

3. 표준구분표 적용상의 유의 사항

표준구분표의 기호를 본표에 적용할 경우, 앞서 언급한 경우 이 외에도 몇 가지 점에 유의해야 한다.

(1) 전체 주제에 상당하는 기호에 대한 적용

KDC의 표준구분표는 DDC의 표준세구분표와 마찬가지로, 입수된 문헌이 해당 분류 기호가 나타내는 주제 전체 또는 그 전체에 상당하는 부분을 다루고 있을 경우에만 추가해야 한다.[9] 예를 들면 331.5 "문화, 문화 과정"에 대한 분류 기호로 〈그림 3-9〉와 같이 본표에 제시되어 있다.

331.5 문화, 문화과정
       문화사회학(사회형성), 사회적 적용 등을 포함한다.

그림 3-9 본표 331.5 문화, 문화과정의 주기

그런데 "문화사회학의 역사"에 관한 문헌이 입수되었을 때, "문화사회학"에 대한 기호 "331.5"에 "역사"에 대한 표준구분 기호 "-09"를 추가하여, "331.5 + -09 → 331.509"로 분류하기가 쉽다. 그러나 331.5는 문화, 문화 과정에 대한 분류 기호로, 문화사회학이 이 기호 전체를 사용하지는 않는다. 따라서 "문화사회학의 역사"에 관한 문헌은 표준구분표의 기호를 추가하기보다는 331.5에 그대로 분류하는 것이 타당할 것이다.

---

9) Melvil Dewey, *Dewey Decimal Classification and relative index*, Vol.4, 21st ed. (New York: Forest Press, 1996), 906.

(2) 부가 지시 사항에 따른 표준구분표의 확장 및 전개

표준구분표는 부가 지시 사항에 따라 본표나 다른 조기표를 사용하여 확장·전개할 수 있다.

"일본의 해양 생물 박물관"를 예로 들면, 우선 이 문헌의 주제는 해양생물로 그 분류 기호는 477.3이다. 그리고 표준구분의 박물관에 해당하는 -069의 기호를 추가할 수 있기 때문에, 이 문헌에 대한 분류 기호는 "477.3 + -069 → 477.3069"이다. 그런데 -069 아래에는 〈그림 3-10〉과 같은 주기가 제시되어 있다.

```
-069        박물관 및 상설전시장
-0691-0697  박물관사 및 지역구분
            지역구분표에 따라 세분한다. 예: 한국박물관 및 전시장 -06911
```

그림 3-10 표준구분의 확장·전개를 위한 주기의 예 (-0691-0697)

따라서 이 주기에 따를 경우, "일본의 해양 생물 박물관"에 대해서는 일본에 대한 지역구분의 기호 -13을 추가할 수 있는데, 그 결과 최종적인 분류 기호는 "477.3 + -069 + -13 → 477.306913"이 될 것이다(〈그림 3-11〉 참조).

```
477.3     해양생물
 -069     박물관(표준구분)
 -13      일본(지역구분)
─────────────────────────
477.3 + -069 + -13 → 477.306913
```

그림 3-11 표준구분표의 확장·전개의 예 (일본의 해양 생물 박물관 477.306913)

(3) 표준구분표의 의미 변형

표준구분표의 기호가 본표의 기호에 부가된 기호로 본표에 전개되는 경우가 많은데, 이 경우에 의미가 특정류를 표현하는 더 중요한 세구분을 나타내기 위해 변경되는 경우도 있다. 이 때 표준구분표의 의미가 다소 변경되거나 또는 그 의미가 완전히 변경되기도 한다. 예를 들면 시청각 자료 및 디지털 자료를 나타내는 표준구분표 -024는 530 공학, 공업 일반, 토목 공학, 환경 공학에서는 그 의미가 다소 변형되어 "과학 완구, 모형 공작"을 나타내게 된다.

이와 같이 변형된 표준구분표의 기호가 변경된 경우에는 해당 주제의 특유한 의미를 나타내지만 표준구분표에는 나타나지 않는다. 따라서 이러한 경우에 표준구분표를 적용할 때는 의미의 변형에 유의해야 한다.

(4) 표준구분표를 사용할 수 없는 경우

일반적으로 KDC에서 표준구분표의 기호는 본표의 거의 모든 기호에 적용할 수 있다. 그러나 해당 분류 기호가 이미 표순구분표의 의미를 힘축하고 있는 경우와 같이 표준구분표의 사용이 아무런 의미도 갖지 못하는 경우가 있다. 예를 들면 "중앙아시아사"를 나타내는 "916"은 이미 역사의 의미를 담고 있기 때문에, 표준구분의 기호 "-09"를 부여할 수 없다.

제2부 조기표의 분석과 적용

제4절 | 표준구분표의 주요 기호 합성에 대한 분석

1. 철학, 학설, 법칙을 다룬 저작

표준구분표에서 제일 먼저 나오는 -01은 철학 및 이론에 대한 기호이다. 이 기호는 제5판까지는 학설, 법칙 등은 물론 원론, 개론, 통론, 입문서 등에 대해서도 적용할 수 있었다. 그러나 제6판에서는 〈그림 3-12〉에서 제시된 것처럼, 원론, 개론, 통론, 입문서 등에 대해서는 이 기호를 적용하지 못하도록 규정하고 있다.

```
-01     철학 및 이론
        주제와 관련된 체계적이고 심도 있는 학설, 법칙 등을 다룬 이론적 저작에만 적용한다.
        일반적인 원론, 개론, 통론, 입문서 등은 표준구분을 적용하지 않고 해당주제에 분류한다.
```
그림 3-12 표준구분표 -01 철학 및 이론의 주기

이 규정에 따라 "경제 철학"의 경우, "320 + -01 → 320.01"이 된다(〈그림 3-13〉 참조).

```
320     경제학
 -01    철학 및 이론(표준구분)
─────────────────────────────
320 + -01 → 320.01
```
그림 3-13 표준구분표 -01 철학 및 이론의 예 (경제철학 320.01)

이때 320의 0은 분류기호의 세 자리를 채우기 위한 의미 없는 0이지만 〈그림 3-14〉에 제시된 것처럼, 본표의 지시에 따라 삭제하지 않은 것이다.

320	**경제학(經濟學)** Economics
	특수주제의 경제학은 해당주제 아래에 분류한다. 예: 농업경제 522
	320.01-.09는 표준구분에 따라 세분한다.

그림 3-14 320 경제학의 표준구분에 대한 주기

그러나 표준구분표 -01의 지시에 따라 "경제학개론"의 경우에는 320에 분류된다.

■ 유사 사례

- 경영학 개론

    325(경영학)

- 경영 철학 연구 서설

    325(경영학) + -01(표준구분: 철학) → 325.01

- 물리학 개론

    420(물리학)

- 물리 법칙의 특성

    420(물리학) - 0 + -01(표준구분: 이론) → 420.1(×)

    420 + -01(표준구분: 이론) → 420.01(○)

    (본표 지시에 따라 420 다음의 0을 생략하지 않음)

2. 시험 대비용 교재 및 문제집

표준구분표의 -077은 〈그림 3-15〉에 제시된 것처럼 각종 시험 대비용 교재 및 문제집과 면허증 취득을 위한 자습서, 문제집, 참고서 등에 적용할 수 있는 기호이다.

-077	**각종 시험 대비용 교재 및 문제집, 면허증**
	국가고시, 검정고시, 공개시험, 기능심사에 관련된 자습서, 문제집, 해답집, 수험참고서 등을 포함한다.

그림 3-15 표준구분표 -077 각종 시험대비용 교재 및 문제집, 면허증

이 지시에 따라 "배관기능사 필기문제집"의 경우 "546 + -077 → 546.077"이 된다 (〈그림 3-16〉 참조).

---

546   **건축환경, 설비, 배관 및 파이프 부설**
  -077 각종 시험대비용 교재 및 문제집, 면허증

546+ -077 → 546.077

그림 3-16 표준구분표 -077 각종 시험 대비용 교재 및 문제집을 위한 저작의 예
(배관기능사 필기문제집 546.077)

- **유사 사례**
  - 품질 관리 기능사 문제 해설
    325.65(품질관리) + -077(표준구분: 각종 시험대비용 교재 및 문제집) → 325.65077
  - 제과 기능장 필기시험 문제
    574.752(제분가공품) + -077(표준구분: 각종 시험대비용 교재 및 문제집) → 574.752077

표준구분표의 -077에는 초·중·고등학생들을 위한 자습서 및 문제집을 분류할 경우에도 부가할 수 있다. 그러나 초·중·고등 학교의 교과서는 -077의 기호를 사용하지 않고 370 교육학 아래 각 교육 과정에 분류한다. 이 지시에 따를 경우, "중학교 자습서"는 "376.5 + -077 → 376.5077"이 되고, "중학교 교과서"는 "376.5"에 분류한다. KDC 제5판에서는 교과서와 문제집을 -076의 기호를 사용하였으나, 제6판에서는 -076의 기호는 더 이상 사용하지 않으며, -077의 기호에 자습서와 문제집을 함께 분류하도록 하였다.

3. 특정 직업 종사자를 위한 저작

표준구분표의 -028은 특정 직업 종사자를 위한 저작에 적용할 수 있는 기호이다. 이 기호는 〈그림 3-17〉에 제시된 것처럼, 특정 직업에 대한 본표의 기호에 표준구분의 -028을 부가하여 특정 직업 종사자를 위한 저작을 그 주제 아래에 전주제구분을 활용하여 본표의 분류기호 순으로 배열할 수 있도록 해준다.

> -028　**특정 직업 종사자를 위한 저작**
> 　　　특정집단을 위해 주제를 다룬 저작을 포함한다.
> 　　　000-999와 같이 주제구분한다. 예: 법조인을 위한 논리학 170.2836

그림 3-17 표준구분표 -028 특정 직업 종사자를 위한 저작

이 주기에 따라 "물리학자를 위한 수학"의 경우 "410 - 0 + -028 + 420 - 0 → 410.2842"가 된다(〈그림 3-18〉 참조).

> 410　　**수 학**
> 　-028　특정 직업 종사자를 위한 저작
> 　420　물 리
> ─────────────────
> 410 - 0 + -028 + 420 - 0 → 410.2842

그림 3-18 표준구분표 -028 특정 직업 종사자를 위한 저작의 예
(물리학자를 위한 수학 410.2842)

■ 유사 사례
- 컴퓨터프로그래머를 위한 영어
    740(영어) - 0 + -028(표준구분: 특정 직업 종사자를 위한 저작) + 005(프로그래밍, 프로그램, 데이터) → 740.28005
- 경제학자를 위한 인문학
    001.3(인문과학 일반) + -028(표준구분: 특정 직업 종사자를 위한 저작) + 320(경제학) - 0 → 001.302832

제2부 조기표의 분석과 적용

제5절 | 표준구분표의 적용 사례 분석

①
- 서명: 전자공학회지(연속간행물)
- 발행기관: 대한전자공학회
- 발행주기: 월간

▶ 569(전자공학) + -05(표준구분: 연속간행물) → 569.05

②
- 서명: 한국불교사
- 저자명: 김영태
- 출판지: 서울
- 출판사: 경서원
- 출판년: 2000

▶ 220(불교) - 0 + -0911(표준구분: 한국사) → 220.911

③
- 서명: 한국 기독교 교육학 문헌 목록
- 저자명: 오인탁
- 출판지: 서울
- 출판사: 기독한교
- 출판년: 2008

▶ 230(기독교) - 0 + -026(표준구분: 서지, 도서 목록, 초록, 색인) → 230.26

④
- 총서사항: 한국 美의 재발견; 8
- 서명: 한국 美의 재발견, 제8권 금속 공예
- 저자명: 최응천, 김연수
- 출판지: 서울
- 출판사: 솔출판사
- 출판년: 2004

▶ 630(공예) - 0 + -082(표준구분: 2인 이상의 전집, 총서) → 630.82

⑤
- 서명: (헨더슨) 생물학 사전
- 저자명: 엘리노어 로렌스 편; 김영환 역
- 출판지: 서울
- 출판사: 바이오사이언스출판
- 출판년: 2013

▶ 470(생명과학) - 0 + -03(표준구분: 사전) → 470.3

⑥
- 서명: (국가기술자격검정) 축산 기능사
- 저자명: 부민문화사 자연과학부
- 출판지: 서울
- 출판사: 부민문화사
- 출판년: 2005

▶ 527(축산학) + -077(표준구분: 각종시험 교재 및 문제집) → 527.077

⑦
- 서명: 한국 교육 연감. 2007
- 저자명: 한국교원단체총연합회, 한국교육신문사 [공편]
- 출판지: 서울
- 출판사: 한국교육신문사
- 출판년: 2007

▶ 370(교육) - 0 + -059(표준구분: 연감, 통계 연감) → 370.59

⑧
- 서명: 공학 수학
- 저자명: 최상규
- 출판지: 대전
- 출판사: 보성
- 출판년: 2013

▶ 530(공학) + -015(표준구분: 수학원리) → 530.015

⑨
- 서명: 남명 조식의 문인들
- 저자명: 최석기, 김현진, 구경아, 강현진, 공광성, 강지옥, 김종현
- 출판지: 서울
- 출판사: 보고사
- 출판년: 2012

▶ 810(한국 문학) - 0 + -099(표준구분: 전기) → 810.99

⑩
- 서명: 정부와 여성 단체의 협력 사업 활성화 방안 연구
- 저자명: 한정자
- 출판지: 서울
- 출판사: 한국여성개발원
- 출판년: 2004

▶ 337(여성 문제) + -06(표준구분: 각종 단체, 조직) → 337.06

⑪
- 서명: 자동차 Driving 최적화: 기술 및 시장·특허 분석 보고서. 2006
- 저자명: 한국특허정보원
- 출판지: 서울
- 출판사: 산업교육연구소
- 출판년: 2006

▶ 556(자동차 공학) + -029(표준구분: 특허, 규격, 상표) → 556.029

⑫
- 서명: 정치 행정학 : 연구방법론
- 저자명: 김종명
- 출판지: 서울
- 출판사: 노벨미디어
- 출판년: 2007

▶ 350(행정학) + -073(표준구분: 연구방법론) → 350.073 (350.73이 아님)

⑬
- 서명: 世界藝術大百科
- 저자명: 전규태
- 출판지: 서울
- 출판사: 아카데미
- 출판년: 1984

▶ 600(예술) - 0 + -03(표준구분: 사전) → 600.3

⑭
- 서명: KACE 평생교육사 현장 실습 핸드북
- 저자명: 한국지역사회교육협의회 KACE
- 출판지: 서울
- 출판사: KACE
- 출판년: 2013

▶ 378(평생교육) + -021(표준구분: 편람, 핸드북) → 378.021

⑮
- 서명: 제9회 LG애드 대학생 광고 대상 수상 작품집
- 저자명: LG애드
- 출판지: 서울
- 출판사: LG애드
- 출판년: 1997

▶ 325.7(광고학) + -079(표준구분: 경시대회, 포상, 상품 등) → 325.7079

⑯
- 서명: *Handbook of Chemical and Environmental Engineering Calculations*
- 저자명: Joseph P. Reynolds, John S. Jeris, Louis Theodore
- 출판지: Hoboken, N.J.
- 출판사: John Wiley&Sons Inc
- 출판년: 2007

▶ 570(화학공학) + -021(표준구분: 편람, 핸드북, 포켓북) → 570.021

제2부 조기표의 분석과 적용

⑰
- 서명: *Soil science: methods and applications*
- 저자명: David L. Rowell
- 출판지: Harlow, Essex
- 출판사: Longman Scientific & Technical
- 출판년: 1994

▶ 521.8(토양학) + -027(표준구분: 보조 기법 및 절차) → 521.8027

⑱
- 서명: *Yearbook of Nursing Statistics*
- 저자명: 대한간호협회 간호정책연구소
- 출판지: 서울
- 출판사: 대한간호협회 간호정책연구소
- 출판년: 2007

▶ 512.8(간호학) + -059(표준구분: 연감, 통계연감 등) → 512.8059

⑲
- 서명: *(A) Dictionary of Genetics*
- 저자명: Robert C. King, Pamela K. Mulligan, William D. Stansfield
- 출판지: Oxford
- 출판사: Oxford University Press
- 출판년: 2013

▶ 476.1(이론유전학) + -03(표준구분: 사전) → 476.103

⑳
- 서명: *Journal of Archaeological Science*
- 발행기관: ELSEVIER
- 발행주기: 월간

▶ 902.5(고고학) + -05(표준구분: 연속간행물) → 902.505

제4장

지역구분표

 지역구분표는 KDC에서 전 세계의 지역을 기호화한 조기표로, KDC 조기표 중 두 번째 제시되어 있으며 KDC의 조기표 중 가장 방대하다. 지역구분표는 KDC 제3판에서는 "지리구분"이었으나, 제4판에서 "지역구분표"로 변경되었다. 특히 제4판까지는 본표 900 아래의 일부 기호를 차용하여 사용하였으나, 제5판부터는 지역구분표에 모든 지역의 기호를 배정하여 그 분량이 상당히 방대해졌다.

 지역구분표는 어느 주제를 특정 국가나 특정 지역에 한정하여 다루고 있는 자료에 대해 먼저 해당주제의 분류기호를 부여하고, 다음에 그 특정 국가나 지역을 나타내는 지역기호를 부가할 때 사용된다.[1]

 분류 대상 문헌이 특정 국가나 지역을 대상으로 하는 경우, KDC에서는 DDC와 마찬가지[2]로 두 가지 방법으로 이에 대처하고 있다.

 첫째, 어떤 지역이 어떤 유에서 중요하기 때문에 지역을 나타내는 개념을 분류 기호로 나타내야 할 경우에는 어떤 유의 강목이나 요목, 세목(細目)에 이를 포함시키고

> **351-357 각국 중앙행정 Administration in specific countries**
> 지역구분표에 따라 세분한 후, 350.1-.8과 같이 기호를 부가하여 세분한다.
> 예: 프랑스행정 352.6; 중국외교부 351.223; 미국대통령 354.221; 영국 공무원제도 352.431

 그림 4-1 지역구분표가 요목에 포함된 예: 351-357 각국 중앙행정

---

[1] 한국도서관협회 분류위원회 편, 한국십진분류법, 제6판, 제1권 (서울: 한국도서관협회, 2013), 5.
[2] 오동근, DDC 22의 이해 (대구: 태일사, 2007), 133.

제2부 조기표의 분석과 적용

있다. 예를 들면 "071-077 각국의 신문"이나 "351-357 각국 중앙행정"(〈그림 4-1〉 참조)과 같으며, 이 경우 요목의 기호는 지역구분표와 조기성을 갖는 결과를 가진다.

둘째, 지역구분표를 사용하여 어떤 주제나 영역의 지역적 측면을 표현하는 경우로, 이 경우 본표의 기본적인 분류 기호에 지역구분표의 특정 지역을 나타내는 기호를 추가하여 분류 기호를 완성한다. 이와 관련된 구체적인 내용은 제2절 지역구분표의 사용법에서 살펴보기로 한다.

제1절 지역구분표의 개요와 주요 개정 부분

1. 지역구분표의 개요

KDC의 지역구분표는 전 세계를 대륙(-1-6)과 지역(-7), 해양(-8)으로 먼저 구분한 뒤, 각 국가, 지역, 해양으로 점차 세분하고 있다. KDC 제6판에 제시된 이러한 지역구분표의 개요는 〈그림 4-2〉와 같다.

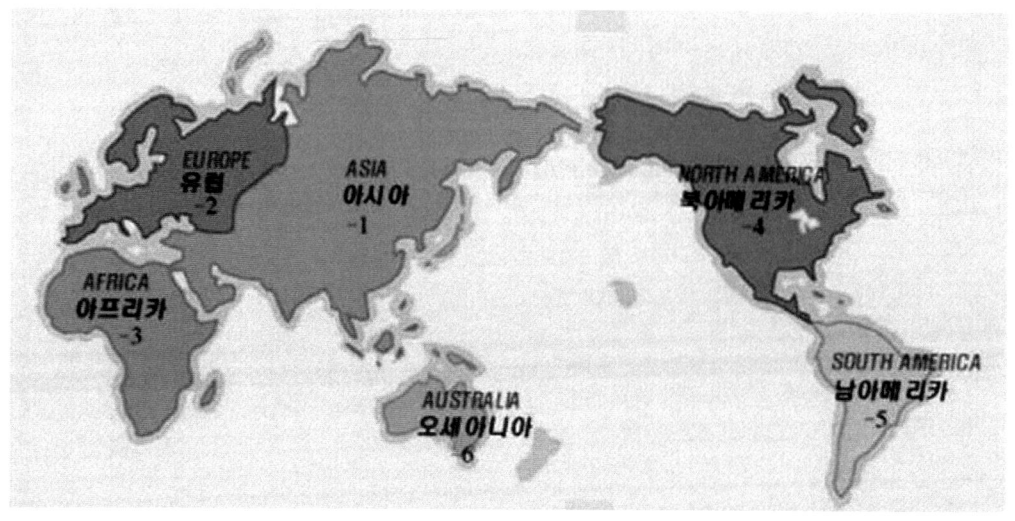

그림 4-3 지역구분표의 대륙 구분

-1	**아시아**	-47	니카라과
-11	대한민국	-48	코스타리카, 파나마
-12	중국	-49	서인도제도
-13	일본	-5	**남아메리카(남미)**
-14	동남아시아	-51	콜롬비아
-15	인디아와 남부아시아	-52	베네수엘라, 기아나
-16	중앙아시아	-53	브라질
-17	시베리아	-54	에콰도르
-18	서남아시아, 중동	-55	페루
-19	아라비아반도와 인접지역	-56	볼리비아
-2	**유럽**	-57	파라과이, 우루과이
-21	고대 그리스	-58	아르헨티나
-22	고대 로마	-59	칠레
-23	스칸디나비아	-6	**오세아니아, 양극지방**
-24	영국, 아일랜드	-62	오스트레일리아(호주)
-25	독일과 중앙유럽	-63	뉴질랜드
-26	프랑스와 인접국가	-64	파푸아뉴기니
-27	스페인과 인접국가	-65	멜라네시아
-28	이탈리아와 인접국가	-66	미크로네시아와 인접국가
-29	러시아와 동부유럽	-67	폴리네시아와 하와이
-3	**아프리카**	-68	대서양제도
-31	북아프리카	-69	양극지방
-311	이집트	-7	**지역구분 일반**
-34	서아프리카	-71	기후에 따른 구분
-36	중앙아프리카	-72	지형에 따른 구분
-37	동아프리카	-74	식생에 따른 구분
-38	남아프리카	-76	사회경제적 구분
-39	남인도양제도	-79	기타구분
-4	**북아메리카**	-8	**해양**
-41	캐나다	-81	태평양
-42	미국(미합중국)	-84	인도양
-43	멕시코	-85	대서양
-44	중앙아메리카(중미제국)	-87	북극해(북빙양)
-45	과테말라, 벨리즈, 엘살바도르	-88	남극해(남빙양)
-46	온두라스		

그림 4-2 지역구분표의 개요

제2부 조기표의 분석과 적용

　지역구분표에서 대다수를 이루는 기호인 -1-6은 대륙별 구분을 바탕으로 하고 있는데 〈그림 4-3〉에서 볼 수 있는 것처럼, 우리나라를 중심으로 한 아시아 대륙을 시작점으로 하여 구대륙에 이어 신대륙의 순서로 기호를 부여하고 있다.

　지역구분표의 기호 역시 KDC의 다른 기호들과 마찬가지로 십진식으로 전개되며, 계층적인 구조를 가지고 있다. 영국의 예를 들면 〈그림 4-4〉와 같다.

```
-2        유럽
-24       영국, 아일랜드
-241      스코틀랜드
-2415     로디언
          에딘버러를 포함한다.
```

그림 4-4 지역구분표의 계층적 구조: 지역구분표 -24 영국

2. 지역구분표의 주요 개정 부분

　KDC 제6판에서 지역구분표는 분류표의 실용성을 위해 일부 항목이 신설되거나 이치, 삭제 등 약간의 조정이 이루어졌다. KDC 제6판 지역구분표의 개정 내용을 구체적으로 살펴보면 다음과 같다.

① 기후, 식생, 지형, 사회경제적 구분 등 지역구분의 일반을 위한 기호 신설: 지역구분표에 기존 -6 오세아니아와 -7 양극지방을 -6으로 통합하고, -7에 기후, 식생, 지형, 사회경제적 구분 등 지역구분 일반을 위한 기호를 신설하였는데, 그 내용은 〈표 4-1〉과 같다.

② 북한 전역의 지역구분 적용을 위한 주기의 추가: -111에 "북한 지역은 여기에 분류한다"라는 주기를 추가하여 북한에 대한 독립 항목으로 사용할 수 있도록 하였으며, 북한 지역구분에 한자 표기가 추가되었다.

제4장 지역구분표

표 4-1 지역구분표의 항목 조정 및 신설

KDC 5	KDC 6
-6 오세아니아	-6 오세아니아, 양극지방
	-69 양극지방
-7 양극지방	-7 지역구분 일반
	-71 기후에 따른 구분
	-72 지형에 따른 구분
	-74 식생에 따른 구분
	-76 사회경제적 구분
	-79 기타 구분

③ 최근 변경된 행정 구역 내용의 반영: 한국의 행정 구역 상의 변경된 내용을 반영하여 증평군(-1173), 세종특별자치시(-1176), 계룡군(-1179)이 추가되었고, 군에서 시로 승격된 당진시(-1178)와 여주시(-1158)의 표기가 변경되었다. 또한 장수군이 -1194에서 -1192로 이치되었고, 금화군(-1144)과 연기군(-1176), 마산시, 진해시(-1188)는 삭제되었다.

④ 양분된 터키 지역구분의 조정: 유럽 대륙의 터키 -2998을 삭제하고 아시아 대륙의 터키 -187로 통합

⑤ 유럽의 지역구분표 하위 표목 표기 변경: 지역구분표에서 하위 표목이 지역명의 열거로 구성된 프랑스, 스페인, 이탈리아 등은 방위명으로 표목을 변경하고 해당 주와 도시명을 포함 주기로 처리하였는데, 그 일부의 예를 들면 〈표 4-2〉와 같다.

제2부 조기표의 분석과 적용

표 4-2 지역구분표의 항목 표기 조정

KDC 5	KDC 6
-26 프랑스와 인접 국가	-26 프랑스와 인접 국가
-261 브르타뉴, 페이드 라 루아르, 푸아투 샤라트	-261 프랑스 서부 　　　브르타뉴, 페이드 라 루아르, 푸아투 샤라트를 포함한다.
-262 바스노르망디, 오트노르망디, 피카르디,	-262 프랑스 북서 　　　바스노르망디, 오트노르망디, 피카르디를 포함한다.
-263 일 드 프랑스, 상트르, 오베르뉴, 리무진	-263 프랑스 중앙 　　　일 드 프랑스, 상트르, 오베르뉴, 리무진을 포함한다.
-264 샹파뉴 아르덴 로렌, 알자스, 부르고뉴	-264 프랑스 북동 　　　샹파뉴 아르덴 로렌, 알자스, 부르고뉴를 포함한다.

제2절 지역구분표의 사용법

지역구분표는 어느 주제를 특정 국가나 특정 지역에 한정하여 다루고 있는 자료에 사용한다. 이를 위해 먼저 해당 주제의 분류 기호를 부여하고, 그 다음에 그 특정 국가나 지역을 나타내는 지역 기호를 부가할 수 있다.[3] KDC의 지역구분표 기호는 두 가지 방식으로 분류 기호에 추가될 수 있다.

---

[3] 한국도서관협회 분류위원회 편, 한국십진분류법, 제6판, 제1권 (서울: 한국도서관협회, 2013), 5.

① 부가 지시 사항에 따른 지역구분표의 사용: 지역구분표의 기호를 직접 추가해야 할 본표의 분류 기호의 아래에 제시되어 있는 부가 지시 사항에 따라 해당 분류 기호에 직접 추가하는 방법

② 표준구분표 -09 사용: 본표의 해당 분류 기호에 표준구분의 기호 -09 역사 및 지역구분을 추가하고 이어서 지역구분표의 기호를 추가하는 방법

1. 부가 지시 사항에 따른 지역구분표의 사용

분류 대상 자료의 주제가 특정 지역에 한정되어 분류 기호를 부여하는 과정에서 지리적 취급을 해야 할 필요가 있을 경우, 주제에 해당하는 본표의 기호에 지역구분표의 기호를 부가하게 된다. 이러한 경우 KDC에서는 지역구분표의 지리적 세분을 분류표에 일일이 전개시켜 두지 않고 주기의 지시사항을 통해 세분 과정에서 직접으로 합성하도록 하고 있다. 이 지시사항에 따라 분류자는 분류표에 지시된 부가 지시 사항에 따라 지역구분표의 기호를 해당 분류 기호에 직접 추가하게 된다. 예를 들면 "026.1 국가대표도서관"에는 "지역구분표에 따라 세분한다"라는 부가 지시 사항이 제시되어 있다(〈그림 4-5〉 참조).

026.1 **국가대표도서관**
　　　　각국의 국가대표도서관은 지역구분표에 따라 세분한다. 예: 미국의회도서관 026.142

그림 4-5 부가 지시 사항에 따른 지역구분표의 사용 예
(국가대표도서관(026.1)의 주기)

이 주기에 따를 경우, "국립중앙도서관"은 "026.1 + -11 → 026.111"이 된다(〈그림 4-6〉 참조).

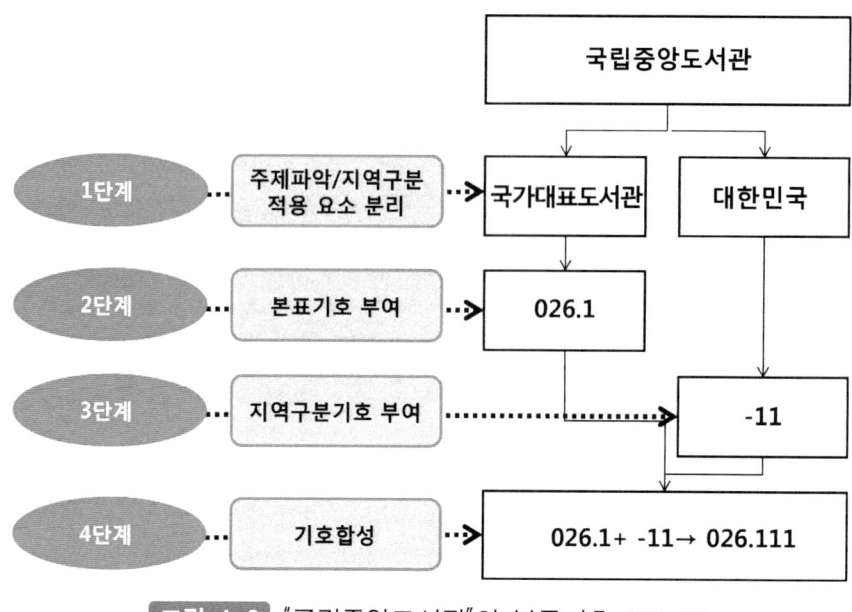

그림 4-6 "국립중앙도서관"의 분류기호 026.111

■ 유사 사례
- 영국도서관(British Library)
    026.1(국가대표도서관) + -24(지역구분: 영국) → 026.124
- 중국국가도서관
    026.1(국가대표도서관) + -12(지역구분: 중국) → 026.112

지역구분표 사용에 대한 지시는 지역별 세분이 필요한 주제에 대해 연속되는 분류기호에 사용되기도 한다. 이러한 경우는 대체로 주제가 각 지역별로 세분되는 경우에 사용된다.

〈그림 4-7〉은 "각국 신문"에 대한 세분을 지역구분표의 사용에 대한 부가 지시로 제시한 경우이다.

071-077 **각국의 신문**
　　　지역구분표에 따라 세분한다. 예: 중국신문 071.2

그림 4-7 부가 지시 사항에 따른 지역구분표의 사용 예
(연속된 분류 기호: 각국의 신문(071-077)의 주기)

이 주기에 따를 경우, "미국의 신문"은 "070 - 0 + -42 → 074.2"가 된다(〈그림 4-8〉 참조).

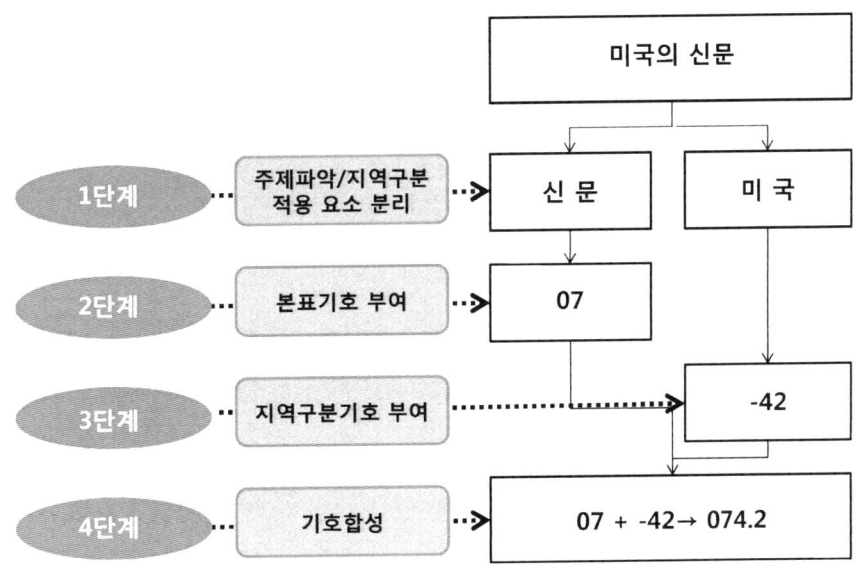

그림 4-8 "미국의 신문"의 분류기호 074.2

- 유사 사례
  - 영국의 신문
    070(신문) - 0 + -24(지역구분: 영국) → 072.4
  - 일본의 신문
    070(신문) - 0 + -13(지역구분: 일본) → 071.3

지역구분표를 본표 내의 다른 주제의 지역구분으로 사용하는 경우는 KDC를 비롯한 DDC, NDC와 같은 십진분류법 계통에서 공통으로 사용하는 방법이다.[4]

지역구분표는 역사상의 시대와 인물, 지역을 나타내 주는 기호법으로 이루어지는 조기표로서, 그 기호들은 역사(900)의 강목, 지리(980) 및 전기(990)의 요목, 일반 단체(060) 및 신문, 언론(070)의 요목, 동양 철학(150)의 요목과 조기성을 지닌다.[5] 이러한 조기성은 지역구분표가 본표의 기호에 부가되어 이미 본표에 제시된 경우(910-970의 강목 및 일부 요목과 세목, 980의 요목, 990의 요목, 150의 요목)와 지역구분표의 사용을 주기로 지시한 경우(060, 070, 910-970의 일부 세목, 980의 세목, 990의 세목 등) 등이 있다. 특히 지역구분표의 기호는 본표의 900 역사의 강목 및 요목, 세목 등에 조기성을 유지하여 전개되어 있거나, 또는 주기를 통해 본표의 전개 없이 다양한 지역적 세분이 가능하도록 하고 있다.

특히 본표에 지역구분의 기호를 전개하는 대신 주기를 통해 지역적 세분이 가능하도록 한 경우에는 분류표의 중복을 피하고 분량을 줄여주는 효과를 가지게 한다. 이러한 예는 KDC 전반에 걸쳐 자주 나타나지만, 특히 900 역사의 강목 및 요목, 세목에서 가장 많다.

이러한 예로 924.1 스코틀랜드 역사의 경우, 기호의 불필요한 반복 전개를 피하기 위해, 〈그림 4-9〉와 같이 지역구분표에 따라 세분하도록 지시하고 있다.

924.1   스코틀랜드
         지역구분표 -241에 따라 세분한다.

그림 4-9 불필요한 반복 전개를 피하기 위한 지역구분표의 사용 예
(스코틀랜드 역사(924.1)의 주기)

---

[4] 한국도서관협회, 한국십진분류법해설 (서울: 한국도서관협회, 1997), 10.
[5] 윤희윤, 정보자료분류론 (대구: 태일사, 2001), 122.

제4장 지역구분표

이 주기에 따라, "에든버러의 역사"는 "924.1(스코틀랜드의 역사) + -5(지역구분표: 에든버러) → 924.15"가 된다(지역구분표에서 에든버러의 기호는 -2415로 이 중 -241은 스코틀랜드의 기호에 해당하며, 이 기호는 본표의 924.1에 이미 부가되었으므로 에든버러를 의미하는 -5만 부가된다). 이를 그림으로 나타내면, 〈그림 4-10〉과 같다.

924.1	스코틀랜드 역사
-5	에든버러(지역구분)

924.1 + -5 → 924.15

그림 4-10 "스코틀랜드 역사"(924.15)의 분류 기호

지역구분의 이러한 예는 〈그림 4-11〉과 같이 980 지리의 요목에서 더욱 명확하게 제시된다.

981	아시아지리
	지역구분표 -1에 따라 세분한다.

그림 4-11 불필요한 반복 전개를 피하기 위한 지역구분표의 사용 예
(아시아지리(981)의 주기)

이 주기에 따라, "한국의 지리"는 "98(기본 기호) + -11(지역구분) → 981.1"이 될 것이다(〈그림 4-12 참조〉).

980	지 리
-11	대한민국(지역구분)

980 - 0 + -11 → 981.1

그림 4-12 "한국 지리"(981.1)의 분류 기호

제2부 조기표의 분석과 적용

- **유사 사례**
  - 뉴욕 역사

    942.2(미국중부대서양 역사) + -1(지역구분: 뉴욕) → 942.21
  - 뉴욕 지리

    984(북아메리카지리) + -4221(지역구분: 뉴욕) → 984.4221

2. 표준구분표의 -09를 사용하는 방법

분류표상에 특별한 지시가 없으나 지역구분을 추가하는 것이 이용자에게 도움이 된다고 판단될 경우에는, 표준구분의 -09를 앞에 붙여 지역구분표를 사용할 수 있다.6) 이 경우에 지역구분표를 사용하는 방법은 〈그림 4-13〉에 제시되어 있는 표준구분표의 -091-096의 지시를 따르는 것이다.

-091-096   **대륙, 국가, 지방 구분**
    특정 대륙, 국가, 지방은 지역구분표 -1-6에 따라 세분한다.
    예: 한국 -0911

그림 4-13 표준구분 -09를 사용한 지역구분표의 사용 방법
(표준구분 -091-096의 주기)

이 지시에 따를 경우 표준구분 기호 -09에 지역구분의 각 대륙, 국가, 지방에 대한 기호인 -1-6의 기호를 부가할 수 있다(〈그림 4-14〉 참조).

표준구분이 분류표 상에 별도의 지시 없이 사용될 수 있으므로, 표준구분 -09를 활용할 경우 지역구분표는 본표의 거의 모든 기호에 추가될 수 있다. 이 지시에 따를 경우, "한국"에 관한 주제의 기호는 -0911이 된다(〈그림 4-15〉 참조).

---

6) 한국도서관협회 분류위원회 편, 한국십진분류법, 제6판, 제1권 (서울: 한국도서관협회, 2013), 5.

제4장 지역구분표

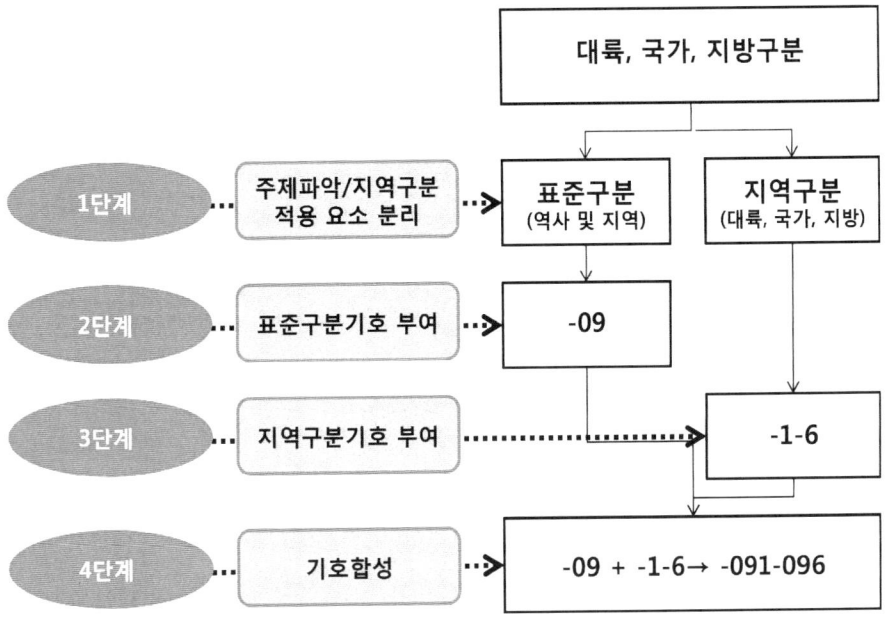

그림 4-14 표준구분 −09를 사용한 지역구분표의 사용 방법

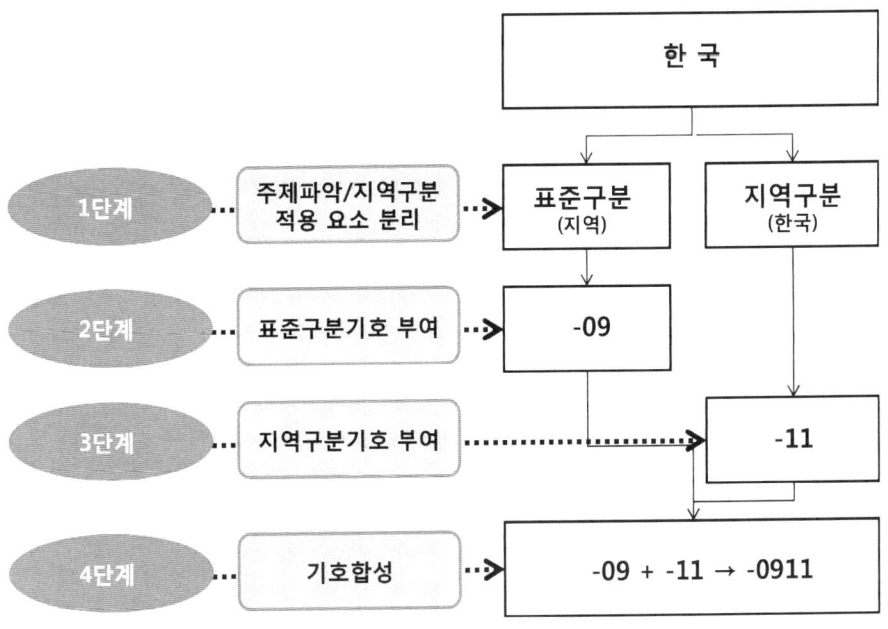

그림 4-15 표준구분 −09를 사용한 "한국"의 예(-0911)

제2부 조기표의 분석과 적용

이 방법에 따라 "프랑스 궁전"를 분류하면, 먼저 궁전에 해당하는 본표의 기호는 549.1이며, KDC에서 본표 549.1에는 〈그림 4-16〉에서 볼 수 있는 것처럼 지역구분표의 사용에 대한 지시가 없다.

> **549.1   궁전, 성곽 Palace and castles buildings**
> 　　　　고궁을 포함한다.

그림 4-16 표준구분 -09를 사용한 지역구분표의 사용 방법
(549.1 궁전, 성곽의 주기)

따라서 "프랑스 궁전"을 분류할 경우, 본표의 기호 549.1에 지역구분의 기호를 추가하기 위해서는 표준구분 -09의 기호를 사용하여 부가할 수 있다. 따라서 "프랑스 궁전"은 "549.1 + -09 + -26 → 549.10926"이 된다(〈그림 4-17〉 참조).

> **549.1   궁 전**
> 　-09 　역사 및 지역구분(표준구분)
> 　-26 　프랑스(지역구분)
> ─────────────────────
> 549.1 + -09 + -26 → 549.10926

그림 4-17 표준구분의 -09를 사용한 지역구분의 예
(프랑스 궁전 549.10926)

■ 유사 사례
- 중국 서예
  640(서예) - 0 + -09(표준구분: 지역) + -12(지역구분: 중국) → 640.912
- 유럽 지역 성당
  549.23(기독교건물(성당)) + -09(표준구분: 지역) + -2(지역구분: 유럽) → 549.23092

제3절 지역구분표의 주요 기호 합성에 대한 분석

1. 한국지역 및 한국시대에 대한 저작

KDC 제5판까지 한국지역구분표와 한국시대구분표는 각각 지역구분표의 -111-1199의 기호와 본표 911.01-.082의 기호 일부를 차용하여 사용하였다. 그러나 한국지역구분표는 KDC 제6판에서 삭제하고, 한국의 지역구분에 해당하는 지역구분표의 -111-1199의 항목들을 본표 상에 그대로 수록하였다.[7] 그리고 한국시대구분표의 기호들은 본표의 911.01-.082의 기호로 대체하였다. 한국지역구분표 및 한국시대구분표는 KDC에서 〈그림 4-18〉과 같이 제시되어 있다.

[3. 한국지역구분표]
  한국지역구분표는 지역구분표로 통합한다.
  지역구분표 -111-1199와 같이 세분한다.

[4. 한국시대구분표]
  한국시대구분표는 본표의 기호로 대체한다.
  본표 911.01-.082와 같이 세분한다.

그림 4-18 KDC 제6판에서 삭제된 한국지역구분표와 한국시대구분표

따라서 한국지역구분은 지역구분표의 사용법과 동일하게 적용되며, 한국시대구분은 본표의 기호로 대체되어 사용하게 된다. 이에 따라 "독도의 기후"는 기후에 해당하는 기호에 지역구분표에서 지역구분 사용에 대한 지시가 없으므로, 표준구분의 -09를 부가한 뒤 독도에 대한 기호를 부가하여, "453.9 + -09 + -118295 → 453.909118295"가 된다(〈그림 4-19〉 참조).

---

[7] 한국도서관협회 분류위원회 편, 한국십진분류법, 제6판, 제3권 (서울: 한국도서관협회, 2013), 273.

제2부 조기표의 분석과 적용

```
453.9            기 후
  -09              역사 및 지역구분(표준구분)
  -118295       독도(지역구분)
─────────────────────────────────────
453.9 + -09 + -118295  →  453.909118295
```

그림 4-19 한국지역구분의 예 (독도의 기후 453.909118295)

- **유사 사례**
  - 강원도 기후
    453.9(기후) + -09(표준구분: 지역) + -114(지역구분: 강원도) → 453.909114
  - 북한의 기후
    453.9(기후) + -09(표준구분: 지역) + -111(지역구분: 북한) → 453.909111

2. 동양 각국의 건축사

지역구분표의 사용법은 앞서 살펴본 대로 본표에 지시가 있을 경우 본표의 기호에 지역구분표의 기호를 바로 부가할 수 있다. 이 지시에 따라 동양 각국 건축사에는 본표에 지역구분표의 사용에 대한 지시가 〈그림 4-20〉과 같이 제시되어 있다.

```
540.0911      동양 각국 건축사
                 540.0911-.0916은 지역구분표 -11-19와 같이 세분한다.
                 예: 한국건축사 540.09111
```

그림 4-20 지역구분표 사용 지시의 예 (동양 각국 건축사(540.0911)의 주기)

지역구분표의 사용에 대한 지시가 있으므로, 이 지시에 따라 "중국 건축사"는 건축사에 해당하는 기호에 중국의 기호를 부가하여, "540.0911 + -2(지역구분: 중국) → 540.09112"가 된다(〈그림 4-21〉 참조).

제4장 지역구분표

```
540.0911    동양 각국 건축사
    -2      중국(지역구분)
```
540.0911 + -2 → 540.09112

그림 4-20 지역구분표 지시에 따른 예 (중국 건축사 540.09112)

이 예의 경우, 본표의 기호인 540.0911에서 540.091은 아시아(동양) 건축사에 해당하는 기호이며, 아시아 각국에 해당하는 지역구분표의 기호가 540.0911에서 마지막 1이 된다. 따라서 중국의 건축사는 아시아 건축사에 해당하는 540.0911에 중국에 해당하는 -2의 기호를 추가한 것이다.

- 유사 사례
  - 일본 건축사
    540.0911(동양 각국 건축사) + -3(지역구분: 일본) → 540.09113
  - 인도 건축사
    540.0911(동양 각국 건축사) + -5(지역구분: 인도) → 540.09115

3. 한국의 미확인 비행 물체

본표에서 지역구분표의 사용에 대한 구체적인 지시가 없을 경우 표준구분표의 -09를 사용하여 지역구분표의 기호를 본표의 기호에 부가할 수 있다. 미확인 비행물체(UFO)에 대한 저작을 분류할 경우, 먼저 본표에는 〈그림 4-21〉과 같이 지역구분표에 대한 지시가 없는 것을 알 수 있다.

```
001.4   신비현상
   .44   미스터리
   .442  미확인 비행물체(UFO, 비행접시)
```

그림 4-21 미확인 비행물체(001.442)의 본표

제2부 조기표의 분석과 적용

  지역구분표의 사용에 대한 지시가 없으므로, 표준구분 -09를 사용하여 "한국의 UFO"는 UFO에 해당하는 기호에 표준구분 -09를 부가하고 한국의 기호를 부가하여, "001.442 + -09(표준구분: 지역) + -11(지역구분: 한국) → 001.4420911"이 된다(〈그림 4-22〉참조).

```
001.442    UFO
  -09      지역(표준구분)
  -11      한국(지역구분)
─────────────────────────────
001.442 + -09 + -11 → 001.4420911
```

    그림 4-22 표준구분표 -09를 활용한 지역구분표의 사용 예
(한국의 UFO 001.4420911)

■ 유사 사례

- 영국의 UFO

    001.442 + -09(표준구분: 지역) + -24(지역구분: 영국) → 001.4420924

- 미국의 UFO

    001.442 + -09(표준구분: 지역) + -42(지역구분: 미국) → 001.4420942

제4절 지역구분표의 적용 사례 분석

①
- 서명: 인도 경제 개혁 20년의 평가와 전망
- 저자명: 김찬완, 손승호, 임정성
- 출판지: 서울
- 출판사: 대외경제정책연구원
- 출판년: 2011

▶ 320(경제) +09(각국 재정) + -15(지역구분: 인도) → 329.0915

②
- 서명: 러시아 해양 수산 법령집: 법률과 해설
- 저자명: 주문배, 정갑용, 안재현
- 출판지: 서울
- 출판사: 韓國海洋水産開發院
- 출판년: 2004

▶ 369(각국 법 및 예규) + -29(지역구분: 러시아) → 369.29

③
- 서명: 이집트 질병의 역사
- 저자명: Joyce Filer 저; 강주섭 외 역
- 출판지: 서울
- 출판사: 신일북스
- 출판년: 2011

▶ 510.98(의학지리학) + -311(지역구분: 이집트) → 510.98311

④
- 서명: 한국 풀피리(草笛) 민속음악의 역사와 그 자료
- 저자명: 박찬범
- 출판지: 서울
- 출판사: 청우출판사
- 출판년: 2011

▶ 673.49(각국 민속 음악) + -11(지역구분: 한국) → 673.4911

⑤
- 서명: 몽골 속담 풀이: 몽골을 들여다 보는 창
- 저자명: Janice Raymond 저; 민은미 편
- 출판지: 울란바타르
- 출판사: 몽골국립교육대학교
- 출판년: 2011

▶ 388.6(속담) + -126(지역구분: 몽골) → 388.6126

⑥
- 서명: 미국의 대학 교육
- 저자명: 미 국무부 국제정보프로그램국
- 출판지: 서울
- 출판사: Information Resource Center
- 출판년: 2005

▶ 377.0(각국의 대학 교육, 377.01-.07의 기본 기호) + -42(지역구분: 미국) → 377.042

⑦
- 서명: 우리나라의 外國人 投資 誘致 政策 改善 方案: 主要國과의 外國人 投資 政策 比較를 中心으로
- 저자명: 한국무역협회
- 출판지: 서울
- 출판사: 한국무역협회
- 출판년: 1998

▶ 327.98(국제 투자) + -11(지역구분: 한국) → 327.9811

⑧
- 서명: 日本書誌の書誌: 社会科学編
- 저자명: 天野敬太郞 編纂, 深井人詩 協力
- 출판지: 金沢
- 출판사: 金沢文圃閣
- 출판년: 2006

▶ 015(국가서목) + -13(지역구분: 일본) → 015.13

⑨
- 서명: 한국지리학 : 현재·과거·미래
- 저자명: 대한지리학회
- 출판지: 서울
- 출판사: 대한지리학회
- 출판년: 1995

▶ 980(지리) - 0 + -11(지역구분: 한국) → 981.1

⑩
- 서명: 일본 전통 건축 기술의 이해: 일본 고대 건축 기법의 흐름
- 저자명: 무라타 켄이치 저; 김철주, 임채현 역
- 출판지: 파주
- 출판사: 한국학술정보
- 출판년: 2009

▶ 540(건축) + -09(표준구분: 역사 및 지역구분) + -13(지역구분: 일본) → 540.0913

⑪
- 서명: 한·EU FTA 협정문: 국문
- 저자명: 외교통상부
- 출판지: 서울
- 출판사: 외교통상부
- 출판년: 2011

▶ 326.29(통상조약) + -11(한국) + 0(패싯지시기호) + -2(지역구분: 유럽) → 326.291102

⑫
- 서명: 중국 조각사
- 저자명: 랑천영 저; 전창범 역
- 출판지: 서울
- 출판사: 학연문화사
- 출판년: 2005

▶ 620.9(조각사) + -12(지역구분: 중국) → 620.912

⑬
- 서명: 한국 근대 음악 교육: 조선총독부의 음악 교육 정책을 중심으로
- 저자명: 오지선
- 출판지: 서울
- 출판사: 예솔출판사
- 출판년: 2003

▶ 670(음악) - 0 + -07(표준구분: 지도법, 연구법 및 교육) + 19(각국 음악교육) + -11(지역구분: 한국) → 670.71911

⑭
- 서명: 미국의회론
- 저자명: 임재주
- 출판지: 파주
- 출판사: 한울
- 출판년: 2013

▶ 345(입법) + -42(지역구분: 미국) → 345.42

⑮
- 서명: 한눈에 보는 북한의 기후
- 저자명: 기상청
- 출판지: 서울
- 출판사: 기상청
- 출판년: 2012

▶ 453.99(각국의 기후) + -111(지역구분: 북한) → 453.99111

⑯
- 서명: The times
- 발행기관 : 머독그룹
- 발행주기 : 일간

▶ 070(신문, 언론, 저널리즘) - 0 + -24(지역구분: 영국) → 072.4

⑰
- 서명: *(The) International Relations of Sub-Saharan Africa*
- 저자명: Ian Taylor
- 출판지: New York
- 출판사: Continuum
- 출판년: 2010

▶ 349(외교, 국제관계) + -3(지역구분: 아프리카) → 349.3

⑱
- 서명: *A Handbook to the Mineralogy of Cornwall and Devon*
- 저자명: Joseph Henry Collins
- 출판지: Charleston
- 출판사: BiblioLife
- 출판년: 2009

▶ 460.9(광물지) + -246(지역구분: 잉글랜드 남부) → 460.9246

⑲
- 서명: *Indian Textiles*
- 저자명: John Gillow, Nicholas Barnard
- 출판지: London
- 출판사: Thames and Hudson
- 출판년: 2008

▶ 587(직물 및 섬유공업) + -09(표준구분: 역사 및 지역구분) + -15(지역구분: 인디아) → 587.0915

⑳
- 서명: *A History of Modern Palestine: One Land, Two Peoples*
- 저자명: Ilan Pappe
- 출판지: County Town
- 출판사: Cambridge University Press
- 출판년: 2006

▶ 900(역사) - 00 + -1863(지역구분: 이스라엘) → 918.63

제 5 장

국어구분표

KDC는 언어와 관련된 조기표로 국어구분표와 언어공통구분표가 있다. KDC의 조기표 중 세 번째로 제시되어 있는 국어구분표는 어느 주제를 특정 언어적 측면에서 다루고 있을 때 해당 언어를 나타내기 위해 사용되는데, 특히 700 언어류와 800 문학류에서 개별언어와 개별문학의 기호를 합성하기 위한 기초가 된다.[1] KDC의 국어구분표는 -1 한국어를 시작으로 11개의 주요 언어들만을 조기표에서 제시하고 있으며, 이 외의 다른 언어들은 700 언어류에 제시하고 있다. 특히 -39 기타 아시아 제어와 -9 기타 제어의 경우 국어구분표에서는 제시되지 않은 각국 언어들이 본표에서 제시되고 있다.

그리고 국어구분표는 언어류(700)에서, 각국 언어를 표시하는 기호는 언어류 이외의 다른 주제의 각국어를 표시하는 데에도 동일 기호가 적용된다.[2] KDC의 다른 주류에서 그 주제가 어느 특정 언어의 측면에서 다루어졌을 경우, 국어구분표는 그 주제에 해당하는 본표의 기호에 부가되어 사용된다. 700 언어류의 국어구분을 언어 이외의 다른 주제에도 적용시켜 구분하는 것이 바로 국어구분이다.[3] 따라서 국어구분표를 사용할 때 700 언어의 기호들도 함께 참조해야 하는 경우가 많다.

언어류와 문학류에서의 국어구분표의 구체적인 사용에 대해서는 제16장과 제17장에서 구체적으로 살펴보고자 한다.

---

[1] 한국도서관협회 분류위원회 편, 한국십진분류법, 제6판, 제1권 (서울: 한국도서관협회, 2013), 5.
[2] 김정소, 자료분류론 (대구: 계명대학교출판부, 1986), 107.
[3] 김명옥, 자료분류법 (서울: 구미무역, 1986), 175.

제2부 조기표의 분석과 적용

제1절 │ 국어구분표의 개요

국어구분표는 어족(語族)에 따라 그룹화된 전 세계의 다양한 언어들로 이루어지는 체계적인 리스트로 구성되어 있는데, KDC 제6판의 국어구분표의 개요는 〈그림 5-1〉과 같다.

-1	한국어
-2	중국어
-3	일본어
-39	기타 아시아 제어
-4	영 어
-5	독일어
-59	기타 게르만어
-6	프랑스어
-7	스페인어
-79	포르투갈어
-8	이탈리아어
-9	기타 제어
-928	러시아어

그림 5-1 국어구분표의 개요

국어구분표의 기본적인 개요는 700 언어류 및 800 문학류의 강목 및 요목에 적용되어 조기성을 가지고 있으며, 총류의 030 백과사전, 040 강연집, 수필집, 연설문집, 050 일반 연속간행물, 080 일반 전집, 총서의 개요와 조기성을 갖는다. KDC 제6판에 제시된 이러한 조기성은 〈표 5-1〉과 같다.

제5장 국어구분표

표 5-1 국어구분표와 본표의 조기성 예

국어구분표	030 백과사전	040 강연집, 수필집, 연설문집	050 일반 연속간행물	080 일반 전집, 총서	700 언어	800 문학
-1 한국어	031 한국어	041 한국어	051 한국어	081 한국어	710 한국어	810 한국문학
-2 중국어	032 중국어	042 중국어	052 중국어	082 중국어	720 중국어	820 중국문학
-3 일본어	033 일본어	043 일본어	053 일본어	083 일본어	730 일본어	830 일본문학
-4 영 어	034 영 어	044 영 어	054 영 어	084 영 어	740 영 어	840 영미문학
-5 독일어	035 독일어	045 독일어	055 독일어	085 독일어	750 독일어	850 독일문학
-6 프랑스어	036 프랑스어	046 프랑스어	056 프랑스어	086 프랑스어	760 프랑스어	860 프랑스문학
-7 스페인어	037 스페인어	047 스페인어	057 스페인어	087 스페인어	770 스페인어	870 스페인문학
-8 이탈리아어	038 이탈리아어	048 이탈리아어	058 이탈리아어	088 이탈리아어	780 이탈리아어	880 이탈리아문학
-9 기타 제어	039 기타 제언어	049 기타 제언어	059 기타 제언어	089 기타 제언어	790 기타 제어	890 기타 제문학

국어구분표의 기호는 지역구분표의 -1 아시아와 -2 유럽의 분류 기호에서 두 번째 자리와 조기성을 갖고 있다. 즉 국어구분표의 기호 -1-3은 지역구분표의 -11-13과, -4-8은 -24-28의 두 번째 자리의 기호와 조기성을 갖는다(〈그림 5-2〉 참조).[4]

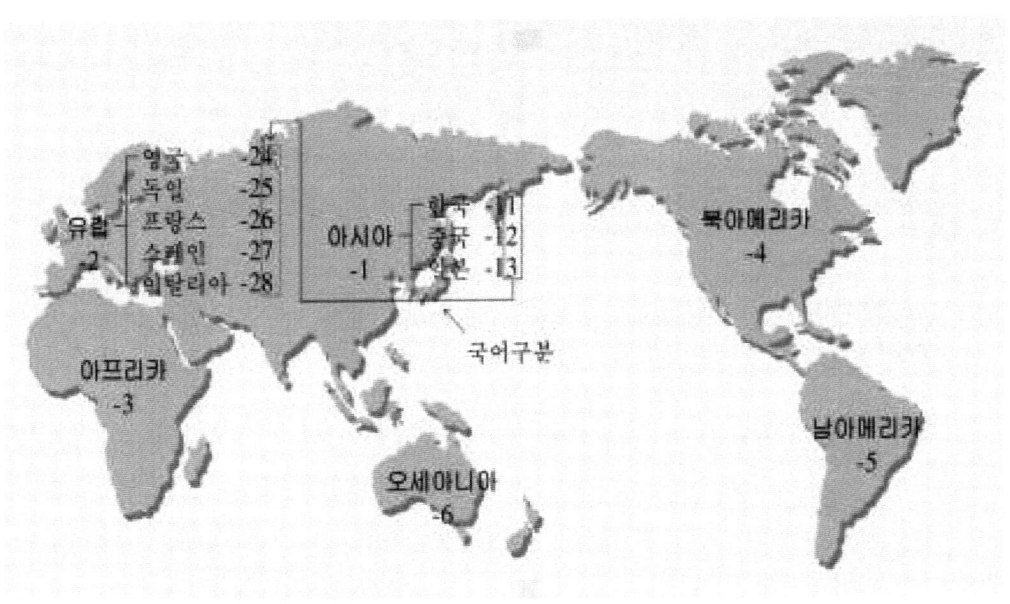

그림 5-2 국어구분표와 지역구분표의 조기성

---

4) 오동근, 배영활, 여지숙, KDC의 이해 (대구: 태일사, 2002), 86-87.

제2절 국어구분표의 사용법

앞서 살펴본 것과 같이 국어구분표는 분류하고자 하는 정보자료의 주제가 특정 언어의 측면에서 다루고 있을 경우에, 그 주제에 대한 언어를 나타내기 위해 사용된다. 이와 더불어 국어구분표의 기호는 KDC의 주류 중에서 언어와 관련된 주류인 700 언어와 800 문학의 강목 및 요목의 전개에 적용된다. 이렇게 국어구분표는 본표 전반에 걸쳐 특정 언어를 나타내기 위해 사용되고 있다. 그러나 KDC의 다른 조기표와 동일하게 국어구분표의 기호 역시 단독으로 사용될 수 없다. 이 기호들은 본표나 조기표에 제시되어 있는 부가 주기에 따라 해당 분류 기호에 추가할 수 있다. 예를 들면, 471.8에는 〈그림 5-3〉과 같은 지시 사항이 제시되어 있다.

471.8   **언어에 의한 인종의 구별**
        언어인류학을 포함한다.
        710-799와 같이 언어구분한다. 예: 셈어족 471.897

그림 5-3 국어구분표 사용에 대한 부가 주기 (471.8)

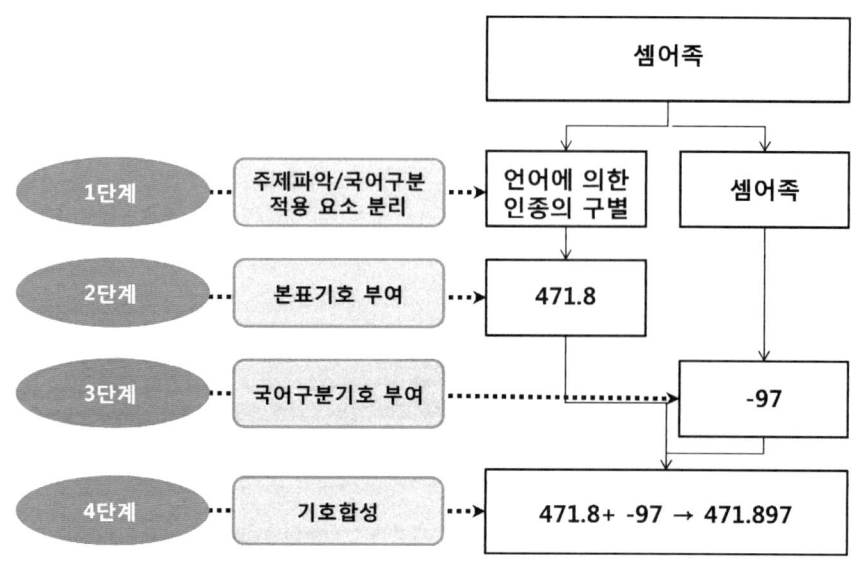

그림 5-4 국어구분구분표를 사용한 "셈어족"의 예 (471.897)

〈그림 5-3〉에서 "710-799와 같이 언어구분한다"라는 주기는 KDC에서 국어구분표를 적용할 수 있는 지시이며, 따라서 471.8의 기호에 국어구분표의 기호를 부가할 수 있다. 또한 KDC 국어구분표에는 -1~-9까지 세계 주요 국어에 대한 기호만 열거되어 있다. 따라서 국어구분표에 열거되지 않은 언어에 대해서는 본표 710-799에 있는 언어에 대한 기호 적용이 "710-799와 같이 언어구분한다"라는 지시로 가능하게 된다.

본표의 예에 있는 "셈어족"의 기호의 과정을 구체적으로 살펴보면 〈그림 5-4〉와 같다.

이와 동일한 방식으로 기본 기호 471.8 국어구분표의 해당 기호를 추가하여, 각 "투르크어족"의 분류 기호를 완성해 보면, 〈그림 5-5〉와 같다.

471.8		**언어에 의한 인종의 구별**
	-394	투르크어(본표 739.4 투르크어족에서 7 다음에 나오는 기호)

471.8 + -394 → 471.8394

그림 5-5 "투르크어족"(471.8394)의 분류 기호

■ 유사사례
- 드라비아어족

    471.8 + -399(본표 739.9에서 7 다음에 나오는 기호: 드라비아어) → 471.8399

- 인도유럽어족

    471.8 + -92(본표 792에서 7 다음에 나오는 기호: 인도유럽어) → 471.892

000 총류의 030, 040, 050과 080의 경우도 국어구분표를 사용하여 해당 주제들을 언어별로 세분할 수 있다. 081.1-.99에는 〈그림 5-6〉과 같은 주기가 있다.

> **081.1-.99 언어에 의한 일반 개인전집**
> 710-799와 같이 구분한다. 예: 한국어의 개인 일반전집 081.1

그림 5-6 국어구분표 사용에 대한 부가 주기 (081.1-.99)

이 주기에 따라 "영어로 된 일반 개인전집"은 "081(언어에 의한 일반 개인전집) + -4(국어구분: 영어) → 081.4"가 된다(〈그림 5-7〉 참조).

> **081 언어에 의한 일반 개인 전집**
> -4 영어(국어구분)
> ―――――――――――――――――――――――
> 081 + -4 → 081.4

그림 5-7 "영어로 된 일반 개인전집"(081.4)의 분류 기호

■ 유사 사례
- 일본어로 된 일반 개인전집
    081 + -3(국어구분: 일본어) → 081.3
- 독일어로 된 일반 개인전집
    081 + -5(국어구분: 독일어) → 081.5

제5장 국어구분표

제3절 국어구분표의 주요 기호 합성에 대한 분석

1. 민족심리학

국어구분표는 각 민족의 심리학을 분류할 때 각 민족에 대한 기호를 부가하기 위하여 사용된다. 182.67에는 〈그림 5-8〉과 같이 민족심리학에 대한 주기가 제시되어 있다.

> 182.67　**민족심리학**
> 　　　　종족심리학을 포함한다.
> 　　　　710-799와 같이 언어구분한다. 예: 일본민족심리학 182.673

　　　그림 5-8 국어구분표 사용에 대한 부가 주기 (182.67)

이 주기에 따라 "한민족의 심리학"의 경우를 예로 들면, "182.67(민족심리학) + -1(국어구분: 한국어) → 182.671"이 된다(〈그림 5-9〉 참조).

> 182.67　**민족심리학**
> 　　-1　　한국어(국어구분)
> ―――――――――――――――――――
> 182.67 + -1 → 182.671

　　　그림 5-9 "한민족의 심리학"(182.671)의 분류 기호

■ 유사 사례
　• 독일민족의 심리학
　　　182.67 + -5(국어구분: 독일어) → 182.675
　• 프랑스민족의 심리학
　　　182.67 + -6(국어구분: 프랑스어) → 182.676

2. 현대 각국어 성서 (별법)

성서는 각국의 언어별로 편찬 발행되며, KDC에서는 이러한 성서를 각 국가의 언어별로 분류하기 위하여 별법으로 국어구분표를 사용하는 방법을 제시하고 있다. 233.077에는 〈그림 5-10〉과 같이 현대 각국어 성서에 대한 주기가 제시되어 있다.

```
233.077    현대 각국어 성서
           별법: 도서관에 따라 710-799와 같이 언어구분할 수 있다. 예: 한국어 성서
           233.0771; 영어 성서 233.0774
```

그림 5-10 국어구분표 사용에 대한 부가 주기 (233.077)

이 주기에 따라 "중국어 성서"의 경우를 예로 들면, "233.077(현대 각국어 성서) + -2(국어구분: 중국어) → 233.0772"가 된다(〈그림 5-11〉 참조).

```
233.077    현대 각국어 성서
   -2      중국어(국어구분)

233.007 + -2 → 233.0772
```

그림 5-11 "중국어 성서"(233.0772)의 분류 기호

- 유사 사례(별법)
  - 독일어 성서(별법)
    233.077 + -5(국어구분: 독일어) → 233.0775
  - 프랑스어 성서(별법)
    233.077 + -6(국어구분: 프랑스어) → 233.0776

제4절 국어구분표의 적용 사례 분석

①
- 서명: *Encyclopaedia Britannica*
- 저자명: Encyclopaedia Britannica
- 출판지: Chicago
- 출판사: Encyclopaedia Britannica
- 출판년: 1970

▷ 030(백과사전) -0 + -4(국어구분: 영어) = 034

②
- 서명: (원문 읽기) 성서 히브리어
- 저자명: 신성윤
- 출판지: 부산
- 출판사: 부산외국어대학교 출판부
- 출판년: 2009

▷ 233.077(현대 각국어 성서) + -974(국어구분확장(본표 797.4에서 7 다음의 기호): 히브리어) → 233.077974

③
- 서명: *Paris Match*
- 발행기관 : Cogedi Press
- 발행주기 : Weekly

▷ 050(연속간행물) + -0 + -6(국어구분: 프랑스어) → 056

④
- 서명: *Brockhaus Enzyklopädie in Zwanzig Bänden*
- 저자명: F.A. Brockhaus Wiesbaden
- 출판지: Wiesbaden
- 출판사: Brockhaus
- 출판년: 1966-76

▷ 030(백과사전) - 0 + -5(국어구분: 독일어) → 035

⑤
- 서명: *Dictionnaire Encyclopedique Larousse*
- 저자명: Claude Dubois
- 출판지: Paris
- 출판사: Larousse
- 출판년: 1979

▶ 030(백과사전) - 0 + -6(국어구분: 프랑스어) → 036

⑥
- 서명: (월간) 주머니 속의 작은 행복
- 발행기관: 월간 작은행복
- 발행주기: 월간

▶ 050(일반 연속간행물) - 0 + 1(국어구분: 한국어) → 051

⑦
- 서명: 러시아인의 민족성
- 저자명: 로스끼 저; 임홍수 역
- 출판지: 광주
- 출판사: 조선대학교 출판부
- 출판년: 2004

▶ 182.67(민족심리학) + -928(국어구분확장(본표 792.8에서 7 다음의 기호): 러시아어) → 182.67928

⑧
- 서명: 한국인의 특성 : 심리학적 탐색
- 저자명: 한국심리학회 [편]
- 출판지: 서울
- 출판사: 한국심리학회
- 출판년: 1993

▶ 182.67(민족심리학) + -1(국어구분: 한국어) → 182.671

⑨
- 서명: 飮冰室合集　專集 96-104
- 저자명: 梁啓超
- 출판지: 北京
- 출판사: 中華書局
- 출판년: 1996

▶ 082(일반전집, 총서) + 2(국어구분: 중국어) → 082.2

⑩
- 서명: (2013年 대한민국 대표강사 33人의) 대표강의
- 저자명: 국민성공시대 [편저]
- 출판지: 서울
- 출판사: 성공시대
- 출판년: 2013

▶ 040(강연집, 수필집, 연설문집) - 0 + -1(국어구분: 한국어) → 041

제 6장

언어공통구분표

KDC에서 언어와 관련된 조기표는 국어구분표와 언어공통구분표가 있다. 이 장에서는 KDC의 조기표 중 다섯 번째로 제시된 이 언어공통구분표에 대해서 구체적으로 살펴보고자 한다.

언어공통구분표는 700 언어류의 각국어에 공통적으로 적용되는 형식이나 특성에 대해 부여하는 구분이다.[1] 따라서 이 조기표는 언어류의 개별 언어와 어족을 나타내는 710-799의 주요 기호에 대해서만 사용된다.

언어공통구분표의 기호 역시 다른 조기표의 기호들과 마찬가지로, 단독으로는 사용할 수 없다. KDC는 언어공통구분표의 기호들은 본표 710-780의 각 언어에 적용하여 열거하고 있으며, 790 기타 제어(諸語)에는 언어공통구분표의 적용을 별법으로 지시하고 있다.

제1절 언어공통구분표의 개요

KDC에서는 710 한국어의 요목 전개를 바탕으로 이를 720-799의 각 언어에 공통적으로 적용하도록 하고 있다.[2] 이 조기표에는 언어학의 여러 요소들과 문제, 그 밖의 측면들이 포함되어 있다.

---

1) 한국도서관협회 분류위원회 편, 한국십진분류법, 제6판, 제1권 (서울: 한국도서관협회, 2013), 6.
2) Loc. cit.

제2부 조기표의 분석과 적용

KDC 제6판에 제시되어 있는 이러한 언어공통구분표의 개요와 710 한국어의 요목은 〈그림 6-1〉과 같다.

-1	음운 및 문자	711	(한국어) 음운, 음성, 문자
-2	어 원	712	(한국어) 어원, 어의
-3	사 전	713	(한국어) 사 전
-4	어 휘	714	(한국어) 어 휘
-5	문 법	715	(한국어) 문 법
-6	작 문	716	(한국어) 작 문
-7	독본, 해석, 회화	717	(한국어) 독본, 해석, 회화
-8	방언(사투리)	718	(한국어) 방언(사투리)

그림 6-1 언어공통구분표의 개요 및 710 한국어의 요목

710 한국어는 요목뿐만 아니라 세목의 전개 역시 720-799 각 언어에 사용되고 있어, 언어공통구분표를 세분화하여 그 기능을 보완하는 역할을 하고 있다. 이와 관련된 구체적인 내용은 제2절에서 살펴보고자 한다.

한편 KDC 제6판 언어공통구분표는 제5판과 동일하지만, 제5판에서 수정된 것을 제6판에서 그대로 사용하고 있다. 즉 제4판 언어공통구분표에서 -8은 고어(古語)와 방언(方言)을 함께 분류하도록 하였으나, 제5판에서는 이를 분리하였다. 그 결과 고어는 본표 700 아래 해당 언어의 역사 아래 설정하고, -8은 방언(사투리) 전개하였다. 제6판의 언어공통구분표는 제5판과 동일하다.

제2절 언어공통구분표의 사용법

1. 700 언어류의 기본 구조

언어공통구분표는 700 언어류와 조기성을 가지며, 각 언어에 공통으로 적용되는 특징들을 700 언어류에 적용하기 위한 조기표이다. 따라서 언어공통구분표를 살펴보기 전에, 먼저 적용 대상이 되는 700 언어류의 구조를 파악해 보고자 한다. 그러나 언어류의 구체적인 분류에 대해서는 제16장에서 상세하게 살펴볼 것이므로, 이 절에서는 언어공통구분표의 사용에 관련되는 부분에 대해서만 개략적으로 살펴보고자 한다.

KDC 언어류의 강목의 기본적인 구조는 〈그림 6-2〉와 같다. 그림에서도 알 수 있는 것처럼, 언어류의 기본적인 개요는 800 문학류의 구조와 조기성을 가지며, 또한 국어구분표와도 조기성을 갖는 구조로 되어 있다(〈표 6-1〉 참조).

700 언 어	800 문 학
710 한국어	810 한국문학
720 중국어	820 중국문학
730 일본어	830 일본문학
740 영 어	840 영미문학
750 독일어	850 독일문학
760 프랑스어	860 프랑스문학
770 스페인어	870 스페인 및 포르투갈 문학
780 이탈리아어	880 이탈리아문학
790 기타 제어	890 기타 제문학

그림 6-2 700 언어류의 기본 구조 및 800 문학류와의 조기성

2. 700 언어류와 언어공통구분표 기호의 합성

700 언어류는 한국어를 시작으로 국어구분표와 조기성을 갖도록 전개되어 있다. 이러한 700 언어류에는 언어공통구분표가 추가로 적용되어, 문학류와 함께 KDC의 주류 가운데 분석 합성식 분류법(analytico-synthetic classification)의 성격이 강한 주류 중의 하나이다.[3] 언어류의 기본적인 열거 순서(citation order)는 대개 다음 〈그림 6-3〉과 같은 순서로 나타난다.

그림 6-3 700 언어류의 열거 순서

700 언어류는 주류에 해당하는 기호 '7'에 각 국가의 언어가 전개되어 있는 국어구분표의 기호가 추가되고, 그 다음에 언어공통구분표의 기호가 추가된다. 이렇게 합성된 기호는 KDC 본표 710-788의 기호에 이미 전개되어 있다(단 739 기타 아시아 제어, 749 앵글로색슨어, 759 기타 게르만어, 769 프로방스어, 779 포르투갈어는 제외된다).

---

[3] 오동근, 배영활, 여지숙, KDC의 이해 (대구: 태일사, 2002), 90.

제6장 언어공통구분표

언어공통구분표를 사용하는 가장 일반적인 유형은 710-788과 같이 본표에 항목이 전개되어 있는 경우로, "716 한국어 작문"을 예로 들면, 〈그림 6-4〉와 같다.

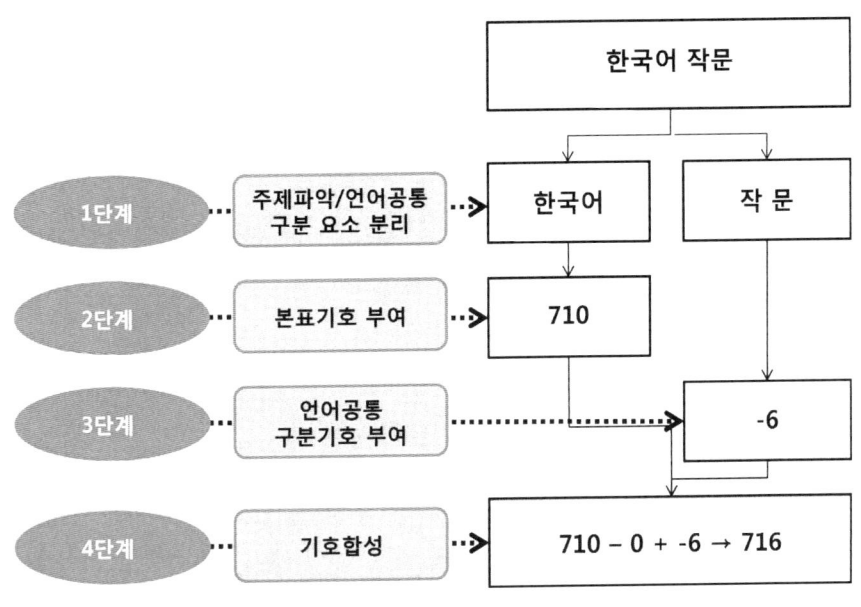

그림 6-4 "한국어 작문"(716)의 분류 기호

■ 유사 사례
- 한국어 문법
    700 - 00 + -1(국어구분: 한국어) + -5(언어공통구분: 문법) → 716
- 독일어 어휘
    700 - 00 + -5(국어구분: 독일어) + -4(언어공통구분: 어휘) → 754
- 스페인어 방언
    700 - 00 + -7(국어구분: 스페인어) + -8(언어공통구분: 방언) → 778

3. 언어공통구분 기호의 추가 전개

언어공통구분표에 전개된 기호를 추가로 전개할 필요가 있을 경우, KDC에서는 710 한국어 아래 전개된 세목의 기호를 사용하도록 지시하고 있다. KDC 제6판의 710 한국어에는 다른 언어에 비해 많은 세목들이 본표에 전개되어 있다. 이 세목들은 언어공통구분표에 전개되지 않은 더 구체적인 주제들을 전개하고 있는데, 710 한국어에 전개된 세목들이 다른 언어에 조기성 있게 적용된다. "중국어 어휘"에 대한 〈그림 6-5〉는 "한국어 어휘"인 714의 세목이 "중국어 어휘"에 적용되는 것을 지시하고 있다.

724　　어 휘
　　　724.3-.9는 714.3-.9와 같이 세분한다. 예: 중국숙어 724..4

그림 6-5 언어공통구분표 추가전개에 대한 주기 (724)

"중국 숙어"의 분류 기호가 완성된 과정을 구체적으로 살펴보면 〈그림 6-6〉과 같다.

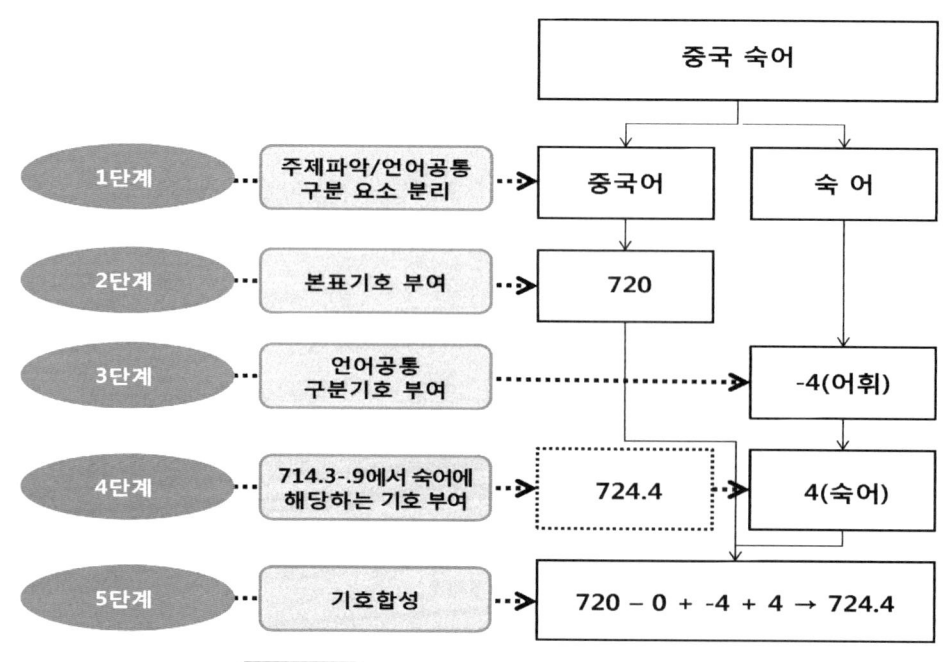

그림 6-6 "중국숙어"(724.4)의 분류 기호

이와 같이 언어공통구분표는 710 한국어 아래 세목을 사용하여 조기표에서 제시되지 않은 더 구체적인 항목으로 세분되어 700 전반에 걸쳐 사용된다. 이와 관련된 더 구체적인 예는 제10장에서 살펴보기로 한다.

4. 2개국어 사전의 분류

KDC에서 언어류는 각 국가의 언어별로 전개되어 특히 2개 국어를 가진 자료의 경우 분류를 위한 별도의 기준이 마련되어 있어야 할 필요성이 있다. 이를 위하여 KDC는 제6판에서 2개국어 사전(bilingual dictionaries)에 대해 구체적인 분류 기호를 부여할 수 있도록 하고 있다. 2개국어 사전은 7△3.1-.9에 분류하도록 하는데, 〈그림 6-7〉과 같이 한국어 아래 713.2-.9에는 그 지시가 구체적으로 제시되어 있다.

> **713.2-.9   2개 국어사전**
> 2개 국어사전은 표제어에 분류하고 해설어를 국어구분의 기호를 사용하여 부가한다. 예: 한영사전(표제어: 한국어) 713.4; 영한사전 743.1
> 710-799와 같이 언어구분한다.
> 별법: 도서관에 따라 2개 국어사전은 이용자의 입장에서 비교적 덜 알려진 언어에 분류하고, 상대어를 부가할 수 있다.
> 예: 한영(영한)사전 713.4(미국의 입장); 한영(영한)사전 743.1 (한국의 입장)

그림 6-7 2개 국어사전(713.2-.9)의 분류 지시

이 지시에 따를 경우 KDC에서는 2개국어 사전에 대해서 다음의 표준방법과 별법 두 가지 방법으로 분류할 수 있도록 하고 있다. 이에 따라 "한영사전"과 " 영한사전"을 이 주기에 따를 경우, 2개국어 사전은 일차적으로 표제어에 따라 분류하고 나서, 언어공통구분의 '-3'을 추가한 후, 해설어를 부가하게 된다. 그러므로 KDC에 따를 경우, "한영사전"은 "700 - 00 + -1(국어구분: 한국어) + -3(언어공통구분: 사전) + -4(국어구분: 영어) → 713.4"가 되고, "영한사전"은 "700 - 00 + -4(국어구분: 영어) + -3(언어공통구분: 사전) + -1(국어구분: 한국어) → 743.1"이 된다(〈그림 6-8〉, 〈그림 6-9〉 참조).

제2부 조기표의 분석과 적용

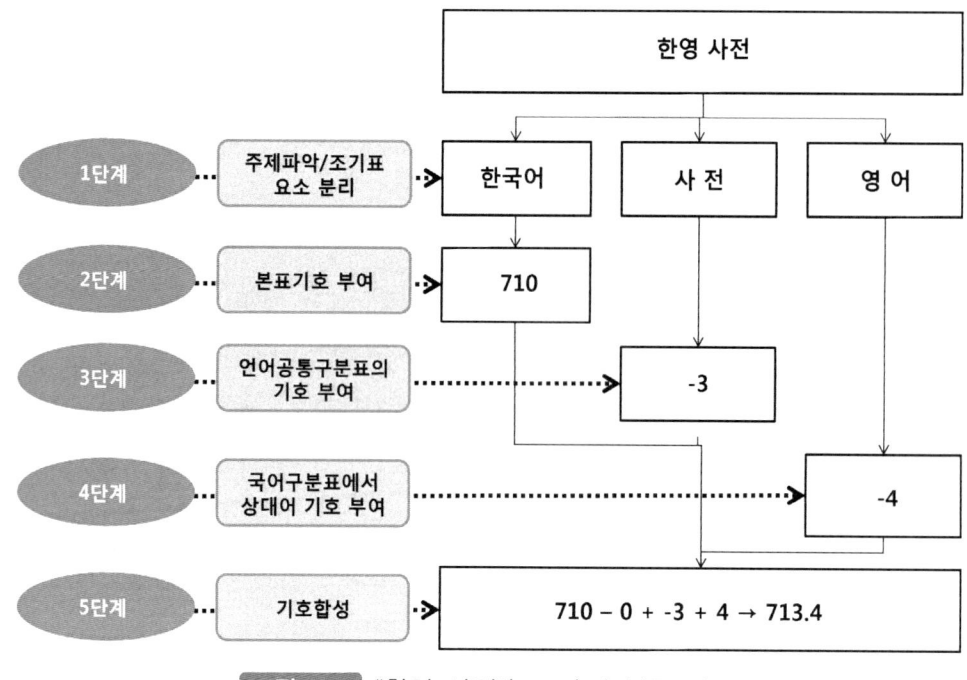

그림 6-8 "한영 사전"(713.4)의 분류 기호

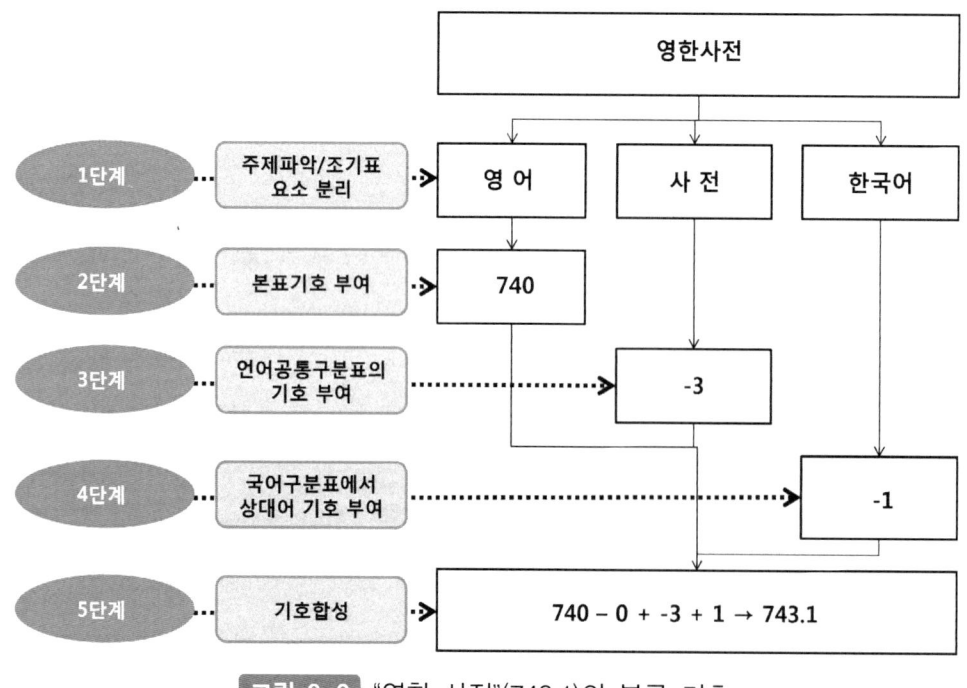

그림 6-9 "영한 사전"(743.1)의 분류 기호

한편 KDC에서는 〈그림 6-7〉에서 볼 수 있는 것처럼, 표제어가 아닌 이용자를 기준으로 삼아 2개 국어사전을 분류할 수 있는 별법을 제시하고 있다. 즉 2개국어 사전은 이용자에게 비교적 덜 알려진 언어에 일차적으로 분류하고 나서, 언어공통구분의 '-3'을 추가한 후, 상대어를 부가하게 되는 것이다.

따라서 이 별법에 따를 경우, 우리나라 도서관에서 표제가 한국어인 "한영사전"과 표제어가 "영어"인 "영한사전"의 경우 둘 모두 "700 - 00 + -4(국어구분: 영어) + -3(언어공통구분: 사전) + -1(국어구분: 한국어) → 743.1"이 된다(〈그림 6-10〉 참조).

```
700          언 어
  -4         영어(국어구분)
  -3         사전(언어공통구분)
  -1         한국어(국어구분)
────────────────────────────────────
700 - 00 + -4 + -3 + -1 → 743.1
```

그림 6-10 표제어가 한국어인 "한영 사전"(743.1)의 분류 기호(별법)

이상에서 살펴본 2개국어 사전의 분류에 대한 표준방법과 별법을 비교해 보면 〈표 6-1〉과 같다.

표 6-1 KDC 제6판 2개국어 사전의 분류기호

① 표준방법	② 별법
7 + 표제어 + -3(언어공통구분) + 해설어	7 + 이용자의 입장에서 덜 알려진 언어 + -3(언어공통구분) + 상대어
한영사전 713.4	한영사전 743.1 (한국도서관의 경우)
영한사전 743.1	영한사전 743.1 (한국도서관의 경우)

제2부　조기표의 분석과 적용

제3절　언어공통구분표의 주요 기호 합성에 대한 분석

1. 독일어 어원

각 언어의 어원에 해당하는 언어공통구분표의 기호는 -2이다. 이 기호를 사용하여 700 언어류의 열거 순서에 따라 "독일어 어원"의 분류 기호를 합성해 보면, "75(독일어의 기본 기호) + -2(언어공통구분: 어원 → 752"가 된다(이 때 75는 750 독일어에서 0을 제외한 기호로, 독일어의 기본 기호로 사용된다)(〈그림 6-11〉 참조).

| 750 | 독일어 |
| -2 | 어원(언어공통구분) |

750 - 0 + -2 → 752

그림 6-11　"독일어 어원"(752)의 분류 기호

- 유사 사례
    - 한국어의 어원
        710 - 0 + -2(언어공통구분: 어원) → 712
    - 스페인어의 어원
        770 - 0 + -2(언어공통구분: 어원) → 772

2. 각 지방의 방언

언어류의 일부 기호는 추가로 확장·전개할 수 있도록 하고 있다. 특히 주요 국어의 방언은 본표 내의 지역구분을 사용하여 추가 기호를 부가하도록 하고 있다. 한국어를 예로 들면, 〈그림 6-12〉와 같다.

```
718      방언(사투리)
 .1-.9   각 지방의 방언
         지역구분표 111-1199와 같이 세분한다.   예: 제주도방언 718.99
```

그림 6-12 지역구분표의 기호를 추가하는 경우 (718.1-.9)

이 지시 사항에 따를 경우, "충청도 방언"은 718.7이 된다. 이를 그림으로 나타내면, 〈그림 6-13〉과 같다.

```
710           한국어
 -8           방언(언어공통구분)
 -7           -117(지역구분: 충청도)에서 11 다음의 기호

710 - 0 + -8 + -7 → 718.7
```

그림 6-13 "충청도 지방의 방언"(718.7)의 분류 기호

■ 유사 사례
- 평안도 방언
  710 - 0 + -8(언어공통구분: 방언) + -2(지역구분: 평안도 -112에서 11 다음의 기호) → 718.2
- 전라도 방언
  710 - 0 + -8(언어공통구분: 방언) + -9(지역구분: 전라도 -119에서 11 다음의 기호) → 718.9

제2부 조기표의 분석과 적용

제4절 │ 언어공통구분표의 적용 사례 분석

①
- 서명: (단어로 휘어잡는 발칙한) 중국어 회화
- 저자명: 쉬운 중국어 연구회
- 출판지: 서울
- 출판사: 삼지사
- 출판년: 2011

▶ 720(중국어) - 0 + -7(언어공통구분: 회화) → 727

②
- 서명: 이탈리아어 문법
- 저자명: 김운용
- 출판지: 서울
- 출판사: 명지출판사
- 출판년: 2004

▶ 780(이탈리아어) - 0 + -5(언어공통구분: 문법) → 785

③
- 서명: 독일어 어휘론
- 저자명: 잉그리드 퀸 저; 소만섭 역
- 출판지: 서울
- 출판사: 한국문화사
- 출판년: 2004

▶ 750(독일어) - 0 + -4(언어공통구분: 어휘) → 754

④
- 서명: 영어 어원 플러스: 고대 그리스어에서 인터넷 영어까지
- 저자명: 한인철
- 출판지: 서울
- 출판사: 민음사
- 출판년: 1997

▶ 740(영어) + -2(언어공통구분: 어원) → 742

⑤
- 서명: 고급영문 해석연구
- 저자명: 김용성
- 출판지: 인천
- 출판사: 우용출판사
- 출판년: 2002

▶ 740(영어) - 0 + -7(언어공통구분: 독본, 해석, 회화) + -4(본표 추가세분: 해석) → 747.4

⑥
- 서명: (새로운) 스페인어 작문
- 저자명: 박종탁
- 출판지: 서울
- 출판사: 신아사
- 출판년: 2011

▶ 770(스페인어) - 0 + -6(언어공통구분: 작문) → 776

⑦
- 서명: 漢語音韻學講義
- 저자명: 동소문, 임동석
- 출판지: 서울
- 출판사: 東文選
- 출판년: 1993

▶ 720(중국어) - 0 + -1(언어공통구분: 음운, 음성, 문자) + 1(본표 추가 세분: 음성) → 721.1

⑧
- 서명: 포르투갈어 사전
- 저자명: 현기홍
- 출판지: 부산
- 출판사: 부산외국어대학교출판부
- 출판년: 2001

▶ 779(포르투갈어) + -3(언어공통구분: 사전) → 779.3

제2부 조기표의 분석과 적용

⑨
- 서명: 방언과 중국문화
- 저자명: 전광진, 이연주, 저우전허, 유루제
- 출판지: 경산
- 출판사: 영남대학교출판부
- 출판년: 2005

▶ 720(중국어) - 0 + -8(언어공통구분: 방언) → 728

⑩
- 서명: 새한불사전
- 저자명: 한국불어불문학회
- 출판지: 서울
- 출판사: 韓國外國語大學校 出版部
- 출판년: 2007

▶ 710(한국어) - 0 + -3(언어공통구분: 사전) + -6(국어구분: 프랑스어) → 713.6

⑪
- 서명: 그리스어 문법
- 저자명: 하성수, 강지숙
- 출판지: 칠곡군
- 출판사: 분도출판사
- 출판년: 2005

▶ 792.1(그리스어) + -5(언어공통구분: 문법) → 792.15

⑫
- 서명: *French Phrase Book*
- 저자명: Inc. Dorling Kindersley
- 출판지: New York
- 출판사: Dorling Kindersley
- 출판년: 2003

▶ 760(프랑스어) - 0 + -7(언어공통구분: 독본, 해석, 회화) → 767

⑬
- 서명: *The phonology of German*
- 저자명: Richard Wiese
- 출판지: Oxford
- 출판사: OUP Oxford
- 출판년: 2000

▶ 750(독일어) - 0 + -1(언어공통구분: 음운, 음성, 문자) → 751

⑭
- 서명: *Observations introductory to a work on English etymology*
- 저자명: John Thomson, M. A. S.
- 출판지: London
- 출판사: J. Murray
- 출판년: 1819

▶ 740(영어) - 0 + -2(언어공통구분: 어원, 어의) → 742

⑮
- 서명: *Japanese-English dictionary*
- 저자명: Oxford University Press
- 출판지: USA
- 출판사: Oxford University Press
- 출판년: 2004

▶ 730(일본어) - 0 + -3(언어공통구분: 사전) + -4(국어구분: 영어) → 733.4

⑯
- 서명: *English vocabulary in use : with answers*
- 저자명: Michael McCarthy, Felicity O'Dell
- 출판지: Cambridge; New York
- 출판사: Cambridge University Press
- 출판년: 2010

▶ 740(영어) - 0 + -4(언어공통구분: 어휘) → 744

⑰
- 서명: (알기 쉬운) 일본어 문법
- 저자명: 강대훈, 김종택
- 출판지: 인천   • 출판사: 진영사
- 출판년: 2009

▶ 730(일본어) - 0 + -5(언어공통구분: 문법) → 735

⑱
- 서명: (중급) 일석 3조 비전! 스페인어 어휘 : 필수 어휘 코스
- 저자명: 조경호
- 출판지: 서울   • 출판사: 문예림
- 출판년: 2013

▶ 770(스페인어) - 0 + -4(언어공통구분: 어휘) → 774

⑲
- 서명: (표준)이탈리아어 회화
- 저자명: 김미애   • 출판지: 서울
- 출판사: 명지출판사
- 출판년: 1999

▶ 780(이탈리아어) - 0 + -7(언어공통구분: 독본, 해석, 회화) → 787

⑳
- 서명: (엣센스) 實用 中韓辭典
- 저자명: 민중서림 편집국 [편]
- 출판지: 파주   • 출판사: 民衆書林
- 출판년: 2010

▶ 720(중국어) - 0 + -3(언어공통구분: 사전) + -1(국어구분: 한국어) → 723.1

제 7 장
문학형식구분표

문학형식구분표는 KDC에서 문학류(800)에 적용하기 위한 조기표로, 800 문학류의 특정 언어로 된 문학작품이나 문학에 관한 자료를 분류하기 위해 마련된 것이다.[1] 특히 문학형식구분표는 800 문학류 내에서 문학의 형식인 시, 희곡, 소설 등을 표시하는 기호가 각국 문학에 공통적으로 적용되도록 하기 위한 조기표이다.[2] 즉 문학형식구분표는 특정 언어로 된 문학 작품이나 문학에 관련된 문헌들을 조기성을 갖도록 분류하기 위한 조기표인 것이다.

문학류는 국어구분표를 사용하여 각 언어별 문학을 세분한 후, 문학형식구분표를 사용하여 문학형식에 따라 세분한다. 따라서 KDC의 800 문학류는 700 언어류와 더불어 KDC의 주류 가운데 분석 합성식 분류법(analytico- synthetic classification)적 성격이 가장 강한 주류의 중 하나이다.[3]

한편 문학형식구분표의 기호는 다른 조기표의 기호들과 마찬가지로, 단독으로는 사용할 수 없다.

---

1) 한국도서관협회 분류위원회 편, 한국십진분류법, 제6판, 제1권 (서울: 한국도서관협회, 2013), 6.
2) 김정소, 자료분류론 (대구: 계명대출판부, 1983), 108.
3) 오동근, 배영활, 여지숙, KDC의 이해 (대구: 태일사, 2002), 97.

제2부 조기표의 분석과 적용

제1절 문학형식구분표의 개요

문학형식구분표는 각 문학의 형식을 -1~-8의 기호를 사용하여 전개하고 있으며, 800 문학류에 적용하기 위한 조기표이다. 문학형식구분표의 개요는 〈그림 7-1〉과 같다.

-1	시
-2	희곡
-3	소설
-4	수필, 소품
-5	연설, 웅변
-6	일기, 서간, 기행
-7	풍자 및 유머
-8	르포르타주 및 기타

그림 7-1 문학형식구분표의 개요

특히 문학형식구분표의 -1~-7은 802 문장작법, 수사학의 세목인 802.1-.7과 조기성을 갖으며(〈표 7-1〉 참조), 이 문학형식구분표는 800 문학류 전반에 걸쳐 적용되어 800 전체에 대해 조기성을 갖고 있다.

표 7-1 문학형식구분표와 802.1-.7과의 조기성 비교

문학형식구분표		802 문장작법, 수사학	
-1	시	.1	운율학, 시작법
-2	희곡	.2	희곡, 극작법
-3	소설	.3	소설, 소설작법
-4	수필	.4	수필, 소품
-5	연설, 웅변	.5	연설법
-6	일기, 서간, 기행	.6	일기, 서간, 기행문학
-7	풍자 및 유머	.7	풍자
-8	르포르타주 및 기타		

제2절 문학형식구분표의 사용법

1. 문학류의 기본 구조

KDC에서 800 문학류는 국어구분표와 문학형식구분표 그리고 각 문학별로 본표에 제시된 문학시대구분을 적용하여, 분석 합성식 분류법의 특성이 700 언어류보다 더 강하다고 할 수 있다. KDC 문학류의 특정 언어로 된 문학의 기본적인 열거 순서 (citation order)는 〈그림 7-2〉와 같은 순서로 나타난다.

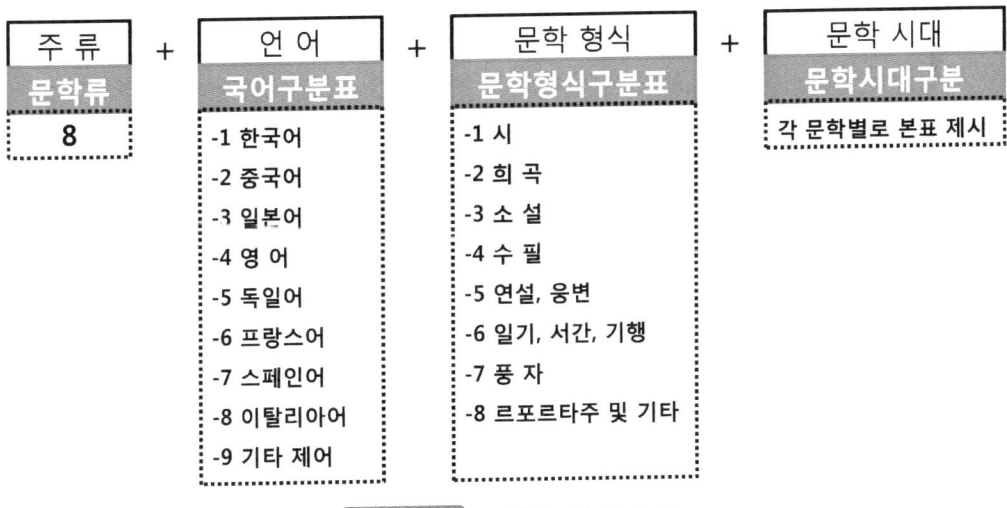

그림 7-2 문학류 열거 순서

KDC에서 800 문학류는 주제인 문학에 국어구분표와 문학형식구분표, 문학시대구분이 적용되는 열거순서를 가지고 있다. 그러나 이러한 열거 순서는 특정 언어에 국한되어 있지 않은 문학 작품을 다룰 경우에 다소 변경될 수도 있다.

문학형식구분은 810 한국문학의 요목전개를 바탕으로 이를 820-890의 각국의 문학에도 공통적으로 적용하도록 하고 있다.[4] 문학형식구분표가 적용되는 단계는 바로 세 번째 패싯인 문학 형식 패싯이다. 이 세 번째 패싯에 적용되는 문학형식구분은 800 문학내에서 자국 문학에 공통적으로 적용되는 조기성 기호이다.[5] 그러나 800 문학류는 두 번째 패싯에 국어구분표를 적용하여 국어구분표와도 조기성을 가진다. 문학형식구분표가 적용되는 KDC 800 문학류의 기본 구조를 국어구분표와 비교하여 제시하면 〈그림 7-3〉과 같다.

800 문　　학	국어구분표
810 한국문학	-1 한국어
820 중국문학	-2 중국어
830 일본문학 및 기타 아시아문학	-3 일본어
840 영미문학	-4 영　어
850 독일문학	-5 독일어
860 프랑스문학	-6 프랑스어
870 스페인 및 포르투갈문학	-7 스페인어
880 이탈리아문학	-8 이탈리아어
890 기타 제문학	-9 기타 제어

그림 7-3　800 문학류와 국어구분표의 조기성

문학류에서 세 번째 패싯은 문학 시대이다. 문학시대구분은 KDC 800 본표에서 각 언어별로 별도로 제시하고 있으며, 이 시대구분은 본표의 지시를 통해 사용할 수 있다. 다음 절에서는 문학형식구분표의 사용에 대해 구체적으로 살펴보고자 한다.

---

4) 한국도서관협회 분류위원회 편, 한국십진분류법, 제6판, 제1권 (서울: 한국도서관협회, 2013), 6.
5) 김명옥, 자료분류론 (서울: 구미무역, 1986), 176.

2. 문학형식구분표의 사용법

문헌은 먼저 주제에 의해서 분류하고, 그 다음에 그 주제를 표현하는 형식에 의해 분류한다.[6] KDC에서 800 문학은 문학이라는 주제 내에서 다음으로 각 국어별로 전개하여 분류한다. 언어란 저자가 작품을 쓰거나 저술에 이용한 문자로서, 저자의 국적과도 어느 정도 관련성이 있다. 따라서 문학류를 분류할 경우 먼저 해당 언어에 대한 기본 기호를 810-899에서 찾아낸다. 예를 들면 영어로 쓰여진 문학은 영미 문학으로 840이 되고, 중국어로 쓰여진 소설은 중국 문학으로 820이 된다.

문학 작품은 언어가 문학의 소개이며, 분류상 기계적이며 편리하기 때문에 원칙적으로 원서에 쓰인 국어에 따라 분류한다.[7] 그런데 이와 같은 문학의 언어를 결정할 때 유의해야 하는데, 이를 소개하면 다음과 같은 DDC의 기준을 적용할 수 있을 것이다.[8]

① 저자가 작품을 쓰거나 저술한 언어에 분류
② 저자가 동일한 언어로 작품 활동을 계속하면서, 거주 장소나 국적을 다른 언어를 사용하는 곳으로 옮겼을 경우에는 작품 활동을 하고 있는 언어에 분류
③ 저자가 작품 활동을 하고 있는 언어와 동일한 언어를 가진 나라로 거주지나 국적을 옮겼을 경우에는 저자가 시민으로 있는 국가의 기호 사용
④ 저자의 국적을 쉽게 확인할 수 없을 경우에는 저자의 출생국이나 저자의 이전 작품을 발표한 국가의 기호 사용
⑤ 둘 이상의 언어로 작품 활동을 하고 있는 저자의 경우는 저자가 마지막으로 사용한 언어 사용. 다만 어느 한 언어를 주로 사용할 경우에는 그 언어에 분류

---

6) 李丙洙 著, 圖書分類導論: 分類規程을 中心으로 (발행지 미상: 발행처미상, 1963), 3.
7) *Ibid.*, 144.
8) 오동근, DDC 22의 이해 (대구: 태일사, 2007), 153-156.

제2부 조기표의 분석과 적용

　이상의 경우와 같이 저자의 국적이나 거주 장소 등은 이동될 수 있으므로, 문학류의 분류에서는 원작에서 사용한 언어를 중심으로 문학류를 전개하고 있다.
　KDC에서 문학형식구분표를 사용한 문학류의 분류 과정을 정리하면 다음과 같다.

① 문학 작품의 언어 적용
② 이 작품이 적용된 문학형식구분 확인
③ 본표에 문학형식구분표 적용
④ 문학시대구분표의 적용이 필요할 경우 본표에서 해당 기호 부가
⑤ 분류 기호 합성 및 완성

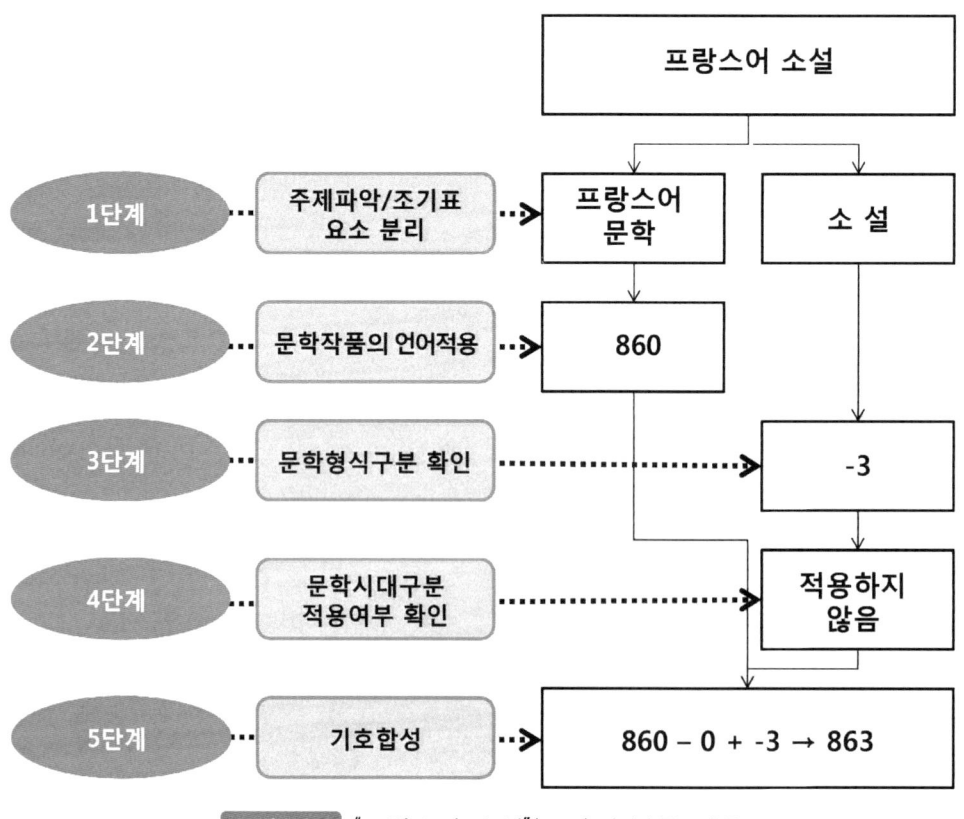

그림 7-4 "프랑스어 소설"(863)의 분류 기호

문학 작품의 언어 적용이 끝나면, 이 작품에 적용된 문학형식구분을 확인해야 한다. 문학형식구분 항목들은 대개 각국 문학 아래에 요목으로 전개되어 있다. 위의 절차에 따라 프랑스어로 쓰여진 소설을 분류할 경우, 다음과 같은 절차를 거치게 된다.

① 문학에서 프랑스 문학의 기호인 860 적용
② 문학형식구분에서 "소설"에 해당하는 기호인 -3 선택
③ 프랑스 문학기호인 본표기호 860에 소설의 문학형식구분인 -3 부가
④ 문학시대는 적용하지 않음
⑤ 분류 기호 합성 및 완성

이 과정을 구체적인 그림으로 나타내면 〈그림 7-4〉와 같다.

■ 유사 사례
 • 독일 수필
  850 - 0 + -4(문학형식구분: 수필) → 854
 • 중국 소설
  820 - 0 + -3(문학형식구분: 소설) → 823

KDC에서 문학 시대(literary periods) 구분은 800 문학류의 본표에 제시되어 있다. 이것은 각국 문학마다 역사적, 시대적 배경이 다르기 때문인데, 한 언어의 문학 아래에서 문학형식의 시대구분은 대체로 일관성을 유지하고 있다(〈표 7-2〉 참조).

제2부 조기표의 분석과 적용

표 7-2 각국 문학의 문학시대구분

810 한국문학		820 중국문학		830 일본문학		840 영미문학(별법)	
3	삼국시대	2	고 대	3	고 대	1	엘리자베스 여왕 이전 시대(-1557)
4	고려시대	4	중 세	4	중 세	2	엘리자베스 여왕 시대(1558-1625)
5	조선시대	5	명시대	5	근 세	3	엘리자베스 여왕 이후-18세기(1626-1799)
6	20세기	6	청시대	6	현 대	4	19세기(1800-1899)
7	21세기	7	현 대			5	20세기(1900-1999)
						6	21세기(2000-)

이러한 문학시대구분은 850 독일 문학 이후로는 본표에서 제시하고 있지 않다.

문학 시대 구분의 한 예로 "한국 현대 수필"을 살펴보면, 이는 문학류의 기본적인 열거 순서에 따라 "810(한국문학) - 0 + -4(문학형식구분: 수필) → 814"가 된다. 이 814 아래에는 〈그림 7-5〉와 같은 기호 합성에 대한 주기가 있다.

814   **수 필**
   814.3-.7은 810.903-.907과 같이 세분한다. 예: 20세기 수필 814.6

그림 7-5 한국수필(814)의 주기

이 주기를 따를 경우, "한국 현대 수필"은 기본 기호에 현대에 대한 기호를 더하여, "814 + 6 → 814.6"이 될 것이다(〈그림 7-6〉 참조).

제7장 문학형식구분표

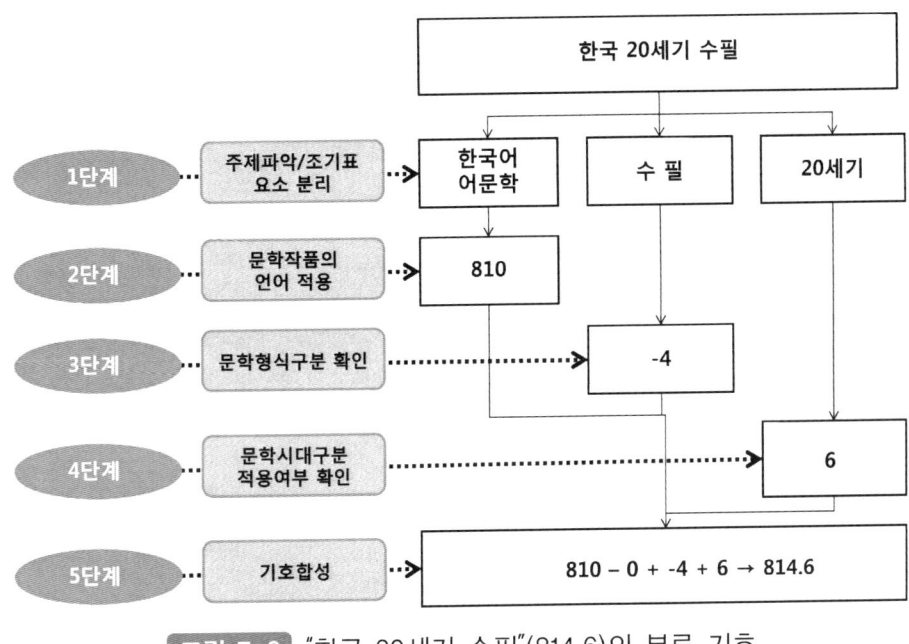

그림 7-6 "한국 20세기 수필"(814.6)의 분류 기호

- 유사 사례
    - 고려시대 서간
      810 - 0 + -6(문학형식구분: 서간) + 4(한국문학시대: 고려시대) → 816.4
    - 조선시대 수필
      810 - 0 + -4(문학형식구분: 수필) + 5(한국문학시대: 조선시대) → 814.5

문학 시대의 경우에 있어 어느 한 저자와 그 저자의 모든 작품에 대해서는 단 하나의 문학 시대만을 사용해야 한다.[9] 이 시대는 일반적으로 문학 시대는 어떤 작가가 가장 활발하게 활동한 시대에 대한 학자들의 합의에 따라 결정된다.

---

9) 오동근, DDC 22 의 이해 (대구: 태일사, 2007), 155.

제2부 조기표의 분석과 적용

이 외에 KDC에서 800 문학류의 분류에서 유의할 사항은 다음과 같다.

① 개별 저자의 문학 작품과 그 저자의 일반 작품들에 대한 비평과 그 저자의 특정 작품에 대한 비평이 동일한 분류 기호를 갖게 된다. 이에 따라 윤동주의 『하늘과 바람과 별과 시』와 권경민의 『윤동주 연구』는 모두 811.6 현대 시에 분류한다(8(문학) + -1(국어구분표: 한국어) + -1(문학형식구분표: 시) + 61(문학시대구분: 현대) → 811.61).

② 개별 저자 작품의 번역서는 원작과 동일한 분류 기호에 분류한다. 따라서 『노인과 바다』의 한국어판은 원작과 마찬가지로 843 영미소설에 분류한다(8(문학) + -4(국어구분표: 영어) + -3(문학형식구분표: 소설) → 843).

제3절 문학형식구분표의 주요 기호합성에 대한 분석

1. 명 시대 수필

KDC 800 문학류의 분류 방법에 따라 먼저 중국문학에 해당하는 기호인 820에 분류되며, 이후 문학형식구분표를 적용하여 '중국수필'에 대한 기호인 824(8(문학) + -2(국어구분표: 중국어) + -4(문학형식구분표: 수필) → 824)가 된다. 그러나 824에는 〈그림 7-7〉과 같은 주기가 제시되어 있다.

824	수필
	824.2-.7은 820.902-.907과 같이 세분한다. 예: 청시대수필 824.6

그림 7-7 중국수필(824)의 주기

이 주기의 지시에 따라 문학시대구분을 추가할 수 있으며, 그 결과는 824의 명시대에 해당하는 기호인 5(820.905에서 0 다음의 기호)가 추가되어 824.5가 된다(〈그림 7-8〉 참조).

```
820       중국문학
 -4       수필(문학형식구분)
  5       명시대(중국문학시대: 820.905에서 0 다음 기호)
─────────────────────────────────────────────
820 - 0 + -4 + 5 → 824.5
```

그림 7-8 "명시대 수필"(824.5)의 분류 기호

- **유사 사례**
  - 중국 현대 수필
    820 - 0 + -4(문학형식구분: 수필) + -7(중국문학시대: 현대) → 824.7
  - 중국 중세 수필
    820 - 0 + -4(문학형식구분: 수필) + -4(중국문학시대: 중세) → 824.4

2. 수필사

KDC 800 문학류의 분류에서 문학형식구분표는 가장 많이 사용되는 조기표이다. 그러나 앞서 살펴본 바와 같이, 이 문학형식구분표를 적용하기에 앞서 먼저 문학류에서 전개하고 있는 각 언어별 문학을 결정해야 한다. 그러나 "수필사"처럼 특정 언어에 한정되지 않은 문학형식사의 경우에는 이 단계가 생략된다. 각 문학형식의 역사는 809.1-.8에 분류되며, 〈그림 7-9〉와 같은 주기가 제시되어 있다.

```
809.1-.8   각 문학형식의 역사
           문학형식구분표에 따라 세분한다. 예: 소설사 809.3
```

그림 7-9 각 문학형식의 역사(809.1-.8)의 주기

제2부 조기표의 분석과 적용

이 지시에 따라 "수필사"를 분류하면, 809.4(809(각 문학형식의 역사) + -4(문학형식구분: 수필)가 된다(〈그림 7-10〉 참조).

809	각 문학형식의 역사
-4	수필(문학형식구분)

809 + -4 → 809.4

그림 7-10 "수필사"(809.4)의 분류 기호

- **유사 사례**
    - 희곡사

        809 + -2(문학형식구분: 희곡) → 809.2
    - 유머의 역사

        809 + -7(문학형식구분: 유머) → 809.7

제4절 문학형식구분표의 적용 사례 분석

①
- 서명: 행복한 그림자의 춤
- 저자명: Alice Munro 저; 곽명단 역
- 출판지: 서울
- 출판사: 웅진씽크빅
- 출판년: 2010

▶ 840(영미문학) -0 + -3(문학형식구분: 소설) + 5(시대구분: 20세기) → 843.5

②
- 서명: 일리아드, 오딧세이
- 저자명: Homeros 저; 한용우 역
- 출판지: 서울
- 출판사: 대일출판사
- 출판년: 1980

▶ 892.1(그리스문학) + -1(문학형식구분: 시) → 892.11

③
- 서명: 몽테뉴 인생 에세이
- 저자명: Montaigne 저; 손우성 역
- 출판지: 서울
- 출판사: 동서문화사
- 출판년: 2005

▶ 860(프랑스문학) - 0 + -4(문학형식구분: 수필) → 864

제2부 조기표의 분석과 적용

④
- 서명: 고려가요의 해석과 이론
- 저자명: 김선기
- 출판사: 역락
- 출판지: 서울
- 출판년: 2013

▶ 810(한국문학) - 0 + -1(문학형식구분: 시) + 24(본표 추가세분: 고려가요)
  → 811.24

⑤
- 서명: 닥터 지바고
- 저자명: Boris Pasternak 저; 박형규 역
- 출판지: 파주
- 출판사: 열린책들
- 출판년: 2006

▶ 892.8(러시아문학) + -3(문학형식구분: 소설) → 892.83

⑥
- 서명: 타고르 희곡선집
- 저자명: Rabindranath Tagore 저; 김양식 역
- 출판지: 서울
- 출판사: 샨띠
- 출판년: 2013

▶ 892.55(현대 인도문학) + -2(문학형식구분: 희곡) → 892.552

⑦
- 서명: 독일시 연구
- 저자명: 이성훈
- 출판지: 서울
- 출판사: 건국대학교출판부
- 출판년: 2004

▶ 850 (독일문학) -0 + -1(문학형식구분: 시) → 851

⑧
- 서명: 임어당의 웃음
- 저자명: 임어당 저; 이평길 역
- 출판지: 부산
- 출판사: 선영사
- 출판년: 1998

▶ 820 (중국문학) -0 + -7(문학형식구분: 풍자 및 유머) → 827

⑨
- 서명: 돈 까밀로와 빼뽀네
- 저자명: Giovannino Guareschi 저; 차미례 역
- 출판지: 서울
- 출판사: 민서출판사
- 출판년: 1999

▶ 880 (이탈리아문학) - 0 + -3(문학형식구분: 소설) → 883

⑩
- 서명: 하이쿠
- 저자명: 박소현
- 출판지: 서울
- 출판사: 북코리아
- 출판년: 2008

▶ 830(일본문학) - 0 + -1(문학형식구분: 시) + 3(본표 추가 세분: 하이쿠) → 831.3

⑪
- 서명: 무섭긴 뭐가 무서워 (최정희 동화집)
- 저자명: 최정희 글; 홍성지 그림
- 출판지: 고양
- 출판사: 훈민출판사
- 출판년: 2012

▶ 810(한국문학) - 0 + -3(문학형식구분: 소설) + 8(본표 추가 세분: 동화) → 813.8

제2부 조기표의 분석과 적용

⑫
- 서명: 악의 꽃
- 저자명: Charles Baudelaire 저; 함유선 역
- 출판지: 파주
- 출판사: 밝은 세상
- 출판년: 2004

▶ 860(프랑스문학) - 0 + -1(문학형식구분: 시) → 861

⑬
- 서명: 노르웨이의 숲
- 저자명: 무라카미 하루미 저; 양억관 역
- 출판지: 서울
- 출판사: 민음사
- 출판년: 2013

▶ 830(일본문학) + -3(문학형식구분: 소설) + 6(본표 추가 세분: 현대소설) → 833.6

⑭
- 서명: 파우스트
- 저자명: Johann Wolfgang von Goethe 저; 정서웅 역
- 출판지: 서울
- 출판사: 민음사
- 출판년: 1997

▶ 850 (독일문학) - 0 + -2(문학형식구분: 희곡) → 852

⑮
- 서명: 신곡(神曲)
- 저자명: Dante Alighieri 저; 박상진 역
- 출판지: 서울
- 출판사: 서해문집
- 출판년: 2005

▶ 880(이탈리아 문학) - 0 + -1(문학형식구분: 시) → 881

⑯
- 서명: *Le petit prince*
- 저자명: Antoine Marie Roger De Saint Exupery
- 출판지: USA, Illinois
- 출판사: Distribooks Inc
- 출판년: 2007

▶ 860(프랑스문학) - 0 + -3(문학형식구분: 소설) → 863

⑰
- 서명: *The best american essays 2013*
- 저자명: Robert Atwan; Cheryl Strayed (Editor)
- 출판지: New York
- 출판사: Mariner Books
- 출판년: 2013

▶ 840(영미문학) + -4(문학형식구분: 수필) + -6(2000-   , 21세기) → 844.6

⑱
- 서명: *Wondrous moment: selected poetry of alexander pushkin*
- 저자명: Alexander Pushkin; Andrey Kneller (Translator)
- 출판지: North Charleston
- 출판사: CreateSpace Independent Publishing Platform
- 출판년: 2008

▶ 892.8(러시아문학) + -1(문학형식구분: 시) → 892.81

⑲
- 서명: *Don quixote*
- 저자명: Miguel de Cervantes Saavedra; Tom Lathrop (Translator)
- 출판지: USA
- 출판사: Signet Classics
- 출판년: 2011

▶ 870(스페인문학) - 0 + -3(문학형식구분: 소설) → 873

⑳
- 서명: *Macbeth*
- 저자명: William Shakespeare; Braunmulleredited (edited)
- 출판지: New York
- 출판사: Cambridge University Press
- 출판년: 2008

▶ 840(영미문학) - 0 + -2(문학형식구분: 희곡) + -2(1558-1625 엘리자베스 여왕 시대) → 842.2

제8장

종교공통구분표

 KDC에서 200 종교류는 KDC의 장점을 가장 잘 가지고 있는 주류 중 하나로, 200 종교류의 강목 220-250, 270-280에 다양한 종교를 균형 있게 전개하였다. 그리고 KDC에서는 요목의 단계에서 각 종교에 공통적으로 적용할 수 있는 종교공통구분표를 설정하여 각 종교별로 조기성을 살려 전개할 수 있게 하였다.

 종교공통구분표는 KDC에서 여섯 번째로 제시되어 있으며, 기본적으로 각 종교에 내포된 공통적 특성을 추출하여 각 종교에 공통적으로 나타나는 특이한 주제나 의식을 8개의 유형으로 구분하여 이를 각 종교에 공통적으로 적용할 수 있도록 작성된 조기표이다. 이 종교공통구분의 적용은 KDC가 DDC와 특히 다른[1] 특징이라고 할 수 있다.

제1절 종교공통구분표의 개요와 주요 개정 부분

 KDC에 제시된 종교공통구분표는 211-218 비교 종교의 요목으로 전개된 구분을 활용하고 있다.[2] 따라서 종교공통구분표는 비교 종교의 요목과 조기성을 가지고 있다.

---

1) 정필모, 문헌분류론 (서울: 구미무역, 1991), 218.
2) 한국도서관협회 분류위원회 편, 한국십진분류법, 제6판, 제1권 (서울: 한국도서관협회, 2013), 6.

KDC 제6판에 제시되어 있는 종교공통구분표의 개요와 비교 종교와의 조기성을 비교하면 〈표 8-1〉과 같다.

표 8-1 종교공통구분표 개요와 비교 종교와의 조기성 비교

종교공통구분표		210 비교종교	
-1	교리, 교의	211	교리
-2	종교창시자(교주) 및 제자	212	종교창시자(교주) 및 제자
-3	경전, 성전	213	경전, 성전
-4	종교신앙, 신앙록, 신앙생활, 수도생활	214	종교신앙, 신앙록, 신앙생활, 수도생활
-5	선교, 포교, 전도, 교화(교육)활동	215	선교, 포교, 전도, 교육 활동
-6	종단, 교단	216	종단, 교단(교당론)
-7	예배형식, 의식, 의례	217	예배형식, 의식, 제례
-8	종파, 교파	218	종파, 교파

종교공통구분표는 211-218 비교 종교의 요목에서 각 종교의 공통적인 특성을 조기표로 만들어, 모든 종교에 조기성을 갖는 기호를 부여할 수 있도록 하기 위해 마련된 것이다. 따라서 종교공통구분표와 비교 종교의 요목은 거의 완벽한 조기성을 가지고 있다.

KDC 제6판에서는 -2 "종조, 창교자"를 "종교창시자(교주) 및 제자"로 변경하였다.

제2절 종교공통구분표의 사용법

종교공통구분표는 KDC 200 종교류에서 각 종교의 세 번째 패싯에 공통적으로 적용된다. KDC 200 종교류의 열거 순서는 〈그림 8-1〉과 같다.

제8장 종교공통구분표

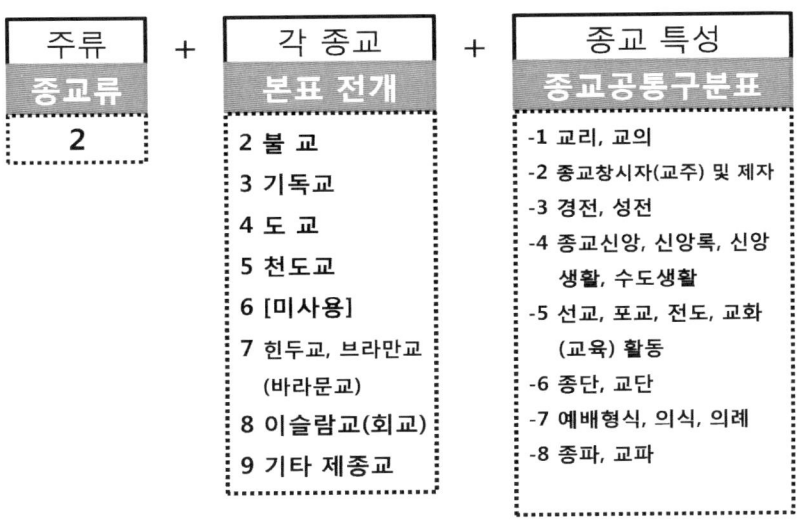

그림 8-1 종교류의 열거 순서

200 종교류에서는 220 불교, 230 기독교, 240 도교 등에는 이미 본표에 종교공통 구분의 항목들을 적용하여 전개하고 있으며, 그 밖의 종교에는 별법으로 종교공통구 분표의 기호를 본표의 기본 기호에 직접 추가하도록 하고 있다. 다음 절에서는 각 종 교별 종교공통구분표의 사용법을 구체적으로 살펴보고자 한다.

1. 220 불교-240 도교

KDC의 220 불교에는 종교공통구분의 항목들이 이미 불교의 세 번째 패싯인 요목 에 부가되어 본표에 전개되어 있다. 220 불교와 종교공통구분를 비교하여 살펴보면 〈표 8-2〉와 같다.

220 불교에서는 요목 단계에 종교공통구분표가 적용되어 있으며, 이러한 구조는 220 불교 외에도 230 기독교, 240 도교에서도 동일하다. 그러나 종교공통구분표는 각 종교에 따라 적용시 용어를 종교에 맞추어 달리하고 있다. 예를 들면 222는 종교 공통구분표의 -2 종교창시자(교주) 및 제자가 세목에 적용되었으나, 표목은 제불, 보 살, 불제자이다. 그리고 232는 기독교의 창시자로서 예수 그리스도, 242는 도교의 교 조를 각각 나타내며, 236은 기독교의 종단, 교단으로서 교회론, 246은 도교의 종단,

137

제2부 조기표의 분석과 적용

교단으로서 사원론을 각각 나타낸다.

표 8-2 종교공통구분과 불교(220) 요목의 비교

종교공통구분	220 불 교
-1 교리, 교의	221 불교교리
-2 종교창시자(교주) 및 제자	222 제불, 보살, 불제자
-3 경전, 성전	223 경전(불전, 불경, 대장경)
-4 신앙, 신앙록, 신앙생활	224 종교신앙, 신앙록, 신앙생활
-5 선교, 포교, 전도, 교화활동	225 포교, 교육활동, 교화활동
-6 종단, 교단	226 사원론
-7 예배형식, 의식, 의례	227 법회, 의식, 행사(의궤)
-8 종파, 교파	228 종 파

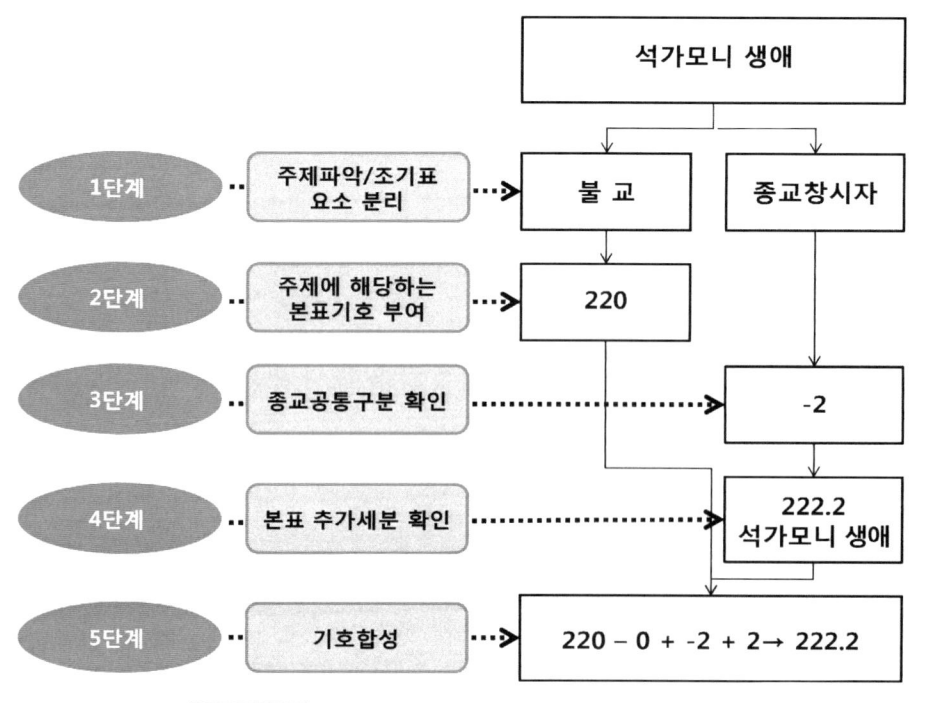

그림 8-2 "석가모니 생애"(222.2)의 분류 기호

제8장 종교공통구분표

이러한 원리에 따라 '석가모니의 생애'를 분류하면, "222(2(종교) + 2(불교) + -2(종교창시자(교주) 및 제자))"가 되며, 이후 본표에 추가 세분을 적용하여 222.2가 된다. 이를 구체적으로 제시하면 〈그림 8-2〉와 같다.

- **유사 사례**
  - 불 전
    220 - 0 + -3(종교공통구분: 경전) → 223
  - 불교 신앙생활
    220 - 0 + -4(종교공통구분: 신앙생활) → 224

2. 250 천도교 및 270-280 그 밖의 종교

KDC에서 250 천도교에는 종교공통구분을 적용한 항목으로 종교공통구분의 "-8 종파, 교파"를 "250 천도교"에 부가한 "258 동학교분파"만 본표에 열거되어 있다. 따라서 250 천도교에는 종교공통구분을 적용할 수 있도록 〈그림 8-3〉과 같은 지시가 별법으로 제시되어 있다.

250　**천도교**
　　동학교를 재조직하고 개칭한 정통종파 천도교 신, 구, 사리원, 연합파 등을 포함한다.
　　별법: 도서관에 따라 211-218과 같이 세분할 수 있다.

그림 8-3　"천도교"(250)의 종교공통구분표 사용 지시의 예

제2부 조기표의 분석과 적용

　이 별법에 따라 '천도교 교리'는 251(2(종교) + 5(천도교) + -1(종교공통구분: 교리))이 된다(〈그림 8-4〉 참조).

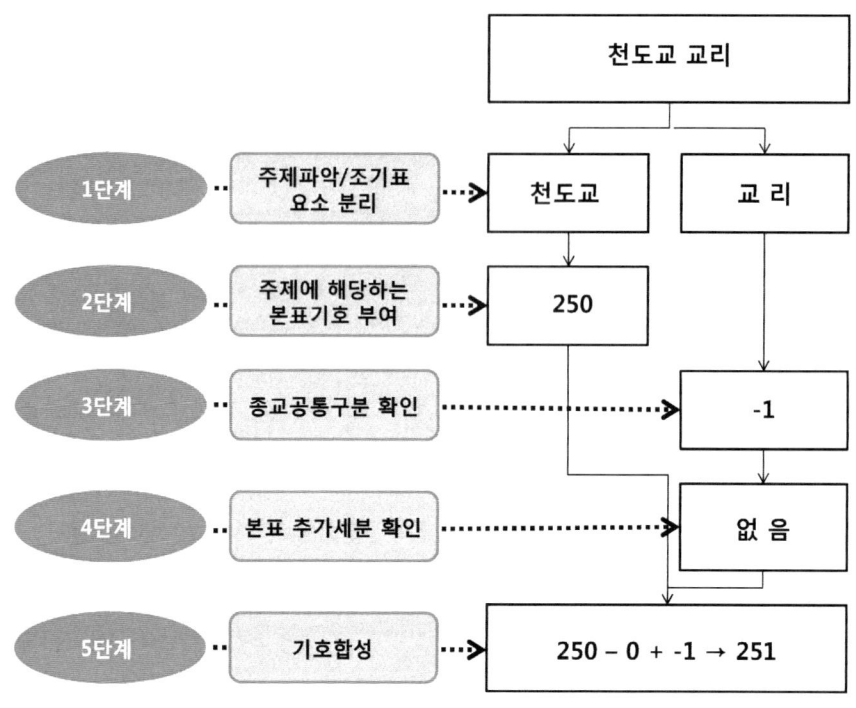

그림 8-4 "천도교 교리"(251)의 분류 기호(별법)

　그리고 270 힌두교, 브라만교(바라문교)와 280 이슬람교(회교)에는 세목에 종교공통구분표를 적용하지 않고 단지 별법으로만 적용하도록 지시하고 있다. 그리고 290 기타 제종교에서는 세목의 단계에 종교공통구분표를 적용할 수 있도록 〈그림 8-5〉와 같은 지시가 제시되어 있다.

> 290　기타 제종교
> 　　　신흥종교, 유사종교 등을 포함한다.
> 　　　각 종교의 유사종교는 해당종교 아래에 분류한다.
> 　　　별법: 도서관에 따라 211-218과 같이 세분할 수 있다. 예: 증산도 교리 291.121

그림 8-5 "기타 제종교"(290)의 종교공통구분표 사용 지시의 예

제3절 | 종교공통구분표의 주요 기호 합성에 대한 분석

1. 성 서

성서는 기독교 경전으로 종교공통구분표는 기독교의 요목에 적용되어 본표에 전개되어 있으며, 분류 기호는 "232(2(종교) +3(기독교) + -2(경전))"이 된다(〈그림 8-6〉 참조).

230   **기독교**
 -2   성전, 경전(종교공통구분)
_____
230 - 0 + -2 → 232

그림 8-6 "성서"(232)의 분류 기호

- **유사 사례**
  - 베 다
    270(힌두교, 브라만교) - 0 + -3(종교공통구분: 경전, 성전) → 273
  - 코 란(Koran)
    280(이슬람교, 회교) - 0 + -3(종교공통구분: 경전, 성전) → 283

2. 조계종 포교(별법)

종교공통구분표는 KDC 200 종교류에서 세 번째 패싯에 적용된다. 그러나 KDC에서는 이 종교공통구분표를 중복하여 적용할 수 있는 별법을 제시하고 있다. 228 종파에는 〈그림 8-7〉과 같이 종교공통구분표를 이중으로 적용할 수 있는 지시가 별법으로 제시되어 있다.

제2부 조기표의 분석과 적용

```
228    (불교)종파
       각 종파 및 각 사찰을 포함한다.
       별법: 도서관에 따라 각 종파는 221-228과 같이 세분할 수 있다.
       예: 선종법어 228.74; 조계종 사찰 228.7816
```

그림 8-7 "(불교)종파"(228)의 종교공통구분표 사용 지시의 예

이 지시에 따라 "조계종 포교"를 분류하면 "228.7815(228.781(조계종) + -5(종교공통구분: 포교))"가 된다(〈그림 8-8〉 참조).

```
220       불 교
 -8       종파(종교공통구분)
781       조계종(본표 전개)
 -5       포교(종교공통구분)
─────────────────────────────
220 - 0 + -8 + 781 + -5 → 228.7815
```

그림 8-8 "조계종 포교"(228.7815)의 분류 기호(별법)

이러한 종교공통구분표의 이중 적용 지시는 228 (불교) 종파, 228.9 기타 종파, 238 (기독교)교파, 238.9 기타 기독교 분파 등에도 동일하게 제시되어 있다.

■ 유사 사례
- 원불교 교리
    220(불교) - 0 + -8(종교공통구분: 종파) + 95(본표 전개: 원불교) + -1(종교공통구분: 교리) → 228.951
- 감리교 전도
    230(기독교) - 0 + -8(종교공통구분: 종파) + 7(본표 전개: 감리교) + -5(종교공통구분: 전도) → 238.75

제4절 종교공통구분표의 적용 사례 분석

①
- 서명: 삼위일체론
- 저자명: 유해무
- 출판지: 파주
- 출판사: 살림출판사
- 출판년: 2010

▶ 230(기독교) - 0 + -1(종교공통구분: 교리, 교의) + -1(본표 추가 세분: 하나님) → 231.1

②
- 서명: 한글 동경대전
- 저자명: 김기선
- 출판지: 서울
- 출판사: 정민사
- 출판년: 2010

▶ 250(천도교) - 0 + -3(종교공통구분: 경전, 성전) → 253

③
- 서명: 인간 붓다 그 위대한 삶과 사상
- 저자명: 법륜
- 출판지: 서울
- 출판사: 정토출판
- 출판년: 2010

▶ 220(불교) - 0 + -2(종교공통구분: 종조, 창교자) + -2(본표 추가 세분: 석가) → 222.2

④
- 서명: 경북기독교회사
- 저자명: 박창식
- 출판지: 서울
- 출판사: 코람데오
- 출판년: 2001

▶ 230(기독교) - 0 + -6(종교공통구분: 종단, 교단) + 9(본표 추가 세분: 교회사) + -118(지역구분: -118 경상도) → 236.9118

⑤
- 서명: 大方廣佛華嚴經
- 저자명: 반야, 징관, 명득
- 출판지: 서울
- 출판사: 국립중앙도서관
- 출판년: 1997

▶ 220(불교) - 0 + -3(종교공통구분: 경전, 성전) + -55(본표 추가 세분) → 223.55

⑥
- 서명: 하나님의 손 안에 = In the hand of God : 6.25 참전 신앙 체험 수기
- 저자명: 이지익
- 출판지: 서울
- 출판사: 창조문학사
- 출판년: 2010

▶ 230(기독교) - 0 + -4(종교공통구분: 종교신앙, 신앙생활) + -8(본표 추가 세분: 개인신앙생활) → 234.8

⑦
- 서명: 코란의 신비와 지혜
- 저자명: 김용선
- 출판지: 서울
- 출판사: 明文堂
- 출판년: 2002

▶ 280(이슬람교) - 0 + -3(종교공통구분: 경전, 성전) → 283

⑧
- 서명: 미사전례
- 저자명: 이홍기
- 출판지: 칠곡군
- 출판사: 분도출판사
- 출판년: 1997

▶ 230(기독교) - 0 + -7(종교공통구분: 예배형식, 의식, 의례) + -1(본표 추가 세분: 공중예배) → 237.1

⑨ • 서명: 대한불교나한종 불교기초교리집
  • 저자명: 최용정   • 출판지: 서울
  • 출판사: YBN news 출판사
  • 출판년: 2011

▶ 220(불교) + -1(종교공통구분: 교리, 교의) → 221

⑩ • 서명: 팔공산 선본사
  • 저자명: 선본사 불교문화재연구소
  • 출판지: 서울   • 출판사: 선본사 불교문화재연구소
  • 출판년: 2013

▶ 220(불교) - 0 + -6(종교공통구분: 종단, 교단) + -9(본표 추가 세분: 사지) → 226.9

⑪ • 서명: 무지개를 좇아서 : 서광선 목사 설교집
  • 저자명: 서광선   • 출판지: 서울
  • 출판사: 동연   • 출판년: 2011

▶ 230(기독교) - 0 + -5(종교공통구분: 선교, 포교, 전도) + -2(본표 추가 세분: 설교) → 235.2

⑫ • 서명: 실상염불선 : 선오후수의 안심법문 : 청화대종사 법어집
  • 저자명: 청화대종사, 김영동 엮음
  • 출판지: 서울   • 출판사: 광륜출판사
  • 출판년: 2013

▶ 220(불교) - 0 + -4(종교공통구분: 신앙, 신앙록, 수도생활) + -2(본표 추가 세분: 법어, 어록) → 224.2

⑬
- 서명: 사자암 법요집
- 저자명: 대한불교 조계종 삼성산 사자암
- 출판지: 서울
- 출판사: 사자암
- 출판년: 1993

▶ 220(불교) - 0 + -7(종교공통구분: 예배형식, 의식) + -1(본표 추가 세분: 행사작법) → 227.1

⑭
- 서명: 이슬람 : 교리, 사상, 역사
- 저자명: 손주영
- 출판지: 서울
- 출판사: 일조각
- 출판년: 2005

▶ 280
▶ 별법: 280(이슬람교) - 0 + -1(종교공통구분: 교리, 교의) → 281

⑮
- 서명: 구약성서 예언서
- 저자명: 구약성서의 대예언
- 출판지: 서울
- 출판사: 知文社
- 출판년: 1983

▶ 230(기독교) - 0 + -3(종교공통구분: 경전, 성전) + -4(본표 추가 세분: 예언서) → 233.4

⑯
- 서명: 불교통신강좌
- 저자명: 김동화, 한정섭 편저
- 출판지: 가평군
- 출판사: 불교통신교육원
- 출판년: 1982

▶ 220(불교) - 0 + -5(종교공통구분: 선교, 포교, 전도) + -7(본표 추가 세분: 불교교육) → 225.7

⑰
- 서명: (상용)불교의식해설
- 저자명: 법회연구원
- 출판지: 서울
- 출판사: 정우서적
- 출판년: 2005

▶ 220(불교) - 0 + -7(종교공통구분: 예배형식, 의식) → 227

⑱
- 서명: 신비주의와 퀘이커 공동체
- 저자명: 김영태
- 출판지: 고양
- 출판사: 인간사랑
- 출판년: 2002

▶ 230(기독교) - 0 + -8(종교공통구분: 종파, 교파) + -5(본표 추가 세분: 퀘이커파) → 238.5

⑲
- 서명: 마르코 복음서 강해
- 저자명: ThomasC. Oden, Christopher A Hal [Editor]; 최원오 역
- 출판지: 칠곡군
- 출판사: 분도출판사
- 출판년: 2011

▶ 230(기독교) - 0 + -3(종교공통구분: 경전, 성전) + -63(본표 추가 세분: 마르코) → 233.63

⑳
- 서명: (유태인의 성전)탈무드
- 저자명: Marvin Tokayer 저; 우상호 역
- 출판지: 서울
- 출판사: 로뎀나무
- 출판년: 2004

▶ 239
▶ 별법: 239(유태교) + -3(종교공통구분: 경전, 성전) → 239.3

제3부

본표의 분석과 적용

제9장　000　총　　　류
제10장　100　철　　　학
제11장　200　종　　　교
제12장　300　사회과학
제13장　400　자연과학
제14장　500　기술과학
제15장　600　예　　　술
제16장　700　언　　　어
제17장　800　문　　　학
제18장　900　역　　　사

제9장

000 총 류
(General works)

000 총류(總類)는 KDC의 첫 번째 주류로 형식류(形式類)로서의 특성을 가지고 있어 형식적이고 아주 일반적이다. 그리고 총류는 많은 주제를 포함하고 있어 어느 한 특정 주제에 분류할 수 없는 전체적인 성격을 갖는 유이다. 즉 총류는 모든 학문 분야와 관련되거나 어느 한 학문 분야에 분류하기 어려운 문헌들을 분류하기 위한 유라 할 수 있다. 그러나 현재는 특정 학문 분야에 속하는 유들도 다소 포함되어 있다.[1] 특히 제5판부터는 컴퓨터과학(004)과 프로그래밍, 프로그램, 데이터(005)가 총류로 이동하여 총류의 이러한 특성을 더욱 강화하였다.

KDC의 총류는 DDC의 경우와 같이,[2] 거의 전적으로 성격상 아주 일반적인 것으로 간주되는 일반 백과사전과 같은 영역들과 다소 구체적이기는 하지만 성격상 여전히 일반성을 갖는 문헌정보학이나 저널리즘 등과 같은 영역들을 포함하고 있다. KDC 역시 컴퓨터과학(004), 프로그래밍, 프로그램, 데이터(005), 도서학·서지학(010), 문헌정보학(020), 박물관학(069), 신문·저널리즘(070), 향토 자료(090) 등은 여러 주제에 관련되거나 적용되는 학문들을 포함하고 있다.[3]

---

1) 오동근, 배영활, 여지숙, KDC의 이해 (대구: 태일사, 2002), 113.
2) Marty Bloomsberg & Hans Weber, *An Introduction to classification and number building in Dewey* (Colorado: Libraries Unlimited, 1976), 43.
3) 한국도서관협회 편, 한국십진분류법, 제3권 해설서, 제6판 (서울: 한국도서관협회, 2013), 41.

제3부 본표의 분석과 적용

제1절 총류의 개요와 주요 개정 부분

1. 총류의 개요

우선 KDC 제4판에서 제6판까지의 000 총류의 일반적인 개요를 살펴보면, 〈표 9-1〉과 같다.

표 9-1 KDC 제4판~제6판의 총류의 개요

	제4판	제5판	제6판
000	총류	총류	총류
010	도서학. 서지학	도서학. 서지학	도서학. 서지학
020	문헌정보학	문헌정보학	문헌정보학
030	백과사전	백과사전	백과사전
040	강연집, 수필집, 연설문집	강연집, 수필집, 연설문집	강연집, 수필집, 연설문집
050	일반 연속간행물	일반연속간행물	일반연속간행물
060	일반 학회, 단체, 협회, 기관	일반 학회, 단체, 협회, 기관	**일반 학회, 단체, 협회, 기관, 연구기관**
070	신문, 언론, 저널리즘	**신문, 저널리즘**	신문, 저널리즘
080	일반 전집, 총서	일반 전집, 총서	일반 전집, 총서
090	향토자료	향토자료	향토자료

〈표 9-1〉에 나타난 것과 같이, KDC 제4판에서 제6판까지의 총류 강목의 전개는 제4판에서 제6판까지의 개정 과정에서 060과 070에서 변화가 있었다. 제4판에서 제5판으로 개정할 때, 070 신문, 언론, 저널리즘이 언론이 삭제되고, 070 신문, 저널리즘으로 변경되었으며, 제5판에서 제6판으로 개정할 때, 060 일반 학회, 단체, 협회, 기관에 연구 기관이 추가되었다.

KDC 제6판 총류의 하위 항목들의 주요 내용은 다음과 같다.

① 000 총 류
- 001 지식 및 학문 일반
  - 001.1 학문 및 학습, 001.2 지적 생활, 001.3 인문과학 일반, 001.4 신비 현상으로 세분
- 003 이론 체계 및 시스템
  - 시스템 식별, 컴퓨터 모델링 및 모의 실험, 커뮤니케이션과 제어 이론, 시스템의 종류 등 시스템에 관한 저작 등의 항목 설정
- 004 컴퓨터과학
  - 특정 컴퓨터에 관한 일반 저작, 시스템 분석, 설계, 구조 및 성능 평가 처리 방식, 통신 및 네트워크, 보안 및 컴퓨터 바이러스, 컴퓨터의 특수 응용 등의 항목 설정
- 005 프로그래밍, 프로그램, 데이터
  - 005.1 프로그램 및 프로그래밍 언어
  - 005.4 시스템 프로그래밍
  - 005.5 응용 및 범용 프로그래밍
  - 005.7 컴퓨터 데이터 및 데이터베이스
- 006, 007, 008과 009는 미사용 기호

② 010 도서학, 서지학
- 011 저 작
  - 저작권(판권), 편집, 위작, 필화 등의 항목 설정
- 012 필사본, 판본, 제본
  - 필사본, 간본, 도서 형태, 도서 재료 등의 항목 설정
- 013 출판 및 판매
  - 도서 출판, 납본 제도, 도서 유통, 출판 및 판매사(販賣史) 등의 항목 설정

제3부 본표의 분석과 적용

- ▪ 014 개인 서지 및 목록
- ▪ 015 국가별 서지 및 목록
- ▪ 016 주제별 서지 및 목록
- ▪ 017 특수 서지 및 목록
- - 희구서 및 선본(善本) 서지, 금지 서지, 전시 도서 및 판매 도서 목록 등의 항목 설정
- ▪ 019 장서 목록

③ 020 문헌정보학
- ▪ 021 도서관 행정 및 재정
- - 도서관 정책, 및 계획, 법규, 재정 등의 항목 설정
- ▪ 022 도서관 건축 및 설비
- - 건축 계획, 재료, 설계, 서고, 검색 및 열람 공간, 사무 공간, 도서관 설비 등의 항목 설정
- ▪ 023 도서관 경영, 관리
- - 도서관 조직, 직원, 정보화, 도서관 회계, 통계, 홍보, 이용 규정 등의 항목 설정
- ▪ 024 수서, 정리 및 보존
- - 장서개발론, 목록 및 분류법, 장서 관리 및 보존 등의 항목 설정
- ▪ 025 도서관 봉사 및 활동
- - 도서관 자료 이용 및 정보 서비스, 아웃리치 서비스, 도서관 활동 안내 등의 항목 설정
- ▪ 026 일반 도서관
- - 국가대표도서관, 국립도서관, 공공도서관, 어린이 도서관, 전문도서관 등의 항목 설정
- ▪ 027 대학 및 학교도서관
- - 유치원, 초중고등 및 대학도서관 등의 항목 설정

- 028 기록 관리
  - 별법으로 적용
- 029 독서 및 정보 매체의 이용
  - 도서 비평, 독서 과정, 독서법, 독서 지도 등의 항목 설정

④ 030 일반 백과사전
- 031-039 하위 요목 전개는 조기표의 국어구분표에 배정된 항목들과 거의 일치
- 특수 주제의 백과사전은 해당 주제 아래에 분류

⑤ 040 강연집, 수필집, 연설문집
- 조기표의 국어구분표에 배정된 항목들과 거의 일치
- 특수 주제의 강연집, 수필집, 연설문집은 해당주제 아래에 분류

⑥ 050 일반 연속간행물
- 051-058 언어별로 연속간행물을 구분
- 특수 주제의 연속간행물은 해당 주제 아래에 분류
- 마지막 요목 059에는 연감이 분류되며, 특수 주제의 연감은 해당 주제 아래에 분류

⑦ 060 일반 학회, 단체, 기관, 연구기관
- 061-068 지역구분표를 적용하여 각국의 일반 학회, 단체를 다루며, 일반 단체의 역사, 헌장, 회원 명단, 회의록 등을 포함
- 특수 주제에 관련된 학회, 단체는 해당 주제 아래에 분류
- 069 박물관학
  - 박물관 행정, 건축, 관리 및 서비스 등의 항목 설정
  - 069.8 전문박물관, 전주제구분 적용

⑧ 070 신문, 저널리즘
- 보도 관련법, 신문, 잡지의 경영 관리, 저널리즘, 신문사(新聞史) 등의 항목 설정
- 071-077 지역구분표를 적용하여 세계 각국의 신문 분류
- 078 특정 주제의 신문, 전주제구분 적용

⑨ 080 일반 전집, 총서
- 081 개인의 일반전집과 082 2인 이상의 일반 전집, 총서로 구분
- 일반 전집, 총서를 언어에 따라 다시 구분

⑩ 090 향토 자료
- 별법으로 향토 자료를 전주제구분하여 전개

2. 총류의 주요 개정 부분

KDC 제6판 총류는 학문의 발전과 변화, 분류표의 실용성을 위해 다수의 항목들이 신설되거나 전개, 이치와 삭제되는 등 큰 변화가 있었다. KDC 제6판 총류의 개정 내용을 구체적으로 살펴보면 다음과 같다.

① 과학 기술의 발전에 따라 004 컴퓨터 과학, 005 프로그래밍, 프로그램, 데이터에 새로운 주제를 반영한 다수의 분류 항목들을 신설하였다(〈표 9-2〉 참조).

표 9-2 총류의 신설 분류 항목

분류 기호	분류 항목
004.5716	PAN(Personal Area Net)
004.575	전용망(Dedicated Line)
004.579	기타 및 대안적 통신망
004.586	소셜네트워크서비스(SNS: Social Network Service)
004.588	클라우드컴퓨팅
004.595	IPTV, 인터넷TV, 스마트TV
004.71	사물인식 및 데이터수집
005.52	개인정보관리
005.57	업무용 범용솔루션
005.58	모바일앱
005.7536	전문(全文 full-text)데이터베이스
005.76	데이터마이닝, 빅데이터
024.318	메타데이터
026.1	국가대표도서관

② 항목 전개가 부적합한 일부 항목들을 이치하거나(〈표 9-3〉 참조), 불필요한 일부 항목들을 삭제하고, 그 삭제된 항목들을 상위 분류 항목에 포함시키거나 다른 항목으로 이치하였다(〈표 9-4〉 참조).

표 9-3 총류의 이치 분류 항목

분류 기호	분류 항목
004.014 → 004.015	컴퓨터수학
004.183 → 004.73	인공지능컴퓨터
004.5784 → 004.5714	홈네트워킹
004.661 → 004.66, 004.67	악성프로그램과 해킹
005.6 → 005.18	마이크로프로그래밍, 프로그램
005.71 → 004.565	데이터통신, 교환방식
022.48 → 022.46	특수서가
026.1 → 026.2	국립도서관

제3부 본표의 분석과 적용

표 9-4 총류의 삭제 분류 항목

분류 기호	분류 항목
004.31	다중프로그래밍
005.135	객체지향프로그래밍 언어
005.136	병렬프로그래밍 언어
005.137	비주얼프로그래밍 언어
005.435	컴파일러
005.436	어셈블러
021.45	장려금
022.48	특수장
022.9	도서관비품

③ 특정 분류 항목에 분류되는 문헌이 많은 경우에 이를 해당 분류 기호 아래 주제의 자모순으로 분류할 수 있도록 하는 별법(別法)을 도입하였다(〈표 9-5〉 참조).

표 9-5 총류의 별법 도입 분류 항목

분류 기호	분류 항목
004.66	컴퓨터 바이러스 별법: 도서관에 따라 바이러스 이름으로 자모순 배열할 수 있다.
005.133	특정 프로그래밍언어 별법: 도서관에 따라 특정프로그래밍 언어의 자모순 배열할 수 있다.
005.44	특정 운영 체제 별법: 도서관에 따라 운영 체제의 이름으로 자모순 배열할 수 있다.

④ 일부 새로운 주제들을 분류 주기에 부가하였는데, 004.613 데이터 보안 아래 개인 정보 보호를, 004.745 음향 인식 아래 시리(Siri), S보이스를, 004.792 하이퍼 텍스트시스템 아래 마크업 언어(SGML, XML, HTML)를, 005.57 업무용 범용 솔루션 아래 CRM, ERP 등을, 012.71 제본 재료 아래 피혁, 인공 피혁, 비닐, 종이 등을,

013.1 도서 출판 아래 POD, 자가 출판을, 024.3 목록법, 서지 조정 아래 FRBR 등을 그리고 024.32 목록 규칙 아래 KCR, AACR, RDA를 부가한 것들이 그 예이다.

⑤ 부적합한 용어를 조정하거나 개념을 명확하게 표시하기 위해 분류 항목의 명칭을 조정하였다(〈표 9-6〉 참조).

표 9-6 총류의 명칭 조정 분류 항목

분류 기호	분류 항목
001.4	논의의 여지가 있는 지식 → 신비현상
004.52	접속 및 통신프로토콜 → 인터페이스 및 통신프로토콜
004.56	데이터 전송 → 전송 및 교환방식
004.579	기타 → 기타 및 대안적 통신망
005.56	사진제작 및 편집소프트웨어 → 멀티미디어 제작 및 편집
005.57	동영상 편집 소프트웨어 → 업무용 범용솔루션
013.3	도서 판매 → 도서 유통
022.5	각종 자료실 및 열람실 → 검색 및 열람 공간
022.6	각종 사무실 → 사무 및 작업 공간
022.7	특별실 → 편의 공간 및 시설

제2절 총류의 주요 기호 합성에 관한 분석

1. 특정 주제나 학문 분야에 관한 저작의 서지와 목록 (016)

KDC에서 특정 주제나 학문 분야에 관한 저작의 서지와 목록은 016에 분류하도록 하고 있다. 이 016 아래에는 〈그림 9-1〉과 같은 기호 합성에 대한 주기가 있다. 여기에서 001-999는 KDC의 전주제 구분을 나타낸다.

제3부 본표의 분석과 적용

> 016   **주제별 서지 및 목록**
> 　　　　단일 주제의 서지 및 목록을 포함한다.
> 　　　　001-999와 같이 주제구분한다. 예: 정치서지 및 목록 016.34
> 　　　　별법: 도서관에 따라 주제별서지 및 목록을 해당 주제 아래에 분류할 수 있다.
> 　　　　예: 법률서지 및 목록 360.26

　　　　　그림 9-1　주제별 서지 및 목록(016)의 주기

〈그림 9-1〉에 제시된 주기 가운데 주제 구분을 따를 경우, "영문학 서지"는 기본기호에 영문학에 대한 기호를 더하여, "016 + 840(영문학) → 016.84"가 될 것이다(이때 소숫점 이하의 0은 생략한다)(〈그림 9-2〉 참조).

> 016   **주제별 서지 및 목록**
> 　　840　영문학
> ─────────────────────────────
> 016 + 840 - 0 → 016.84

　　　　　그림 9-2　"영문학 서지"(016.84)의 분류 기호

■ 유사 사례
- 화학 공학 서지
  016 + 560(화학 공학) - 0 → 016.56
- 민속학 서지
  016 + 388(민속학) → 016.388
- 한국사 문헌 목록 서지
  016 + 911(한국사) → 016.911

한편 KDC에서는 특정 주제나 학문 분야의 서지를 해당 주제나 학문 분야에 분류할 수 있도록 하는 별법(別法)을 마련해 두고 있는데, 이것은 특히 중소 규모 도서관에 유익할 것이다.[4]

---

[4] 오동근, 배영활, 여지숙, KDC의 이해 (대구: 태일사, 2002), 118.

이 규정에 따를 경우, "전기 공학 서지"는 "560 + -026 → 560.26이 된다(이 때 중복되는 0은 본표의 지시에 따라 삭제한다)(〈그림 9-3〉 참조).

```
560        전기 공학, 통신 공학, 전자 공학
  -026     서지; 색인, 목록 등(표준구분)

560 - 0 + -026 → 560.26
```

그림 9-3 "전기 공학 서지"(560.26)의 분류 기호
(별법을 사용할 경우)

- 유사 사례(별법)
  - 농학 서지(별법)
    520 - 0 + -026(표준구분: 서지, 도서목록, 색인) → 520.26
  - 한국사 문헌 목록 서지(별법)
    911 + -026(표준구분: 서지, 도서목록, 색인) → 911.026

2. 특정 주제의 신문 (078)

특정 주제의 신문은 078에 분류하도록 하고 있다. 이 때 특정 주제로 된 신문은 별법을 취할 수 있다. 이 078 아래에는 〈그림 9-4〉와 같은 기호 합성에 대한 주기가 제시되어 있다.

```
078    특정 주제의 신문
       001-999와 같이 주제구분한다. 예: 교육신문 078.37
       별법: 도서관에 따라 해당주제 아래에 분류할 수 있다. 예: 불교신문 220.5
```

그림 9-4 특정 주제의 신문(078)의 주기

〈그림 9-4〉에 제시된 주기 가운데 주제 구분을 따를 경우, "스포츠 신문"은 기본 기호에 스포츠에 대한 기호를 더하여, "078 + 690(오락, 스포츠) → 078.69"가 될 것

제3부 본표의 분석과 적용

이다(이 때 소숫점 이하의 0은 생략한다)(〈그림 9-5〉 참조).

078	특정 주제의 신문
690	오락, 스포츠

078 + 690 - 0 → 078.69

그림 9-5 "특정 주제의 신문"(078.69)의 분류 기호

- **유사 사례**
  - 복지 신문

    078 + 338(사회 복지) → 078.338
  - 사진 신문:

    078 + 660(사진 예술) - 0 → 078.66

별법을 적용하여 해당 주제 아래에 분류할 경우, 해당 주제의 분류 기호에 표준구분(연속간행물)을 부가하는 방식에 따라, "690 - 0 + -05(표준구분: 연속간행물) → 690.5"가 될 것이다(이 때 중복되는 0은 본표의 지시에 따라 삭제한다)(〈그림 9-5〉 참조).

690	오락, 스포츠
-05	연속간행물(표준구분)

690 - 0 + -05 → 690.5

그림 9-6 "스포츠 신문"(690.5)의 분류 기호 (별법)

- **유사 사례(별법)**
  - 복지 신문(별법)

    338 + -05(표준구분: 연속간행물) → 338.05
  - 사진 신문(별법):

    660 - 0 + -05(표준구분: 연속간행물) → 660.5

3. 수서, 정리 및 보존 (024)

024의 수서, 정리 및 보존에서 특정 비도서 자료의 수집과 목록작성법에 대해서는, 024.9 비도서 자료 및 디지털 자료의 관리 아래 세분된 항목들을 그대로 적용하여 전개할 수 있도록 〈그림 9-7〉과 같은 분류 주기가 지시되어 있다.

```
024.35    비도서 자료의 목록 작성법
          024.351-.359는 024.9와 같이 세분한다.  예: 지도목록작성  024.358
```

그림 9-7 비도서 자료의 목록 작성법(024.35)의 주기

이 주기에 따라, "전자 자료의 목록 작성"은 기본 기호에 전자 자료에 대한 기호를 더하여, "024.35 + 95(024.995 전자 자료에서 024.9 다음에 오는 기호) → 024.3595"가 될 것이다(〈그림 9-8〉 참조).

```
024.35         비도서 자료의 목록 작성법
   95          024.995(전자 자료)에서 024.9 다음의 기호
─────────────────────────────────────────────
024.35 + 95 → 024.3595
```

그림 9-8 "전자 자료의 목록 작성"(024.3595)의 분류 기호

■ 유사 사례
  • 시청각 자료의 목록 작성
      024.35 + 6(024.96 시청각 자료에서 024.9 다음에 오는 기호) → 024.356
  • 향토 자료의 목록 작성
      024.35 + 91(024.991 향토 자료에서 024.9 다음에 오는 기호) → 024.3591

제3부 본표의 분석과 적용

4. 기타 언어로 된 백과사전 (039)

특정 언어나 특정 어족의 백과사전은 031부터 038에 분류하도록 하고 있다. 그러나 기타 언어로 된 백과사전은 039에 분류한다. 아울러 이 039 아래에는 〈그림 9-9〉와 같은 기호 합성에 대한 주기가 제시되어 있다.

039	기타 제언어(諸言語)
	792-799와 같이 구분한다. 예: 러시아어 백과사전 039.28

그림 9-9 기타 언어로 된 백과사전(039)의 주기

이 주기에 따라, "현대 인도어 백과사전"은 기본 기호에 현대 인도어에 대한 기호를 더하여, "039 + 255(792.55 현대 인도어에서 79 다음에 오는 기호) → 039.255"가 될 것이다(〈그림 9-10〉 참조).

039	기타 제언어(백과사전)
255	792.55(현대 인도어)에서 79 다음의 기호

039 + -255 → 039.255

그림 9-10 "현대 인도어 백과사전"(039.255)의 분류 기호

■ 유사 사례
- 히브리어로 된 백과사전
  039 + 74(797.4 히브리어에서 79 다음에 오는 기호) → 039.74
- 라틴어로 된 백과사전
  039 + 22(792.2 라틴어에서 79 다음에 오는 기호) → 039.22

5. 각국의 신문 (071-077)

각국의 신문은 071-077에 분류하도록 하고 있다. 이 071-077 아래에는 〈그림 9-11〉과 같은 기호 합성에 대한 주기가 제시되어 있다.

```
071-077    각국의 신문
           지역구분표에 따라 세분한다. 예: 중국신문 071.2
```

그림 9-11 각국의 신문(071-077)의 주기

이 주기에 따라, "러시아 신문"은 기본 기호에 러시아에 대한 기호를 더하여, "07 + -29(지역구분: 러시아) → 072.9"가 될 것이다(〈그림 9-12〉 참조).

```
07         각국의 신문의 기본 기호
 -29       러시아(지역구분)

07 + 29 → 072.9
```

그림 9-12 "러시아 신문"(072.9)의 분류 기호

- **유사 사례**
  - 朝日新聞
    07 + -13(지역구분: 일본) → 071.3
  - The New York Times
    07 + -42(지역구분: 미국) → 074.2

6. 각국 저작권 (011.21-.27)

세계 각 나라의 저작권에 관한 자료는 011.21-.27에 분류하도록 하고 있다. 이 011.21-.27 아래에는 〈그림 9-13〉과 같은 기호 합성에 대한 주기가 제시되어 있다.

> 011.21-.27 각국 저작권(판권)
> 　　　　　지역구분표에 따라 세분한다. 예: 영국 저작권 011.224

그림 9-13 각국 저작권(011.21-.27)의 주기

이 주기에 따라, "인도의 저작권"은 기본 기호에 인도를 나타내는 지역구분표의 기호를 더하여, "011.2 + -15(지역구분: 인도) → 011.215"가 될 것이다(〈그림 9-14〉 참조).

> **011.2　　각국 저작권**
> 　　-15　　인디아(지역구분)
> ─────────────────────
> 011.2 + -15 → 011.215

그림 9-14 "인도의 저작권"(011.215)의 분류 기호

- **유사 사례**
  - 스페인 저작권:
    011.2 + -27(지역구분: 스페인) → 011.227
  - 터키의 저작권:
    011.2 + -187(지역구분: 터키) → 011.2187

7. 시스템 프로그래밍 (005.42) (별법)

시스템 프로그래밍에 대한 자료는 005.42에 분류하도록 하고 있다. 이 005.42 아래에는 〈그림 9-15〉와 같은 별법의 기호 합성에 대한 주기가 제시되어 있다.

```
005.42     시스템 프로그래밍
              별법: 도서관에 따라 004.11-004.19와 같이 구분한다. 예: 슈퍼컴시스템 프로그래밍
              005.421
```

그림 9-15 시스템 프로그래밍(005.42)의 주기

〈그림 9-15〉에 제시된 주기에 따라, "휴대용 컴퓨터의 시스템 프로그래밍"은 기본 기호에 휴대용 컴퓨터에 대한 기호를 더하여, "005.42 + 6(004.16 휴대용 컴퓨터에서 004.1 다음에 오는 기호) → 005.426"이 될 것이다(〈그림 9-16〉 참조).

```
005.42      시스템 프로그래밍
      6     004.16 휴대용 컴퓨터에서 004.1 다음에 오는 기호
─────────────────────────────────────────────
005.42 + 6 → 005.426
```

그림 9-16 "휴대용 컴퓨터의 시스템 프로그래밍"(005.426)의 분류 기호(별법)

■ 유사 사례(별법)
- 특수 컴퓨터의 시스템 프로그래밍(별법)

    005.42 + 8(004.18 특수 컴퓨터) → 005.428
- 소형 컴퓨터의 시스템 프로그래밍(별법)

    005.42 + 5(004.15 소형 컴퓨터) → 005.425

제3부 본표의 분석과 적용

8. 2인 이상의 일반 전집, 총서 (082)

2인 이상의 일반 전집, 총서는 082에 분류한다. 이 082 아래에는 언어에 의한 2인 이상의 일반 전집, 총서는 〈그림 9-17〉과 같은 기호 합성에 대한 주기가 제시되어 있다.

082	**2인 이상의 일반 전집, 총서**
.1-.99	언어에 의한 2인 이상의 일반 전집, 총서
	710-799와 같이 구분한다. 예: 중국어로 저작된 2인 이상의 일반 전집, 총서 082.2

그림 9-17 2인 이상의 일반 전집, 총서(082)의 주기

〈그림 9-17〉에 제시된 주기에 따라, "프랑스어로 저작된 2인 이상의 일반 전집, 총서"는 기본 기호에 프랑스어에 대한 기호를 더하여, "082 + 6(760 프랑스어에서 7 다음에 오는 기호) → 082.6"이 될 것이다 (이 때 소숫점 이하의 0은 생략한다)(〈그림 9-18〉 참조).

082	**2인 이상의 일반 전집, 총서**
6	760 프랑스어에서 7 다음에 오는 기호
082 + 6 → 082.6	

그림 9-18 "프랑스어로 저작된 2인 이상의 일반 전집, 총서"(082.6)의 분류 기호

- **유사 사례**
  - 일본어로 저작된 2인 이상의 일반 전집
    082 + 3(730 일본어에서 7 다음에 오는 기호) → 082.3
  - 독일어로 저작된 2인 이상의 일반 총서
    082 + 5(750 독일어에서 7 다음에 오는 기호) → 082.5

9. 향토 자료 (090) (별법)

KDC에서 향토 자료는 090에 분류하도록 하고 있다. 이 090 아래에는 〈그림 9-19〉와 같은 별법의 기호 합성에 대한 주기가 제시되어 있다.

```
090       향토 자료
          별법: 도서관에 따라 향토 자료를 001-999와 같이 주제구분할 수 있다.
          예: 거창군지 099.1187; 향토 불교자료 092.2
```

그림 9-19 향토 자료(090)의 주기

〈그림 9-19〉에 제시된 주기에 따라, "정선군지"는 기본 기호에 정선군 지방사에 대한 기호를 더하여, "090 - 0 + 911.49(정선군 지방사를 나타내는 분류 기호) → 099.1149"가 될 것이다(〈그림 9-20〉 참조).

```
090       향토 자료
911.49    정선군 지방사
─────────────────────────────
09 - 0 + 911.49 → 099.1149
```

그림 9-20 "정선군지"(099.1149)의 분류 기호(별법)

- **유사 사례(별법)**
  - 의성군지(별법)

    090 - 0 + 911.82(의성군 지방사) → 099.1182
  - 향토 민속 자료(별법)

    090 - 0 + 388(민속학) → 093.88

10. 연 감 (059)

특정 지역에 관한 연감은 059에 분류한다. 이 059 아래에는 〈그림 9-21〉과 같은 기호 합성에 대한 주기가 있다.

> 059   연 감
>   지역구분표에 따라 세분한다. 예: 한국연감 059.11
>   특수주제의 연감은 해당 주제 아래에 분류한다. 예: 경제연감 320.059

그림 9-21 연감(059)의 주기

이 주기에 따라 "독일 연감"은 기본 기호에 독일에 대한 기호를 더하여, "059 + -25(지역구분: 독일) → 059.25"가 될 것이다(〈그림 9-22〉 참조).

> 059   연 감
>   -25   독일(지역구분)
> ─────────────────────────
> 059 + 25 → 059.25

그림 9-22 "독일 연감"(059.25)의 분류 기호

- **유사 사례**
  - 브라질 연감
    059 + -53(지역구분: 브라질) → 059.53
  - 이집트 연감
    059 + -311(지역구분: 이집트) → 059.311

한편 특수 주제의 연감은 해당 주제나 학문 분야에 분류하도록 규정하고 있다. 따라서 이 주기를 따를 경우, "교육 연감"은 기본 기호에 교육학에 대한 기호를 더하여,

"370 - 0 + -059(표준구분: 연감, 통계연감, 연보, 역(曆)) → 370.59"가 될 것이다(이때 중복되는 0은 본표의 지시에 따라 삭제한다)(〈그림 9-23〉 참조).

370	교육학
059	연감(표준구분)

370 - 0 + 059 → 370.59

그림 9-23 "교육 연감"(370.59)의 분류 기호

■ 유사 사례
- 농학 연감
    520 - 0 + -059(표준구분: 연감, 연보 등) → 520.59
- 보험 연감
    328 + -059(표준구분: 연감, 연보 등) → 328.059
- 공예 연감
    630 - 0 + -059(표준구분: 연감, 연보 등) → 630.59

제3절 | 총류의 적용 사례 분석

①
- 서명: 알기 쉬운 개인정보보호의 이해와 활용
- 저자명: 이기혁, 이강신, 박진식, 최일훈
- 출판지: 서울
- 출판사: 인포더북스
- 출판년: 2011

▶ 004.613(데이터 보안)

제3부 본표의 분석과 적용

②
- 서명: 출판잡지연구(연속간행물)
- 발행기관 : 출판문화학회
- 발행주기 : 연간

▶ 013(출판 및 판매) + -05(표준구분: 연속간행물) → 013.05

③
- 서명: 2010 박물관과 공예의 만남: 문양의 재해석
- 저자명: 한국문화공예진흥원
- 출판지: 서울   • 출판사: 한국문화공예진흥원
- 출판년: 2010

▶ 069.8(전문박물관) + -63(전주제구분: 630 공예) → 069.863

④
- 서명: 안드로이드 아나토미 시스템 서비스: 안드로이드 시스템 서비스 동작 원리 분석
- 저자명: 김태연, 박지훈, 김상엽, 이왕재
- 출판지: 서울   • 출판사: 개발자가행복한세상
- 출판년: 2011

▶ 004.25(특정컴퓨터 시스템분석, 설계 등) + -6(004.16 휴대용컴퓨터) → 004.256

⑤
- 서명: 主要 論文選
- 저자명: 정필모
- 출판지: 파주   • 출판사: 한국학술정보
- 출판년: 2005

▶ 020(문헌정보학) - 0 + -08(표준구분: 총서, 전집, 선집) → 020.8

⑥
- 서명: (2013) 정부연구개발기관총람
- 저자명: 한국산업기술연구원
- 출판지: 서울
- 출판사: 한국산업기술연구원
- 출판년: 2013

▶ 060(일반학회, 단체, 협회, 기관, 연구기관) - 0 + -11(지역구분: 한국) → 061.1

⑦
- 서명: 고사촬요 책판목록과 그 수록 간본 연구
- 저자명: 김치우
- 출판지: 서울
- 출판사: 아세아문화사
- 출판년: 2007

▶ 012.211(한국 간본)

⑧
- 서명: 울산연감
- 저자명: 울산매일신문사 [편]
- 출판지: 울산
- 출판사: 울산매일신문사
- 출판년: 2000

▶ 059(연감) + -1189(지역구분표: 울산광역시) → 059.1189

⑨
- 서명: 신문자료의 수집·보존·이용에 관한 연구: 도서관연구소 2008년도 협력연구
- 저자명: 국립중앙도서관 도서관연구소 [편]
- 출판지: 서울
- 출판사: 국립중앙도서관
- 출판년: 2008

▶ 024.29(비도서자료의 수집) + 5(연속간행물 024.95) → 024.295

제3부 본표의 분석과 적용

⑩
- 서명: 농림신문
- 발행기관 : 농림신문사
- 발행주기 : 주간

▶ 078(특정주제의 신문) + 520(농업) → 078.52
▶ 별법: 520 - 0 + -05(표준구분: 연속간행물) → 520.5

⑪
- 서명: (지존 2006) 인터넷정보검색사: 2급 필기+실기 특별대비(1급 포함)
- 저자명: 김명주
- 출판지: 서울
- 출판사: 영진닷컴
- 출판년: 2006

▶ 004.584(인터넷 정보검색) + -077(표준구분: 시험대비 교재 및 문제집) → 004.584077

⑫
- 서명: 高中語文教與學
- 발행기관 : 中國人民大學
- 발행주기 : 월간

▶ 052(중국어 일반 연속 간행물)

⑬
- 서명: 茂朱郡誌
- 저자명: 무주군지 편찬위원회 편저; 무주군 문화공보실 편집부 편집
- 출판지: 무주군
- 출판사: 茂朱郡
- 출판년: 1990

▶ 090(향토자료)
▶ 별법: 090(향토자료) - 0 + 911.92(무주군 역사) → 099.1192

⑭
- 서명: *La biblioteca de babel*
- 저자명: Jorge Luis Borges
- 출판지: Argentina
- 출판사: Emece Editores
- 출판년: 2000

▶ 082(2인 이상 일반 전집) + -7(770 스페인어) → 082.7

⑮
- 서명: *Data mining and predictive analysis: intelligence gathering and crime analysis*
- 저자명: Colleen Mccue
- 출판지: Oxford
- 출판사: Butterworth-Heinemann
- 출판년: 2006

▶ 005.76 (데이터 마이닝)

⑯
- 서명: *Manual of the international statistical classification of diseases, injuries and causes of death*
- 저자명: World Health Organization
- 출판지: Geneva
- 출판사: World Health Organization
- 출판년: 1948-1949

▶ 024.42(특수분류표) + (전주제구분: 510 의학) → 024.4251

⑰
- 서명: *Grand dictionnaire encyclopedique larousse*
- 저자명: Dicte, Christiania
- 출판지: Paris
- 출판사: Librairie Larousse
- 출판년: 1982

▶ 036(프랑스어 일반 백과사전)

⑱
- 서명: 새 도서관 설계 : 대학도서관 건축계획 지침
- 저자명: 스티븐 랭미드, 마가레트 벡먼 저; 이병목 역
- 출판지: 서울
- 출판사: 구미무역출판부
- 출판년: 1994

▶ 022.31(관종별 도서관 인테리어 및 설계) + 76(027.6 대학도서관) → 022.3176

⑲
- 서명: *Library Law and Legislation in the United States*
- 저자명: Alex Ladenson
- 출판지: Metuchen
- 출판사: Scarecrow Press
- 출판년: 1982

▶ 021.3(도서관법규) + -42(지역구분표: 미국) → 021.342

⑳
- 서명: *Sydney Morning Herald*
- 발행기관 Fairfax Media
- 발행주기: 일간

▶ 070(신문) - 0 + -62(지역구분표: 오스트레일리아) → 076.2

제 10 장

100 철 학
(Philosophy)

100 철학류는 KDC의 두 번째 주류이다. 철학은 "지혜 또는 지식을 사랑하는 인간의 정신 활동을 의미하는 학문"[1]으로, 이러한 철학의 주제들은 광범위하고 일반적인 의미와 보편성을 갖고 있으면서도, 문화적·사상사적 상황에 따른 특성도 갖고 있어 보편성과 특수성을 함께 갖고 있다고 할 수 있다.

이러한 철학류는 크게 철학 각론(110-130)과 각국 철학(140-160), 철학 유사 주제(170-190)로 구분할 수 있다. KDC에서 100 철학류에 심리학(170)을 포함시킨 것은 DDC의 영향을 받은 것이기는 하지만, DDC와 마찬가지로 이것이 부적절하다는 지적 또한 존재하고 있다.

제1절 철학류의 개요와 주요 개정 부분

1. 철학류의 개요

일반적으로 철학류는 테마 구분, 지역 구분, 시대 구분이라는 세 기준에 의해 나누어진다.[2] 100 철학류는 철학 각론(110 형이상학, 120 인식론, 인과론, 인간학 130 철

---

[1] 장용선 외저, 철학: 그 문제와 쟁점들 (서울: 봉명, 2004), 5
[2] 한국도서관협회, 한국십진분류법해설 (서울: 한국도서관협회, 1997), 57; 박옥화, "한국십진분류법 제4판 철학류의 분석," 한국문헌정보학회지, 31(3)(1997), 12.

학의 체계), 각국 철학(140 경학, 150 동양 철학, 동양 사상, 160 서양 철학)으로 이루어져 있어, 이러한 구분을 일부 수용하고 있음을 볼 수 있다.

우선 KDC 제4판에서 제6판까지의 철학류의 일반적인 개요를 살펴보면, 〈표 10-1〉과 같다.

표 10-1 KDC 제4판~제6판의 철학류의 개요

	제4판	제5판	제6판
100	철학	철학	철학
110	형이상학	형이상학	형이상학
120	[미사용]	**인식론, 인과론, 인간학**	인식론, 인과론, 인간학
130	철학의 체계	철학의 체계	철학의 체계
140	경학	경학	경학
150	아시아(동양)철학, 사상	**동양철학, 사상**	**동양철학, 동양사상**
160	서양철학	서양철학	서양철학
170	논리학	논리학	논리학
180	심리학	심리학	심리학
190	윤리학, 도덕철학	윤리학, 도덕철학	윤리학, 도덕철학

〈표 10-1〉에 나타난 것과 같이, KDC 제4판에서 제6판까지의 철학류 강목의 전개는 편중된 주제들을 분산시키고 철학 체계에 부합하도록 하기 위한 개정들이 이루어졌다. 이를 위해 제4판에서 제5판으로 개정할 때는 110 형이상학 1개 강목을 110 형이상학과 120 인식론, 인간론, 인간학 2개 강목으로 조정하였다. 또한 제4판에서 제5판으로 개정할 때는 150 아시아(동양)철학, 사상을 150 동양 철학, 사상으로 변경하였다가 제5판에서 제6판으로 개정할 때 150 동양 철학, 동양 사상으로 명칭을 구체화하였다.

제10장 100 철 학

KDC 제6판 철학류의 하위 항목들의 주요 내용은 다음과 같다.

① 100 철 학
- 철학류의 총류로 철학류의 표준구분에 해당
  - 101 철학 및 이론의 효용
  - 103 철학 사전, 용어 사전
  - 108 철학 전집
  - 109 철학사 등 항목 설정

② 110 형이상학
  - 111 방법론
  - 112 존재론
    - 실존, 본질, 보편성, 유한과 무한, 진리, 미(美) 등의 항목 설정
  - 113 우주론 및 자연 철학
  - 114 공 간
  - 115 시 간
  - 116 운동과 변화
  - 117 구 조
  - 118 힘과 에너지
  - 119 물체와 질량

③ 120 인식론, 인과론, 인간학
  - 121 인식론
    - 지식의 가능성, 기원, 구조 그리고 회의 및 부정, 신념 등의 항목 설정
  - 122 인과론
  - 123 자유 및 필연
  - 124 목적론

제3부 본표의 분석과 적용

- 125 가치론
- 126 철학적 인간학
  - 의식과 인격, 인성론, 영혼 등의 항목 설정
- 127-129 미사용

④ 130 철학의 체계
  - 관념 철학, 비판 철학, 합리론, 인문주의, 경험론, 자연주의, 유물론 등 이른바 철학의 주요 "주의"(主義) 또는 "이즘"(-ism)으로 일컬어지는 철학의 체계를 취급
- 131 관념론 및 연관 철학
  - 정신주의, 플라톤 학파, 초월론, 인격주의, 범신론 등의 항목 설정
- 132 비판철학
  - 칸트 학파 및 현상 학파 세분
- 133 합리론
- 134 인문주의
- 135 경험론
  - 공리주의, 실용주의, 기구주의 등 세분
- 136 유물론
  - 실재론, 원자론, 진화론 등 세분
- 138 과학주의
- 139 기 타

⑤ 140 경학(經學)
  - 경학은 동양 고유의 철학으로서, 동양 문화권의 모든 주제에 영향력을 갖고 있으며, 학문으로서 독자성을 지닌 주제이기 때문에 철학의 가장 우선적 지역 구분에 배정[3]

---

[3] 김명옥, 자료분류론 (서울: 구미무역, 1986), 151; 한국도서관협회 편, 한국십진분류법, 제3권 해설서, 제6판 (서울: 한국도서관협회, 2013), 62.

▪ 141 역류(易類)
- 주역(周易)(역경 易經), 역위(易緯) 등의 항목 설정

▪ 142 서류(書類)
- 상서(尙書)(서경 書經), 서위(書緯) 등의 항목 설정

▪ 143 시류(詩類)

▪ 144 예류(禮類)
- 주례(周禮), 의례(儀禮), 예기(禮記) 등의 항목 설정

▪ 145 악류(樂類)
- 악기(樂記), 악위(樂緯) 등의 항목 설정

▪ 146 춘추류(春秋類)
- 좌씨전(左氏傳), 공양전(公羊傳), 곡량전(穀梁傳) 등의 항목 설정

▪ 147 효경(孝經)

▪ 148 사서(四書)
- 대학, 중용, 논어, 맹자 등의 항목 설정

⑥ 150 동양 철학, 동양 사상
- 한·중·일을 포함한 동양 철학을 서양 철학보다 앞서 배정

▪ 151 한국 철학, 사상
- 삼국, 고려, 조선, 현대 등 시대별로 철학을 전개
- 실학파를 시기별로 3개 항목으로 세분화
- 한국 철학 아래에 별도로 북한 철학(151.9)을 설정

▪ 152 중국 철학, 사상
- 선진 시대부터 수, 당, 송, 원, 명, 청, 현대 등 시대별로 철학을 전개

▪ 153 일본 철학, 사상
- 중세, 근세(일본 주자학), 현대 등 시대별로 철학을 전개

▪ 155 인도 철학, 사상
- 육파(六派)철학, 교론파, 유가파(瑜伽派, 요가) 등의 항목 설정

제3부 본표의 분석과 적용

- ▪ 156 중앙아시아 제국 철학, 사상
- 지역구분표 -16을 적용하여 전개
- ▪ 157 시베리아 철학, 사상
- ▪ 158 서남아시아 제국 철학, 사상
- 이란, 이라크, 시리아 터키 등의 철학, 사상 항목 설정
- ▪ 159 아라비아 반도 철학, 사상
- 지역구분표 -19를 적용하여 전개

⑦ 160 서양 철학
- 160.02-.08에 역사적 흐름에 따라 서양 철학을 고대, 중세, 근세, 현대로 각각 세분하여 전개
- ▪ 161 미사용 기호
- ▪ 162 미국 철학
- ▪ 163 북구 철학
- 스웨덴, 노르웨이, 덴마크 철학 세분
- ▪ 164 영국 철학
- 17세기부터 20세기 까지 시대별로 철학을 전개
- ▪ 165 독일, 오스트리아 철학
- 칸트 철학, 독일 관념론자, 헤겔 학파, 신칸트 학파 등의 항목 전개
- ▪ 166 프랑스, 네덜란드 철학
- 데카르트, 스피노자, 파스칼, 계몽철학자, 콩트 등의 항목 전개
- ▪ 167 스페인 철학
- ▪ 168 이탈리아 철학
- ▪ 169 러시아 철학 등 국가별로 철학을 전개

⑧ 170 논리학
- 171 연역법
- 172 귀납법
- 173 변증법적 논리학
- 174 기호, 수리 논리학
- 175 오 류
- 176 삼단 논법
- 177 가설, 가정
- 178 유 추
- 179 논증, 설득

⑨ 180 심리학
- 181 심리학 각론
  - 지능, 감각 및 지각, 인식 및 사고, 기억 및 학습, 직관, 본능, 의지 등
- 182 차이 심리학
  - 개성 심리, 양성 심리, 환경 심리, 진화 심리, 비교 심리학 등의 항목 설정
- 183 발달 심리학
  - 아동 심리, 청년 심리, 성인 심리, 노인 심리 등의 항목 설정
- 184 이상 심리학
  - 최면술, 지각 이상, 기억 및 사고의 이상, 의욕의 이상, 지능의 이상 등의 항목 설정
- 185 생리 심리학
  - 정신 위생, 정신 분석학 등의 항목 설정
- 186 임상 심리학
  - 면접법, 적응 및 부적응, 상담 및 진단, 정신 요법 등의 항목 설정
- 187 심령 연구 및 비학, 초심리학
  - 마술, 주술, 예언, 귀신론, 단(丹) 등의 항목 설정

제3부 본표의 분석과 적용

- 188 상법, 운명 판단
  - 인상(관상)학, 수상, 풍수지리설, 점성술, 무술 등의 항목 설정
- 189 응용 심리학 일반
  - 인성과 발달의 분석, 개인 간의 관계, 카운슬링 및 면담, 리더십, 협상, 산업 심리학 등의 항목 설정

⑩ 190 윤리학, 도덕 철학
- 191 일반 윤리학의 각론
  - 가치론, 양심, 개인주의, 인도주의, 행복, 공리주의 등의 항목 설정
- 192 가정 윤리
  - 부부도, 결혼 및 이혼, 가훈, 아동훈, 부녀훈, 효도 등의 항목 설정
- 193 국가 및 정치 윤리
  - 시민 의식, 이도(吏道)와 청백리, 애국심, 국제 윤리 등의 항목 설정
- 194 사회 윤리
  - 예의, 사교 및 처세술, 박애, 향약, 환경 및 생태 윤리 등의 항목 설정
- 195 직업 윤리 일반
  - 성직자, 의료인, 법조인, 경영인, 기타 전문직과 직업 등의 항목 설정
- 196 오락 및 경기 윤리
  - 오락 윤리, 운동 윤리, 사행 산업 윤리, 공연 윤리 등의 항목 설정
- 197 성윤리 및 생식 윤리
  - 정조, 금욕, 성매매, 음서 및 음화 등의 항목 설정
- 198 소비 윤리
  - 절제, 방임, 자원 이용 등의 항목 설정
- 199 도덕훈, 교훈
  - 인생훈, 미담, 경영훈, 아동훈, 성인훈, 잠언 및 경구(警句) 등의 항목 설정

2. 철학류의 주요 개정 부분

KDC 제6판에서 철학류는 학문의 발전 및 과학 기술의 발달과는 큰 관련 없이 분류표의 실용성과 사회 변화에 따른 일부의 항목들이 신설되거나 전개, 이치, 삭제되는 수준에서 변화가 있었다. 그 개정 내용을 구체적으로 살펴보면 다음과 같다.

① 151.58 실학파 아래에 다수의 문헌들이 집중되어 문헌의 배가와 접근에 어려움이 있어 이를 실학의 사상과 시기에 따라 세 항목으로 세분하여 전개하고 각 학파에 해당하는 실학자들을 주기로 기술하였다(〈표 10-2〉 참조).

표 10-2 철학류의 추가 세분 분류 항목

KDC 5	KDC 6
151.58 실학파	151.58 실학파 　.581 제1기(18세기 전반) 경세치용학파 　.585 제2기(18세기 후반) 이용후생학파 　.587 제3기(19세기 전반) 실사구시학파

② 특정 지역의 철학 및 사상에 관한 분류 항목들의 전개에 지역구분표를 적용하여 전개하도록 조정하였다(〈표 10-3〉 참조).

표 10-3 철학류의 조정 분류 항목

KDC 5	분류 항목	KDC 6
158.2	아프가니스탄 철학, 사상	156.1
159.2	시리아 철학, 사상	158.5
159.3	레바논 철학, 사상	158.61
159.4	이스라엘 철학, 사상	158.63
159.5	요르단 철학, 사상	158.65
159.6	아라비아 철학, 사상	159

③ 최근의 새로운 사회 변화에 따라 일부 분류 항목들을 신설하였다(〈표 10-4〉 참조).

표 10-4 철학류의 신설 분류 항목

KDC 5	KDC 6
182.3 환경심리	182.3 환경심리
	.35 스트레스
194 사회윤리	194 사회윤리
	.9 환경 및 생태윤리
196 오락 및 경기윤리	196 오락 및 경기윤리
	.5 사행산업윤리

④ 항목 전개가 부적합하여 이치된 항목들이 있는데, 지역구분표 적용에 따라 이치된 항목들 이외에, '도박'이 199.5에서 196.4로 이치되었다.

⑤ 134.5 실존주의, 145 악류(樂類), 159 아라비아 철학, 사상, 189.6 직업적 흥미 아래에 관련 주제들의 적용을 위해 참조 주기를 다수 설정하였다(〈표 10-5〉 참조).

표 10-5 철학류의 참조 주기 설정 분류 항목

분류 기호	분류 항목
134.5	실존주의
	생철학 → 165.77
145	악류(樂類)
	중국전통음악 → 679.92
159	아라비아 철학, 사상
	중세 아라비아 철학, 사상 → 160.326
189.6	직업적 흥미
	적성검사 → 181.12

제2절 철학류의 주요 기호 합성에 관한 분석

1. 윤리학사, 윤리 사상사 (190.109)

KDC에서 윤리학사는 190.109에 분류하도록 하고 있다. 이 190.109 아래에는 〈그림 10-1〉과 같이, "지역구분표에 따라 세분한다"라는 기호 합성에 대한 주기가 있다.

190.109   윤리학사, 윤리사상사
            지역구분표에 따라 세분한다. 예: 동양윤리학사 190.1091

그림 10-1 윤리학사(190.109)의 주기

〈그림 10-1〉에 제시된 주기에 따를 경우, "인도 윤리 사상사"는 기본 기호에 "인도"를 나타내는 지역구분표의 기호 -15를 더하여, "190.109 + -15(지역구분: 인디아) → 190.10915"가 된다(〈그림 10-2〉 참조).

190.109   윤리학사, 윤리사상사
  -15   인디아(지역구분)

190.109 + -15 → 190.10915

그림 10-2 "인도 윤리 사상사"(190.10915)의 분류 기호

■ 유사 사례
- 북유럽 민족 윤리 사상사
    190.109 + -23(지역구분: 북유럽) → 190.10923
- 중동 지역의 윤리 사상사
    190.109 + -18(지역구분: 중동) → 190.10918

2. 민족 심리학 (182.67)

민족 심리학은 182.67에 분류하도록 하고 있다. 182.67 아래에는 〈그림 10-3〉과 같이, "710-799와 같이 언어구분한다"라는 기호 합성에 대한 주기가 있다.

182.67	민족 심리학
	종족심리학을 포함한다.
	710-799와 같이 언어구분한다. 예: 일본민족심리학 182.673

그림 10-3 민족 심리학(182.67)의 주기

〈그림 10-3〉에 제시된 주기에 따를 경우, "러시아 민족 심리학"은 기본 기호에 "러시아어"를 나타내는 -928을 더하여, "182.67 + -928(792.8 러시아어에서 7 다음에 오는 기호) → 182.67928"이 된다(〈그림 10-4〉 참조).

182.67	**민족 심리학**
928	792.8(러시아어)에서 7 다음의 기호
182.67 + 928 → 182.67928	

그림 10-4 "러시아 민족 심리학"(182.67928)의 분류 기호

■ 유사 사례
- 이탈리아 민족 심리학
    182.67 + 8(780 이탈리아어에서 7 다음에 오는 기호) → 182.678
- 몽골 민족 심리학
    182.67 + 392(739.2 몽골어에서 7 다음에 오는 기호) → 182.67392

3. 중앙아시아 제국의 철학, 사상 (156)

"중앙아시아 제국의 철학, 사상"은 156에 분류하도록 하고 있다. 이 156 아래에는 〈그림 10-5〉와 같은 기호 합성에 대한 주기가 제시되어 있다.

156	중앙아시아 제국 철학, 사상
	지역구분표 16과 같이 세분한다. 예: 아프가니스탄 철학, 사상 156.1

그림 10-5 중앙아시아 제국 철학, 사상(156)의 주기

〈그림 10-5〉에 제시된 주기에 따를 경우, "코카시아 철학"은 기본 기호에 "코카시아"를 나타내는 9를 더하여, "156 + 9(-169 지역구분: 코카시아에서 16 다음에 오는 기호) → 156.9가 된다(〈그림 10-6〉 참조).

156	중앙아시아 제국 철학, 사상
9	-169(지역구분: 코카시아)에서 16 다음의 기호
156 + 9 → 156.9	

그림 10-6 "코카시아 철학"(156.9)의 분류 기호

- **유사 사례**
  - 아프가니스탄 철학

    156 + -1(지역구분: 아프가니스탄) → 156.1
  - 카자흐스탄 철학

    156 + -3(지역구분: 카자흐스탄) → 156.3

4. 석경(石經) (140.9) (별법)

KDC에서 석경(石經)은 140.9에 분류하도록 하고 있다. 이 때 석경은 별법의 분류 방식을 취할 수 있다. 이 140.9 아래에는 〈그림 10-7〉과 같은 기호 합성에 대한 주기가 제시되어 있다.

140.9	석경(石經)
	별법: 도서관에 따라 각 시대의 석경고를 912.03-.06과 같이 구분할 수 있다. 예: 위석경고(魏石經考) 140.933; 북송석경고이(北宋石經考異) 140.943

그림 10-7 석경(140.9)의 주기

〈그림 10-7〉에 제시된 주기의 별법으로 분류할 경우, "한석경고(漢石經考)"는 "140.9 + 32(912.032 한시대에서 912.0 다음에 오는 기호) → 140.932"가 된다(〈그림 10-8〉 참조).

140.9	석 경
32	912.032(한시대)에서 912.0 다음의 기호
140.9 + 32 → 140.932	

그림 10-8 "한석경고(漢石經考)"(140.932)의 분류 기호(별법)

■ 유사 사례(별법)
- 진석경고(晉石經考)(별법)

　　140.9 + 34(912.034 진 시대에서 912.0 다음에 오는 기호) → 140.934
- 당석경고(唐石經考)(별법)

　　140.9 + 38(912.038 당 시대에서 912.0 다음에 오는 기호) → 140.938

5. 기타 서양 제국 철학 (169.9)

KDC에서는 150 동양 철학과 160 서양 철학에 세분된 국가들을 제외한 국가들의 철학은 169.9에 분류하도록 하고 있다. 169.9 아래에는 〈그림 10-9〉와 같이, "150-169에 분류한 것을 제외하고 지역구분표에 따라 세분한다"라는 기호 합성에 대한 주기가 있다.

169.9	기타 서양 제국 철학
	150-169에 분류한 것을 제외하고 지역구분표에 따라 세분한다.
	예: 캐나다철학 169.941

그림 10-9 기타 서양 제국 철학(169.9)의 주기

〈그림 10-9〉에 제시된 주기에 따를 경우, "헝가리 철학"은 기본 기호에 "헝가리"를 나타내는 -258을 더하여, "169.9 + -258(지역구분: 헝가리) → 169.9258"이 된다(〈그림 10-10〉 참조).

169.9		기타 서양 제국 철학
	-258	헝가리(지역구분)

169.9 + -258 → 169.9258

그림 10-10 "헝가리 철학"(169.9258)의 분류 기호

- **유사 사례**
    - 폴란드 철학
        169.9 + -256(지역구분: 폴란드) → 169.9256
    - 현대 그리스철학
        169.9 + -2996(지역구분: 그리스) → 169.92996

제3부 본표의 분석과 적용

6. 심리학 사전 (180.3)

KDC에서 심리학은 180에 분류하도록 하고 있다. 180 아래에는 〈그림 10-11〉과 같이 심리학의 표준구분 적용에 대한 주기가 제시되어 있지 않다. 그러나 표준구분을 적용하여 전개된 심리학 이론과 연구방법론에 대한 분류 기호가 제시되어 있다.

180	심리학
.1	이론
.73	연구방법론

그림 10-11 심리학(180)의 분류 기호

〈그림 10-11〉에 제시된 기호에 따를 경우, "심리학 사전"은 기본 기호에 "사전"을 나타내는 -03을 더하여, "180 - 0 + -03(표준구분: 사전) → 180.3"이 된다(이 때 중복되는 0은 본표의 지시에 따라 삭제한다)(〈그림 10-12〉 참조).

180	심리학
-03	사전(표준구분)

180 - 0 + -03 → 180.3

그림 10-12 "심리학 사전"(180.3)의 분류 기호

- **유사 사례**
  - 심리학 총서

    180 - 0 + -08(표준구분: 총서, 전집) → 180.8
  - 심리학 교육

    180 - 0 + -071(표준구분: 교육, 양성기관) → 180.71

7. 기타 전문직과 직업 (195.9)

195 직업 윤리 일반에 세분된 항목 이외의 직업 윤리에 관한 저작은 195.9에 분류한다. 이 195.9 아래에는 〈그림 10-13〉과 같은 기호 합성에 대한 주기가 있다. 여기에서 001-999는 KDC의 전주제구분을 나타낸다.

195.9	기타 전문직과 직업
	001-999와 같이 주제구분한다. 예: 보험설계사윤리 195.9328

그림 10-13 기타 전문직과 직업(195.9)의 주기

〈그림 10-13〉에 제시된 주기에 따를 경우, "회계사 윤리"는 기본 기호에 회계학에 대한 기호를 325.9를 더하여, "195.9 + 325.9(회계학) → 195.93259"가 될 것이다. (〈그림 10-14〉 참조).

195.9	기타 전문직과 직업
325.9	회계학
195.9 + 325.9 → 195.93259	

그림 10-14 "회계사 윤리"(195.93259)의 분류 기호

■ 유사 사례
- 사회복지사의 윤리
    195.9 + 338(사회 복지) → 195.9338
- 카피라이터의 윤리
    195.9 + 325.7(광고) → 195.93257

8. 국가 심리학 (182.69)

KDC에서 국가 심리학은 182.69에 분류하도록 하고 있다. 182.67 아래에는 〈그림 10-15〉와 같이, "지역구분표에 따라 세분한다"라는 기호 합성에 대한 주기가 있다.

182.69 　 국가 심리학
　　　　국민성을 포함한다.
　　　　지역구분표에 따라 세분한다. 예: 중국 국민성 182.6912

그림 10-15 국가 심리학(182.69)의 주기

〈그림 10-15〉에 제시된 주기에 따를 경우, "멕시코 국민성"은 기본 기호에 "멕시코"를 나타내는 -43을 더하여, "182.69 + -43(지역구분: 멕시코) → 182.6943"이 된다 (〈그림 10-16〉 참조).

182.69 　 **국가 심리학**
　　-43 　 멕시코(지역구분)

182.69 + -43 → 182.6943

그림 10-16 "멕시코 국민성"(182.6943)의 분류 기호

- **유사 사례**
  - 스위스 국민성
    - 182.69 + -259(지역구분: 스위스) → 182.69259
  - 필리핀 국민성
    - 182.69 + -148(지역구분: 필리핀) → 182.69148

9. 특정 분야에 대한 심리학의 응용 (189)

KDC에서 "응용 심리학 일반"은 189에 분류하도록 하고 있다. 아울러 그 아래에는 〈그림 10-17〉과 같은 분류 지시 주기가 제시되어 있다.

189	응용심리학 일반
	특수주제에 응용된 심리학은 해당주제 아래에 분류한다. 예: 법심리학 360.18

그림 10-17 응용 심리학 일반(189)의 주기

〈그림 10-17〉에 제시된 주기에 따를 경우, "교육 심리학"은 기본 기호에 "심리학"을 나타내는 180을 더하여, "370 + 180 → 370.18 된다(이 때 소숫점 이하의 0은 생략한다)(〈그림 10-18〉 참조).

370	교육학
180	심리학

370 + 180 - 0 → 370.18

그림 10-18 "교육 심리학"(370.18)의 분류 기호

한편 KDC 제6판에서 특수 주제에 응용된 심리학 가운데 〈그림 10-18〉의 예와 같이, "심리학"을 나타내는 18을 더하여 분류 기호를 구성하게 되는 응용 심리학의 예들을 요약해보면 〈표 10-6〉과 같다.

표 10-6 응용 심리학의 분류기호

종교 심리학	201.8	미술 심리학	601.8
정치 심리학	340.18	음악 심리학	671.18
법 심리학	360.18	영화 심리	688.018
교육 심리학	370.18	언어 심리학	701.018
군사 심리학	390.18	국어 심리학	710.18
예술 심리학	600.18	문학 심리학	801.18

제3부 본표의 분석과 적용

10. 동양 철학, 동양 사상의 표준구분 (150.01-.09)

KDC에서 동양 철학, 동양 사상은 150에 분류하도록 하고 있다. 이 150 아래에는 〈그림 10-19〉와 같이, "150.3 동양 중세 철학, 사상", "150.5 동양 현대 철학, 사상"으로 이미 분류 기호가 부여되어 있다.

150	동양 철학, 동양 사상
.2	고대 철학, 사상
.3	중세 철학, 사상
.4	근세 철학, 사상
.5	현대 철학, 사상

그림 10-19 동양 철학, 동양 사상(150)의 분류 기호

그런데 "동양 철학 사전"이나 "동양 철학 관련 연속간행물"의 경우, 표준구분을 사용할 때의 일반적인 0의 사용 원칙을 적용하여 중복되는 0을 삭제하게 되면 그 분류 기호가 "150.3 중세 철학, 사상"과 "150.5 현대 철학, 사상"과 중복하게 된다. 따라서 이러한 경우 분류 기호의 중복을 피하기 위해 0을 그대로 표시해야 한다. 따라서 "150 + -03(표준구분: 사전) → 150.03"과 "150 + -05(표준구분: 연속간행물) → 150.05"가 된다(〈그림 10-20〉 참조).[4]

150	동양 철학, 동양 사상
-03	사전(辭典), 사전(事典)(표준구분)

150 + -03 → 150.03

그림 10-20 "동양 철학 사전"(150.03)의 분류 기호

■ 유사 사례

- 동양 철학 수필집

    150 + -04(표준구분: 강연집, 수필집, 연설문집) → 150.04

- 동양 철학 전집(2인 이상)

    150 + -082(표준구분: 2인 이상의 전집, 총서, 선집) → 150.082

---
[4] 오동근, 배영활, 여지숙, KDC 5의 이해 (대구: 태일사, 2009), 153.

제3절　철학류의 적용 사례 분석

①
- 서명: 환경윤리: 동서양의 자연보전과 생명존중
- 저자명: 진교훈
- 출판지: 서울
- 출판사: 민음사
- 출판년: 1998

▶ 194.9(환경윤리)

②
- 서명: 東洋社會思想 (연속간행물)
- 발행기관: 동양사회사상학회
- 발행주기: 연간

▶ 150(동양철학) + -05(표준구분: 연속간행물) → 150.05

③
- 서명: 음양오행설
- 저자명: 육창수
- 출판지: 서울
- 출판사: 신일상사
- 출판년: 2004

▶ 152.269(음양가(陰陽家))

④
- 서명: 日本人の國民性硏究
- 저자명: 히야시 지키오
- 출판지: 東京
- 출판사: 南窓社
- 출판년: 2001

▶ 182.69(국가심리학) + -13(지역구분: 일본) → 182.6913

⑤
- 서명: 상담심리학 연구: 주제론과 방법론
- 저자명: 김계현
- 출판지: 서울
- 출판사: 학지사
- 출판년: 2000

▶ 180(심리학) - 0 + -073(표준구분: 연구방법론) → 180.73

⑥
- 서명: 심리학사전
- 저자명: 양돈규
- 출판지: 서울
- 출판사: 박학사
- 출판년: 2013

▶ 180(심리학) - 0 + -03(표준구분: 사전) → 180.3

⑦
- 서명: 〈論語〉〈孟子〉研究
- 저자명: 탄청경
- 출판지: 湖南
- 출판사: 湖南敎育出版社
- 출판년: 1992

▶ 148.3(논어)

⑧
- 서명: (지구자전설과 우주무한론을 주장한) 홍대용
- 저자명: 박성래
- 출판지: 서울
- 출판사: 민속원
- 출판년: 2012

▶ 151.585(실학파: 제2기 이용후생파)

⑨
- 서명: 키에르케고르의 실존사상과 현대인의 자아이해
- 저자명: 김종두
- 출판지: 서울
- 출판사: 엠-애드
- 출판년: 2002

▶ 163.7(북구(北歐) 철학)

⑩
- 서명: 조선조 주자학의 철학적 사유와 쟁점
- 저자명: 이동희
- 출판지: 서울
- 출판사: 성균관대학교출판부
- 출판년: 2006

▶ 151.52(한국철학 - 주자학파)

⑪
- 서명: 스트레스 가이드
- 저자명: 홍정희
- 출판지: 서울
- 출판사: 한국능률협회
- 출판년: 2004

▶ 182.35(스트레스)

⑫
- 서명: 중국철학사상사: 중국을 이끈 철학가들의 사상과 시대의식
- 저자명: 김백현
- 출판지: 서울
- 출판사: 차이나하우스
- 출판년: 2006

▶ 152(중국 철학) + -09(표준구분: 역사) → 152.09

제3부 본표의 분석과 적용

⑬
- 서명: 실증주의 서설
- 출판지: 서울
- 출판년: 2001
- 저자명: 오귀스트 콩트
- 출판사: 한길사

▶ 166.7(콩트)

⑭
- 서명: 한국인심리학
- 출판지: 서울
- 출판년: 2011
- 저자명: 최상진
- 출판사: 학지사

▶ 182.67(민족심리학) + 1 (710 한국어) → 182.671

⑮
- 서명: 야마자키 안사이: 일본적 주자학의 원형
- 저자명: 다지리 유이치로 저; 엄석인 역
- 출판지: 서울
- 출판사: 성균관대학교 출판부
- 출판년: 2006

▶ 153.44(주자학파)

⑯
- 서명: *How to study psychology: a basic field guide for students and enthusiasts*
- 저자명: Litvak, Stuart
- 출판지: Englewood Cliffs
- 출판사: Prentice-Hall
- 출판년: 1982

▶ 180(심리학) - 0 + -073(표준구분: 연구방법론) → 180.73

⑰
- 서명: *The Vitality of the Individual in the thought of ancient Israel*
- 저자명: Aubrey R. Johnson
- 출판지: Oregon
- 출판사: Wipf & Stock Publishers
- 출판년: 2006

▶ 158.6(이스라엘 철학, 사상)

⑱
- 서명: *A dictionary of philosophical logic*
- 저자명: Roy T Cook
- 출판지: Edinburgh
- 출판사: Edinburgh University Press
- 출판년: 2009

▶ 170(논리학) - 0 + -03(표준구분: 사전) → 170.3

⑲
- 서명: *Knowledge: readings in contemporary epistemology*
- 저자명: Sven Bernecker, Fred I Dretske
- 출판지: Oxford; New York
- 출판사: Oxford University Press
- 출판년: 2000

▶ 121(인식론)

⑳
- 서명: *The reality of being: understanding the spiritual universe*
- 저자명: Michael Sidney Welch
- 출판지: N.Y
- 출판사: Eloquent Books
- 출판년: 2011

▶ 112(존재론)

제11장

200 종 교
(Religion)

KDC의 세 번째 주류인 200 종교류는 종교의 일반적이고 공통적인 내용을 주로 하는 강목과 이를 근간으로 한 각 종교별 강목으로 구성되어 있다.

KDC의 종교류는 우리나라의 실정에 맞게 전개하고 있다. 따라서 우리나라의 현실이나 역사, 문화에 부합하는 불교, 기독교, 도교, 천도교 등의 순서로 배열되어 있다. 아울러 세계의 주요 종교를 강목의 단계(220-250, 270-280)에서 균등하게 배정하고, 요목의 단계에서는 각 종교에 공통적으로 적용할 수 있는 종교공통구분을 설정하고 있는 것이다.

다만 이 장에서는 종교류의 일반적인 특징에 대해서만 살펴볼 것이므로, 종교공통구분의 구체적인 내용에 대해서는 제8장을 참고하기 바란다.

제1절 | 종교류의 개요와 주요 개정 부분

1. 종교류의 개요

200 종교류는 크게 세 부분으로 구성되어 있다. 즉 종교의 특성과 의의 등 이론적인 면을 다루는 비교 종교(210)를 먼저 배정한 후, 세계 각국의 주요 종교를 6개의 강목(220-250, 270-280)에 균등하게 배정하고, 마지막 강목인 290에 분류 기호를 배

제3부 본표의 분석과 적용

정 받지 않은 종교와 신흥 종교를 포함한 기타 제종교를 배정하고 있다.[1]

우선 KDC 제4판에서 제6판까지의 200 종교류의 일반적인 개요를 살펴보면, 〈표 11-1〉과 같다.

표 11-1 KDC 제4판~제6판의 종교류의 개요

	제4판	제5판	제6판
200	종 교	종 교	종 교
210	비교종교	비교종교	비교종교
220	불 교	불 교	불 교
230	기독교	기독교	기독교
240	도 교	도 교	도 교
250	천도교	천도교	천도교
260	신 도	[미사용]	[미사용]
270	바라문교, 인도교	**힌두교, 브라만교**	힌두교, 브라만교
280	회교(이슬람교)	이슬람교(회교)	이슬람교(회교)
290	기타 제종교	기타 제종교	기타 제종교

〈표 11-1〉에 나타난 바와 같이, KDC 제4판에서 제6판까지의 종교류 강목의 전개는 제4판에서 제5판으로 개정할 때 260 신도가 290 기타 제종교 아래의 항목으로 이치되면서 미사용 기호로 조정되었고, 제5판에서 제6판으로 개정할 때는 별다른 변경 내용이 없다. 그리고 제4판에서 제5판으로 개정할 때 270 바라문교, 인도교가 270 힌두교, 브라만교로, 280 회교(이슬람교)가 280 이슬람교(회교)로 각각 변경되었는데, 이는 한자 중심의 표기에서 원어 중심의 표기로 변경되는 과정에서 조정된 것이다.

KDC 제6판 종교류의 하위 항목들의 주요 내용은 다음과 같다.

① 200 종 교
  - 종교류의 총류로 종교류의 표준구분에 해당
    ▪ 201 종교 철학 및 종교 사상

---

[1] 정필모, 문헌분류론 (서울: 구미무역, 1991), 218.

- 203 종교 사전(辭典), 사전(事典)
- 204 자연 종교, 자연 신화
  - 인간의 이성에 근거를 둔 종교의 논리와 주의가 다양하게 세분
- 208 종교 총서, 전집, 선집
- 209 종교사, 지역구분표 전개

② 210 비교 종교[2]
  - 강목 210 세분된 요목(211-218)들은 보조표의 종교공통구분에 세분된 항목들과 일치
- 211 교 리
- 212 종교 창시자(교주) 및 제자
- 213 경전, 성전
- 214 종교 신앙, 신앙록, 신앙 생활, 수도 생활
  - 214.1 종교 윤리학
- 215 선교, 포교, 전도, 교육 활동
  - 215.8 종교 사회학
- 216 종단, 교단(교당론)
- 217 예배 형식, 의식, 의례
- 218 종파, 교파
- 219 신화, 신화학
  - 신화의 기원, 의의, 비교 신화 등 취급
  - 지역구분표 전개

③ 220 불 교
  - 220.1-220.9 불교 표준구분 적용
  - 221-228 종교공통구분 적용

---

[2] 비교 종교는 종교의 특성, 분류 등을 포함한 여러 종교의 역사적 사실, 심리적인 면 취급

제3부 본표의 분석과 적용

- ■ 221 불교 교리
  - 소승 불교, 대승 불교, 실상론, 열반론, 보살론 등의 항목 설정
- ■ 222 부처, 보살, 불제자
- ■ 223 경전(불전, 불교, 대장경)
  - 남방계 경전, 북방계 경전, 경부(經部), 율부(律部), 논부(論部) 등의 항목 설정
- ■ 224 종교 신앙, 신앙록, 신앙 생활
  - 불교 윤리학, 법어, 불교 설화 등의 항목 설정
- ■ 225 포교, 교육, 교화 활동
- ■ 226 사원론
  - 사찰과 정부, 사찰 관리 및 행정, 재정 등의 항목 설정
- ■ 227 법회, 의식, 행사(의궤 儀軌)
- ■ 228 종 파
  - 계율종, 화엄종, 선종, 조계종 등의 항목 설정
- ■ 229 라마교

④ 230 기독교
- 230.1-230.9 기독교 표준구분 적용
- 231-238 종교공통구분 적용
- ■ 231 기독교 신학, 교의학(조직 신학)
  - 인간론, 구원론, 종말론 등의 항목 설정
- ■ 232 예수 그리스도, 사도
- ■ 233 성서(성경)
  - 233.01-.09 성서의 표준구분 일부 적용
  - 구약 성서와 신약 성서 등의 항목 설정
- ■ 234 종교 신앙, 신앙록, 신앙 생활
  - 기독교 윤리학, 성서 묵상록, 기독교 설화 등의 항목 설정

▪ 235 전도, 교육, 교화 활동, 목회학
  - 설교학, 전도, 선교, 기독교 교육 등의 항목 설정
▪ 236 교회론
▪ 237 예배, 의식, 성례
  - 공중예배, 성례(성사 聖事), 찬송가 등의 항목 설정
▪ 238 교 파
  - 초대 교회 및 동방 교회, 가톨릭, 개신교 등의 항목 설정
▪ 239 유대교(猶太敎)

⑤ 240 도 교
  - 별법으로 241-248 종교공통구분 적용
  - 교의(敎義), 도장(道場), 사원론 등의 항목 설정

⑥ 250 천도교
  - 별법으로 251-258 종교공통구분 적용
▪ 259 단군교, 대종교

⑦ 260 미사용 항목

⑧ 270 힌두교, 브라만교(바라문교 婆羅門敎)
  - 별법으로 271-278 종교공통구분 적용
▪ 279 자이나교

⑨ 280 이슬람교(회교)
  - 별법으로 271-278 종교공통구분 적용
▪ 289 조로아스터교

⑩ 290 기타 제종교
- 291-296.9 종교의 발상국에 따라 지역구분표 -1-69를 적용하여 전개
- 299 기타 다른 기원의 종교

2. 종교류의 주요 개정 부분

KDC 제6판 종교류도 학문의 발전 및 과학 기술의 발달과는 큰 관련 없이, 분류표의 실용성과 사회 변화에 따라 일부의 항목들이 신설되거나 전개, 이치, 삭제되는 수준에서 변화가 있었다. 그 개정 내용을 구체적으로 살펴보면 다음과 같다.

① 한글 세대의 이해를 돕기 위해 종교공통구분 항목 가운데 -2 종조, 창교자를 -2 종교 창시자(교주) 및 제자로 표기를 변경하였다. 이에 따라 210 비교 종교부터 230 기독교 아래의 항목 표기를 변경하였다(〈표 11-2〉 참조).

표 11-2 종교공통구분의 개정에 따른 표기 변경

KDC 5	KDC 6
212 종조, 창교자	212 종교창시자 및 제자
222 제불, 보살, 불제자	222 부처, 보살, 불제자
232 예수 그리스도, 사도	232 예수 그리스도, 사도

② 기독교의 주요 의식인 237.4 성례(성사 聖事)와 하위 항목들을 210 비교 종교, 220 불교 아래의 의식 관련 분류 항목들과 조기성을 유지하기 위해 이치하였다(〈표 11-3〉 참조).

표 11-3 종교류의 이치 분류 항목

분류 기호	분류 항목
237.4 → 237.5	성례(성사 聖事)
237.41 → 237.51	세례(영세)
237.42 → 237.52	안수식(견진 堅振)
237.43 → 237.53	성찬식(성체)
237.44 → 237.54	성직수임식(신품)
237.45 → 237.55	결혼식
237.46 → 237.56	참회식
237.47 → 237.57	도유식(종유 終油)
237.48 → 237.58	사망자를 위한 의식
237.49 → 237.59	기타 의식

③ 종교류에서 거의 사용되지 않는 일부 항목을 삭제하고 상위 분류 항목 아래 주기로 설정하여 분류표를 간소화하였다(〈표 11-4〉 참조).

표 11-4 종교류의 삭제 분류 항목

분류 기호	분류 항목
[222.23]	탄생(강탄)
[.24]	유년 및 궁정시대
[.25]	출가 및 성도시대
[.26]	설법시대
[.27]	입열반
[222.31]	관세음보살
[.32]	지장보살
[.33]	미륵보살
[.34]	문수보살
[.35]	보현보살

④ 220.9 불교사와 223.09 경전 성립사 아래에 관련 주제들의 적용을 위해 참조 주기를 다수 설정하였다(〈표 11-5〉 참조).

제3부 본표의 분석과 적용

표 11-5 종교류의 참조 주기 설정 분류 항목

분류 기호	분류 항목
220.9	불교사 교리사 → 221.09; 불교사상사 → 220.109; 사찰사 → 226.9; 종파사 일반 → 228.09
223.09	경전 성립사 교리사 → 221.09; 사찰사 → 226.9; 불교사 → 220.9; 불교사상사 → 220.109

⑤ 표준구분을 적용할 때 혼란을 줄이기 위해 220.99 고승전, 230.3 사전(辭典), 사전(事典) 등 표준구분이 적용된 일부 항목들을 본표에 제시하였다.

제2절 종교류의 주요 기호 합성에 관한 분석

1. 종교와 사회의 관제 (215.82)(별법)

KDC에서 종교와 사회의 관계에 관한 문헌은 215.82에 분류하도록 하고 있다. 이 215.82 아래에는 〈그림 11-1〉과 같은 기호 합성에 대한 주기가 제시되어 있다.

```
215.82    종교와 사회의 관계
          별법: 도서관에 따라 331-337과 같이 구분할 수 있다.
          예: 종교와 사회문제 215.824
```

그림 11-1 종교와 사회의 관계(215.82)의 주기

따라서 이 주기를 따를 경우, "종교와 커뮤니케이션"은 "215.82 + 16(331.6 커뮤니케이션에서 33 다음에 오는 기호) → 215.8216"이 된다(〈그림 11-2〉 참조).

215.82	종교와 사회의 관계
16	331.6(커뮤니케이션)에서 33 다음의 기호

215.82 + 16 → 215.8216

그림 11-2 "종교와 커뮤니케이션"(215.8216)의 분류 기호(별법)

■ 유사 사례(별법)
- 종교와 사회 계층의 관계(별법)

    215.82 + 26(332.6 사회계층, 계급, 신분에서 33 다음에 오는 기호) → 215.8226
- 종교와 자살 문제의 관계(별법)

    215.82 + 45(334.5 자살 문제에서 33 다음에 오는 기호) → 215.8245
- 종교와 가족 계획의 관계(별법)

    215.82 + 135(331.35 가족 계획에서 33 다음에 오는 기호) → 215.82135

한편 이러한 조기성은 일반적인 종교에서 각 종교별로 나누어 적용시킬 수도 있다. 즉 215.82 종교와 사회의 관계에서 종교를 불교로 대치하면 불교와 사회의 관계는 225.82가 되고, 종교를 기독교로 대치하면 기독교와 사회의 관계는 235.82가 된다.[3]

그런데 225.82 불교와 사회의 관계 아래에도 〈그림 11-3〉과 같이 별법으로 "도서관에 따라 331-337과 같이 구분할 수 있다"라는 기호 합성에 대한 주기가 제시되어 있다.

225.82	불교와 사회의 관계
	별법: 도서관에 따라 331-337과 같이 구분할 수 있다. 예: 불교와 사회문제 225.824

그림 11-3 불교와 사회의 관계(225.82)의 주기

---

[3] 오동근, 배영활, 여지숙, KDC 5의 이해 (대구: 태일사, 2009), 165.

제3부 본표의 분석과 적용

〈그림 11-3〉에 제시된 별법에 대한 주기에 따를 경우, "불교와 사회 계층의 관계"는 "225.82 + 26(332.6 사회 계층, 계급, 신분에서 33 다음에 오는 기호) → 225.8226"이 된다(〈그림 11-4〉 참조).

225.82	**불교와 사회의 관계**
26	332.6(사회 계층, 계급, 신분)에서 33 다음의 기호

225.82 + 26 → 225.8226

그림 11-4 "불교와 사회 계층의 관계"(225.8226)의 분류 기호(별법)

- **유사 사례(별법)**
  - 불교와 자살 문제의 관계(별법)

    225.82 + 45(334.5 자살 문제에서 33 다음에 오는 기호) → 225.8245
  - 불교와 가족 계획의 관계(별법)

    225.82 + 135(331.35 가족 계획에서 33 다음에 오는 기호) → 225.82135

이러한 방식은 235.82 기독교와 사회의 관계의 별법에도 그대로 적용할 수 있다.

- **유사 사례(별법)**
  - 기독교와 사회 변동의 관계(별법)

    235.82 + 154(331.54 사회 변동에서 33 다음에 오는 기호) → 235.82154
  - 기독교와 청소년 문제(별법)

    235.82 + 43(334.3 청소년 문제에서 33 다음에 오는 기호) → 235.8243

2. 신화, 신화학 (219)

KDC에서 세계 각 지역의 신화에 관한 자료는 219에 분류하도록 하고 있다. 이 219 아래에는 〈그림 11-5〉와 같은 기호 합성에 대한 주기가 제시되어 있다.

219	**신화, 신화학**
	지역구분표에 따라 세분한다. 예: 고대 그리스 신화 219.21; 로마신화 219.22

그림 11-5 신화, 신화학(219)의 주기

〈그림 11-5〉에 제시된 주기에 따를 경우, "인도의 신화"는 기본 기호에 인도를 나타내는 지역구분표의 기호를 더하여, "219 + -15(지역구분: 인디아) → 219.15"가 될 것이다(〈그림 11-6〉 참조).

219	**신화, 신화학**
-15	인디아(지역구분)

219 + -15 → 219.15

그림 11-6 "인도의 신화"(219.15)의 분류 기호

■ 유사 사례

- 아일랜드 신화

    219 + -248(지역구분: 아일랜드) → 219.248

- 히말라야 지역의 신화

    219 + -158(지역구분: 히말라야 지역) → 219.158

3. 현대 각국어 성서 (233.077) (별법)

KDC에서 현대 각국어 성서에 관한 문헌은 233.077에 분류하도록 하고 있다. 이 233.077 아래에는 〈그림 11-7〉과 같은 기호 합성에 대한 주기가 제시되어 있다.

> 233.077　　현대 각국어 성서
> 　　　　별법: 도서관에 따라 710-799와 같이 언어구분할 수 있다.
> 　　　　예: 한국어성서 233.0771; 영어성서 233.0774

그림 11-7 현대 각국어 성서(233.077)의 주기(별법)

〈그림 11-7〉에 제시된 별법에 대한 주기에 따를 경우, "현대 베트남어 성서"는 "233.077 + 3982(739.82 베트남어에서 7 다음에 오는 기호) → 233.0773982"가 된다 (〈그림 11-8〉 참조).

> 233.077　　　현대 각국어 성서
> 　　3982　　739.82(베트남어)에서 7 다음의 기호
> ─────────────────────────────
> 233.077 + 3982 → 233.0773982

그림 11-8 "현대 베트남어 성서"(233.0773982)의 분류 기호

- **유사 사례(별법)**
  - 그리스어 성서(별법)
    233.077 + 921(792.1 그리스어에서 7 다음에 오는 기호) → 233.077921
  - 현대 폴란드어 성서(별법)
    233.077 + 9295(792.95 폴란드어에서 7 다음에 오는 기호) → 233.0779295
  - 필리핀어 성서(별법)
    233.077 + 968(796.8 필리핀어에서 7 다음에 오는 기호) → 233.077968

4. 이슬람교 (280) (별법)

KDC에서 이슬람교에 관한 문헌은 280에 분류하도록 하고 있다. 이 280 아래에는 〈그림 11-9〉와 같은 기호 합성에 대한 별법의 주기가 제시되어 있다.

280	**이슬람교(회교, 回敎)** 별법: 도서관에 따라 211-218과 같이 세분할 수 있다. 예: 마호메트 282; 코란(Koran) 283; 종파 288

그림 11-9 이슬람교(280)의 주기

〈그림 11-9〉에 제시된 별법에 대한 주기에 따를 경우, "이슬람교 사원"은 "28 + 6(216 교단, 종단에서 21 다음에 오는 기호) → 286"이 된다(〈그림 11-10〉 참조).

28	이슬람교의 기본 기호
6	216(종단, 교단)에서 21 다음의 기호
28 + 6 → 286	

그림 11-10 "이슬람교 사원"(286)의 분류 기호(별법)

- **유사 사례(별법)**
  - 이슬람교 포교(별법)

    28 + 5(215 선교, 포교, 전도에서 21 다음에 오는 기호) → 285
  - 이슬람교 예배 의식(별법)

    28 + 7(217 예배 형식, 의식에서 21 다음에 오는 기호) → 287

5. 사지(寺誌), 사적(寺蹟) (226.9)

KDC에서 특정한 지역의 사찰에 관한 자료는 226.9에 분류하도록 하고 있다. 이 226.9 아래에는 〈그림 11-11〉과 같은 기호 합성에 대한 주기가 제시되어 있다.

226.9	사지(寺誌), 사적(寺蹟)
	지역구분표에 따라 세분한다. 예: 한국 사지 226.911; 중국 사지 226.912

그림 11-11 사지, 사적(226.9)의 주기

〈그림 11-11〉에 제시된 주기에 따를 경우, "태국의 사찰"은 기본 기호에 태국을 나타내는 지역구분표의 기호를 더하여, "226.9 + -144(지역구분: 타이) → 266.9144"가 될 것이다(〈그림 11-12〉 참조).

226.9	사지, 사적
-144	타이(지역구분)

226.9 + -144 → 226.9144

그림 11-12 "태국의 사찰"(226.9144)의 분류 기호

- **유사 사례**
  - 강원도의 전통 사찰
    226.9 + -114(지역구분: 강원도) → 226.9114
  - 부처님과 탑의 나라, 미얀마
    226.9 + -145(지역구분: 미얀마) → 226.9145

6. 기독교 윤리 (234.17)

KDC에서 기독교 윤리에 관한 문헌은 234.17에 분류하도록 하고 있다. 이 234.17 아래에는 〈그림 11-13〉과 같은 기호 합성에 대한 주기가 제시되어 있다.

> 234.17　기독교 윤리
> 　　　　192-198과 같이 세분한다. 예: 기독교의 가정윤리　234.172

그림 11-13 기독교 윤리(234.17)의 주기

〈그림 11-13〉에 제시된 주기에 따를 경우, "기독교의 성 윤리"는 기본 기호에 성 윤리를 나타내는 197에서 19 다음의 기호 7을 더하여 "234.17 + 7(197 성 윤리에서 19 다음에 오는 기호) → 234.177"이 된다(〈그림 11-14〉 참조).

> 234.17　**기독교 윤리**
> 　7　197(성 윤리)에서 19 다음의 기호
> ─────────────────────
> 234.17 + 7 → 234.177

그림 11-14 "기독교의 성 윤리"(234.177)의 분류 기호

■ 유사 사례
- 기독교인의 정치 윤리
    234.17 + 3(193 정치 윤리에서 19 다음에 오는 기호) → 234.173
- 기독교인과 환경 윤리
    234.17 + 49(194.9 환경 윤리에서 19 다음에 오는 기호) → 234.1749

7. 불교의 종파, 교파 (228) (별법)

KDC에서 불교의 종파 및 교파에 관한 문헌은 228에 분류하도록 하고 있다. 이 228 아래에는 〈그림 11-15〉와 같은 기호 합성에 대한 주기가 제시되어 있다.

228	종 파
	별법: 도서관에 따라 각 종파는 221-228과 같이 세분할 수 있다. 예: 선종(禪宗法語) 228.74, 조계종 사찰 228.7816

그림 11-15 종파(불교)(228)의 주기

〈그림 11-15〉에 제시된 별법에 대한 주기에 따를 경우, "천태종의 법회와 의식"은 "228.5 + 7(227 법회, 의식, 행사에서 22 다음에 오는 기호) → 228.57"이 된다(〈그림 11-16〉 참조).

228.5	종파(불교)
7	227(법회, 의식, 행사)에서 22 다음의 기호
228.5 + 7 → 228.57	

그림 11-16 "천태종의 법회와 의식"(228.57)의 분류 기호(별법)

- **유사 사례(별법)**
  - 선종의 설법(별법)

    228.7 + 52(225.2 설법에서 22 다음에 오는 기호) → 228.752
  - 밀교의 포교(별법)

    228.8 + 5(225 포교, 교육, 교화 활동에서 22 다음에 오는 기호) → 228.85
  - 정토종의 신앙 생활(별법)

    228.6 + 4(224 불교 신앙, 신앙 생활에서 22 다음에 오는 기호) → 228.64

이러한 방식은 238 기독교 교파에도 그대로 적용할 수 있다.

8. 각국 교회사 (236.91-.979)

KDC에서 세계 각국의 교회사에 관한 자료는 236.91-.979에 분류하도록 하고 있다. 이 236.91-.979 아래에는 〈그림 11-17〉과 같은 기호 합성에 대한 주기가 제시되어 있다.

> 236.91-.979 각국 교회사
> 　　　지역구분표에 따라 세분한다. 예: 한국 교회사 236.911

그림 11-17 각국 교회사(236.91-236.979)의 주기

〈그림 11-17〉에 제시된 주기에 따를 경우, "스웨덴 교회사"는 기본 기호에 스웨덴을 나타내는 지역구분표의 기호를 더하여, "236.9 + -231(지역구분: 스웨덴) → 236.9231"이 될 것이다(〈그림 11-18〉 참조).

> 236.9　　　각국 교회사
> 　-231　　스웨덴(지역구분)
> ─────────────────────
> 236.9 + -231 → 236.9231

그림 11-18 "스웨덴 교회사"(236.9231)의 분류 기호

- 유사 사례
  - 베트남 교회사
    　　236.9 + -141(지역구분: 베트남) → 236.9141
  - 브라질 교회사
    　　236.9 + -53(지역구분: 브라질) → 236.953

제3부 본표의 분석과 적용

9. 구약 성서 (233.1) (별법)

KDC에서 구약 성서를 나타내는 233.1의 일반 원칙을 분류할 때는, 성서를 나타내는 233에 제시된 일반 원칙의 각 세목에 대한 기호를 인용하여 분류할 수 있도록 하고 있다. 즉 구약 성서의 일반 원칙을 나타내는 233.101-.1099 아래에는 〈그림 11-19〉와 같은 기호 합성에 대한 주기가 제시되어 있다.

```
233.1      구약성서(구약성경)
  .101-.1099   구약성서의 일반원칙
               별법: 도서관에 따라 233.01-.099와 같이 세분할 수 있다. 예: 구약성서신학
               233.101
```

그림 11-19 구약 성서의 일반 원칙(233.101-.1099)의 주기(별법)

〈그림 11-19〉에 제시된 별법에 대한 주기에 따를 경우, "구약 성서 주석"은 "233.1 + 08(233.08 성서 주석에서 233 다음에 오는 기호) → 233.108"이 된다(〈그림 11-20〉 참조).

```
233.1      구약성서
   08      233.08(성서 주석)에서 233 다음의 기호

233.1 + 08 → 233.108
```

그림 11-20 "구약 성서 주석"(233.108)의 분류 기호(별법)

- 유사 사례(별법)
  • 구약 성서 사전(별법)
     233.1 + 03(233.03 성서 사전에서 233 다음에 오는 기호) → 233.103
  • 구약 성서 역사(별법)
     233.1 + 09(233.09 성서 역사에서 233 다음에 오는 기호) → 233.109
  • 구약 성서 인물(별법)
     233.1 + 099(233.099 성서 인물 전기에서 233 다음에 오는 기호) → 233.1099

한편 "한국어 현대 구약 성서"의 경우는 그 합성이 더욱 복잡해지게 된다. 즉 앞서 예시한 〈그림 11-20〉의 별법에 대한 주기에 따라, 233.077 현대 각국어 성서의 아래에 가 보면, "별법: 도서관에 따라 710-799와 같이 구분할 수 있다. 예: 한국어 성서 233.0771; 영어 성서 233.0774"라는 기호 합성에 대한 주기가 제시되어 있다(〈그림 11-21 참조).[4]

```
233.1           구약성서
   077          233.077(현대 각국어 성서)에서 233 다음의 기호
   1            710(한국어)에서 7 다음의 기호
─────────────────────────────────────────────
233.1 + 077 + 1 → 233.10771
```

그림 11-21 "한국어 현대 구약성서"(233.10771)의 분류 기호(별법)

10. 기독교인의 전기 (230.99) (별법)

KDC에서는 기독교인의 전기는 230 기독교에 표준구분표의 전기 -099를 더하여 230.99에 분류하도록 하고 있다. 이 230.99 아래에는 〈그림 11-22〉와 같은 두 가지 별법이 제시되어 있다.

```
230.99      전 기
            별법: 도서관에 따라 998에 분류할 수 있다. 예: 목사전기 998.23
            별법: 도서관에 따라 지역구분표에 따라 세분할 수 있다. 예: 한국기독교인전
            230.9911
```

그림 11-22 기독교인 전기(230.99)의 주기

① 별법 1: 998 주제별 전기에 분류하는 경우(주제 구분)

〈그림 11-22〉에 제시된 주기 가운데 전기를 998 한곳에 모아 분류하도록 하는 첫 번째 별법을 적용하면, 해당 주제의 분류 기호에 기독교의 기호인 230을 부가하여 "998 + 230(기독교) → 998.23"이 된다(이 때 소숫점 이하의 0은 생략한다)(〈그림 11-23〉 참조).

---

4) 오동근, 배영활, 여지숙, KDC 5의 이해 (대구: 태일사, 2009), 170.

```
998        주제별 전기
    230    기독교
─────────────────────────────────
998 + 230 - 0 → 998.23
```

그림 11-23 "스페인 선교사 평전"(998.23)의 분류 기호(별법 1)

- 유사 사례(별법: 주제구분)
  - 일제에 항거한 목사 열전(별법: 주제구분)
    998 + 230(기독교) - 0 → 998.23
  - 캐나다 선교사 평전(별법: 주제구분)
    998 + 230(기독교) - 0 → 998.23

② 별법 2: 지역구분에 의한 추가 세분

〈그림 11-23〉에 제시된 주기 가운데 전기를 지역구분에 의해 추가 세분하도록 하는 두 번째 별법을 적용하면, 해당 주제의 분류 기호에 스페인(지역구분)을 부가하는 방식에 따라 "230.99 + -27(지역구분: 스페인) → 230.9927"이 될 것이다(〈그림 11-24〉 참조).

```
230.99     전기(기독교)
    -27    스페인(지역구분)
─────────────────────────────────
230.99 + -27 → 230.9927
```

그림 11-24 "스페인 선교사 평전"(230.9927)의 분류 기호 (별법 2)

- 유사 사례(별법: 지역구분)
  - 일제에 항거한 목사 열전(별법: 지역구분)
    230.99 + -11(지역구분: 한국) → 230.9911
  - 캐나다 선교사 평전(별법: 지역구분)
    230.99 + -41(지역구분: 캐나다) → 230.9941

제3절 종교류의 적용 사례 분석

①
- 서명: 東師列傳: 그림자 없는 나무로 물거품을 태우다, 불교사를 빛낸 200인 傳記
- 저자명: 범해 撰; 김윤세 역
- 출판지: 서울
- 출판사: 광제원
- 출판년: 1991

▶ 220(불교) - 0 + -099(표준구분: 전기) → 220.99
▶ 별법: 998(주제별 전기) + 220(불교) → 998.22

②
- 서명: 종교와 과학: 러셀이 풀어쓴 종교와 과학의 400년 논쟁사
- 저자명: 버트런드 러셀 저; 김이선 역
- 출판지: 파주
- 출판사: 동녘
- 출판년: 2011

▶ 204.4(과학과 종교)

③
- 서명: 神學과 信仰(연속간행물)
- 발행기관: 루터신학대학교
- 발행주기: 연간

▶ 230(기독교) - 0 + -05(표준구분: 연속간행물) → 230.5

제3부 본표의 분석과 적용

④
- 서명: 도올 김용옥의 金剛經 강해
- 저자명: 김용옥
- 출판지: 서울
- 출판사: 통나무
- 출판년: 2000

▶ 22(불교의 기본 기호) + 3(종교구분: 경전) + 53(본표 추가세분: 금강경) → 223.53

⑤
- 서명: 구약성서와 조상숭배
- 저자명: 이희학
- 출판지: 서울
- 출판사: 프리칭아카데미
- 출판년: 2000

▶ 23(기독교의 기본 기호) + -3(종교구분: 경전) + 1(본표 추가세분: 구약성서) → 233.1

▶ 별법: 233.1(구약성서) + 088(233.088 성서와 타주제와의 관계) + 211.13(조상숭배) → 233.108821113

⑥
- 서명: 八公山 禪本寺
- 저자명: 선본사(불교문화재연구소)
- 출판지: 서울
- 출판사: 선본사
- 출판년: 2013

▶ 22(불교의 기본 기호) + -6(종교구분: 종단, 교단) + 9(본표 추가세분: 사지, 사적) → 226.9

▶ 별법: 226.9(寺誌) + -1184(지역구분: 경산시) → 226.91184

⑦
- 서명: 사랑받아야 할 아름다운 이름 장애인: 장애인부 운영 지침서
- 저자명: 김일권
- 출판지: 서울
- 출판사: 글로리아
- 출판년: 2003

▶ 23(기독교의 기본 기호) + -5(종교구분: 선교 등) + 88(본표 추가세분: 기독교 사회복지사업) → 235.88

▶ 별법: 235.88(기독교 사회복지사업) + 3(338.3 장애인복지) → 235.883

⑧
- 서명: (인도의)신화
- 저자명: 이은구
- 출판지: 서울
- 출판사: 세창미디어
- 출판년: 2003

▶ 219(신화) + -15(지역구분: 인디아) → 219.15

⑨
- 서명: 禪宗経典故事
- 저자명: 樊錦詩 主編; 孫志軍 攝影
- 출판지: 상해
- 출판사: 華東師範大學出版社
- 출판년: 2010

▶ 22(불교의 기본 기호) + -8(종교구분: 종파, 교파) + 7(본표 추가세분: 선종) → 228.7(선종)

▶ 별법: 228.7(선종) + -3(종교공통구분: 경전, 성전) → 228.73

⑩
- 서명: 한국 성서·찬송가 100년
- 저자명: 한영제
- 출판지: 서울
- 출판사: 기독교신문사
- 출판년: 1987

▶ 23(기독교의 기본 기호) + -3(종교구분: 경전, 성전) + 077(본표 추가세분: 현대 각국어 성서) → 233.0771

▶ 별법: 233.077(현대 각국어 성서) + -1(국어구분: 한국어) → 233.0771

⑪
- 서명: 옥추보경: 도교 경전의 정수
- 저자명: 허시성
- 출판지: 서울
- 출판사: 경서원
- 출판년: 2009

▶ 240(도교) - 0 + -3(종교공통구분: 경전, 성전) → 243

⑫
- 서명: 한국교회의 역사
- 저자명: 서정민
- 출판지: 서울
- 출판사: 살림출판사
- 출판년: 2003

▶ 23(기독교의 기본 기호) + -6(종교구분: 종단, 교단) + 9(본표 추가세분: 교회사) → 236.9

▶ 별법: 236.9(교회사) + -11(지역구분: 대한민국) → 236.911

⑬
- 서명: 나는 왜 증산도를 선택했는가?
- 저자명: 증산도 편집부
- 출판지: 서울
- 출판사: 대원출판
- 출판년: 1990

▶ 291.12(증산도)

▶ 별법: 291.12(증산도) + -5(종교공통구분: 선교, 포교, 전도) → 291.125

⑭
- 서명: 일본 신사신도 연구: 패권주의적 신사참배 재조명
- 저자명: 김정희
- 출판지: 고양
- 출판사: 한국기독교연구소
- 출판년: 2012

▶ 291.3(일본 종교)

⑮
- 서명: 예수와 유대교
- 저자명: 강유정
- 출판지: 안양
- 출판사: 안양대학교
- 출판년: 2003

▶ 239(유대교)

⑯
- 서명: *Christianity and Society: The Social World of Early Christianity*
- 저자명: Everett Ferguson
- 출판지: New York
- 출판사: Garland Pub
- 출판년: 1999

▶ 23(기독교의 기본 기호) + -5(종교구분: 선교 등) + 8(본표 추가세분: 기독교 사회신학) → 235.8

⑰
- 서명: *The Holy Koran: An Introduction with Selections*
- 저자명: A. J. Arberry
- 출판지: Abingdon
- 출판사: Routledge
- 출판년: 2008

▶ 280(이슬람교) - 0 + -3(종교공통구분: 경전, 성전) → 283

⑱
- 서명: *Christian Social Ethics*
- 저자명: Albert Terrill Rasmussen
- 출판지: Englewood Cliffs
- 출판사: Prentice-Hall
- 출판년: 1956

▶ 23(기독교의 기본 기호) + -4(종교구분: 종교신앙 등) + 17(본표 추가세분: 기독교윤리) + 4(194 사회윤리) → 234.174

⑲
- 서명: *Hebrews: A Commentary*
- 저자명: Luke Timothy Johnson
- 출판지: London
- 출판사: Westminster John Knox Press
- 출판년: 2006

▶ 23(기독교의 기본 기호) + -3(종교구분: 경전, 성전) + 5(본표 추가세분: 신약성서) → 233.5

▶ 별법: 233.5(신약성서) + 087(233.087 성서주석) → 233.5087

⑳
- 서명: *Religion in America since 1945: a history*
- 저자명: Patrick Allitt
- 출판지: New York
- 출판사: Columbia University Press
- 출판년: 2003

▶ 209(종교사) + -42(지역구분: 미국) → 209.42

제12장

300 사회과학
(Social sciences)

300 사회과학류는 KDC의 네 번째 주류로, 인간 사회의 여러 현상을 지배하는 법칙을 해명하려는 경험 과학(經驗科學)이다. 이 주류는 통계 자료(310), 경제학(320), 사회학·사회 문제(330), 정치학(340), 행정학(350), 법학(360), 교육학(370), 풍속, 예절, 민속학(380), 국방, 군사학(390) 등으로 이루어진다.

KDC의 사회과학류에는, DDC의 경우와 마찬가지로,[1] 사회과학의 모든 유들이 300에 분류되는 것이 아니다. 즉 일반적으로 사회과학의 범주로 간주되는 문헌정보학은 020, 신문·저널리즘은 070, 심리학은 180, 역사는 900에 분류된다.

제1절 사회과학류의 개요와 주요 개정 부분

1. 사회과학류의 개요

우선 KDC 제4판에서 제6판까지의 300 사회과학류의 일반적인 개요를 살펴보면, 〈표 12-1〉과 같다.

---

1) 오동근, DDC 22의 이해 (대구: 태일사, 2007), 233.

제3부 본표의 분석과 적용

표 12-1 KDC 제4판~제6판의 사회과학류의 개요

	제4판	제5판	제6판
300	사회과학	사회과학	사회과학
310	통계학	통계학	**통계자료**
320	경제학	경제학	경제학
330	사회학, 사회문제	사회학, 사회문제	사회학, 사회문제
340	정치학	정치학	정치학
350	행정학	행정학	행정학
360	법 학	법 학	**법률, 법학**
370	교육학	교육학	교육학
380	풍속, 민속학	**풍속, 예절, 민속학**	풍습, 예절, 민속학
390	국방, 군사학	국방, 군사학	국방, 군사학

〈표 12-1〉에 나타난 바와 같이, KDC 제4판에서 제6판까지의 사회과학류 강목의 전개는 큰 변화는 없으나, 실제 분류의 혼란을 줄이고 개념을 명확히 하기 위해 강목의 명칭들이 일부 변경, 조정되었다. 제4판에서 제5판으로 개정할 때 380 풍속, 민속학이 380 풍속, 예절, 민속학으로 변경되었고, 제5판에서 제6판으로 개정할 때 310 통계학이 310 통계 자료로, 그리고 360 법학이 360 법률, 법학으로 각각 변경되었다. KDC 제6판 사회과학류의 하위 항목들의 주요 내용은 다음과 같다.

① 300 사회과학
- 사회과학류의 총류로 사회과학류의 표준구분에 해당
- 사회과학류의 첫 번째 강목의 요목인 301부터 309는 사회과학류의 표준구분을 그대로 적용
- 300.1 사회과학 이론, 300.9 사회과학사
- 301 사회 사상
- 303 사회과학 사전(辭典), 사전(事典)
- 308 사회과학 총서, 전집, 선집
- 309 사회, 문화 사정

② 310 통계 자료
- 제6판에서 통계 이론 및 통계 분석 등을 제외하고 순수한 통계 자료(데이터)만을 다루는 통계 자료로 변경
▪ 311-317 각 지역의 일반 통계, 지역구분 적용
▪ 319 인구 통계
- 출생, 결혼, 질병, 사고, 사망, 인구 이동, 연령별·성별·학력별 인구 통계 등 여러 통계 포함

③ 320 경제학
▪ 321 경제 각론
- 생산론, 자본론, 자원론, 노동 경제, 교환론, 거시 경제, 경제 변동 등의 항목 설정
▪ 322 경제 정책
- 322.001-.009 표준구분 적용
- 지역구분표를 적용하여 세계 각국의 경제 정책과 국제 경제 등을 취급
▪ 323 산업 경제 일반
- 특수 산업경제는 해당주제 아래에 분류
▪ 324 기업 경제
- 기업 형태, 협동조합, 중소기업, 기업 집중 및 합동, 공기업 등의 항목 설정
▪ 325 경 영
- 경영 정책, 조직 관리, 인사 관리, 사무 관리, 마케팅 관리, 생산 관리, 업무 관리, 재무, 관리회계학 등의 항목 설정
▪ 326 상업, 교통, 통신
- 상업, 국제 무역, 교통, 통신 및 우편, 방송
▪ 327 금 융
- 금융 정책, 화폐, 금융 시장, 은행, 신탁, 투자 금융, 국제 금융 등의 항목 설정

제3부 본표의 분석과 적용

- 328 보 험
  - 보험 이론 및 실무, 생명 보험, 재해 보험, 사회 보험, 보증 보험, 교육 보험 등의 항목 설정
- 329 재 정
  - 재정 정책, 예산 및 결산, 조세, 공채, 지방 재정 등의 항목 설정
  - 329.4001-.4009 조세의 표준구분 적용

④ 330 사회학, 사회문제
- 331 사회학
  - 사회 심리학, 사회 집단, 인구 및 인구 이동, 인간 생태학, 문화, 커뮤니케이션, 사회 조사 등의 항목 설정
- 332 사회조직 및 제도
  - 가족, 씨족 사회학, 민족 사회학, 사회 계층 및 신분 등의 항목 설정
- 333 미사용 기호
- 334 사회 문제
  - 사회 정책, 사회 병리, 아동 및 청소년 문제, 전쟁과 사회 문제, 노인 문제 등의 항목 설정
- 335 생활 문제
  - 지역적 생활 문제, 생활 개선, 여가, 식량 문제, 주택 문제, 소비자 문제 등의 항목 설정
- 336 미사용 기호
- 337 여성 문제
  - 여성학, 여성의 법적 지위, 여성의 직업, 남성학 등의 항목 설정
- 338 사회 복지
  - 사회 사업, 재해 구호 사업, 장애인 복지, 생활 보호, 아동 복지, 노인 복지 사업, 보훈 복지 등의 항목 설정

- 339 사회 단체
  - 애국 단체, 사회 단체 및 클럽, 동향인 단체, 여성 및 청소년 단체, 폭력 단체 등의 항목 설정

⑤ 340 정치학
- 341 국가 형태
  - 부족 국가, 민주 국가, 봉건 국가, 사회주의 국가, 독재 국가 등의 항목 설정
  - 341.001-.009 표준구분 적용
- 342 국가와 개인 및 집단
  - 인권과 시민권, 국가와 종교, 국가와 사회 계급, 지역 사회와 국가, 정치 투쟁 등의 항목 설정
- 343 미사용 기호
- 344 선 거
  - 선거권과 피선거권, 선거 제도, 선거 운동, 선거 위원회, 투표 제도 그리고 지역구분을 적용한 세계 각국의 선거 등의 항목 설정
- 345 입 법
  - 입법 관련 이론, 권한 및 기능, 회기, 원내 조직론, 의사록, 역사 등과 지역구분을 적용한 세계 각국의 입법부를 포함
  - 345.001, 345.003-.008 표준구분 적용
- 346 정 당
  - 정당론, 정당 조직, 정당사 등과 지역구분을 적용한 세계 각국의 정당 등의 항목 설정
- 347, 348 미사용 기호
- 349 외교, 국제 관계
  - 외교학, 외교관 근무와 지역구분을 적용한 세계 각국의 외교, 국제 협력, 국제 문제 등의 항목 설정

⑥ 350 행정학
- 350.01-.09 표준구분 적용
- 350.2-.83 대통령직, 내각, 기타 중앙 행정 부처 등을 포함한 행정 조직 세분
- 351-357 지역구분을 적용하여 세계 각국의 중앙 행정 전개
  - 지역구분을 적용한 후, 350.1-.8과 같이 기호를 부가하여 세분

⑦ 360 법률, 법학
- 360.02-.08 법학에 대한 표준구분
- 360.1 법학의 철학과 이론
- 360.3 법 개정
- 360.5 법률 제도
- 360.9 법제사
- 361 국제법
  - 국제법의 법원, 국가, 국제 조약, 국제연합과 국제 전문 기구를 포함한 국제 기구, 국제 형법과 국제 재판을 포함한 국제 분쟁, 전시 국제법, 국제 협력, 국제 민법, 국제 상법, 국제 해상법 등을 포함한 국제 사법 등의 항목 설정
- 362 헌 법
  - 362.01-362.07 지역구분을 적용하여 세계 각국의 헌법 전개
  - 우리나라 헌법을 중심으로 국민의 권리 의무와 정부, 입법부, 사법부, 헌법재판소, 지방 정부 등의 항목 설정
- 363 행정법
  - 363.01-363.07 지역구분을 적용하여 세계 각국의 행정법 전개
  - 행정 조직법, 공무원법, 행정 작용법, 행정 구제법, 행정 절차법 등의 항목 설정
- 364 형 법
  - 364.01-364.07 지역구분을 적용하여 세계 각국의 형법 전개
  - 범죄 행위론, 형벌론을 포함한 형법 총론과 국가적 법익, 사회적 법익, 생명 신

체, 자유 안전, 명예, 신용, 비밀, 재산에 대한 죄의 형법 각론 항목 설정
- 형사정책, 범죄학, 행형학, 특별 형법 등의 항목 설정

▪ 365 민 법
- 365.01-365.07 지역구분을 적용하여 세계 각국의 민법 전개
- 자연인, 법인, 물건, 법률 행위를 포함한 민법 총론과 점유권, 소유권, 지상권, 입회권 등을 포함한 물권법, 담보 물권법, 채권법, 가족법(친족 상속법), 상속법, 민사 특별법 등의 항목 설정

▪ 366 상 법
- 366.01-366.07 지역구분을 적용하여 세계 각국의 상법 전개
- 상법 총론과 회사법, 상행위법, 보험법, 해상법, 어음 및 수표법 등의 항목 설정

▪ 367 사법 제도 및 소송법
- 367.01-367.07 지역구분을 적용하여 세계 사법 행정 사무 전개
- 법원, 재판소와 검찰 제도, 변호사 등의 사법 제도와 형사 소송법, 민사 소송법, 가사소송법, 파산법 등의 항목 설정

▪ 368 기타 제법(諸法)
- 노동, 경제, 사회 보장 등에 관한 세부 법령 전개

▪ 369 각국 법 및 예규
- 369.1-.7 지역구분을 적용하여 세계 각국의 법 및 예규를 전개

⑧ 370 교육학

▪ 371 교육 정책 및 행정
- 371.1-.5 350.1-.5 행정학에 배정된 항목들을 적용하여 일반 교육 행정의 기능과 조직, 공무원 제도 및 시험, 행정 사무 등 전개
- 교육 기관 설립 기준과 교육 재정 등의 항목 설정

▪ 372 학교 행정 및 경영, 보건 및 교육 지도
- 학교 시설, 학급 경영, 학교 보건 및 위생, 학생 생활, 교육 지도, 학교 운영 위원회 등의 항목 설정

제3부　본표의 분석과 적용

　　▪ 373 학습 지도, 교육 방법
　　　- 교수법, 교구 및 교재, 자기주도 학습, 현장 학습, 학습 평가 등의 항목 설정
　　▪ 374 교육 과정
　　　- 전주제구분을 적용하여 교육 과정 전개
　　　- 각급 학교의 각과 교육 과정은 해당학교 아래에 분류
　　▪ 375-377은 초등, 중등, 고등 교육 등 각급 학교 교육 항목 전개
　　▪ 375 유아 및 초등 교육
　　　- 유아 교육과 초등 교육의 지도, 과정 등의 항목 설정
　　▪ 376 중등 교육
　　　- 중학교 및 고등학교 교육, 특성화 교육, 외국인 학교 등의 항목 설정
　　▪ 377 대학, 전문, 고등 교육
　　　- 377.001-.009 표준구분을 적용
　　　- 377.01-.07 지역구분을 적용하여 각국의 고등 교육 및 대학 교육을 전개
　　　- 대학 정책 및 행정, 대학 경영, 보건 및 교육 지도, 학습 지도 및 방법, 고등 교육 과정, 전문 대학 및 종합 대학, 전문직 교육 등의 항목 설정
　　▪ 378-379 각종 교육 항목 전개
　　▪ 378 평생 교육
　　　- 성인 교육, 집회 학습, 원격 교육, 여가 교육 등을 포함한 평생 교육 등의 항목 설정
　　▪ 379 특수 교육
　　　- 장애인 교육, 영재 교육, 다문화 교육, 학교 부적응 및 비행 학생 교육 등 유형별 특수 교육과 특수 교육 행정, 경영, 학습 지도, 복지 및 재활 등의 항목 설정

　⑨ 380 풍습, 예절, 민속학
　　▪ 381 의식주(衣食住)의 풍습
　　　- 복식과 미용, 식생활 및 주거지 풍습 항목 등의 설정
　　▪ 382 연령별, 성별, 신분별 사회 계층의 풍습
　　　- 아동 생활의 풍습, 여성 생활의 풍습, 왕족의 풍습, 서민의 풍습 항목 설정

- 383 사회 생활의 풍습
  - 향촌제, 생산 의례, 성 풍속, 놀이 및 오락 풍속 등의 항목 설정
- 384 관혼상제
  - 출생부터 성년례, 혼인, 회갑, 장례, 제례 풍속 등의 항목 설정
- 385 예 절
  - 아동, 청년의 예법과 혼례 및 장례, 손님 접대, 언어 예절 등의 항목 설정
- 386 축제, 세시풍속
  - 설날, 한식, 단오, 추석절 등의 민속 관련 명절과 국경일, 기념일의 축제, 풍속 취급, 지역구분표 적용
- 387 미사용 기호
- 388 민속학
  - 지역구분표를 적용하여 민속 문학과 민간 신앙, 민속 언어 전개, 비교민속학 항목 설정
- 389 문화 인류학

⑩ 390 국방, 군사학
- 391 군사 행정
  - 군비 축소를 포함한 국방 정책, 군제, 인사 행정, 동원 및 역원, 군 행정 관리, 군법, 계엄 등의 항목 설정
- 392 전략, 전술
  - 전쟁론, 정보 활동, 작전, 군정 등의 항목 설정
- 393 군사 교육 및 훈련
  - 신병, 부사관, 장교 훈련과 특수 훈련, 국방 대학 등의 항목 설정
- 394 군사 시설 및 장비
  - 군수 관리, 장비, 군사 시설, 보급, 군사 장비 등의 항목 설정
- 395 군 특수 기술 근무
  - 군사 의료, 화학, 공병, 통신, 수송 근무 등의 항목 설정

제3부 본표의 분석과 적용

- ■ 396-398 육군, 해군, 공군
- - 군사 행정, 전략, 군사 교육 및 훈련, 군사 시설 및 장비 등의 항목을 공통적으로 설정
- ■ 399 고대 병법, 지역구분표 적용

2. 사회과학류의 주요 개정 부분

KDC 제6판 사회과학류는 학문의 발전과 사회 변화의 반영, 분류표의 실용성 제고 등을 위해 다수의 항목들을 신설하거나 전개, 이치, 삭제하는 등 큰 변화가 있었다. 그 개정 내용을 구체적으로 살펴보면 다음과 같다.

표 12-2 통계학의 이치와 명칭 변경

KDC 5	KDC 6
310 통계학	310 통계자료
.1 통계이론 및 방법	[.1] 통계이론 및 방법 413.01에 분류한다.
.12 표본추출	[.12] 표본추출 413.83에 분류한다.
.124 통계적 품질관리	[.124] 통계적 품질관리 413.96에 분류한다.
.14 자료수집	[.14] 자료수집 413.83에 분류한다.
.146 설문지작성	[.146] 설문지작성 413.83에 분류한다.
.15 자료집계	[.15] 자료집계 413.83에 분류한다.
.16 통계분석	[.16] 통계분석 413.84에 분류한다.
.17 자료해석	[.17] 자료해석 413.86에 분류한다.
.18 통계자료의 도표와 그림	[.18] 통계자료의 도표와 그림 413.83에 분류한다.

① 사회과학의 첫째 강목으로 설정되어 있는 310의 통계 이론 및 방법에 관한 항목들을 400 자연과학 아래 413 통계 수학으로 이치하고, 310의 강목의 명칭도 제5판의 "통계학"에서 제6판에서는 "통계 자료"로 변경하여 통계학 관련 문헌 분류상의 혼선을 줄였다. 따라서 310에는 각 지역의 일반 통계자료 관련 문헌들만 분류할 수 있게 하였다(〈표 12-2〉참조).

② 과학기술의 발전에 따라 330 사회학, 370 교육학에 새로운 변화를 반영한 다수의 분류 항목들을 신설하였다(〈표 12-3〉 참조).

표 12-3 사회과학류 330 사회학, 370 교육학의 신설 분류 항목

분류 기호	분류 항목
331.6	커뮤니케이션
331.62	비언어적 커뮤니케이션
331.63	언어적 커뮤니케이션
331.65	미디어
370.17	교육인류학
370.19	비교교육학
377.693	독학학위제
378.18	사회취약계층교육
379.18	학습장애인교육
379.33	다문화가정 학생교육
379.34	이민자가정 학생교육
379.35	탈북가정 학생교육
379.36	외국인노동자가정 학생교육

③ 한국의 중앙 행정 분류 항목들을 각국의 중앙 행정(351-357)과 동일한 방식으로 지역구분을 적용하는 351.1로 이치하였다(〈표 12-4〉 참조).

표 12-4 한국의 중앙 행정 분류 항목 이치

KDC 5	KDC 6
350.2-.82 한국의 중앙행정 　[전 한국의 중앙행정조직 및 행정] 　.2 행정조직 　.3 인사행정 　.4 공무원시험 　　… 　.8 소방방재행정 351-357 각국의 중앙행정 　　지역구분표 12-79와 같이 구분하고,…	350.2 행정조직 　.3 인사행정 　.4 공무원시험 　　… 　.8 소방방재행정 351-357 각국의 중앙행정 　　지역구분표에 따라 세분한 후, .. 351.1 한국의 중앙행정 　.11 행정관리

④ 390 국방, 군사학의 각군(396 육군, 397 해군, 398 공군)에 대한 세부 주제 전개를 일원화하여 기호 부여가 용이하도록 하였다(〈표 12-5〉 참조).

표 12-5 390 국방, 군사학의 세부 주제 전개 일원화

분류 기호	분류 항목
396	육 군
.1	군사행정 　396.11-.19는 391.1-.9와 같이 세분한다. 예: 육군의 복지정책 396.132
397	해 군
.2	전략, 전술 　397.21-.29는 392.1-.9와 같이 세분한다. 예: 해군의 방첩활동 397.227
398	공 군
.3	군사교육 및 훈련 　398.301-.38은 393.01-.8과 같이 세분한다. 예: 공군사관학교 398.452

⑤ 분류 항목의 명칭이 부적합한 것을 바로잡거나 개념을 명확하게 표시하기 위해 상당수 항목의 명칭을 조정하였다(〈표 12-6〉 참조).

표 12-6 사회과학류의 명칭 조정 분류 항목

분류 기호	분류 항목
307.3	사회과학 방법론 → 사회과학 연구방법
309	사회, 문화사정 → 정치, 경제, 사회, 문화사정 및 역사
329.4	세입, 조세 → 조세
334.7	물질남용문제 → 물질남용
360	법학 → 법률, 법학
363.6	공급행정법 → 특정분야의 행정관련법
363.7	행정쟁송 → 행정구제법
363.8	행정수속법 → 행정절차법
371.8	학교기준 및 인가 → 교육기관설립 기준 및 인가
378	사회교육 → 평생교육
379.3	불량아교육, 문제아교육 → 학교부적응 및 비행 학생교육
380	풍속, 예절, 민속학 → 풍습, 예절, 민속학
382	가정생활의 풍습 → 연령별, 성별, 신분별 사회계층의 풍습
384.1	출생관계풍속 → 출생과 육아의 풍속
385.1	아동예절 → 연령별 예절
391.8	경리 → 국방예산
391.9	기타 행정상의 문제 → 기타 행정 및 관리

⑥ 사회과학류에서 거의 사용되지 않는 일부 항목을 삭제하고 상위 분류 항목 아래에 주기로 설정하여 분류표를 간소화하였다(〈표 12-7〉 참조).

표 12-7 사회과학류의 삭제 분류 항목

분류 기호	분류 항목
365.24	용익물권
...	영소작권 [전 365.28], 입회권 [전 365.29]을 포함한다.
[.28]	영소작권
[.29]	입회권
365.6	상속법
...	제사상속 [전 365.62], 호주상속 [전 365.63]을 포함한다.
[.62]	제사상속
[.63]	호주상속

제2절 사회과학류의 주요 기호 합성에 관한 분석

1. 각국의 외교 (349.1-.7)

KDC에서 세계 각국의 외교에 관한 문헌은 349.1-.7에 분류하도록 하고 있다. 이 349.1-.7 아래에는 〈그림 12-1〉과 같이, "지역구분표에 따라 세분한다"라는 기호 합성에 대한 주기가 제시되어 있다. 아울러 여기에 상대 국가를 추가할 수 있도록 하기 위해, "2개 국가의 외교 관계는 0을 부가한 후, 대상국을 지역구분표에 따라 세분한다"라는 추가의 주기가 제시되어 있다.

```
349.1-.7    각국 외교
            외교정책, 외교문서, 외교사 등을 포함한다.
            지역구분표에 따라 세분한다.  예: 미국외교사  349.42
            2개 국가의 외교관계는 0을 부가한 후, 대상국을 지역구분표에 따라 세분한다. 예:
            한미외교관계  349.11042
```

그림 12-1 각국 외교(349.1-.7)의 주기

〈그림 12-1〉에 제시된 주기에 따를 경우, "21세기 러시아의 외교 전략"은 기본 기호에 지역구분의 러시아를 나타내는 -29를 더하여, "349 + -29(지역구분: 러시아) → 349.29"가 된다(〈그림 12-2〉 참조).

```
349         각국 외교의 기본 기호
 -29        러시아(지역구분)
─────────────────────────────────
349 + -29 → 349.29
```

그림 12-2 "21세기 러시아의 외교 전략"(349.29)의 분류 기호

한편 2개 국가의 외교 관계를 나타내는 주기를 따를 경우, "한독 외교 관계"는 기본 기호에 한국을 나타내는 -11을 붙이고, 대상국을 추가하기 위해 0을 추가한 후, 대상국인 독일을 나타내는 기호 -25를 더하여, "349 + -11(지역구분: 한국) + 0(패싯 지시 기호) + -25(지역구분: 독일) → 349.11025"가 된다(〈그림 12-3〉 참조).

```
349         각국 외교의 기본 기호
 -11        한국(지역구분)
   0        패싯 지시 기호
 -25        독일(지역구분)
─────────────────────────────────
349 + -11 + 0 + -25 → 349.11025
```

그림 12-3 "한독 외교 관계"(349.11025)의 분류 기호

■ 유사 사례
- 중국의 대 아프리카 외교 정책

    349 + -12(지역구분: 중국) + 0(패싯 지시 기호) + -3(지역구분: 아프리카) → 349.1203

- 영국의 아르헨티나 외교 전략

    349 + -24(지역구분: 영국) + 0(패싯 지시 기호) + -58(지역구분: 아르헨티나) → 349.24058

2. 각국의 중앙 행정 (351-357)

KDC에서 세계 각국의 중앙 행정에 관한 문헌은 351-357에 분류하도록 하고 있다. 이 351-357 아래에는 〈그림 12-4〉와 같이, "지역구분표에 따라 세분한 후, 350.1-.8과 같이 기호를 부가하여 세분한다"라는 기호 합성에 대한 주기가 제시되어 있다.

351-357	각국 중앙행정
	지역구분표에 따라 세분한 후, 350.1-.8과 같이 기호를 부가하여 세분한다. 예: 프랑스 행정 352.6; 중국외교부 351.223; 미국대통령 354.221; 영국공무원제도 352.431
	각국 지방자치 및 지방행정 → 359.1-.7

그림 12-4 각국 중앙 행정(351-357)의 주기

〈그림 12-4〉에 제시된 주기에 따를 경우, "스위스 행정부"는 기본 기호에 스위스를 나타내는 지역구분의 기호를 더하여, "35 + -259(지역구분: 스위스) → 352.59"가 된다(〈그림 12-5〉 참조).

35	각국 중앙 행정의 기본 기호
-259	스위스(지역구분)
35 + -259 → 352.59	

그림 12-5 "스위스 행정부"(352.59)의 분류 기호

- **유사 사례**
  - 멕시코 행정부

    35 + -43(지역구분: 멕시코) → 354.3
  - 아르헨티나 행정부

    35 + -58(지역구분: 아르헨티나) → 355.8

한편 행정부의 특정 지위 및 부서를 추가할 경우, 예를 들면 "프랑스의 대통령"은 "지역구분표에 따라 세분한 후, 350.1-.8과 같이 기호를 부가하여 세분한다"라는 주기에 따라, "352.6 + 21(350.21 대통령직에서 350 다음에 오는 기호) → 352.621"이 된다(〈그림 12-6〉 참조).

352.6	프랑스 행정부
21	350.21(대통령직)에서 350 다음의 기호

352.6 + 21 → 352.621

그림 12-6 "프랑스 대통령"(352.621)의 분류 기호

- **유사 사례**
  - 스페인의 외무부

    352.7 + 23(350.23 외무부) → 352.723
  - 멕시코의 국방부

    354.3 + 24(350.24 국방부) → 354.324

3. 초등 교육 지도 (375.3)

KDC에서 초등 교육 지도에 관한 문헌은 375.3에 분류하도록 하고 있다. 이 375.3 아래에는 〈그림 12-7〉과 같은 기호 합성에 대한 주기가 제시되어 있다.

> **375.3 초등 교육 지도**
> 375.31-.39는 373.1-.9와 같이 세분한다. 예: 초등교육의 평가 375.37

그림 12-7 초등 교육 지도(375.3)의 주기

〈그림 12-7〉에 제시된 주기에 따를 경우, "초등 교육 교수법"은 기본 기호에 교수법을 나타내는 373.2에서 373 다음의 기호 2를 더하여 "375.3 + 2(373.2 교수법, 지도 방법에서 373 다음에 오는 기호) → 375.32"가 된다(〈그림 12-8〉 참조).

> **375.3   초등 교육 지도**
> 2   373.2(교수법, 지도 방법)에서 373 다음의 기호
> ─────────────────────────────
> 375.3 + 2 → 375.32

그림 12-8 "초등 교육 교수법"(375.32)의 분류 기호

- **유사 사례**
  - 초등 교육 현장 학습
    375.3 + 5(373.5 현장 학습에서 373 다음에 오는 기호) → 375.35
  - 초등학교 이러닝(e-learning) 방안
    375.3 + 33(373.33 정보 기술 활용 교육에서 373 다음에 오는 기호) → 375.333

4. 조세의 표준구분 (329.4001-.4009)

KDC에서 조세에 관한 문헌은 329.4에 분류하도록 하고 있다. 이 329.4 아래에는 〈그림 12-9〉와 같이 "329.4001-.4009는 표준구분에 따라 세분한다"라는 기호 합성에 대한 주기가 제시되어 있다. 이것은 329.401-.407이 각국 조세를 나타내기 위한 기호로 사용되기 때문에, 분류 기호의 중복을 막기 위해, 표준구분을 적용할 경우 패싯 지시 기호 0을 하나 더 추가하도록 하고 있는 것이다.

```
329.4      조 세
           329.4001-.4009는 표준구분에 따라 세분한다. 예: 조세편람   329.40021
```
그림 12-9 조세(329.4001-.4009)의 주기

〈그림 12-9〉에 제시된 주기에 따를 경우, "조세 연구(연속간행물)"는 기본 기호에 0을 추가한 후, 연속간행물을 나타내는 표준구분의 기호를 더하여, "329.4 + 0(패싯 지시 기호) + -05(표준구분: 연속간행물) → 329.4005"가 된다(〈그림 12-10〉 참조).

```
329.4      조 세
   0         패싯 지시 기호
   -05       연속간행물(표준구분)

329.4 + 0 + -05 → 329.4005
```
그림 12-10 "조세 연구(연속간행물)"(329.4005)의 분류 기호

■ 유사 사례
- 조세 교육
    329.4 + 0(패싯 지시 기호) + -07(표준구분: 연구법 및 교육, 교육 자료) → 329.4007
- 조세 관련 단체의 디렉토리
    329.4 + 0(패싯 지시 기호) + -06(표준구분: 각종 단체 조직) → 329.4006

5. 대학 정책 및 행정 (377.1)

KDC에서 대학 정책 및 행정에 관한 문헌은 377.1에 분류하도록 하고 있다. 이 377.1 아래에는 〈그림 12-11〉과 같은 기호 합성에 대한 주기가 제시되어 있다.

> 377.1   **대학 정책 및 행정**
>   377.11-.19는 371.1-.9와 같이 세분한다. 예: 대학교직 377.131

그림 12-11 대학 정책 및 행정(377.1)의 주기

〈그림 12-11〉에 제시된 주기에 따를 경우, "대학 교육의 재정"은 기본 기호에 교육 재정을 나타내는 371.9에서 371 다음의 기호 9를 더하여, "377.1 + 9(371.9 교육 재정에서 371 다음에 오는 기호) → 377.19"가 된다(〈그림 12-12〉 참조).

> 377.1   **대학 정책 및 행정**
>   9   371.9(교육 재정)에서 371 다음의 기호
> ─────────────────────────────
> 377.1 + 9 → 377.19

그림 12-12 "대학 교육의 재정"(377.19)의 분류 기호

■ 유사 사례
- 대학 교원의 인사 행정

  377.1 + 3(371.3 인사 행정에서 371 다음에 오는 기호) → 377.13
- 대학의 설립 기준과 평가

  377.1 + 8(371.8 교육 기관 설립 기준에서 371 다음에 오는 기호) → 377.18

6. 각 지역의 일반 통계 자료 (311-317)

KDC에서 세계 각 지역의 일반 통계에 관한 자료는 311-317에 분류하도록 하고 있다. 이 311-317 아래에는 〈그림 12-13〉과 같은 기호 합성에 대한 주기가 제시되어 있다.

```
311-317   각 지역의 일반 통계
          지역구분표에 따라 세분한다. 예: 한국일반통계 311.1
```

그림 12-13 각 지역의 일반 통계(311-317)의 주기

〈그림 12-13〉에 제시된 주기에 따를 경우, "오스트레일리아의 일반 통계"는 기본 기호에 오스트레일리아를 나타내는 지역구분표의 기호를 더하여, "31 + -62(지역구분: 오스트레일리아) → 316.2"가 된다(〈그림 12-14〉 참조).

```
31        각 지역의 일반 통계의 기본 기호
 -62      오스트레일리아(지역구분표)
────────────────────────────────
31 + -62 → 316.2
```

그림 12-14 "오스트레일리아의 일반 통계"(316.2)의 분류 기호

■ 유사 사례
- 타이완의 일반 통계
    31 + -124(지역구분: 타이완) → 311.24
- 하와이의 일반 통계
    31 + -678(지역구분: 하와이) → 316.78

7. 육군의 군사 행정 (396.1)

KDC에서 육군의 군사 행정에 관한 문헌은 396.1에 분류하도록 하고 있다. 이 396.1 아래에는 〈그림 12-15〉와 같은 기호 합성에 대한 주기가 제시되어 있다.

```
396      육군
  .1     군사 행정
         396.11-.19는 391.1-.9와 같이 세분한다. 예: 육군의 복지정책 396.132
```

그림 12-15 육군 군사 행정(396.1)의 주기

〈그림 12-15〉에 제시된 주기에 따를 경우, "육군의 병력 동원"은 기본 기호에 병력 동원을 나타내는 기호 4를 더하여, "396.1 + 4(391.4 동원 및 역원에서 391 다음에 오는 기호) → 396.14"가 된다(〈그림 12-16〉 참조).

```
396.1        군사 행정(육군)
    4        391.4(동원 및 역원)에서 391 다음의 기호

396.1  +  4  →  396.14
```

그림 12-16 "육군의 병력 동원"(396.14)의 분류 기호

- **유사 사례**
  - 육군의 예산 관리
    396.1 + 8(391.8 국방 예산에서 391 다음에 오는 기호) → 396.18
  - 육군의 조직
    396.1 + 21(391.21 군 조직 구조에서 391 다음에 오는 기호) → 396.121

8. 특정 분야의 영재 교육 (379.22)

KDC에서 특정 분야의 영재 교육에 관한 자료는 372.99에 분류하도록 하고 있다. 이 372.99 아래에는 〈그림 12-17〉과 같은 기호 합성에 대한 주기가 제시되어 있다.

```
379.22    특정 분야의 영재 교육
          교육 과정을 포함한다.
          001-999와 같이 주제구분한다. 예: 수학 영재 교육 379.2241
```

그림 12-17 특정 분야의 영재 교육(379.22)의 주기

〈그림 12-17〉에 제시된 주기에 따를 경우, "성악 영재 교육"은 기본 기호에 성악을 나타내는 기호를 더하여, "379.22 + 673(성악) → 379.22673"이 될 것이다(〈그림 12-18 참조〉).

```
379.22      특정 분야의 영재 교육
    673     성 악
```
379.22 + 673 → 379.22673

그림 12-18 "성악 영재 교육"(379.22673)의 분류 기호

- **유사 사례**
  - 컴퓨터 영재 교육
    379.22 + 004(컴퓨터 과학) → 379.22004
  - 스케이팅 영재 교육
    379.22 + 697.1(스케이팅) → 379.226971

9. 교육 과정 (374)

KDC에서 교육 과정은 374에 분류하도록 하고 있다. 이 374 아래에는 〈그림 12-19〉와 같이, "001-999와 같이 주제구분한다"라는 기호 합성에 대한 주기가 제시되어 있다.

> 374 　교육과정
> 　　　001-999와 같이 주제구분한다. 　예: 수학교육과정　374.41
> 　　　별법: 도서관에 따라 각과 교육 아래에서는 0을 붙여 373.1-.78과 같이 세분할 수 있다.
> 　　　예: 수학교육평가　374.4107
> 　　　각급 학교의 각과 교육과정은 해당 학교 아래에 분류한다. 예: 초등학교 사회생활과 교육　375.43

그림 12-19 교육 과정(374)의 주기

〈그림 12-19〉에 제시된 주기에 따를 경우, "생물학 교육 과정"은 기본 기호에 생물학을 나타내는 470의 기호를 더하여, "374 + 470(생물과학) → 374.47"이 된다(이때 소숫점 이하의 0은 생략한다)(〈그림 12-20〉 참조).

> 374 　　교육 과정
> 　470 　생물 과학
> ―――――――――――――――――
> 374 + 470 - 0 → 374.47

그림 12-20 "생물학 교육 과정"(374.47)의 분류 기호

- **유사 사례**
  - 음악 교육 과정
    374 + 670(음악) - 0 → 374.67
  - 정치학 교육 과정
    374 + 340(정치학) - 0 → 374.34

또한 별법의 지시에 따라 각과 교육을 세분할 경우는 그 합성이 더욱 복잡해지게 된다. 즉 〈그림 12-19〉에 예시한 주기에 따를 경우, "생물학 교육 과정의 시청각 교육"은 "생물학 교육 과정"의 기본 기호에 0을 추가하고 시청각 교육을 나타내는 32를 더하여, "374.47 + 0 + 32(373.32 시청각 교육에서 373 다음에 오는 기호) → 374.47032"가 된다(〈그림 12-21〉 참조).

374.47	생물학 교육 과정의 기본 기호
0	패싯 지시 기호
32	373.32(시청각 교육)에서 373 다음의 기호

374.47 + 0 + 32 → 374.47032

그림 12-21 "생물학 교육 과정의 시청각 교육"(374.47032)의 분류 기호(별법)

■ 유사 사례(별법)
- 생물학 교육 과정의 지도 방법(별법)
   374.47 + 0(패싯 지시 기호) + 2(373.2 지도 방법에서 373 다음에 오는 기호) → 374.4702
- 생물학 교육 과정의 학습 평가(별법)
   374.47 + 0(패싯 지시 기호) + 7(373.7 학습 평가에서 373 다음에 오는 기호) → 374.4707

한편 각급 학교의 각과 교육 과정도 〈그림 12-19〉에 예시한 주기에 따라 세분하게 된다. 따라서 "초등학교 영어과 교육"은 초등 교육 과정의 기본 기호에 영어를 나타내는 740의 기호를 더하여, "375.4(초등 교육 과정) + 740(영어) → 375.474"가 된다(이 때 소숫점 이하의 0은 생략한다)(〈그림 12-22〉 참조).[2]

---

[2] 오동근, 배영활, 여지숙, KDC 5의 이해 (대구: 태일사, 2009), 190.

375.4	초등 교육 과정의 기본 기호
740	영어

375.4 + 740 - 0 → 375.474

그림 12-22 "초등학교 영어과 교육"(375.474)의 분류 기호

■ 유사 사례

- 초등학교 음악과 교육

    375.4 + 670(음악) - 0 → 375.467

- 초등학교 체육과 교육

    375.4 + 690(오락, 스포츠) - 0 → 375.469

10. 각국 헌법 (362.01-.07)

KDC에서 세계 각국의 헌법에 관한 자료는 362.01-.07에 분류하도록 하고 있다. 이 362.01-.07 아래에는 〈그림 12-23〉과 같은 기호 합성에 대한 주기가 제시되어 있다.

362.01-.07	각국 헌법
	지역구분표에 따라 세분한다. 예: 일본헌법 362.013
	별법: 도서관에 따라 362.111-.118과 같이 세분할 수 있다. 예: 일본선거법 362.0137

그림 12-23 각국 헌법(362.01-.07)의 주기

〈그림 12-23〉에 제시된 주기에 따를 경우, "남아프리카공화국 헌법"은 기본 기호에 남아프리카공화국을 나타내는 지역구분표의 기호를 더하여, "362.0 + -384(지역구분: 남아프리카공화국) → 362.0384"가 될 것이다(〈그림 12-24〉 참조).

362.0	각국 헌법의 기본 기호
-384	남아프리카공화국(지역구분표)

362.0 + -384 → 362.0384

그림 12-24 "남아프리카공화국 헌법"(362.0384)의 분류 기호

■ 유사 사례
- 쿠바 헌법

  362.0 + -491(지역구분: 쿠바) → 362.0491
- 스리랑카 헌법

  362.0 + -1599(지역구분: 스리랑카) → 362.01599

한편 헌법상에서 특정 주제에 관한 문제는 〈그림 12-24〉에 제시된 주기의 별법에 따라 세분할 수 있다. 따라서 "몽골의 헌법상 정부의 조직 및 권력, 기능"은 지역구분표에 따라 세분한 후, 별법의 "도서관에 따라 362.111-.118과 같이 세분할 수 있다"라는 주기에 따라, "362.0126 + 3(362.113 정부의 조직, 권력, 기능에서 362.11 다음에 오는 기호) → 362.01263"이 된다(〈그림 12-25〉 참조).

362.0126	몽골 헌법
3	362.113(정부의 조직 등)에서 362.11 다음의 기호

362.0126 + 3 → 362.01263

〈그림 12-25〉 "몽골의 헌법상 정부의 조직 및 권력, 기능"(362.01263)의 분류 기호(별법)

■ 유사 사례(별법)
- 스페인 헌법상의 지방 정부(별법)

  362.027(스페인 헌법) + 8(362.118 지방 정부에서 362.11 다음에 오는 기호) → 362.0278
- 멕시코 헌법상의 국민의 권리 의무(별법)

  362.043(멕시코 헌법) + 2(362.112 국민의 권리 의무에서 362.11 다음에 오는 기호) → 362.0432

제3부 본표의 분석과 적용

제3절 사회과학류의 적용 사례 분석

①
- 서명: (현대)경제학 사전
- 저자명: 박은태
- 출판지: 서울
- 출판사: 경연사
- 출판년: 1994

▶ 320(경제학) + -03(표준구분: 사전) → 320.03

②
- 서명: (고전설화를 활용한 다문화가정의) 한국문화교육
- 저자명: 안미영
- 출판지: 서울
- 출판사: 한국문화사
- 출판년: 2012

▶ 379.33(다문화가정 학생교육)

③
- 서명: 프랑스 민법전
- 저자명: 명순구
- 출판지: 서울
- 출판사: 법문사
- 출판년: 2004

▶ 365(민법) + 0 + -26(지역구분: 프랑스) → 365.026

④
- 서명: 다양한 현장학습을 통한 사회과 탐구 능력 신장: 경상남도교육청 지정 시험학교 운영 보고서
- 저자명: 위성초등학교
- 출판지: 함양군
- 출판사: 위성초등학교
- 출판년: 2006

▶ 375.3(초등교육지도) + 5(373.5 현장학습) → 375.35

⑤
- 서명: 이민 가서 뭐해 먹고 살지: 뉴질랜드 편
- 저자명: 진양경
- 출판지: 서울
- 출판사: 무한
- 출판년: 2001

▶ 331.37(이민) + -63(지역구분: 뉴질랜드) → 331.3763

⑥
- 서명: 中国历代人口统计资料研究
- 저자명: 杨子慧
- 출판지: 북경
- 출판사: 改革出版社
- 출판년: 1996

▶ 319.09(각국 인구 통계) + -12(지역구분: 중국) → 319.0912

⑦
- 서명: 관광공예상품개발론
- 저자명: 신승훈, 김윤주
- 출판지: 광주
- 출판사: 바로
- 출판년: 2007

▶ 326.393(관광 상품) + 630(공예) - 0 → 326.39363

⑧
- 서명: 일본의 문화산업체계: 문화예술인력·문화예술산업·문화예술정책
- 저자명: 권숙인, 이지원
- 출판지: 양평군
- 출판사: 지식마당
- 출판년: 2005

▶ 331.5(문화, 문화과정) + -09(표준구분: 역사 및 지역구분) + -13(지역구분: 일본) → 331.50913

제3부 본표의 분석과 적용

⑨
- 서명: 중앙아시아 고려인의 구전설화
- 저자명: 이복규
- 출판지: 파주
- 출판사: 집문당
- 출판년: 2008

▶ 388.1(민속문학) + -16(지역구분: 중앙아시아) → 388.116

⑩
- 서명: 현대 한국과 일본의 외교정책
- 저자명: 강량
- 출판지: 서울
- 출판사: 예진출판사
- 출판년: 1994

▶ 349.11(한국외교) + 0(패싯지시기호) + -13(지역구분: 일본) → 349.11013

⑪
- 서명: 프랑스의 정치행정체제
- 저자명: 임도빈
- 출판지: 서울
- 출판사: 법문사
- 출판년: 2002

▶ 35(351-357 각국 중앙행정의 기본 기호) + -26(지역구분: 프랑스) → 352.6

⑫
- 서명: 프랑스의 세시풍속
- 저자명: 송영규
- 출판지: 서울
- 출판사: 만남
- 출판년: 2001

▶ 386.5(세시풍속) + -26(지역구분: 프랑스) → 386.526

⑬
- 서명: (대한민국)해군사관학교
- 저자명: 해군사관학교
- 출판지: 진해
- 출판사: 해군사관학교
- 출판년: 2009

▶ 397.3(해군 군사교육 및 훈련) + 31(393.31 사관학교 일반) → 397.331

⑭
- 서명: 중국공무원제도: 중국공무원법 입법과정
- 저자명: 송세명, 김중양, 정준호
- 출판지: 서울
- 출판사: 한국행정연구원
- 출판년: 2006

▶ 350.31(공무원제도) + -12(지역구분: 중국) → 350.3112

⑮
- 서명: 사회적 자본과 민주주의: 이탈리아의 지방자치와 시민적 전통
- 저자명: Robert. D. Putnam 저, 안청시 외 역
- 출판지: 서울
- 출판사: 박영사
- 출판년: 2000

▶ 359(지방자치) + -28(지역구분: 이탈리아) → 359.28

⑯
- 서명: *European criminal law*
- 저자명: Geert Corstens, Jean Pradel Pradel
- 출판지: New York
- 출판사: Kluwer Law International
- 출판년: 2002

▶ 364(형법) + -0(본표 지시) + 2(지역구분: 유럽) → 364.02

⑰
- 서명: *Innovations in university management*
- 저자명: Bikas C. Sanyal
- 출판지: Paris
- 출판사: Unesco, International Institute for Educational Planning
- 출판년: 1995

▶ 377.2(대학경영, 보건 및 교육 지도)

⑱
- 서명: *India and the Soviet Union: trade and technology transfer*
- 저자명: Santosh K. Mehrotra
- 출판지: Cambridge
- 출판사: Cambridge University Press
- 출판년: 1990

▶ 326.29(다자간 통상조약) + -15(지역구분: 인도) + 0(패싯지시기호) + -29(지역구분: 러시아) → 326.2915029

⑲
- 서명: *The Japanese election system: three analytical perspectives*
- 저자명: Junichiro Wada
- 출판지: London
- 출판사: Routledge
- 출판년: 1996

▶ 344.9(각국 선거) + -13(지역구분: 일본) → 344.913

⑳
- 서명: *Handbook of research methods in public administration*
- 저자명: Gerald J. Miller, Marcia L. Whicker
- 출판지: New York
- 출판사: M. Dekker
- 출판년: 1999

▶ 350(행정학) + -073(표준구분: 연구방법론) → 350.073

제13장

400 자연과학
(Natural sciences)

400 자연과학류는 KDC의 다섯 번째 주류로, "자연 현상을 연구 대상으로 하는 과학으로, 일반적으로 과학이라고도 한다. 자연과학의 고유한 분야로는 크게 물리학, 화학, 생물학, 천문학, 지학이 있는"[1] 주류이다. 일반적으로 기초 과학이라고도 하며, 응용과학에 대응하는 말이다.[2]

자연과학은 진리 탐구 자체를 목적으로 하고, 실용상의 목적을 미리 설정하지 않음을 원칙으로 한다. 그러나 공학에서는 어느 특정한 생산 기술의 개발이나 개량을 목적으로 하며, 공학 이론으로서 사용할 수 있게끔 자연과학적 성과가 재정리, 체계화된 것이다.[3] 따라서 KDC에서 400 자연과학류와 500 기술과학류는 유사한 주제들이 서로 다른 관점에 따라 전개되어 있다고 할 수 있을 것이다.

---

1) 두산백과, 2013. 12. 20; http://terms.naver.com/
2) 오동근, 배영활, 여지숙, KDC의 이해 (대구: 태일사, 2002), 163.
3) *Loc. cit.*

제3부 본표의 분석과 적용

제1절 자연과학류의 개요와 주요 개정 부분

1. 자연과학류의 개요

우선 KDC 제4판에서 제6판까지의 400 자연과학류의 일반적인 개요를 살펴보면, 〈표 13-1〉과 같다.

표 13-1 KDC 제4판~제6판의 자연과학류의 개요

	제4판	제5판	제6판
400	순수과학	자연과학	자연과학
410	수 학	수 학	수 학
420	물리학	물리학	물리학
430	화 학	화 학	화 학
440	천문학	천문학	천문학
450	지 학	지 학	지 학
460	광물학	광물학	광물학
470	생명과학	생명과학	생명과학
480	식물학	식물학	식물학
490	동물학	동물학	동물학

〈표 13-1〉에 나타난 것과 같이, KDC 제4판에서 제6판까지의 자연과학류 강목의 전개는 제4판에서 제5판으로 개정할 때, 400 명칭이 순수과학에서 자연과학으로 변경된 것 외에는 특별한 변경 없이 그대로 지속되고 있다.

KDC 제6판의 자연과학류의 전반부에는 순수과학의 여섯 개 분야가 각각 별도의 강목으로 설정되어 있다. 즉 수학(410), 물리학(420), 화학(430), 천문학(440), 지학(450), 광물학(460)이 여기에 해당된다. 후반부의 세 개 강목에는 생물학 분야인 생명 과학(470), 식물학(480), 동물학(490)으로 나뉘어 설정되어 있다.

KDC 제6판 자연과학류의 하위 항목들의 주요 내용은 다음과 같다.

① 400 자연과학
- 401 철학 및 이론
  - 401.7 자연 변증법
- 403 자연과학 사전(辭典), 사전(事典)
- 406 학회, 단체, 기관, 회의
  - 406.9 과학 박물관
- 409 과학사, 지역구분표 적용

② 410 수 학
- 411 산 수
  - 기호, 기호법, 사칙(四則), 계승법, 분수, 비례, 간편산, 암산, 계산법 등의 항목 설정
- 412 대수학
  - 대수 방정식, 순열 및 조합, 수열, 추상 대수학, 정수론 등의 항목 설정
- 413 통계학
  - 확률론, 게임이론, 오차론, 정보론, 통계 계산 및 수학 등의 항목 설정
- 414 해석학
  - 미분학, 적분학, 특정 함수, 차분법, 연산자법, 실변수 함수, 복소변수 함수 등의 항목 설정
- 415 기하학
  - 평면 기하학, 입체 기하학, 구면 기하학, 근세 기하학, 비유클리드 기하학, 화법 기하학(圖學) 등의 항목 설정
- 416 위상수학
  - 호몰로지, 호모토피론 등의 대수적 위상 수학과 체계 및 공간, 유도 공간 등의 위상 공간, 미분 위상 수학 및 프랙탈 등의 해석 위상 수학 등의 항목 설정

제3부 본표의 분석과 적용

- 417 삼각법
  - 평면 삼각법, 구면 삼각법, 해석 삼각법 등의 항목 설정
- 418 해석기하학
  - 평면·입체·구면 해석 기하학, 현대 대수 기하학, 선형 기하학 등의 항목 설정
- 419 기타 산법
  - 고대 산법, 주산 등의 항목 설정

③ 420 물리학
- 421 고체 역학
  - 고체 정역학, 고체 동역학, 에너지, 고체의 특성 등의 항목 설정
- 422 유체 역학
  - 유체의 특성, 유체 정역학, 유체 동역학 등의 항목 설정
- 423 기체 역학
  - 기체 정역학, 기체 동역학, 진공, 대기 역학 등의 항목 설정
- 424 음향학, 진동학
  - 음파의 발생, 전파, 특성, 분석과 진동 등의 항목 설정
- 425 광학(光學)
  - 빛의 이론, 물리 광학, 빛의 전달, 분산, 분광학 등의 항목 설정
- 426 열학(熱學)
  - 열의 전이, 방사, 팽창과 압축, 온도, 열량 측정, 열역학 등의 항목 설정
- 427 전기학 및 전자학
  - 전기 및 자기의 이론, 전자학, 전기역학 등의 항목 설정
- 428 자기(磁氣)
  - 자기 유도, 전자기 현상과 특성, 자성 물질, 자기 응용 등의 항목 설정
- 429 현대 물리학
  - 원자 물리학과 핵 물리학, 방사 에너지, 분자 물리학 등의 항목 설정

④ 430 화 학

■ 431 이론 화학과 물리 화학
- 분자 및 원자 구조, 양자 화학 등을 포함한 이론 화학과 표면 화학, 용액 화학, 광화학, 전자기 화학 등의 항목 설정

■ 432 화학 실험실, 기기, 시설
- 실험 장치와 보조 기기, 열 장치와 증류 기기, 여과와 투석, 기체 발생 및 처리, 측정 등의 항목 설정

■ 433 분석 화학
- 무기물과 유기물의 정성 분석 및 정량 분석, 전기 분석, 응용 화학 분석 등의 항목 설정

■ 434 합성 화학 일반
- 치환, 환원, 첨가, 중합, 가수분해, 가역 반응 등의 항목 설정

■ 435 무기 화학
- 수소와 그 화합물, 희귀가스, 할로겐·산소족·질소족·탄소와 그 화합물 등의 항목 설정

■ 436 금속 원소 및 그 화합물
- 제1족 원소(알칼리금속)부터 제8족 원소(철, 코발트, 백금 등)에 이르는 금속 원소와 그 화합물 등의 항목 설정

■ 437 유기화학
- 쇄상 화합물 일반, 지방족 화합물 일반, 탄화수소, 카본산, 황 화합물, 질소 화합물 등의 항목 설정

■ 438 고리형 화합물
- 탄화수소 및 할로겐 화합물, 산소 화합물, 알데히드. 지환식 탄화수소 등의 항목 설정

■ 439 고분자 화합물과 기타 유기물
- 합성 섬유, 고분자 화합물, 기타 유기물 등의 항목 설정

⑤ 440 천문학
- 441 이론 천문학
  - 천체 역학, 궤도론, 섭동론, 위성론, 식론 등의 항목 설정
- 442 실지 천문학
  - 천문대, 관측소, 천체 망원경, 자오선, 관측술, 구면 천문학 등의 항목 설정
- 443 기술 천문학
  - 우주, 태양계, 달, 혹성, 유성, 혜성, 태양, 항성 등의 항목 설정
- 445 지 구
  - 지구의 상수와 크기, 궤도와 운동, 계절, 조석 등의 항목 설정
- 446 측지학(測地學)
  - 측지 측량, 측지 천문학, 물리 측지학, 측량 등의 항목 설정
- 447 항해천문학
  - 천문 위도와 경도, 위치 결정 항로와 방향의 결정 등의 항목 설정
- 448 역법, 측시법
  - 항성일, 시간의 간격, 달력 천문 측시법 등의 항목 설정

⑥ 450 지 학
- 451 지구 물리학
  - 지구의 구조 및 특성, 지각 변형, 그리고 얼음, 물, 해수, 대기, 서리 등에 의한 지표 변동과 지구 화학 등의 항목 설정
- 452 지형학
  - 대륙, 도서, 산, 함몰지, 평야 등의 항목 설정
- 453 기상학, 기후학
  - 대기의 구성 및 역학, 기온 상태, 기압, 기상 광학, 수문 기상학, 기후학 등의 항목 설정

- 454 해양학
  - 세계 각 지역별 해양학과 수문학 등의 항목 설정
  - 454.02-.07 해양 물리학, 해양 화학, 해양 지질학, 동력 해양학 등을 취급
  - 454.001-.009 해양학 표준구분 적용
- 455 구조 지질학
  - 성층, 조산 작용, 절리 및 벽개, 단층, 관입 등의 항목 설정
- 456 지사학
  - 층서학을 포함해 변천 과정에 따라 선캄브리아대, 고생대, 중생대, 백악기, 신생대, 제4기 등의 항목 설정
- 457 고생물학(화석학)
  - 고생물 지리학, 고식물학, 고동물학으로 구성되며, 고생물지리학, 고식물 지리학, 고동물 지리학은 지역구분표를 적용하여 전개
- 458 응용 지질학, 일반 및 광상학
  - 광상의 형성 및 구조, 탄질암, 철, 금속, 구조암, 기타 경제성 있는 광물 등의 항복 설성
- 459 암석학
  - 이론 암석학, 화성암, 화산암, 변성암과 암석 기술 및 분류학, 암석지 등의 항목 설정

⑦ 460 광물학
- 461 원소 광물
  - 원소 금속, 준금속, 비금속 등의 항목 설정
- 462 황화광물
  - 황화물과 황화염으로 세분
- 463 할로겐화 광물
- 464 산화 광물
  - 무수(無水)산화 광물, 함수(含水) 산화 광물 등의 항목 설정

제3부　본표의 분석과 적용

- 465 규산 및 규산염 광물
- 466 기타 산화물을 포함한 광물
  - 인산광물, 비산염, 질산염, 크롬산염, 회산염 등의 항목 설정
- 467 유기 광물
- 468 미사용 기호
- 469 결정학
  - 결정 수리학과 결정 물리학, 결정 화학, 결정 생성 등의 항목 설정

⑧ 470 생명과학
- 471 인류학
  - 인류의 기원, 자연 인류학, 인체 측정학, 인종학 그리고 언어에 의한 인종 구별(언어별 적용)과 인종의 지역적 분포(지역구분표 적용) 등의 항목 설정
- 472 생물학
  - 생물 생리학, 병리학, 발생 및 성숙, 생물 형태학, 생물 생태학, 실용 생물학, 조직 생물학 등의 항목 설정
- 473 생명론, 생물철학
  - 생물체 및 비생물체의 비교, 생존 요건, 식물과 동물과의 비교, 생명력, 자연성론 등의 항목 설정
- 474 세포학(세포 생물학)
  - 세포 구조, 원형질, 세포막, 세포 생리학, 비교 세포학 등의 항목 설정
- 475 미생물학
  - 실용 미생물학, 원핵생물, 바이러스 등의 항목 설정
- 476 생물 진화
  - 이론 유전학, 변이, 진화 주기, 성의 기원 및 진화 등의 항목 설정
- 477 생물 지리학
  - 도서 생물학, 해양 생물학, 담수 생물학 그리고 지역구분표를 적용하는 국가별 생물 지리학 등의 항목 설정

- 478 현미경 및 현미경 검사법 일반
  - 현미경의 종류, 생물 현미경 검사법, 식물 조직과 동물 조직의 슬라이드 표본 등의 항목 설정
- 479 생물 채집 및 보존
  - 생물 표본의 보존, 박제술, 박물관 내 표본 배열법과 표본보존법 등의 항목 설정

⑨ 480 식물학
- 481 일반 식물학
  - 식물 생리학, 식물 병리학, 식물의 성숙, 식물 형태학, 식물 생태학, 실용 식물학, 조직·세포·분자 식물학 그리고 지역구분표를 적용한 식물 지리학 등의 항목 설정
- 482 은화 식물
- 483 엽상 식물
  - 청록조류, 편모조류, 규조 식물, 황조류 등의 항목 설정
- 484 조균류
  - 조류(藻類), 균류, 지의류, 선태류(蘚苔類) 등의 항목 설정
- 485 현화 식물, 종자 식물
  - 초본, 목본 식물과 수목, 수목 덩굴 식물 등의 항목 설정
- 486 나자 식물
  - 소철류, 은행나무류, 마황류 등의 항목 설정
- 487 피자 식물
- 488 단자엽 식물
  - 부들목, 택사목, 벼목, 종려목, 백합목, 난초목 등의 항목 설정
- 489 쌍자엽 식물
  - 이판화류(離瓣花類), 합판화류(合瓣花類) 등의 항목 설정

제3부 본표의 분석과 적용

⑩ 490 동물학
- 491 일반 동물학
  - 동물 생리학, 동물 병리학, 동물의 발생 및 성숙, 동물 형태학, 동물 생태학, 산업 동물학, 조직·세포·분자 동물학 등의 항목 설정
- 492 무척추 동물
- 493 원생 동물, 해면 동물, 자포 동물, 선형 동물
  - 편모충류, 육질충류, 포자충류, 유모충류 등과 같은 원생 동물, 해면 동물, 히드로충류, 해파리류, 산호충류 등과 같은 자포(刺胞) 동물과 흡충강 같은 편형 동물, 유형 동물, 환형 동물 등의 항목 설정
- 494 연체 동물, 의연체 동물
  - 부족류, 굴족류, 복족류, 두족류, 전항(촉수) 동물, 극피 동물 등의 항목 설정
- 495 절지 동물, 곤충류
  - 갑각류, 거미류 등의 절지 동물, 곤충류, 무시류, 유시류(개미), 딱정벌레(초시)목, 벌(막시)목, 나비(인시)목 등의 항목 설정
- 496 척삭(척색) 동물
  - 미색 및 두색 동물, 척추 동물 등의 항목 설정
- 497 어류, 양서류, 파충류
  - 497.01-.08 어류학 491 일반 동물학의 항목에 따라 전개
  - 무악(無顎: 圓口)류, 연골류, 경골류, 진골류, 양서류, 파충류 등의 항목 설정
- 498 조 류
  - 498.001-.008 표준구분 적용
  - 타조(주금)류, 순계류, 섭금류, 바다새(유금)류, 맹금류, 반금류, 명금류 등의 항목 설정
- 499 포유류
  - 원수류, 유대류(캥거루), 박쥐(익수)목, 고래(경)목, 장비류(코끼리), 유제류(말, 소), 영장류, 사람(인류)과 등의 항목 설정

제13장 400 자연과학

2. 자연과학류의 주요 개정 부분

KDC 제6판 자연과학류는 학문의 발전 상황을 반영하고 분류표의 실용성을 높이기 위해 일부 항목들을 신설하거나 전개, 이치하는 등의 변화가 있었다. 그 개정 내용을 구체적으로 살펴보면 다음과 같다.

① 사회과학 아래에 설정되어 있던 통계학 관련 분류 항목들을 413 확률론, 통계 수학 아래로 이치하면서 항목의 명칭도 통계학으로 변경하였다(〈표 13-2〉 참조).

표 13-2 이치를 통해 재전개된 통계학의 분류 항목

KDC 5	KDC 6
413 확률론, 통계수학	413 통계학 Statistics [전 확률론, 통계수학]
.1 확률론	.1 확률론
…	
.7 데이터의 처리	.7 통계계산
.83 표집의 수학이론	.83 표집의 수학이론
표집방법 → 310.12	표본추출, 자료수집 및 조사방법, 자료집계 등을 포함한다.
	…
.86 가설검증	.86 가설검증
	통계자료해석 등을 포함한다.
	…
	.96 품질관리

② 분류 항목의 명칭이 부적합한 것을 바로잡거나 개념 표시를 명확하게 하기 위해 일부 용어를 조정하였다(〈표 13-3〉 참조).

제3부 본표의 분석과 적용

표 13-3 자연과학류의 명칭 조정 분류 항목

분류 기호	분류 항목
453.184	대륙풍(몬슨바람) → 계절풍(몬순)
453.37	상승대기압 → 상층대기압
453.42	허리케인, 태풍 → 태풍
453.47	상승대기의 폭풍 → 상층대기의 폭풍
472.163	세대교체 → 세대교번
474.6041	세포생물리학 → 세포물리학

③ 분류표의 실용성을 유지하기 위해 일부 항목들을 이치하였다(〈표 13-4〉 참조).

표 13-4 자연과학류의 이치 분류 항목

KDC 5		KDC 6	
472.15	외피, 표피	472.47	운동 기관 및 외피
472.158	털		
472.159	깃털, 뿔, 발톱		
481.15	식물유전학	481.38	식물진화
481.152	환경요인		
481.158	변이, 잡종		
481.159	돌연편차		
481.1592	돌연변이		
491.15	동물유전학	491.38	동물진화

④ 사회 인류학, 문화 인류학, 자연 인류학 등 인류학 전반을 다루는 문헌의 분류를 위해, 제5판의 471 인류학(자연인류학)의 명칭을 인류학으로, 그리고 471.5 인류 형태학(체질 인류학)을 자연 인류학으로 각각 조정하였다(〈표 13-5〉 참조).

표 13-5 인류학 관련 항목의 명칭 조정

KDC 5	KDC 6
471 인류학(자연인류학)	471 인류학
...	...
.5 인류형태학(체질인류학)	.5 자연인류학
.51 일반체형	.51 체형

제2절 자연과학류의 주요 기호 합성에 관한 분석

1. 도서(島嶼) 생물학 (477.2) 및 해양 생물학 (477.3)

KDC에서 생물 지리학은 477에 분류하도록 하고 있다. 477 아래에는 〈그림 13-1〉과 같이, 도서 생물학과 해양 생물학의 기호 합성에 대한 주기가 제시되어 있다.

```
477    생물지리학
 .2      도서생물학
            지역구분표에 따라 세분한다.   예: 제주도생물지   477.21199
 .3      해양생물학
            지역구분표 -81-88과 같이 세분한다.   예: 인도양의 생물   477.34
```

그림 13-1 생물 지리학(477)의 주기

〈그림 13-1〉에 제시된 477.2 도서 생물학 아래의 주기에 따를 경우, "독도 생물지"는 기본 기호에 독도를 나타내는 기호 118295를 더하여, "477.2 + -118295(지역구분: 독도) → 477.2118295"가 된다(〈그림 13-2〉 참조).

477.2	도서 생물학
-118295	독도(지역구분)

477.2 + -118295 → 477.2118295

그림 13-2 "독도 생물지"(477.2118295)의 분류 기호

■ 유사 사례
- 홋카이도(北海島) 생물지

    477.2 + -131(지역구분: 홋카이도) → 477.2131
- 남태평양 도서(島嶼) 생물지

    477.2 + -812(지역구분: 남태평양) → 477.2812

〈그림 13-2〉에 제시된 477.3 해양 생물학 아래의 주기에 따를 경우, "지중해의 생물"은 기본 기호에 지중해를 나타내는 기호 56을 더하여, "477.3 + 56(-856 지역구분: 지중해에서 8 다음에 오는 기호) → 477.356"이 된다(〈그림 13-3〉 참조).

477.3	해양 생물학
-56	지중해(지역구분 -856에서 8 다음의 기호)

477.3 + 56 → 477.356

그림 13-3 "지중해의 생물"(477.356)의 분류 기호

■ 유사 사례
- 남태평양 해양 생물지

    477.3 + -12(지역구분 남태평양 -812에서 8 다음에 오는 기호) → 477.312
- 남지나해 해양 생물지

    477.3 + -115(지역구분 남지나해 -8115에서 8 다음에 오는 기호) → 477.3114

2. 화학의 표준구분 (430.01-.09)

KDC에서는 화학에 관한 문헌의 표준구분과 관련하여, 430 아래에 "430.01-.09는 표준구분에 따라 세분한다"라는 주기가 제시되어 있다(〈그림 13-4〉 참조).

430	화 학
	430.01-.09는 표준구분에 따라 세분한다.

그림 13-4 화학(430)의 주기

〈그림 13-4〉에 제시된 주기에 따를 경우, "화학 사전"은 기본 기호에 0을 추가한 후, 사전을 나타내는 표준구분의 기호를 더하여, "430 + -03(표준구분: 사전) → 430.03"이 된다(〈그림 13-5〉 참조).

430	화 학
-03	사전(표준구분)

430 + -03 → 430.03

그림 13-5 "화학 사전"(430.03)의 분류 기호

■ 유사 사례
- 화학 교수법
    430 + -072(표준구분: 지도법) → 430.072
- 화학 관련 특허 및 상표
    430 + -029(표준구분: 특허, 규격, 상표) → 430.029

제3부 본표의 분석과 적용

3. 척추동물의 바이러스성 질병 (496.6234)

KDC에서 "척추동물학"의 세분에 관련해서는, 496.61-.69 척추동물학 아래에 〈그림 13-6〉과 같이, 491.1-.9(일반 동물학)의 기호를 활용하도록 하는 기호 합성에 대한 주기가 제시되어 있다.

496.6	척추동물
.61-.69	척추동물학
	491.1-.9와 같이 세분한다. 예: 척추동물비교해부 496.64

그림 13-6 척추동물학(496.61-.69)의 주기

〈그림 13-6〉에 제시된 주기에 따를 경우, "척추동물의 병리학"은 "496.6 + 2(491.2 동물병리학에서 491 다음에 오는 기호) → 496.62"가 된다(〈그림 13-7〉 참조).

496.6	척추동물
2	491.2(동물병리학)에서 491 다음의 기호
496.6 + 2 → 496.62	

그림 13-7 "척추동물의 병리학"(496.62)의 분류 기호

- **유사 사례**
  - 척추동물의 소화 기관
    496.6 + 43(491.43 소화 기관에서 491 다음에 오는 기호) → 496.643
  - 척추동물의 보호 적응
    496.6 + 57(491.57 동물의 보호 적응에서 491 다음에 오는 기호) → 496.657

한편 "척추동물의 바이러스성 질병"을 분류하기 위해서는, "491.2-.29 동물 병리학" 아래에 있는 "491.21-.29는 472.21-.29와 같이 세분한다"라는 주기에 따라야 한다(〈그림 13-8〉 참조).

491.2	동물병리학
	491.21-.29는 472.21-.29와 같이 세분하다. 예: 동물면역 491.29

그림 13-8 동물 병리학(491.21-.29)의 주기

〈그림 13-8〉에 제시된 주기에 따를 경우, "척추동물의 바이러스성 질병"은 "496.62(척추동물의 병리학) + 34(472.234 바이러스성에 의한 질병에서 472.2 다음에 오는 기호) → 496.6234"가 된다(〈그림 13-9〉 참조).

496.6	척추동물
2	491.2(동물병리학)에서 491 다음의 기호
34	472.234(바이러스성에 의한 질병)에서 472.2 다음의 기호

496.6 + 2 + 34 → 496.6234

그림 13-9 "척추동물의 바이러스성 질병"(496.6234)의 분류 기호

■ 유사 사례
- 척추동물의 병리 해부학

    496.6 + 2(491.2 동물 병리학에서 491 다음에 오는 기호) + 1(472.21 병리해부학에서 472.2 다음에 오는 기호) → 496.621

- 척추동물의 물리적 요인에 의한 질병

    496.6 + 2(491.2 동물 병리학에서 491 다음에 오는 기호) + 4(472.24 물리적, 화학적 요인에 의한 질병에서 472.2 다음에 오는 기호) → 496.624

4. 병리 생리학 (472.21)

KDC에서 병리 생리학은 472.21에 분류하도록 하고 있다. 이 472.21 아래에는 〈그림 13-10〉과 같은 기호 합성에 대한 주기가 제시되어 있다.

> 472.21 병리 생리학
>   472.211-.219는 472.11-.19와 같이 세분한다. 예: 섭취 기관의 질병 472.2132

그림 13-10 병리 생리학(472.21)의 주기

〈그림 13-10〉에 제시된 주기에 따를 경우, "순환 기관의 질병"은 "472.21 + 16(472.116 순환 기관에서 472.1 다음에 오는 기호) → 472.2116"이 된다(〈그림 13-11〉 참조).

> 472.21 병리 생리학
>   16 472.116(순환 기관)에서 472.1 다음의 기호
>
> 472.21 + 16 → 472.2116

그림 13-11 "순환 기관의 질병"(472.2116)의 분류 기호

- 유사 사례
  - 배설 기관의 질병

    472.21 + 4(472.14 내분비 및 배설에서 472.1 다음에 오는 기호) → 472.214
  - 림프계 질병

    472.21 + 14(472.114 림프계에서 472.1 다음에 오는 기호) → 472.2114

5. 동물 생리학 (491.1)

KDC에서 동물 생리학에 관한 문헌은 491.1에 분류하도록 하고 있다. 이 491.1 아래에는 〈그림 13-12〉와 같은 기호 합성에 대한 주기가 제시되어 있다.

> **491.1 동물생리학**
> 491.11-.19는 472.11-.19와 같이 세분한다. 예: 동물의 생식 491.16

그림 13-12 동물 생리학(491.1)의 주기

〈그림 13-12〉에 제시된 주기에 따를 경우 "동물의 영양과 신진 대사"는 "491.1 + 3(472.13 영양과 신진 대사에서 472.1 다음에 오는 기호) → 491.13"이 된다(〈그림 13-13〉 참조).

> **491.1   동물의 영양과 신진 대사**
>   3   472.13(영양과 신진 대사)에서 472.1 다음의 기호
>
> 491.1 + 3 → 491.13

그림 13-13 "동물의 영양과 신진 대사"(491.13)의 분류 기호

■ 유사 사례
- 동물의 조직 형성
   491.1 + 7(472.17 조직 형성에서 472.1 다음에 오는 기호) → 491.17
- 진동이 동물에 끼치는 영향
   491.1 + 924(472.1924 음-진동이 생명체에 끼치는 영향에서 472.1 다음에 오는 기호) → 491.1924

6. 해저 지형학 (454.054)

KDC에서 세계 각 바다의 해저 지형학에 관한 문헌은 454.054에 분류하도록 하고 있다. 이 454.054 아래에는 〈그림 13-14〉와 같이, "지역구분표 -81-88과 같이 세분한다"라는 기호 합성에 대한 주기가 제시되어 있다.

454.054	해저 지형학
	지역구분표 -81-88과 같이 세분한다. 예: 동해 지형 454.054113

그림 13-14 해저 지형학(454.054)의 주기

〈그림 13-14〉에 제시된 주기에 따를 경우, "벵골만의 해저 지형"은 기본 기호에 벵골만을 나타내는 해양구분의 기호를 더하여, "454.054 + -841(지역구분/해양구분: 벵골만) → 454.054841"이 된다(〈그림 13-15〉 참조).

454.054	**해저 지형학**
-841	벵골만(지역구분/해양구분)
454.054 + -841 → 454.054841	

그림 13-15 "벵골만 해저 지형"(454.054841)의 분류 기호

- **유사 사례**
  - 남극해의 해저 지형
    454.054 + -88(지역구분: 남극해) → 454.05488
  - 북대서양의 해저 지형
    454.054 + -851(지역구분: 북대서양) → 454.054851

제13장 400 자연과학

7. 조류학 (498.01-.08)

조류학은 498.01-.08에 분류하도록 하고 있다. 이 498.01-.08 아래에는 〈그림 13-16〉과 같은 기호 합성에 대한 주기가 제시되어 있다.

498.01-.08	조류학
	491.1-.8과 같이 세분한다. 예: 조류생태학 498.05

그림 13-16 조류학(498.01-.08)의 주기

〈그림 13-16〉에 제시된 주기에 따를 경우, "조류 생리학"은 "498.0 + 1(491.1 동물 생리학에서 491 다음에 오는 기호) → 498.01"이 된다(〈그림 13-17〉 참조).

498.0	**조류학의 기본 기호**
1	491.1(동물 생리학)에서 491 다음의 기호

498.0 + 1 → 498.01

그림 13-17 "조류 생리학"(498.01)의 분류 기호

- **유사 사례**
  - 조류 병리학
    498.0 + 2(491.2 동물 병리학에서 491 다음에 오는 기호) → 498.02
  - 조류의 소화 기관
    498.0 + 43(491.43 소화 기관에서 491 다음에 오는 기호) → 498.043

8. 언어에 의한 인종의 구별 (471.8)

언어에 따라 인종을 구분하는 언어 인류학은 471.8에 분류하도록 하고 있다. 471.8 아래에는 〈그림 13-18〉과 같이, "710-799와 같이 언어구분한다"라는 기호 합성에 대한 주기가 있다.

471.8	언어에 의한 인종의 구별
	언어인류학을 포함한다.
	710-799와 같이 언어구분한다. 예: 셈어족 471.897

그림 13-18 언어에 의한 인종의 구별(471.8)의 주기

〈그림 13-18〉에 제시된 주기에 따를 경우, "퉁구스 어족"은 기본 기호에 "퉁구스어"를 나타내는 392를 더하여, "471.8 + 392(739.2 퉁구스어에서 7 다음에 오는 기호) → 471.8392"가 된다(〈그림 13-19〉 참조).

471.8	언어에 의한 인종의 구별
392	739.2(퉁구스어)에서 7 다음의 기호
471.8 + 392 → 471.8392	

그림 13-19 "퉁구스 어족"(471.8392)의 분류 기호

- **유사 사례**
  - 팔리 어족
    - 471.8 + 9253(792.53 팔리어에서 7 다음에 오는 기호) → 471.89253
  - 티베트 어족
    - 471.8 + 3971(739.71 티베트어에서 7 다음에 오는 기호) → 471.83971

9. 미생물의 발생, 성숙, 유전 (475.13)

KDC에서 미생물의 발생, 성숙, 유전에 관한 문헌은 475.13에 분류하도록 하고 있다. 이 475.13 아래에는 〈그림 13-20〉과 같은 기호 합성에 대한 주기가 제시되어 있다.

```
475.13        발생, 성숙, 유전(미생물)
              475.131-.137은 472.31-.37과 같이 세분한다. 예: 미생물의 성장  475.131
```

그림 13-20 미생물의 발생, 성숙, 유전(475.13)의 주기

〈그림 13-20〉에 제시된 주기에 따를 경우, "미생물의 수명"은 "475.13 + 74(472.374 수명에서 472.3 다음에 오는 기호) → 475.1374"가 된다(〈그림 13-21〉 참조).

```
475.13        (미생물의) 발생, 성숙, 유전
   74         472.374(수명)에서 472.3 다음의 기호
───────────────────────────────────────────
475.13 + 74 → 475.1374
```

그림 13-21 "미생물의 수명"(475.1374)의 분류 기호

- **유사 사례**
  - 미생물의 성 분화
    475.13 + 6(472.36 성 분화에서 472.3 다음에 오는 기호) → 475.136
  - 미생물의 발생
    475.13 + 3(472.33 발생학에서 472.3 다음에 오는 기호) → 475.133

제3부 본표의 분석과 적용

10. 각 지역의 지층 (456.09)

KDC에서 특정 지역의 지층에 관한 문헌은 456.09에 분류하도록 하고 있다. 456.09 아래에는 〈그림 13-22〉와 같이, "지역구분표에 따라 세분한다"라는 기호 합성에 대한 주기가 제시되어 있다.

456.09	각 지역의 지층
	지역구분표에 따라 세분한다. 예: 독일의 지층 456.0925

그림 13-22 각 지역의 지층(456.09)의 주기

〈그림 13-22〉에 제시된 주기에 따를 경우, "알프스 산맥의 지층"은 지역구분표에서 알프스 산맥을 나타내는 기호를 더하여, "456.09 + -259(지역구분: 알프스 산맥) → 456.09259가 된다(〈그림 13-23〉 참조).

456.09	**각 지역의 지층**
-259	알프스 산맥(지역구분)

456.09 + -259 → 456.09259

그림 13-23 "알프스 산맥의 지층"(456.09259)의 분류 기호

- **유사 사례**
  - 히말라야 지역의 지층
    - 456.09 + -158(지역구분: 히말라야 지역) → 456.09158
  - 알라스카 지역의 지층
    - 456.09 + -4298(지역구분: 알라스카) → 456.094298

제3절　자연과학류의 적용 사례 분석

①
- 서명: 생명과학연구(연속간행물)
- 발행기관: 조선대학교 생명과학연구소
- 발행주기: 연 간

▶ 470(생명과학) - 0 + -05(표준구분: 연속간행물) → 470.5

②
- 서명: 美國의 鑛物資源
- 저자명: 국제경제연구원
- 출판지: 서울
- 출판사: 국제경제연구원
- 출판년: 1977

▶ 460.9(광물지) + -42(지역구분: 미국) → 460.942

③
- 서명: 조직 병리학 문제집
- 저자명: 한국임상병리학과 조직·세포연구회
- 출판지: 서울
- 출판사: 고려의학
- 출판년: 2012

▶ 472.858(조직병리학) + -077(표준구분: 문제집) → 472.858077

④
- 서명: 세계 가상천문대의 현황
- 저자명: 김상철, 이상민
- 출판지: 대전
- 출판사: 한국과학기술정보연구원
- 출판년: 2004

▶ 442.1(천문대, 관측소)

제3부 본표의 분석과 적용

⑤
- 서명: 중국 알타이어계 소수민족 금기문화 연구
- 저자명: 심형철
- 출판지: 서울
- 출판사: 보고사
- 출판년: 2007

▶ 471.8(언어인류학) + 394(739.4 알타이어에서 7 다음에 오는 기호) → 471.8394

⑥
- 서명: 남서태평양 해양생물자원 개발 연구
- 저자명: 국토해양부
- 출판지: 과천
- 출판사: 국토해양부
- 출판년: 2008

▶ 477.3(해양생물학) + -12(지역구분: 남태평양) → 477.312

⑦
- 서명: 할로겐탄화수소의 기액 상평형에 관한 연구
- 저자명: 한국과학기술연구원
- 출판지: 서울
- 출판사: 한국과학기술연구원
- 출판년: 1991

▶ 437.3(탄화수소)

⑧
- 서명: 포유류세포 유래 당단백질의 단쇄구조분석 연구
- 저자명: 과학기술부
- 출판지: 과천
- 출판사: 과학기술부
- 출판년: 2006

▶ 499(포유류) + 0 + 8(491.8 조직·세포·분자 동물학에서 491 다음에 오는 기호) → 499.08

⑨
- 서명: 마야력과 고대의 역법
- 저자명: 제프 스트레이 저; 김명남 역
- 출판지: 서울
- 출판사: 마루벌
- 출판년: 2010

▶ 448.3(역법 달력(曆))

⑩
- 서명: 퀴리 부인
- 저자명: 에브 퀴리 저; 안응렬 역
- 출판지: 서울
- 출판사: 동서문화사
- 출판년: 2012

▶ 420(물리학) + -099(표준구분: 전기) → 420.099
▶ 별법: 998(주제별 서지) + 420(물리학) - 0 → 998.42

⑪
- 서명: 뮌헨 科學博物館
- 저자명: 다까하시 유조
- 출판지: 서울
- 출판사: 한국일보사
- 출판년: 1985

▶ 406.9(과학박물관) + -2521(지역구분: 바이에른(뮌헨을 포함한다)) → 406.92521

⑫
- 서명: 조류 생태학
- 저자명: 채희영 외
- 출판지: 서울
- 출판사: 아카데미서적
- 출판년: 2000

▶ 484.1(조류) + 5(481.5 식물생태학에서 481 다음에 오는 기호) → 484.15

⑬
- 서명: 강우예보의 시공간 특성을 고려한 홍수예보모형의 개발
- 저자명: 한국건설기술연구원
- 출판지: 서울
- 출판사: 한국건설기술연구원
- 출판년: 1995

▶ 453.917(특정 현상에 대한 예측 및 예보) + 77(453.77 강수에서 453 다음에 오는 기호) → 453.91777

⑭
- 서명: 생명의 진화: 중국고생물화석전
- 저자명: 박상용
- 출판지: 서울
- 출판사: 우진애드
- 출판년: 1995

▶ 457.09(고생물지리학) + -12(지역구분: 중국) → 457.0912

⑮
- 서명: (기출문제로 시작하는) 일반화학
- 저자명: 김봉래, 김영호, 김호성, 이미하
- 출판지: 서울
- 출판사: 메가엠디
- 출판년: 2011

▶ 430(생명과학) + -077(표준구분: 시험대비용 교재 및 문제집) → 430.077

⑯
- 서명: *The Analysis of Covariance and Alternatives: Statistical Methods for Experiments, Quasi-experiments, and Single-case Studies*
- 저자명: Bradley E. Huitema
- 출판지: Hoboken, N.J.
- 출판사: Wiley
- 출판년: 2011

▶ 413.84(기술통계학, 다변량분석, 분산분석, 공분산분석)

⑰
- 서명: *Geographic Information Systems in Oceanography and Fisheries*
- 저자명: Vasilis D. Valavanis
- 출판지: London; New York
- 출판사: Taylor & Francis
- 출판년: 2002

▶ 454(해양학) + -027(표준구분: 보조기법 및 절차) → 454.027

⑱
- 서명: *The Phytogeography of Northern Europe: British Isles, Fennoscandia, and Adjacent Areas*
- 저자명: Eilif Dahl
- 출판지: Cambridge
- 출판사: Cambridge University Press
- 출판년: 2007

▶ 481.99(국가별 식물지리학) + -2(지역구분: 유럽) → 481.992

⑲
- 서명: *A Concise Dictionary of Chemistry*
- 저자명: McGraw-Hill dictionary of chemistry
- 출판지: New York
- 출판사: McGraw-Hill
- 출판년: 2003

▶ 430(화학) + -03(표준구분: 사전) → 430.03

⑳
- 서명: *Geological Evolution of Antarctica*
- 저자명: M.R.A. Thomson, J.A. Crame, J.W. Thomson
- 출판지: Cambridge
- 출판사: Cambridge University Press
- 출판년: 2011

▶ 456.09(각 지역의 지층) + -88(지역구분: 남극) → 456.0988

제14장

500 기술과학
(Technology)

기술과학은 응용과학이라고도 하며, 인간 생활에 실제적으로 활용할 목적으로 연구하는 분야이다. KDC의 500 기술과학류는 크게 의학, 농학, 공학 및 관련 공학, 제조, 생활 과학으로 구분할 수 있다. 기술과학류는 주류를 구성하는 모든 학문이 기술과학이라는 큰 범주에 속하지만 아주 다양한 학문들로 구성되어 있으며, KDC에서 가장 방대한 주류이다. 특히 기술과학류의 주류 중 인간을 대상으로 하는 의학과 가정 생활을 중심으로 하는 생활 과학은 다른 유와 성격이 다르다고 할 수 있다.

제1절 기술과학의 개요와 주요 개정 부분

1. 기술과학류의 개요

우선 KDC 제4판에서 제6판까지의 500 기술과학류의 일반적인 개요를 살펴보면, 〈표 14-1〉과 같다.

제3부 본표의 분석과 적용

표 14-1 KDC 제4판~제6판의 기술과학류의 개요

	제4판	제5판	제6판
500	기술과학	기술과학	기술과학
510	의 학	의 학	의 학
520	농업, 농학	농업, 농학	농업, 농학
530	공학, 공업일반	**공학, 공업일반, 토목공학, 환경공학**	공학, 공업일반, 토목공학, 환경공학
540	건축공학	건축공학	**건축, 건축학**
550	기계공학	기계공학	기계공학
560	전기공학, 전자공학	전기공학, 전자공학	**전기공학, 통신공학, 전자공학**
570	화학공학	화학공학	화학공학
580	제조업	제조업	제조업
590	가정학 및 가정생활	**생활과학**	생활과학

〈표 14-1〉에 나타난 것과 같이, KDC 제4판에서 제6판까지의 기술과학류 강목의 전개는 다소 조정되었다. 제4판에서 제5판으로 개정할 때 530 공학, 공업 일반이 530 공학, 공업 일반, 토목 공학, 환경 공학으로 명칭을 구체화하였고, 또 590 가정학 및 가정 생활이 590 생활 과학으로 명칭이 변경되었다. 그리고 제5판에서 제6판으로 개정할 때 540 건축 공학이 610 건축술과 통합되면서 540 건축, 건축학으로 변경되었다.

KDC 제6판 기술과학류의 하위 항목들의 주요 내용은 다음과 같다.

① 500 기술과학
- 기술과학류의 첫 번째 강목의 요목인 501부터 509는 기술과학류의 표준구분을 그대로 적용
- 501 기술 철학 및 이론
- 503 기술과학 사전, 백과사전, 용어집
- 506.9 기술 박물관
- 508 기술과학 총서, 전집, 선집
- 509 기술사

② 510 의 학
- 의학의 각 분야 및 약학과 관련된 것을 다루며, 특히 한의학을 함께 세분
- KDC는 의학의 구분에 따라 기초 의학을 먼저 다루고, 그 뒤로 임상 의학과 각 과의 의학을 세분
- 510.1-.9 의학의 표준구분
- 510.74 의료용 컴퓨터, 의공학을 포함한 의료 기구

▪ 511 기초 의학[1)]
- 기초 의학에서 가장 많은 비중을 두는 분야가 인체 생리학과 인체 해부학으로, 특히 인체 해부학은 외과를 비롯해서 각 과별 전개에서 기호 합성을 위해 사용
- 511.1 인체 생리학과 511.4 인체 해부학은 조기성 유지(〈표 14-2〉 참조).

표 14-2 인체 생리학(511.1)과 인체 해부학(511.4)의 조기성 비교표

511.1 인체 생리학	511.4 인체 해부학
.11 순환계	.41 순환기관
.12 호 흡	.42 호흡기관
.13 소 화	.43 소화기관
.14 내분비 및 임파계	.44 선 및 임파계통
.16 생식생리학	.46 비뇨 생식기관
.17 운동기관 생리학	.47 운동기관 및 외피
.18 신경 및 감각 생리학	.48 신경 해부학
.19 국소 생리학	.49 국소 해부학

- 인체 해부학을 다룬 저작을 511.4에 분류하고, 인체 해부학과 생리학 모두를 다룬 저작은 511.1 인체 생리학에 분류
- 특히 511.4 인체 해부학은 기관별 외과학을 나타내는 514.4에서 외과학과 각 기관을 나타내는 분류 기호를 합성하는 데 사용

---

1) "의학을 습득하는데 필요하나 직접 질병을 연구하는 데 종사하지 않는 의학의 기초가 되는 과학" (대한 병리학회 편, 병리학 (서울: 고문사, 1991), 2).

제3부　본표의 분석과 적용

- 512 임상 의학[2] 일반
  - 진단학, 약물 요법, 물리 요법 및 자연 요법, 응급 의학, 간호학 등의 항목 설정
- 513 내 과
  - 513.001-.009는 내과의 표준구분
  - 각 기관별로 질병을 구분하여 다루고 있는데, 이 구분은 인체 해부학의 전개와 거의 유사하게 전개
- 514 외 과
  - 의학의 전개 순서대로 외과 기초학과 임상 외과학을 먼저 다루고 그 뒤로 정형외과와 기관별 외과학, 국소외과학으로 구분
- 515 치과 의학, 이비인후과학, 안과학 및 기타 임상 의학
  - 먼저 치과 의학을 다루고, 그 다음으로 후두 과학과 이과학(耳科學), 비과학(鼻科學)을 다루며, 마지막으로 안과 등으로 항목 설정
- 516 산부인과, 소아과학
  - 산부인과 일반, 부인과 기초학 및 임상 의학, 산과학(産科學), 소아과 및 노인 병학 등의 항목 설정
- 517 건강 증진, 공중 보건 및 예방 의학
  - 건강 및 공중 보건과 관련된 행정 및 정책, 민족·개인·환경·식품 등의 위생, 예방의학, 안전의학 및 스포츠 의학 등의 항목 설정
- 518 약 학
  - 약국 관리와 약품, 약제와 약리학, 약품의 투여법, 독물학 등의 항목 설정
- 519 한의학
  - 한의학(漢醫學: oriental medicine)과 한의학(韓醫學: korean medicine)을 다룬 문헌들을 위해 마련된 기호
  - 한의학의 내용을 다룬 저작이라도 양의학의 내용이 포함되어 있고, 서명에 "한의" 혹은 "한방" 및 동의어가 포함되어 있지 않은 경우에는 양의학에 분류[3]

---

[2] "직접 질병의 본질과 법칙을 규명하거나 그 진료 대책을 연구하는 분야" (대한병리학회 편, 병리학 (서울: 고문사, 1991), 3).

- 한의 생리학과 의사학, 한의 기초 이론, 각가학설(各家學說) 등을 포함한 한의 기초학, 한의 임상학, 각과 한의학 등의 항목 설정
- 이 외에도 사상 의학(四象醫學)과 한의 약학, 침법, 구법 등의 항목 설정

③ 520 농업, 농학
- 520.1-.9 농업 및 농학의 표준구분

▪ 521 농업 기초학
- 농업과 관련한 수학과 통계학, 물리학, 화학, 기상학, 공학, 생물학, 토양학 등의 항목 설정

▪ 522 농업 경제
- 각종 농업 정책과 토지 제도를 비롯해 농산물 가격 및 시장과 농업 협동 조합, 농가 경제와 식량 문제, 농업 경영 등의 항목 설정

▪ 523 재배 및 보호
- 경작, 육종 및 신품종 개발, 파종과 가꾸기, 농업 재해와 예방 및 병충해와 방제, 수확과 가공 등의 항목 설정

▪ 524 작물학
- 벼, 보리, 옥수수 등의 각종 식용 작물, 사료 작물, 공예 작물, 섬유 작물, 약용 작물 등의 항목 설정

▪ 525 원 예
- 채소 재배, 과수 재배, 화초 재배, 조경 등의 항목 설정

▪ 526 임학, 임업
- 삼림 육성, 벌목 및 운반, 삼림이용, 침엽수와 단·쌍자엽수 등의 항목 설정

▪ 527 축산학
- 사육, 가축, 낙농, 가금(家禽), 양봉, 양잠 등의 항목 설정

---

3) 한국도서관협회 편, 한국십진분류법, 제3권 해설서, 제6판 (서울: 한국도서관협회, 2013), 184.

■ 528 수의학
- 528의 전개는 의학과의 학문적인 유사성에 따라 510 의학의 전개 방식을 거의 그대로 따르고 있으나, 510처럼 세부적인 전개는 이루어지지 않고 있음[4]
- 수의 기초학, 가축 치료학, 가축 내과학, 가축 외과학, 가축 치과학, 가축 위생학, 가축 약학 등의 항목 설정

■ 529 수산업, 생물 자원의 보호, 수렵업
- 수산 경제학, 수산 자원 양식, 어로, 수산물 가공, 생물 자원의 보호 등의 항목 설정

④ 530 공학, 공업 일반, 토목 공학, 환경 공학
- 530.01-.09 공학의 표준구분
- 530.02 잡저로, 공업 법규, 과학 완구, 모형 공작, 공업 특허, 규격, 상표로 세분
- 530.1-.9 공업 수학 및 공업 물리학과 같은 공학의 기초적인 분야를 취급

■ 531 토목 공학
- 531.1 구조공학

■ 532 토목 역학, 토목 재료
- 토목 지질학, 암석, 토질 역학, 건설 재료, 목구조와 석구조, 토목 설계 및 시공법, 토목 기계 및 건설 기계 등의 항목 설정

■ 533 측 량
- 거리 및 컴퍼스 측량, 삼각 측량, 사진 측량, 항공 측량, 원격 탐사 등의 항목 설정

■ 534 도로 공학
- 도로 측량 및 설계, 도로 구조 및 시공법과 노상(路床), 보도, 차도, 각종 도로 등의 항목 설정

■ 535 철도 공학
- 선로 선정 및 건설, 궤도 구조 및 재료, 철도 정거장, 고속철도, 특수 철도, 터널 공학 및 구조 등의 항목 설정

---

[4] 김정현, 문지현, "한십국진분류법 농학분야의 분류체계 및 적용분석," 도서관 55(4) (2000), 68.

■ 536 교량 공학
- 교량 구조 분석 및 설계, 기초공, 하부 구조, 상부 구조, 재료별 교량, 교량의 유지 및 수리 등의 항목 설정

■ 537 수리 공학
- 내륙 수로, 치수 공학, 하구 개량, 댐(언제 堰堤), 수력 발전 공사, 운하 공학 등의 항목 설정

■ 538 항만 공학
- 항만 측량, 방파 구조물, 부두 및 안벽, 준설 및 매립, 항해보조시설 등의 항목 설정

■ 539 위생, 도시, 환경 공학
- 상수도 공학, 하수 및 하수도 설비, 하수 처리 및 대책, 도시 위생, 오염 공학, 도시 계획, 공해 및 환경 공학 등의 항목 설정

⑤ 540 건축, 건축학
- 건축학 분야의 상당수 요목의 명칭 변경(〈표 14-3〉 참조).

표 14-3 제5판과 제6판 건축학 분야 요목 명칭 변화

분류기호	제5판	제6판
540	건축공학	**건축, 건축학**
541	건축재료	건축재료
542	건축실무	**건축 시공 및 적산**
543	건축구조의 유형	**구조역학 및 건축일반구조**
544	친환경건축	친환경건축 및 **특정목적건축**
545	건물 세부구조	건물 세부구조
546	건축설비, 배관 및 파이프의 부설	**건축환경**, 설비, 배관 및 파이프의 부설
547	난방, 환기 및 공기조화공학	난방, 환기 및 공기조화공학
548	건축 마감	건축 마감 및 **인테리어**
549	각종 건물	각종 건물

- 제6판에서 강목 540에는 예술류 아래의 610 건축술이 이치되면서 강목의 명칭 조정과 함께 하위 항목들이 조정됨
- 제6판의 540 건축, 건축학은 건축물의 재료 및 설계, 구조와 시공과 친환경 건축, 각종 건물의 예술적 설계 및 건축을 취급하도록 수정
- 540.01-.09 건축학의 표준구분
- 특히 540.09 건축사에는 제5판의 610.9 건축사 항목들을 그대로 이치하여 항목 설정

■ 541 건축 재료
- 목재, 석재, 콘크리트 및 점토제, 시멘트, 유리 등 각종 건축 재료들로 항목 세분

■ 542 건축 시공 및 적산
- 건축 면허와 등록 절차를 포함하는 건축 활동, 건축 입찰과 계약, 감리, 건축 시공 등의 항목 설정

■ 543 구조 역학 및 건축 일반 구조
- 구조 해석 등을 포함하는 구조 역학, 각 재료별에 따라 석재 구조, 벽돌 구조, 목구조, 콘크리트 및 철근 콘크리트 구조 등의 항목 설정

■ 544 친환경 건축 및 특정 목적 건축
- 친환경 건축, 도난 방지 구조, 방화 구조, 내화 구조, 충격 방지 구조, 방수 및 방습 구도 등의 항목 설정

■ 545 건물 세부 구조
- 벽체, 기둥, 지붕, 천장, 바닥 그리고 동양식 및 서양식 세부 구조 등의 항목 설정

■ 546 건축 환경, 설비, 배관 및 파이프 부설
- 건축 환경, 급배수 설비, 가스 설비, 전기 설비, 소방 설비 등의 항목 설정

■ 547 난방, 환기 및 공기 조화 공학
- 난방 방식에 따라 방열성 부분 난방, 공기 난방, 온수 난방, 증기 난방, 환기 및 공기 조화 등의 항목 설정

▪ 548 건축 마감 및 인테리어
- 도장 작업, 목재 마감 손질, 유리 세공, 도배, 바닥 마감, 인테리어 등의 항목 설정
▪ 549 각종 건물
- 각 양식별 각종 건물을 제5판의 611-619 항목에서 이치하여 설정

⑥ 550 기계 공학
- 550.7 제조 공학은 기계 공장 실무 일반과 기계화 및 자동화 공장을 포함하는 항목으로 세분
▪ 551 기계 역학, 요소 및 설계
- 기계 재료 역학, 기계 요소, 동력 전달 장치 등의 항목 설정
▪ 552 공구와 가공 장비
- 공구와 장비의 기능에 따라 평삭 공구와 절삭 공구, 연마 및 연삭 공구, 선반 공구, 관통 공구, 천공기 등의 항목 설정
▪ 553 열공학과 원동기
- 증기 공학과 증기 원동력, 내연 기관 및 추진 기관, 냉동 공학 및 저온 기술 등의 항목 설정
▪ 554 유체 역학, 공기 역학, 진공학
- 수역학 및 유체 역학, 펌프와 축압기, 유압 전달, 공압(空壓) 및 진공 기술 등의 항목 설정
▪ 555 정밀 기계
- 시간 계측기, 사무용 기계, 연구 및 시험용 기계, 광학 기계, 음향 기기 등의 항목 설정
▪ 556 자동차 공학
- 자동차 설계 및 재료, 구조, 엔진, 차대(車臺)와 차체, 자동차 시험, 정비 및 수리, 자동차의 유형 등의 항목 설정
▪ 557 철도 차량, 기관차
- 구동 장치, 특수형 차량, 기관차, 정비와 수리 등의 항목 설정

제3부 본표의 분석과 적용

- 558 항공 우주 공학, 우주 항법학
  - 항공 우주 역학과 항공 우주선 운행, 항공학, 우주 항법학 등의 항목 설정
- 559 기타 공학
  - 원자핵 공학, 군사 공학과 병기 공학, 항해 공학과 선박 조종술, 광산 공학, 금속학, 자동 제어 공학 등의 항목 설정

⑦ 560 전기 공학, 통신 공학, 전자 공학
  - 561 전기 회로, 계측, 재료
    - 전기 회로, 전압, 저항, 전기 측정 및 측정기, 전기 재료 등의 항목 설정
  - 562 전기 기계 및 기구
    - 발전기, 직류기, 회전기, 교류기, 변압기, 전압 조정기 등의 항목 설정
  - 563 발전(發電)
    - 각종 발전 방법에 따라 수력 발전, 화력 발전, 풍력 발전, 원자력 발전 등의 항목 설정
  - 564 송전, 배전
    - 전선로, 변전소, 전압 조정소, 배전, 보호 장치, 피뢰 장치 등의 항목 설정
  - 565 전등, 조명, 전열
    - 조명 원리, 전등, 전구, 조명 기구, 전열 등의 항목 설정
  - 566 미사용 기호
  - 567 통신 공학
    - 567.01-.09 표준구분을 적용
    - 교환, 전송, 통신망, 전신 공학, 전화 공학, 특수 통신 등의 항목 설정
  - 568 무선 공학
    - 무선 통신 시스템, 안테나, 무선 중계, 방송 공학, 텔레비전 공학 등의 항목 설정
  - 569 전자 공학
    - 전자 응용 이론, 전자관의 구조 및 재료, 전자 회로 및 기능, 반도체, 마이크로파 전자 공학, 보안 및 녹음 시스템 등의 항목 설정

⑧ 570 화학 공학
- 571 공업 화학 약품
  - 원소 일반, 공업용 산류와 알칼리류, 염류, 유기 화합물 등의 항목 설정
- 572 폭발물, 연료 공업
  - 꽃불, 폭발물, 성냥, 연료 공업 등의 항목 설정
- 573 음료 기술
  - 알코올성 음료, 비알코올성 음료 등의 항목 설정
- 574 식품 공학
  - 식품 재료, 과정, 보존 기법, 검사, 포장 등의 항목 설정
  - 식품별로 가공된 설탕 및 시럽, 젤리 제품, 과일과 야채, 가금육(家禽肉)의 가공과 저장 등의 항목 설정
  - 특히 민속 양조주(573.41), 된장(574.48), 쌀 가공(574.71), 참기름(575.322) 등과 같이 한국적인 주제 전개[5]
- 575 납(蠟), 유지, 석유, 가스 공업
  - 밀랍 공업, 동물성 및 식물성 유지, 석유 공업, 천연 가스 등의 항목 설정
- 576 요업 및 관련 공업
  - 유리 공업, 법랑, 도자기류, 요업, 접착제 등의 항목 설정
- 577 세탁, 염색 및 관련 공업
  - 세탁 및 표백, 염료, 염색과 날염, 잉크, 도장, 도료 등의 항목 설정
- 578 고분자 화학 공업
  - 고무 공업 및 제품, 라텍스, 일라스토머(탄성물질), 플라스틱 등의 항목 설정
- 579 기타 유기 화학 공업
  - 표면 작용제, 글리세린, 화장품, 합성 농업 화학품, 중합제 등의 항목 설정

---

[5] 여지숙, 이준만, 오동근, "KDC 제4판 화학공학(570) 분야 전개의 개선방안," 한국도서관·정보학회지, 39(2) (2008), 253.

⑨ 580 제조업
- 581 금속 제조 및 가공업
  - 주조, 금형 작업술, 전해 석출, 표면 처리 등의 항목 설정
- 582 철 및 강철 제품
  - 제작과 제품, 기타 금속 제조 등의 항목 설정
- 583 철기류 및 소규모 철공
  - 총포공, 농기구 제작, 마제 제작 등의 항목 설정
- 584 제재업, 목공업, 목제품
  - 제재 공장, 목재 저장, 목재 선별, 목제품, 코르크, 목재 가공품 등의 항목 설정
- 585 피혁 및 모피 공업
  - 피혁 및 모피 가공, 피혁 및 모피 의복 제조, 대용 피혁 등의 항목 설정
- 586 펄프, 종이 및 관련 공업
  - 펄프 및 제조, 제지업, 종이 제품, 인쇄술 등의 항목 설정
- 587 직물 및 섬유 공업
  - 직물 제조법과 동물성, 식물성, 합성 등의 각종 섬유 및 그 가공 등의 항목 설정
- 588 의류 제조
  - 의류 및 모자 제조, 피복 부속물 제조업 등의 항목 설정
- 589 소형 상품 제조
  - 모형이나 장신구, 오락 용품, 신발 등 제품 중에서도 소형의 제품 등의 항목 설정

⑩ 590 생활 과학
- 591 가정 관리 및 가정 생활
  - 가계(家計), 가정고용인, 재난시 가정 관리, 데이트와 파트너 선택, 가족 생활, 노인층을 위한 안내 등의 항목 설정
- 592 의 복
  - 의복 재료와 도구, 재봉법, 의복 제작 및 선택, 의복 착용법, 한복 및 전통 의상 등의 항목 설정

- 593 몸치장(몸단장), 화장
 - 청결과 체력, 차밍(charming), 전신 미용 등의 항목 설정
- 594 식품과 음료
 - 기초 영양소, 동물성·식물성 식품, 식료품 보존 및 저장, 요리(조리법), 단체 급식, 식사 및 식탁 차림 등의 항목 설정
- 595 주택 관리 및 가정 설비
 - 가족 구성원의 주거 공간인 주택 관리 및 주택 공간 배치, 홈 인테리어 등의 항목 설정
- 596 공동 주거용 주택 시설 관리
 - 공동 주택 관리, 공간 배치 및 설비, 인테리어, 상비 도구 등의 항목 설정
- 597 가정 위생
 - 주택의 청소 및 소독, 가족 위생 및 간호 등의 항목 설정
 - 598 육아
 - 연령별 육아와 수유 및 이유(離乳), 아동들의 레크리에이션 지도, 태도 및 습관 교육, 가정 내에서의 학습 등의 항목 설정
- 599 미사용 기호

제3부 본표의 분석과 적용

2. 기술과학류의 주요 개정 부분

제6판에서 기술과학류는 학문의 발전과 사회 변화, 분류표의 실용성을 위해 다수 항목이 신설, 전개, 이치되었다. 주요 내용은 다음과 같다.

① 519 한의학의 하위 항목들 가운데 부적절하게 세분된 항목들을 조정하였다. 주로 약재 선별 방법 항목을 통합하고 항목 명칭을 조정하는 동시에 각종 침법 관련 항목도 신설하였다(〈표 14-4〉 참조).

표 14-4 한의학 관련 항목의 조정 및 신설

KDC 5	KDC 6
519 한의학	519 한의학
.12 원전학	.12 원전의사학 [전 원전학]
.15 의사(醫史)문헌	[.15] 의사(醫史)문헌
	519.12에 분류한다.
	.231 민간요법 [전 519.78]
	.73 양생기공학
	양생학 [전 519.769], 기요법,… 등을 포함한다.
	.76 한의예방의학 [전 519.766]
.766 한의예방의학	
.769 양생학	
.78 민간요법	
.82 약재의 선별, 가공	.82 포제학 [전 약재의 선별, 가공]
.822 채집법	약재의 선별, 가공, 채집법 [전519.822],
.823 건조법	건조법 [전 519.823], …… 등을 포함한다.
.83 본초, 약재	[.83] 본초, 약재
	519.82에 분류한다.
.85 방제학	[.85] 방제학
	519.82에 분류한다.
	.861 방제학 [전 519.85]
.91 침법	.91 경근학, 경락학, 경혈학 [전 519.14 침법]
	[.91] 침법
	519.92에 분류한다.
	.92 침의 일반 [전 519.91]
.97 체질침구	.97 각종 침법 [전 체질침구]
.98 약침요법	.98 구법(灸法) [전 약침요법]
.99 기타 침 요법	[.99] 기타 침 요법
	519.979에 분류한다.

② 제5판의 540 건축 공학과 예술류의 아래의 610 건축술 두 개 강목을 "540 건축, 건축학"으로 통합하였으며, 다수의 관련 항목들을 신설하거나(〈표 14-5〉 참조), 이치하고(〈표 14-6〉 참조), 필요할 경우 그 명칭을 조정하였다(〈표 14-7〉 참조).

표 14-5 540 건축, 건축학의 신설 분류 항목

분류 기호	분류 항목
540.0911	동양 각국건축사
540.1	건축계획
540.11	건축공간론
540.12	건축심리
540.13	건축색채
540.16	건축제도
546.1	건축환경
546.11	열환경
546.12	빛환경
546.13	음환경

표 14-6 610 건축술에서 540 건축공학으로 이치된 분류 항목

분류 기호	분류 항목
610.9 → 540.09	건축사
611 → 549.1	궁전, 성곽
612 → 549.2	종교건물
613 → 549.3	공공건물
614 → 549.4	과학 및 연구용 건물
615 → 549.5	공업용 건물
616 → 549.6	상업, 교통, 통신용 건물
617 → 549.7	주거용 건물
618 → 549.8	기타 건물
619 → 548.9	장식 및 의장

표 14-7 540 건축, 건축학의 명칭 조정 항목

분류 기호	분류 항목
540	건축공학 → 건축, 건축학
540.1	건축구조일반 → 건축계획
542	건축실무 → 건축시공 및 적산
542.9	기타건축실무 → 기타건축시공
543	건축구조의 유형 → 구조역학 및 건축일반구조
543.1	기초공학(토질) → 구조역학
546	건축설비, 배관 및 파이프의 부설 → 건축환경, 설비, 배관 및 파이프 부설
548	건축마감 → 건축마감 및 인테리어

③ 생활 과학에서 한복 및 요리 관련 항목을 조정하였는데, 특히 제5판에서 592.3 가정의 의복 제작 및 장식품의 제조에 함께 전개되어 있던 한복 관련 항목을 분리하여 592.9에 별도로 항목을 설정하면서 각국의 고유(민속) 의상 항목을 통합하고(〈표 14-8〉 참조), 594.5 요리 아래의 요리 관련 항목을 조정하였다(〈표 14-9〉 참조).

표 14-8 생활과학의 한복 관련 이치 및 신설 항목

KDC 5	KDC 6
592.3 가정의 의복제작 및 장식품의 제조 　.31 한복 　.32 외출용 한복 　.33 특수용 한복 　.381 한복의 액세서리 592.39 각국의 고유(민속)의상	592.3 의복제작 및 장식품의 제조 592.9 한복 및 전통의상 　.91 한복 　.92 외출용 한복 　.93 특수용 한복 　.94 한복의 액세서리 　.95 한복의 세탁 및 염색 　.96 한복의 정리 및 보관 　.98 한복 착용법 592.99 각국의 고유(민속)의상

표 14-9 생활 과학의 요리 관련 이치 및 신설 항목

KDC 5	KDC 6
594.5 요리(조리법)	594.5 요리(조리법)
.51 한국요리	.51 한국요리
	.511 주식류
	.512 부식류
	...
	.519 한국지역요리
.52 중국요리	.52 기타 동양요리
.53 일본요리	.53 유럽 각국요리
.54 서양요리	.54 기타 각국요리

④ 분류 항목의 부적합한 명칭을 수정하거나 개념을 명확하게 하기 위해 상당수의 명칭을 조정하였다(〈표 14-10〉 참조).

표 14-10 기술과학류의 명칭 조정 분류 항목

분류 기호	분류 항목
522.4	농업협동조합 → 농업관련 사회집단
523.23	식물생식 → 유성생식
523.24	구근과 괴경 → 영양생식
523.7	특수재배법 → 작부체계와 특수재배법
526.32	종자생산 → 임목육종
530.6	공업동력 → 동력공업
575.82	공기의 액화 및 분류가스 → 공기 액화 및 추출
598.6	가정교육 → 가정내에서의 학습

⑤ 분류표의 실용성을 높이기 위해 일부 분류 항목들을 이치하였다〈표 14-11〉 참조).

제3부 본표의 분석과 적용

표 14-11 기술과학류의 주요 이치 분류 항목

분류 기호	분류 항목
521.98 → 521.97	비료배합
522.4 → 522.45	농업협동조합
523.25 → 523.24	개량법
523.55 → 523.58	환경오염 및 공해
540.2 → 542.1	건축활동
544 → 544.1	친환경건축
546.1 → 546.2	급배수시설
546.2 → 546.3	가스설비
546.3 → 546.4	전기설비
596.32 → 596.31	식당공간과 설비
598.58 → 598.6	가정교육

제2절 기술과학류의 주요 기호 합성에 관한 분석

1. 각 지역의 특허, 규격, 상표 (502.9)

"특정인의 이익을 위하여 일정한 법률적 권리나 능력, 포괄적 법률 관계를 설정하는 행위"6)인 특허와 "자타 상품을 식별하기 위하여 사용하는 일체의 감각적인 표현 수단인"7) 상표는 특히 기술과학에서 많이 다루는 분야이다. 특허, 규격, 상표와 관련된 저작은 표준구분표의 -029 특허, 규격, 상표 적용에 따라 502.9에 분류하고, 지역구분을 사용하여 국가별로 추가 전개할 수 있다. 이와 관련하여, 특허, 규격, 상표를 나타내는 502.9 아래에는 〈그림 14-1〉과 같은 주기가 제시되어 있다.

---

6) 두산백과, 2014. 2. 1.; http://terms.naver.com/entry.nhn?docId=1153995&cid=40942&categoryId=31721
7) 특허청, 2014. 2. 1.; http://www.kipo.go.kr/kpo/user.tdf?a=user.html.HtmlApp&c=10003&catmenu=m04_01_04.

502	잡 저
.9	특허, 규격, 상표
	지역구분표에 따라 세분한다. 예: 일본의 특허 502.913

그림 14-1 특허, 규격, 상표(502.9)의 주기

〈그림 14-1〉에 제시된 주기에 따를 경우, "독일의 특허"는 "502.9 + -25(지역구분: 독일) → 502.925"가 된다(〈그림 14-2〉 참조).

502.9	특허, 규격, 상표
-25	독일(지역구분)

502.9 + -25 → 502.925

〈그림 14-2〉 "독일의 특허"(502.925)의 분류 기호

- **유사 사례**
  - 미국의 특허 자료
    502.9 + -42(지역구분: 미국) → 502.942
  - 호주의 규격 자료
    502.9 + -62(지역구분: 호주) → 502.962

그런데 KDC에서는 일반적인 특허, 규격, 상표 등은 502.9에 분류하게 하는 반면에, 공업 분야에 국한된 특허, 규격, 상표 등은 별도로 530 공학, 공업 일반 아래 530.029에 분류하도록 하고 있다.[8] 따라서 특허 일반은 502.9에 분류하고, 공업 특허, 규격, 상표는 530 공업, 공업 일반의 세목인 530.029에 분류해야 한다. 530.029에도 역시 〈그림 14-3〉과 같이 지역구분표에 따라 세분하라는 주기가 제시되어 있으므로, 각국의 공업 특허, 규격, 상표와 관련된 문헌을 분류할 수 있다.

---

[8] 한국도서관협회 편, 한국십진분류법, 제3권 해설서, 제6판 (서울: 한국도서관협회, 2013), 178.

제3부 본표의 분석과 적용

> 530 **공학, 공업일반**
> .029 공업특허, 규격, 상표
> 　　　실용신안, 의장권, 상표권 등을 포함한다.
> 　　　지역구분표에 따라 세분한다. 예: 일본의 실용신안 530.02913
> 　　　특허일반 → 502.9

　　그림 14-3 공업 특허, 규격, 상표(530.029)의 주기

〈그림 14-3〉에 제시된 주기에 따를 경우, "스위스의 공업 특허"는 기본 기호에 스위스를 나타내는 지역구분표의 기호를 더하여, "530.029 + -259(지역구분: 스위스) → 530.029259"가 될 것이다(〈그림 14-4〉 참조).

> 530.029 **공업특허, 규격, 상표**
> 　-259 스위스(지역구분표)
> ─────────────────────────
> 530.029 + -259 → 530.029259

　　그림 14-4 "스위스 공업 특허"(530.029259)의 분류 기호

- **유사 사례**
  - 이탈리아 공업 표준 규격
    530.029 + -28(지역구분: 이탈리아) → 530.02928
  - 캐나다의 상표 자료집
    530.029 + -41(지역구분: 캐나다) → 530.02941

2. 치과 간호 (512.851)

각과(各科) 간호학의 분류와 관련해서는, 512.83-.86에 간호학을 나타내는 기호에 각과를 나타내는 기호를 합성할 수 있도록 하는 주기가 〈그림 14-5〉와 같이 제시되어 있다. 여기서 513-516의 기호는 의학에서 각각 내과학(513), 외과(514), 치과 의학, 이비인후과학, 안과학(515), 산부인과, 소아과학(516)을 나타낸다.

> 512.83-.86　　각과 간호
> 　　513-516과 같이 세분한다. 예: 내과간호 512.83
> 　　별법: 도서관에 따라 각과 간호는 해당 주제 아래에 분류할 수 있다. 예: 외과간호 514.08

그림 14-5 각과 간호(512.83-.86)의 주기

〈그림 14-5〉에 제시된 주기에 따를 경우, "치과 간호"는 간호를 나타내는 기호 512.8에 치과를 나타내는 기호 51을 더하여, "512.8 + 51(515.1 치과에서 51 다음에 오는 기호) → 512.851"이 된다(〈그림 14-6〉 참조).

> 512.8　　각과 간호의 기본 기호
> 　　51　　515.1(치과)에서 51 다음의 기호
> ―――――――――――――――――――――――
> 512.8 + 51 → 512.851

그림 14-6 "치과 간호"(512.851)의 분류 기호

■ 유사 사례
　• 피부과 간호
　　　512.8 + 35(513.5 피부 질환에서 51 다음에 오는 기호) → 512.835
　• 안과 간호
　　　512.8 + 57(515.7 안과에서 51 다음에 오는 기호) → 512.857

또한 별법(別法)으로, 각과 간호를 도서관에 따라 해당 주제 아래에 분류할 수 있도록 하고 있다. 이 별법을 따를 경우, "치과 간호"는 치과의 분류 기호 515.1에 패싯 지시 기호(facet indicator) 0과 512.8에서 간호를 나타내는 기호인 8(512는 임상 의학)을 더하여, "515.1(치과) + 0(패싯 지시 기호) + 8(512.8 간호에서 512 다음에 오는 기호) → 515.108"이 된다(〈그림 14-7〉 참조).

제3부 본표의 분석과 적용

```
515.1        치 과
    0        패싯 지시 기호
    8        512.8(간호)에서 512 다음의 기호
─────────────────────────────────────────
515.1 + 0 + 8 → 515.108
```

그림 14-7 "치과 간호"(515.108)의 분류 기호(별법)

- 유사 사례(별법)
  - 산부인과 간호(별법)

    516(산부인과) + 0(패싯 지시 기호) + 8(512.8 간호에서 512 다음에 오는 기호) → 516.08

  - 정형외과 간호(별법)

    514.3(정형외과) + 0(패싯 지시 기호) + 8(512.8 간호에서 512 다음에 오는 기호) → 514.308

3. 소화 기관 외과학 (514.43)

514.4 기관별 외과학 분류 기호는 외과에 관련된 문헌을 분류하기 위한 것으로, 각 기관별로 더 상세하게 세분할 수 있도록 〈그림 14-8〉과 같은 주기를 제시하고 있다.

```
514.4        기관별 외과학
   .43           소화기관
                 514.431-.439는 511.431-.439와 같이 세분한다. 예: 위 외과수술 514.434
```

그림 14-8 소화 기관 외과학(514.43)의 주기

〈그림 14-8〉의 주기에 따를 경우, 소화 기관 외과학(514.43)은 인체의 각 기관을 나타내는 인체 해부학(511.4)의 기호를 사용하여 추가적으로 세분할 수 있다. 따라서 "위 외과 수술"은 "514.43(소화기관: 기관별 외과학) + 4(511.434 위에서 511.43 다음에 오는 기호) → 514.434"가 된다. 이러한 방식은 기관별 외과학 전체에 적용되는데,

이를 기관별 외과학 전체로 확장하여 해석하면, "위 외과 수술"은 "514.4(기관별 외과학의 기본 기호) + 34(511.434 위에서 511.4 다음에 오는 기호) → 514.434"가 되는 것이다(〈그림 14-9〉 참조).

514.4	기관별 외과학의 기본 기호
34	511.434(위)에서 511.4 다음의 기호
514.4 + 34 → 514.434	

그림 14-9 "위 외과 수술"(514.434)의 분류 기호

이러한 합성 방식은 514.43 소화 기관 외에도, 514.41 순환 기관, 514.42 호흡 기관, 514.44 선 및 임파 계통, 514.46 비뇨 생식 기관, 514.476 근육, 514.48 신경 기관에서도 동일하게 적용하여 분류할 수 있다.[9]

■ 유사 사례
- 기관지 수술

    514.4 + 24(511.424 기관 및 기관지에서 511.4 다음에 오는 기호) → 514.424
- 편도 수술

    514.4 + 332(511.4332 편도에서 511.4 다음에 오는 기호) → 514.4332
- 대장 수술

    514.4 + 357(511.4357 대장에서 511.4 다음에 오는 기호) → 514.4357
- 신장 수술

    514.4 + 61(511.461 신장에서 511.4 다음에 오는 기호) → 514.461

---

[9] 오동근, 배영활, 여지숙, KDC의 이해 (대구: 태일사, 2002), 195-196.

4. 축산학 (527)

KDC에서 축산학에 관한 문헌은 527에 분류하도록 하고 있다. 이 527 아래에는 〈그림 14-10〉과 같이 "527.1-.2는 521-522와 같이 세분한다"라는 기호 합성에 대한 주기가 제시되어 있다.

```
527     축산학
        527.1-.2는 521-522와 같이 세분한다. 예: 축산물 527.23
```

그림 14-10 축산물(527)의 주기

〈그림 14-10〉에 제시된 주기에 따를 경우, "축산 정책"은 "527 + 21(522.1 농업 정책에서 52 다음에 오는 기호) → 527.21"이 된다. 이를 그림으로 나타내면 〈그림 14-11〉과 같다.

```
527         축산학
 21         522.1(농업 정책)에서 52 다음의 기호
────────────────────────────────────────────
527 + 21 → 527.21
```

그림 14-11 "축산 정책"(527.21)의 분류 기호

- **유사 사례**
  - 축산협동조합
    527 + 245(522.45 농업협동조합에서 52 다음에 오는 기호) → 527.245
  - 축산 경영
    527 + 28(522.8 농업 경영에서 52 다음에 오는 기호) → 527.28

5. 한의 진단학(519.21)

한의 진단학에 관한 문헌은 519.21에 분류하도록 하고 있으며, 그 세목인 519.212-.219는 〈그림 14-12〉와 같이, 한의 진단학의 특정 진단법을 위해 분류할 수 있도록, "519.212-.219는 512.12-.19와 같이 세분한다"라는 기호 합성 주기를 제시하고 있다.[10]

```
519.21      진단학
            519.212-.219는 512.12-.19와 같이 세분한다. 예: 한방요검사법 519.2133
```

그림 14-12 한의 진단학(519.21)의 주기

512.12-.19는 진단학을 위한 기호로, 〈그림 14-12〉에 제시된 주기에 따를 경우, "한의 방사선 진단"은 한의 진단학을 나타내는 기호에 방사선 진단을 나타내는 기호를 더하여, "519.21 + 5(512.15 방사선 진단에서 512.1 다음에 오는 기호) → 519.215"가 된다(〈그림 14-13〉 참조).

```
519.21        진단학(한의학)의 기본 기호
  5           512.15(방사선 진단)에서 512.1 다음의 기호
519.21 + 5 → 519.215
```

그림 14-13 "한의 방사선 진단"(519.215)의 분류 기호

■ 유사 사례
- 한의 혈액 검사법
  519.21 + 31(512.131 혈액 검사법에서 512.1 다음에 오는 기호) → 519.2131
- 한의 청음 진단
  519.21 + 24(512.124 청음 진단에서 512.1 다음에 오는 기호) → 519.2124

---
10) 오동근, 배영활, 여지숙, KDC 5의 이해 (대구: 태일사, 2009), 234-235.

6. 수산 경제학 (529.2)

529.2 수산 경제학의 아래에는 추가 세분을 위해 〈그림 14-14〉와 같은 분류 합성 주기를 제시하고 있다.

529.2	수산 경제학
	529.21-.29는 522.1-.8과 같이 세분한다. 예: 수산물 시장, 가격 및 거래 529.231

그림 14-14 수산 경제학(529.2)의 주기

〈그림 14-14〉에 제시된 주기에 따를 경우, "수산 금융 제도의 현실"은 기본 기호에 금융 제도를 나타내는 기호를 더하여, "529.2 + 5(522.5 농업 금융 문제에서 522 다음에 오는 기호) → 529.25"가 된다(〈그림 14-15〉 참조).

529.2	수산 경제학의 기본 기호
5	522.5(농업 금융 문제)에서 522 다음의 기호

529.2 + 5 → 529.25

그림 14-15 "수산 금융 제도의 현실"(529.25)의 분류 기호

■ 유사 사례
- 수산업 생산비 산정

    529.2 + 32(522.32 농업 생산비에서 522 다음에 오는 기호) → 529.232
- 수산업 재정 확보 방안

    529.2 + 13(522.13 농업 재정에서 522 다음에 오는 기호) → 529.213

7. 과일주 및 제조 (573.2)

573.2는 과일주 및 제조를 나타내는 분류 기호로, 그 하위 세목 중 과일주의 재료와 처리, 조작에 해당하는 573.201-.209는 〈그림 14-16〉과 같이, 그 과정을 나타내는 기호를 더하여 합성할 수 있도록 하는 주기를 제시하고 있다.

```
573.201-.209    재료, 처리, 조작(제조)
                573.11-.19와 같이 세분한다. 예: 과일주 발효 573.203
```

그림 14-16 과일주 재료, 처리, 조작(573.201-.209)의 주기

〈그림 14-16〉에 제시된 주기에 따를 경우, "과일주의 증류"는 기본 기호에 6을 더하여, "573.20 + 6(573.16 증류에서 573.1 다음에 오는 기호) → 573.206"이 된다(〈그림 14-17〉 참조).

```
573.20      재료, 처리, 조작(과일주)의 기본 기호
     6      573.16(증류)에서 573.1 다음의 기호
573.20 + 6 → 573.206
```

그림 14-17 "과일주 증류"(573.206)의 분류 기호

■ 유사 사례
- 과일주의 숙성
    573.20 + 7(573.17 숙성에서 573.1 다음에 오는 기호) → 573.207
- 과일주의 보조 재료
    573.20 + 1(573.11 천연 재료와 보조 재료에서 573.1 다음에 오는 기호) → 573.201

8. 의복의 표준구분 (592.001-.009)

KDC에서 의복에 관한 문헌은 592에 분류하도록 하고 있다. 이 592 아래에는 〈그림 14-18〉과 같이 "592.001-.009는 표준구분에 따라 세분한다"라는 기호 합성에 대한 주기가 제시되어 있다. 이것은 592.01-.04에 이미 다른 주제들을 분류하기 위한 기호로 사용되기 때문에 분류 기호의 중복을 막기 위해, 표준구분을 적용할 경우 패싯 지시 기호 0을 하나 더 추가하도록 하고 있는 것이다. 따라서 표준구분을 적용하여 분류할 때 0의 사용에 유의하여야 한다.

```
592        의 복
    592.001-.009는 표준구분에 따라 세분한다.
```

그림 14-18 의복(592.001-.009)의 주기

〈그림 14-18〉에 제시된 주기에 따를 경우, "의생활 연구(연속간행물)"는 기본 기호에 0을 추가한 후, 연속간행물을 나타내는 표준구분의 기호를 더하여, "592 + 0(패싯 지시 기호) + -05(표준구분: 연속간행물) → 592.005"가 된다(〈그림 14-19〉 참조).

```
592         의 복
   0        패싯 지시 기호
   -05      연속간행물(표준구분)

592 + 0 + -05 → 592.005
```

그림 14-19 "의생활 연구(연속간행물)"(592.005)의 분류 기호

- **유사 사례**
  - 의류 백과사전

    592 + 0(패싯 지시 기호) + -03(표준구분: 사전) → 592.003
  - 의류 제작 지도법

    592 + 0(패싯 지시 기호) + -07(표준구분: 지도법, 연구법) → 592.007

9. 기타 종교 건물 (549.24-.29)

기타 종교 건물의 분류 기호 549.24-.29 아래에는 〈그림 14-20〉과 같이 "240-290과 같이 구분한다"라는 기호 합성에 대한 주기가 제시되어 있다.

549.24-.29	기타 종교건물
	240-290과 같이 구분한다. 예: 회교사원건물 549.28

그림 14-20 기타 종교건물(549.24-.29)의 주기

〈그림 14-20〉에 제시된 주기에 따를 경우, "천도교 건물"은 "549 + 250(천도교) → 549.25"가 된다(이 때 소숫점 이하의 0은 생략한다)(〈그림 14-21〉 참조).

549	기타 종교 건물
250	천도교

549 + 250 - 0 → 549.25

그림 14-21 "천도교 건물"(549.25)의 분류 기호

■ 유사 사례
- 힌두교 사원 건물

    549 + 270(힌두교) - 0 → 549.27

- 조로아스터교 사원 건물

    549 + 289(조로아스터교) → 549.289

10. 재료별 요리 (594.55)

가정에서의 요리에 관한 문헌은 594.5에 분류하고 있으며, 특히 재료별 요리는 594.55에 분류한다. 이 594.55 아래에는 〈그림 14-22〉와 같은 기호 합성 주기가 제시되어 있다.

> 594.55　　재료별 요리
> 　　　　　594.552-.5539는 594.2-.39와 같이 세분한다. 예: 생선요리 594.5529

그림 14-22 재료별 요리(594.55)의 주기

〈그림 14-22〉에 제시된 주기에 따를 경우, "가정에서의 육류 요리"는 594.55에 육류를 나타내는 기호를 더하여, "594.55 + 24(594.24 육류에서 594 다음에 오는 기호) → 594.5524"가 된다(〈그림 14-23〉 참조).

> 594.55　　재료별 요리(가정에서의 요리)의 기본 기호
> 　　24　　594.24(육류)에서 594 다음의 기호
> ─────────────────────────────
> 594.55 + 24 → 594.5524

그림 14-23 "가정에서의 육류 요리"(594.5524)의 분류 기호

- **유사 사례**
  - 가정에서의 해산물 요리
    594.55 + 29(594.29 해산물에서 594 다음에 오는 기호) → 594.5529
  - 가금(家禽) 요리
    594.55 + 26(594.5526 가금에서 594.55 다음에 오는 기호) → 594.5526

한편 가정에서의 특정 육류의 요리에 관한 문헌을 분류하기 위해서는 좀 더 복잡한 과정을 거치게 된다. 이와 관련하여, "594.24 육류" 아래에는 〈그림 14-24〉와 같이, "594.24는 527.4와 같이 세분한다"라는 기호 합성 주기가 제시되어 있다.

594.24	육 류
	594.24는 527.4와 같이 세분한다. 예: 우육(牛肉) 594.243

그림 14-24 육류(594.24)의 주기

〈그림 14-24〉에 제시된 주기에 따를 경우, "가정에서 돼지 고기의 요리"는 "가정에서의 재료별 요리"를 나타내는 594.55에 육류를 나타내는 기호 24와 돼지를 나타내는 기호 4를 더하여, "594.55 + 24(594.24 육류에서 594 다음에 오는 기호) + 4(527.44 돼지에서 527.4 다음에 오는 기호) → 594.55244"가 된다(〈그림 14-25〉 참조).

594.55	재료별 요리(가정에서의 요리)의 기본 기호
24	594.24(육류)에서 594 다음의 기호
4	527.44(돼지)에서 527.4 다음의 기호

594.55 + 24 + 4 → 594.55244

그림 14-25 "가정에서의 돼지고기 요리"(594.55244)의 분류 기호

■ 유사 사례
- 가정에서의 염소 고기 요리
  594.55 + 24(594.24 육류에서 594 다음에 오는 기호) + 6(527.46 염소에서 527.4 다음에 오는 기호) → 594.55246
- 가정에서의 양 고기 요리
  594.55 + 24(594.24 육류에서 594 다음에 오는 기호) + 5(527.45 양에서 527.4 다음에 오는 기호) → 594.55245

제3부 본표의 분석과 적용

제3절 기술과학류의 적용 사례 분석

①
- 서명: (양진석의) 전기·전자·통신 임용고사 문제집: 과년도 문제 상세 해설
- 저자명: 양진석
- 출판지: 서울
- 출판사: 열린교육
- 출판년: 2006

▶ 560(전기공학, 통신공학, 전자공학) - 0 + -077(표준구분: 각종 시험 대비용 교재 및 문제집, 면허증) → 560.77

②
- 서명: 아세안 6개국 일본뇌염을 포함한 전염병 예방 및 퇴치 지원사업
- 저자명: 한국국제협력단 국제백신연구소
- 출판지: 서울
- 출판사: 한국국제협력단, 국제백신연구소
- 출판년: 2007

▶ 517.62(예방의학) + -1(지역구분: 아시아) → 517.621

③
- 서명: 아동 자폐증과 정신분석
- 저자명: 로베 페롱, 드니 리바스 저; 권정아, 안석 역
- 출판지: 서울
- 출판사: 한국심리치료연구소
- 출판년: 2007

▶ 516.9(소아과) + 3896(513.896 자폐증에서 51 다음에 오는 기호) → 516.93896

④
- 서명: 일본 특허청 의장심사기준
- 저자명: 특허청 상표디자인심사국 디자인심사정책과
- 출판지: 대전
- 출판사: 특허청 상표디자인심사국 디자인심사정책과
- 출판년: 2011

▶ 502.9(특허, 규격, 상표) + -13(지역구분: 일본) → 502.913

⑤
- 서명: (원예 수목)병해충방제도감
- 저자명: 안국평 외 저; 김창효 외 역
- 출판지: 서울   • 출판사: 학술편수관
- 출판년: 2005

▶ 525(원예) + 365(523.65 곤충해에서 52 다음에 오는 기호) → 525.365

⑥
- 서명: 활성화 방안 심포지엄: 2013 국내 과일주 원료와 와인양조기술
- 저자명: 국립농업과학원 한국와인생산협회
- 출판지: 수원
- 출판사: 농촌진흥청 국립농업과학원 농식품자원부
- 출판년: 2013

▶ 573.20(과일주 재료, 처리, 제조) + 3(573.13 발효에서 573.1 다음에 오는 기호) → 573.203

⑦
- 서명: 노인의료복지시설 시설기준에 관한 연구
- 저자명: 보건복지부   • 출판지: 서울
- 출판사: 한국보건산업진흥원   • 출판년: 2003

▶ 549.38(의료 및 사회복지 시설)

⑧
- 서명: 남성 스포츠 캐주얼웨어 상품개발
- 저자명: 신라대학교 산학협력단 디지털패션센터
- 출판지: 부산
- 출판사: 신라대학교 산학협력단 디지털패션센터
- 출판년: 2011

▶ 588.1(의류제조업) + 1(588.1-.4 의류 및 모자 제조 아래 1 남성용 기호) → 588.11

⑨
- 서명: 핀란드 자녀교육법
- 저자명: 코바야시 아사오 저; 홍영의 역
- 출판지: 고양
- 출판사: 동해출판
- 출판년: 2009

▶ 598.109(각국의 자녀양육) + -236(지역구분: 핀란드) → 598.109236

⑩
- 서명: 양계 경영과 사육
- 저자명: 김우영
- 출판지: 서울
- 출판사: 오성출판사
- 출판년: 1993

▶ 527.6(가금) + 28(522.8 농업경영에서 52 다음에 오는 기호) → 527.628

⑪
- 서명: 알루미늄 용접의 현장 기술
- 저자명: 정점진, 오동수
- 출판지: 서울
- 출판사: 기전연구사
- 출판년: 2013

▶ 582.9(기타 금속제조) + 722(559.7722 알루미늄에서 559.7 다음에 오는 기호)+ 52(581.52 용접에서 581 다음에 오는 기호) → 582.972252

⑫ • 서명: 한국의류산업학회지(연속간행물)
   • 발행기관: 한국의류산업학회   • 발행주기: 격월간

   ▶ 592(의복) + 0(패싯 지시 기호) + -05(표준구분: 연속간행물) → 592.005

⑬ • 서명: 環境保全中期綜合計劃
   • 저자명: 충청북도(연구책임자: 남기창)
   • 출판지: 청주   • 출판사: 충청북도
   • 출판년: 2002

   ▶ 539.98

⑭ • 서명: (最新) 建築學用語辭典
   • 저자명: 일본건축학회 역; 장순익 편
   • 출판지: 서울   • 출판사: 세화
   • 출판년: 2002

   ▶ 540(건축학) + -03(표준구분: 사전) → 540.03

⑮ • 서명: 한방진단시스템개발
   • 저자명: 보건복지부   • 출판지: 서울
   • 출판사: 보건복지부   • 출판년: 2007

   ▶ 519.21(한방 진단학)

⑯ • 서명: *Cheese*
   • 저자명: Juliet Harbutt   • 출판지: London
   • 출판사: Mitchell Beazley • 출판년: 1999

   ▶ 594.25(유제품) + 7(527.57 치즈에서 527.5 다음에 오는 기호) → 594.257

⑰
- 서명: *The Maintenance of Brick and Stone Masonry Structures*
- 저자명: A.M. Sowden
- 출판지: London
- 출판사: E. & F.N. Spon
- 출판년: 1990

▶ 543.2(석재 구조)

⑱
- 서명: *Report of the Progress of Agriculture in India for 1910-11*
- 저자명: India, Dept. of Agriculture
- 출판지: Calcutta
- 출판사: Superintendent Government Printing
- 출판년: 1912

▶ 520(농업, 농학) - 0 + -09(표준구분: 역사 및 지역구분) + -15(지역구분: 인도) → 520.915

⑲
- 서명: *The Language of Biotechnology: A Dictionary of Terms*
- 저자명: John M. Walker, Michael Cox by editor; Allan Whitaker, Stephen Hall by contributors
- 출판지: Washington, D.C.
- 출판사: American Chemical Society
- 출판년: 1995

▶ 571.6(생명공학) + -03(표준구분: 사전) → 571.603

⑳
- 서명: *Traditional Costumes of Việt Nam*
- 저자명: Ngô đức thịnh
- 출판지: Hà Nội
- 출판사: Thế Giới Publishers
- 출판년: 2009

▶ 592.99(민속의상) + -141(지역구분: 베트남) → 592.99141

제15장

600 예 술
(Arts)

미(美)를 창조해 내는 활동인 예술을 다루는 600 예술류에는 창작 및 감상과 같은 예술 활동과 그 성과인 예술 작품도 포함한다. 이 유에서는 조각, 조형 미술과 공예, 서예, 회화, 디자인, 사진 예술, 음악, 연극, 무용 등과 같은 공연 예술과 라디오, 텔레비전극, 영화 등과 같은 매체 예술 그리고 스포츠로 구성되어 있다.

한편 KDC 역시 DDC와 마찬가지로, 예술의 한 부분인 문학을 800에 별도의 주류로 설정하고 있다. 아울러 예술의 일부로 볼 수 있는 건축술은 540 건축, 건축학으로 이치되었으며, 조경(造景)과 특정 공간을 위한 식물의 식재(植栽) 및 조원(造園) 미술은 525.9에 분류하고, 도시 계획은 539.7에 분류한다.

제1절 예술류의 개요와 주요 개정 부분

1. 예술류의 개요

우선 KDC 제4판에서 제6판까지의 예술류의 일반적인 개요를 살펴보면, 〈표 15-1〉과 같다.

제3부 본표의 분석과 적용

표 15-1 KDC 제4판~제6판의 예술류의 개요

	제4판	제5판	제6판
600	예 술	예 술	예 술
610	건축술	건축술	[미사용]
620	조 각	**조각 및 조형미술**	조각, 조형미술
630	공예, 장식미술	공예, 장식미술	**공 예**
640	서 예	서 예	서 예
650	회화, 도화	회화, 도화	**회화, 도화, 디자인**
660	사진술	사진예술	사진예술
670	음 악	음 악	음 악
680	연 극	공연예술 및 매체예술	공연예술, 매체예술
690	오락, 운동	**오락, 스포츠**	오락, 스포츠

〈표 15-1〉에 나타난 것과 같이, KDC 제4판에서 제6판까지의 예술류 강목의 전개는 다소 조정이 있었다. 제4판에서 제5판으로 개정할 때, 620 조각이 620 조각 및 조형 미술로, 660 사진술이 660 사진 예술로, 680 연극이 680 공연 예술 및 매체 예술로, 690 오락, 운동이 690 오락, 스포츠로 각각 변경되는 등, 그 명칭을 구체화하고자 시도하였다.

제5판에서 제6판으로 개정할 때는, 그 동안 실제 분류에 혼란을 주던 건축 관련 자료들을 한 곳에 모을 수 있도록 하기 위해 기존의 610 건축술을 540 건축 공학으로 이치하고, 650 회화, 도화는 650 회화, 도화, 디자인으로 명칭을 구체화하였다.

KDC 제6판 예술류의 하위 항목들의 주요 내용은 다음과 같다.

① 600 예 술
- 601-609 예술류가 아닌 미술류의 표준구분에 해당
  - 600.1-600.9 예술류의 표준구분 적용
- 601 미술 이론, 미학
- 602 미술 재료 및 기법
- 603 미술 용어 사전, 백과사전

- 604 미술의 주제
- 608 미술 전집, 총서
- 609 미술사

② 610 제5판에서는 건축술의 분류 기호로 사용되었으나, 제6판에서는 540으로 이치되었으므로, 제6판에서는 미사용

③ 620 조각, 조형 미술
  - 620.9 조각의 역사
  - 620.901-906에는 시대별 구분이 있고, 620.91-.97에는 지역구분표를 적용하여 각국의 조각사 전개
  - 621 미사용 기호
  - 622 조소 재료 및 기법
    - 조각 구조, 재료, 비품 및 각종 기법, 유형에 관한 항목 전개
  - 623 목 조
  - 624 석 조
  - 625 금동조
  - 626 점토 조소, 소조(塑造)
  - 627 기타 재료
  - 628 전각, 인장
    - 재료 및 기법과 함께 인보, 전화학(錢貨學 古錢學) 등의 항목 전개
  - 629 제상(諸像)
    - 불상과 기독 조상, 가면 등의 항목을 전개

④ 630 공 예
  - 631 도자 공예, 유리 공예
    - 도자기를 비롯해 토기, 점토, 시멘트, 유리 등을 재료로 만드는 공예 항목 나열

제3부 본표의 분석과 적용

- 632 금속 공예
  - 금속 공예의 기법 그리고 재료가 되는 각종 금속 세공과 도공(刀工), 투구 등의 항목 설정
- 633 보석, 갑각, 패류, 알 공예
  - 보석 세공, 아각(牙角) 세공, 피혁 세공, 패류(貝類) 세공 등의 항목 설정
- 634 목(木), 죽(竹), 화훼, 왕골 공예
- 635 칠공예
- 636 염직물 공예, 섬유 공예
- 637 고무, 플라스틱 공예
- 638 미술 가구
  - 미술 가구에는 종교용 가구와 인형 및 완구 포함
- 639 미사용 기호

⑤ 640 서 예
- 641 한자 서체
  - 고문, 전서(篆書), 예서(隷書), 행서(行書), 해서(楷書), 초서(草書) 등의 항목 설정
- 642 한자 서법
  - 결체론, 운필법, 서작(書作), 묵색, 임서법(臨書法) 등의 항목 설정
- 643 한글 서체
  - 판본체, 혼서체, 궁체 등의 항목 전개
- 644 기타 서법
  - 가나(假名) 서법, 아라비아 서법으로 구성
- 645 미사용 기호
- 646 펜습자
  - 한글, 한자, 가나(假名), 로마자 등의 항목 설정
- 647 낙관(落款), 수결(手決)

- 648 서보, 서첩, 법첩
  - 육필, 진필, 모사, 탁본, 집자 등의 항목 설정
- 649 문방구
  - 붓(모필), 먹(묵), 종이(지), 벼루(연) 등의 항목 설정

⑥ 650 회화, 도화, 디자인
   - 650.1-650.9 회화, 도화의 표준구분 적용
- 651 채색 이론 및 실제
- 652 회화의 재료 및 기법
  - 구도 및 원근법과 각종 재료와 회화에 사용되는 기법 관련 등의 항목 전개
- 653 시대별 및 국별 회화
  - 예술사(600.9)에 있는 시대구분을 이용하여 전개
  - 지역구분표를 적용하여 각 나라별 회화 전개
- 654 주제별 회화
  - 서사화, 종교화, 풍경화, 인물화, 역사화 등의 항목 전개
  - 주제별 회화는 화가나 재료는 이차적이고, 인물, 풍경, 동물, 식물 등 주제적인 취급에 일차적 의미가 있는 것을 분류[1]
- 655 미사용 기호
- 656 소묘, 도화
  - 소묘 재료 및 기법 그리고 목탄화, 초크화, 펜화 등 도화의 종류를 항목으로 전개
- 657 만화, 삽화
  - 캐리커처, 웹 만화, 디지털 만화, 삽화, 실루엣 등의 항목 설정
- 658 디자인
  - 산업 및 그래픽 디자인과 문양, 장식 도안 등의 항목 설정

---

[1] 한국도서관협회, 한국십진분류법, 제1권, 제6판 (서울: 한국도서관협회, 2013), 807.

제3부 본표의 분석과 적용

- 659 판 화
  - 판화 재료 및 기법과 함께 판의 재료에 따라 목판화, 석판화, 동판화, 사진 판화 등으로 구분

⑦ 660 사진 예술
  - 660.1 사진 이론
  - 사진 광학과 사진 화학으로 구성
- 661 사진기, 사진 재료
  - 필름, 인화지, 사진 약품, 사진기, 렌즈, 사진 촬영용 설비 및 시설 등의 항목 나열
- 662 사진 촬영 기술
  - 피사체에 따라 풍물(風物) 촬영법, 인물 촬영법, 예술 사진 및 보도 사진 촬영법 등의 항목 설정
- 663 음화(陰畵) 처리
  - 현상, 보력(補力), 수정법, 사진 암실, 원판 정리 및 보존 등의 항목 설정
- 664 양화 처리(인화)
  - 특수 인화법, 청사진, 인화 정리 및 보존 등의 항목 설정
- 666 특수 사진술
  - 흑백 사진술, 천연색 사진술, 적외선, 자외선 사진술, 항공 및 우주 사진술, 고속 사진술, 영상물 및 비디오 촬영술 등 특수한 기술이 필요한 사진술 관련 항목 설정
- 667 사진 응용
  - 마이크로 사진, 투사. 환등, 공예 사진 등의 항목 설정
- 668 사진집
  - 예술 일반의 주제(600.4)와 동일하게 전개하며, 별법(別法)으로 주제별 사진집은 해당 주제 아래에 분류 가능
- 669 미사용 기호

⑧ 670 음 악
- 670.1-.9 음악의 표준구분이라고 할 수 있으나, 그 전개는 표준구분과 다소 차이가 있음
- 음악 이론은 671에 분류, 670.24는 악기이며 670.88은 악보

▪ 671 음악 이론 및 기법
- 음악의 원리, 악보에 쓰이는 규범을 설명한 악전(樂典), 음악 형식, 작곡과 연주 등의 항목 설정

▪ 672 종교 음악
- 불교 음악, 기독교 음악, 기타 종교 음악으로 항목 설정

▪ 673 성 악
- 성악 이론 및 기법과 함께 노래를 부르는 사람 수에 따라 합창, 독창 및 중창 등의 항목
- 내용에 따라 민속 음악 대중 음악, 단체 및 주제별 음악과 가곡, 국가(國歌) 등으로 항목 구분

▪ 674 극음악, 오페라
- 극음악과 오페라의 종류에 따라 가극, 오페라, 뮤지컬, 오페레타, 칸타타 등으로 구분

▪ 675 기악 합주
- 이론 및 기법과 함께 관현악, 전주곡, 협주곡, 실내악 등의 항목 설정

▪ 676 건반 악기 및 타악기
- 이론 및 기법과 함께 피아노, 오르간 등을 포함하는 건반 악기와 드럼, 심벌즈, 실로폰 등의 타악기 관련 항목 설정

▪ 677 현악기
- 바이올린, 비올라, 첼로 등을 포함한 찰현(궁현) 악기와 하프, 만돌린, 우쿨렐레 등을 포함한 발현 악기의 항목 설정

- 678 관악기(취주 악기)
  - 관악기의 이론 및 기법과 함께 금관 악기, 목관 악기 그리고 리드의 유무와 수에 따라 구분한 목관 악기 등의 항목 설정
- 679 한국 음악 및 동양 전통 음악
  - 국악 이론(악전 樂典), 정악(正樂), 민속악, 창극, 창작 국악, 타악기 그리고 동양 전통 음악 등의 항목 설정

⑨ 680 공연 예술, 매체 예술
  - 무대에서 행하는 음악이나 무용, 연극 등과 라디오, 텔레비전 영화 등의 예술로 구성
- 681 극장, 제작, 연출, 연기
  - 무대의 형태, 제작, 연출, 연기, 대본 등의 항목 설정
- 682 연 회
  - 가면극, 인형극, 줄타기, 마당놀이 등의 항목 설정
- 683 미사용 기호
- 684 각종 연극
  - 신파(新派), 희극, 코미디, 비극, 종교극, 팬터마임 등의 항목 설정
- 685 무용, 발레
  - 무용을 한국 무용과 국가별 무용으로 세분하고 있으며, 탭댄스와 재즈 댄스를 포함한 극장식 무용, 발레 및 현대 무용 순으로 전개
- 686 라디오극(방송극) 및 음성(소리) 매체 예술
  - 제작, 연출, 연기, 라디오극 프로그램으로 구성
- 687 텔레비전극 및 시청각 매체 방송 예술
  - 제작, 연출, 연기, 텔레비전극 프로그램으로 구성
- 688 영 화
  - 영화 제작 및 연출, 연기와 극영화, 오락 영화, 기록 영화, 만화 영화, 특수 영화 등의 항목 설정

▪ 689 대중 연예
- 만담, 마술, 파노라마, 서커스, 복화술, 라디오 및 텔레비전 연예 등의 항목 설정

⑩ 690 오락, 스포츠
▪ 691 오 락
- 실내 오락, 바둑, 장기, 당구, 댄스 등을 항목 설정
▪ 692 체육학, 스포츠
- 올림픽, 아시안 게임 등 각종 종합 체육 대회와 체육 역학, 체육 사회학, 체육 측정 등 체육학의 각 분야들 나열
▪ 693 체조, 놀이
- 맨손 체조, 기계 체조, 리듬 체조, 매스게임 등의 항목 설정
▪ 694 육상 경기
- 경주(競走), 경보(競步), 투척(投擲) 경기, 육상 레저스포츠 등의 항목 설정
▪ 695 구 기
- 농구, 배구, 핸드볼, 야구 등의 구기 종목 관련 항목 설정
▪ 696 수상 경기, 공중 경기
- 수영, 보트 타기, 수상 스키, 연 날리기, 공중 레저 스포츠, 번지 점프 등의 공중 경기 항목 설정
▪ 697 동계 스포츠
- 스케이팅 타기, 스키 타기, 빙상 경기, 빙상 레저 스포츠 등의 항목 설정
▪ 698 무예 및 기타 경기
- 역도, 무예, 궁술, 검도, 승마술, 호신술 등의 항목 설정
▪ 699 기타 오락 및 레저 스포츠
- 등산, 조깅, 캠핑, 하이킹, 사냥, 낚시 등의 항목 설정

2. 예술류의 주요 개정 부분

제6판에서 예술류는 학문의 발전과 사회 변화, 분류표의 실용성을 위해 다수 항목이 신설, 전개, 이치되었다. 주요 내용은 다음과 같다.

① 제6판에서는 예술의 한 영역인 건축술(제5판의 610)과 공학의 한 영역인 건축 공학(제5판의 540)을 "540 건축, 건축학"으로 통합함으로써, 610이 공기호로 남게 되었다.

② 기술의 발전과 시대의 흐름에 따라 새로운 주제를 반영하여 일부 분류 항목들을 신설하였다(〈표 15-2〉 참조).

표 15-2 예술류의 신설 분류 항목

분류 기호	분류 항목
633.9	알공예
658.33	컴퓨터그래픽디자인
671.53	론도
671.54	변주곡
671.58	기타 악곡형식
673.61	가정 및 지역사회(음악)
673.62	어린이 및 학생(음악)
673.68	주제별 음악
679.21	궁중음악
679.22	풍류방음악
688.023	영화 법, 제도
688.028	영화인물
688.078	영화제
688.86	디지털영화
693.6	리듬체조
698.28	국선도

③ 분류 항목의 명칭이 부적합한 것을 바로잡거나 개념을 명확하게 하기 위해 그 일부를 조정하였다(〈표 15-3〉 참조).

표 15-3 예술류의 명칭 조정 분류 항목

분류 기호	분류 항목
630	공예, 장식미술 → 공예
633	보석, 갑각, 패류공예 → 보석, 갑각, 패류, 알공예
650	회화, 도화 → 회화, 도화, 디자인
658	그래픽 디자인, 도안, 포스터 → 디자인
666.72	영상물 촬영술 → 영화 촬영술
670.719	특수지역의 음악교육 → 각국의 음악교육
673.49	특수지역의 민속음악 → 각국의 민속음악
673.6	단체가 → 단체 및 주제별 음악
673.66	학생 및 교가 → 교가
673.7	특수그룹의 노래 → 사회단체의 노래
675.4	독립전주곡 → 전주곡
676.6	기계음악 및 이올리언 → 이올리언
679.95	인도 전통음악 → 인디아와 남부아시아 전통음악
685.21-.27	국가별 무용 → 각국의 무용
689.3	기술, 마술 → 마술
693	체조, 유희 → 체조, 놀이

④ 분류표의 실용성을 높이기 위해 일부 항목들을 이치하였다(〈표 15-4〉 참조).

⑤ 688.2 극영화, 오락 영화와 688.3 기록 영화 아래에 별법(別法)을 도입하여 관련 문헌들을 다양한 유형별로 분류할 수 있도록 하였다.

표 15-4 예술류의 이치 분류 항목

KDC 5	KDC 6
639 장식예술	658 **디자인**
639.5 산업디자인	658.2 **그래픽 디자인**
666.9 적외선 사진술	666.3 적외선, 자외선, **X선 사진술**
679.072 국악연구소, 국립국악원	679.06 **학회, 협회, 각종 기관**
679.21 성 악	679.221 성 악
679.22 기 악	679.222 기 악
679.23 의식음악	679.211 궁중제례악
679.231 종묘제례악	679.2111 종묘제례악
679.232 문묘제례악	679.2112 문묘제례악
679.233 경모궁제례악	679.2113 경모궁제례악
679.234 기 타	679.2114 기 타
679.33 불교음악	672.2 불교음악
684.015 비 평	684.09 연극사
	발달, **비평**, 작품 등을 포함한다.
684.4 레뷰, 소년가극	674.3 오페레타(경가극)
	음악코미디, **레뷰... 소년가극** 등을 포함한다.
689.31 요 술	689.3 **마 술**
691.58 윷	383.8 놀이, 오락, 풍속
	민속놀이(농악, 차전놀이, **윷놀이**..)등을 포함한다.
697.19 롤러스케이팅	694.8 육상레저스포츠
	오리엔티어링, 랜드서핑... **롤러스케이팅** 등을 포함한다.

⑥ 671.55 무용 음악은 674.9 기타 극음악으로, 671.57 재즈는 673.53 서양 대중음악으로 이치되면서 모두 주기로 처리되어 항목이 삭제되었으며, 689.31 요술과 691.26 연주 두 분류 항목도 삭제되었다.

제2절　예술류의 주요 기호 합성에 관한 분석

1. 미술의 표준구분 (601-609)과 예술의 표준구분 (600.1-600.9)

600 예술류에서 표준구분표를 적용할 때는, 예술류 전체에 대한 표준구분과 미술에 대한 표준구분을 구별하여 적용해야 한다. 이와 관련하여, 600 아래에는 〈그림 15-1〉과 같이, 미술에 관한 표준구분은 601-609를 사용하고, 예술에 관한 표준구분은 600.1-.9의 기호를 사용하도록 주기에 구체적으로 명시하고 있다.

```
600    예 술(藝術) Arts
       미술, 장식미술, 음악, 연극, 영화, 오락 등에 관한 종합저작을 포함한다.
       예술에 관한 표준구분은 600.1-.9에, 미술에 관한 표준구분은 601-609에 분류한다.
```
그림 15-1 예술과 미술의 표준구분(600)의 주기

〈그림 15-1〉에 제시된 주기에 따를 경우, "예술사"는 "600 - 0 + -09(표준구분: 역사) → 600.9"가 된다(〈그림 15-2〉 참조).

```
600         예 술
    -09     역사(표준구분)
─────────────────────────────
600 - 0 + -09 → 600.9
```
그림 15-2 "예술사"(600.9)의 분류 기호

- ■ 유사 사례
  - 예술 세계(연속간행물)

    600 - 0 + -05(표준구분: 연속간행물) → 600.5
  - 예술 교육의 현황과 과제

    600 - 0 + -07(표준구분: 지도법, 연구법 및 교육) → 600.7

제3부 본표의 분석과 적용

한편 〈그림 15-1〉에 제시된 주기에 따를 경우, "미술사"는 "600 - 00 + -09(표준구분: 역사) → 609"가 된다(〈그림 15-3〉 참조).

600	예 술
-09	역사(표준구분)

600 -00 + -09 → 609

그림 15-3 "미술사"(609)의 분류 기호

■ 유사 사례
- 현대 미술(연속간행물)

    600 - 00 + -05(표준구분: 연속간행물) → 605

- 미술 교육 및 연구

    600 - 00 + -07(표준구분: 지도법, 연구법 및 교육) → 607

다만 〈그림 15-1〉에 제시된 주기에 따라 KDC의 본표에는 600.1-600.9는 예술의 표준구분으로, 601-609는 미술의 표준구분으로 전개되어 있으나, 본표상의 구체적인 전개에서 약간의 예외적인 변경이 있다는 사실에 유의해야 한다. 즉 KDC 제6판의 본표에서는 표준구분 -02 잡저를 적용한 600.2는 "예술 재료 및 기법"으로, 602는 "미술 재료 및 기법"으로, 표준구분 -04 강연집, 수필집, 연설문집을 적용한 600.4는 "예술의 주제", 604는 "미술의 주제"로 전개하고 있다.

2. 미술 재료 및 기법 (602.1-.7)

KDC에서 미술 재료 및 기법에 관한 문헌은 602에 분류하도록 하고 있다. 이 602 아래에는 〈그림 15-4〉와 같이, "602.1-.7은 600.21-.27과 같이 세분한다"라는 기호 합성에 대한 주기가 제시되어 있다.

602 **미술재료 및 기법**
　　602.1-.7은 600.21-.27과 같이 세분한다.

그림 15-4 미술 재료 및 기법(602)의 주기

〈그림 15-4〉에 제시된 주기에 따를 경우, "미술 자료의 복제"는 기본 기호에 복제를 나타내는 기호 6을 더하여 "602 + 6(600.26 (예술의) 복제에서 600.2 다음에 오는 기호) → 602.6"이 된다(〈그림 15-5〉 참조).

602 **미술 재료 및 기법**
　　6　600.26(예술의 복제)에서 600.2 다음의 기호

602 + 6 → 602.6

그림 15-5 "미술 자료의 복제"(602.6)의 분류 기호

- **유사 사례**
  - 미술 기법
    602 + 5(600.25 기법에서 600.2 다음에 오는 기호) → 602.5
  - 미술 작품의 보존 및 복원
    602 + 7(600.27 보존, 보수 및 복원에서 600.2 다음에 오는 기호) → 602.7

한편 628.2 (전각, 인장의) 재료 및 기법 아래에도 "628.21-628.27은 600.21-.27과 같이 세분한다"라는 동일한 내용의 기호 합성에 대한 주기가 제시되어 있다. 이 주기에 따를 경우, "인장 도구"는 인장을 나타내는 기호 628.2에 도구를 나타내는 기호 4를 더하여, "628.2 + 4(600.24 (예술의) 기구 및 용품에서 600.2 다음에 오는 기호) → 628.24"가 된다(〈그림 15-6〉 참조).

628.2	(전각, 인장의) 재료 및 기법
4	600.24(기구 및 용품)에서 600.2 다음의 기호
628.2 + 4 → 628.24	

그림 15-6 "인장 도구"(628.24)의 분류 기호

3. 시대별 및 국별 회화 (653)

한 나라에 한정된 특정 시대의 회화를 다루고 있는 문헌은 653에 분류한다. 653 아래에는 〈그림 15-7〉과 같이, "653.01-.69는 600.901-.969와 같이 세분한다"라는 기호 합성에 대한 주기가 제시되어 있다.

653	시대별 및 국별 회화
	653.01-.69는 600.901-.969와 같이 세분한다. 예: 서양의 고전주의 회화 653.204
	지역구분표에 따라 세분한다. 예: 프랑스회화 653.26

그림 15-7 시대별 및 국별 회화(653)의 주기

〈그림 15-7〉에 제시된 주기에 따를 경우, "서양의 초현실주의 회화"는 "653 + 205(600.9205 20세기 예술에서 600.9 다음에 오는 기호) → 653.205"가 된다(〈그림 15-8〉 참조).

653	시대별 및 국별 회화
205	600.9205(20세기 예술)에서 600.9 다음의 기호

653 + 205 → 653.205

그림 15-8 "서양의 초현실주의 회화"(653.205)의 분류 기호

- **유사 사례**
  - 서양 중세 기독교 양식의 회화
    653 + 203(600.9203 서양 중세에서 600.9 다음에 오는 기호) → 653.203
  - 21세가 동양 회화
    653 + 106(600.9106 동양 21세기에서 600.9 다음에 오는 기호) → 653.106

또한 653 아래에는 〈그림 15-7〉과 같이 "지역구분표에 따라 세분한다"라는 기호 합성에 대한 추가의 주기도 제시되어 있다. 이 주기에 따를 경우, "스페인 회화"는 국별 회화를 나타내는 기호 653에 스페인을 나타내는 기호를 더하여, "653 + -27(지역구분: 스페인) → 653.27"이 된다(〈그림 15-9〉 참조).

653	시대별 및 국별 회화
-27	스페인(지역구분)

653 + -27 → 653.27

그림 15-9 "스페인 회화"(653.27)의 분류 기호

- **유사 사례**
  - 현대 그리스 회화
    653 + -2996(지역구분: 그리스) → 653.2996
  - 남미 지역의 회화
    653 + -5(지역구분: 남아메리카) → 653.5

4. 시대별 및 국별 미술사 (609)

미술 일반의 역사에 관한 문헌은 609에 분류한다. 609 미술사 아래에는 〈그림 15-10〉과 같은 기호 합성에 대한 주기가 제시되어 있다.

609	미술사
	600.901-.979와 같이 세분한다. 예: 미국 미술사 609.42

그림 15-10 각국 및 각 시대의 미술사(609)의 주기

〈그림 15-10〉에 제시된 주기에 따를 경우, "이탈리아 미술사"는 "609 + 28(600.928 이탈리아 예술사에서 600.9 다음에 오는 기호로, 실제로는 지역구분의 이탈리아를 나타내는 -28과 동일) → 609.28"이 된다(〈그림 15-11〉 참조).

609	미술사
28	600.928(이탈리아 예술사)에서 600.9 다음의 기호

609 + -28 → 609.28

그림 15-11 "이탈리아 미술사"(609.28)의 분류 기호

- **유사 사례**
  - 중국 미술사

    609 + -12(지역구분: 중국) → 609.12
  - 스페인 미술사

    609 + -27(지역구분: 스페인) → 609.27

이 때 "이탈리아 예술사"를 나타내는 600.928은 600.921-.969 서양 각국의 예술사 아래의 주기(〈그림 15-12〉 참조)에 따라, 예술사를 나타내는 기호 600.9에 이탈리아

를 나타내는 지역구분의 기호(-28)를 더하여, "600.9 + -28(지역구분: 이탈리아) → 600.928"이 된다는 사실에 유의해야 한다.

600.921-.969   서양 각국의 예술사
              지역구분표에 따라 세분한다. 예: 미국 예술사 600.942

그림 15-12 서양 각국의 예술사(600.921-.969)의 주기

또한 〈그림 15-10〉에 제시된 주기에 따를 경우, "근세 미술사"는 "609 + 04(600.904 근세 예술사에서 600.9 다음에 오는 기호) → 609.04"가 된다(〈그림 15-13〉 참조).

---

609   **미술사**
   04   600.904(근세 예술사)에서 600.9 다음의 기호

609 + 04 → 609.04

그림 15-13 "근세 미술사"(609.04)의 분류 기호

■ 유사 사례
 • 중세 미술사
    609 + 03(600.903 중세 예술사에서 600.9 다음에 오는 기호) → 609.03
 • 21세기 미술사
    609 + 06(600.904 21세기 예술사에서 600.9 다음에 오는 기호) → 609.06

이 때 "근세 예술사"를 나타내는 600.904는 예술을 나타내는 기호 600에 근세를 나타내는 표준구분의 시대 기호(-0904)를 더하여, "600 + -0904(표준구분: 근세) → 600.904"가 된다는 사실에 유의해야 한다.

5. 오르간의 악보 (676.58)

오르간에 대한 분류 기호 676.5 아래에는 〈그림 15-14〉와 같이, "676.54-.58은 676.24-.28과 같이 세분한다"라는 기호 합성에 대한 주기가 제시되어 있다.

676.5	**오르간**
	676.54-.58은 676.24-.28과 같이 세분한다. 예: 오르간 교본 676.57

그림 15-14 오르간(676.5)의 주기

〈그림 15-14〉에 제시된 주기에 따를 경우, "오르간 악보"는 오르간을 나타내는 기호에 악보를 나타내는 기호 8을 더하여, "676.5 + 8(676.28 피아노 악보에서 676.2 다음에 오는 기호) → 676.58"이 된다(〈그림 15-15〉 참조).

676.5	**오르간**
8	676.28(피아노 악보)에서 676.2 다음의 기호
676.5 + 8 → 676.58	

그림 15-15 "오르간 악보"(676.58)의 분류 기호

■ 유사 사례
- 오르간 조율과 수리
    676.5 + 4(676.24 피아노 조율과 수리에서 676.2 다음에 오는 기호) → 676.54
- 오르간 지도 및 교본
    676.5 + 7(676.27 피아노 지도 및 교본에서 676.2 다음에 오는 기호) → 676.57

6. 주제별 음악 (673.68)

특정한 주제를 담고 있는 음악에 관한 문헌은 673.68에 분류한다. 673.68 아래에는 〈그림 15-16〉과 같이, "001-999와 같이 주제구분한다"라는 전주제(全主題) 구분의 기호 합성에 대한 주기가 제시되어 있다.

```
673.68     주제별 음악
           001-999와 같이 주제구분한다. 예: 에어로빅송 673.686934
```

그림 15-16 주제별 음악(673.68)의 주기

〈그림 15-16〉에 제시된 주기에 따를 경우, "캠핑 송"은 "673.68 + 6992(699.2 캠핑) → 673.686992"가 된다(〈그림 15-17 참조〉).

```
673.68        주제별 음악
    699.2     캠 핑
─────────────────────────────
673.68 + 6992 → 673.686992
```

그림 15-17 "캠핑 송"(673.686992)의 분류 기호

- **유사 사례**
  - 효(孝)를 주제로 한 노래집
    673.68 + 192.7(효도) → 673.681927
  - 세시 풍속에 관한 노래집
    673.68 + 386(세시 풍속) → 673.68386

7. 일반 음악 이론 및 기법 (671)과 특수 주제 음악의 이론 및 기법

음악 이론 및 기법에 관한 문헌은 671에 분류하도록 하고 있다. 671 아래에는 〈그림 15-18〉과 같이, "특수 주제 음악의 이론 및 기법은 해당 주제 음악에 분류한 다음 671.1-.9와 같이 세분한다"라는 기호 합성에 대한 주기가 제시되어 있다.

> 671   **음악 이론 및 기법**
> 특수주제 음악의 이론 및 기법은 해당주제의 음악에 분류한
> 다음 671.1-.9와 같이 세분한다. 예: 바이올린 연주 677.2264

그림 15-18 음악 이론 및 기법(671)의 주기

〈그림 15-18〉에 제시된 주기에 따를 경우, "첼로 소나타"는 첼로를 나타내는 기본 기호에 소나타를 나타내는 기호 52를 더하여, "677.24 + 52(671.52 소나타에서 671 다음에 오는 기호) → 677.2452"가 된다(〈그림 15-19〉 참조).

677.24   첼로(비올론 첼로)
52   671.52(소나타)에서 671 다음의 기호
───────────────────────
677.24 + 52 → 677.2452

그림 15-19 "첼로 소나타"(677.2452)의 분류 기호

- **유사 사례**
  - 금관 악기 화성법
    678.2 + 3(671.3 화성, 화성학에서 671 다음에 오는 기호) → 678.23
  - 목관 악기 멜로디
    678.3 + 41(671.41 멜로디에서 671 다음에 오는 기호) → 678.341

8. 각국의 영화사 및 영화 평론 (688.091-.097)

세계 각국의 영화사 및 영화 평론에 관한 분류 기호 688.091-.097 영화사 아래에는 〈그림 15-20〉과 같은 기호 합성에 대한 주기가 제시되어 있다.

```
688.091-.097   각국의 영화사 및 영화 평론
               지역구분표에 따라 세분한다. 예: 중국 영화사 688.0912;
               중국 영화평론 688.0912
```

그림 15-20 각국의 영화사 및 영화평론(688.091-.097)의 주기

〈그림 15-20〉에 제시된 주기에 따를 경우, "홍콩의 영화사 50년"은 "688.09 + -1234(지역구분: 홍콩) → 688.091234"가 된다(〈그림 15-21〉 참조).

```
688.09      각국의 영화사 및 영화 평론
   -1234    홍콩(지역구분)
─────────────────────────────────
688.09 + -1234 → 688.091234
```

그림 15-21 "홍콩의 영화사 50년"(688.091234)의 분류 기호

- 유사 사례
  - 이탈리아 영화 100년사
    688.09 + -28(지역구분: 이탈리아) → 688.0928
  - 이란 영화 평론
    688.09 + -183(지역구분: 이란) → 688.09183

제3부 본표의 분석과 적용

9. 동계 종합 체육 대회 (697.069)

동계 종합 체육 대회에 관한 분류 기호 697.069 아래에는 〈그림 15-22〉와 같은 기호 합성에 대한 주기가 제시되어 있다.

697.069	동계 종합 체육대회
	697.0691-.0696은 692.0691-.0696과 같이 세분한다. 예: 동계유니버시아드 대회 697.0696

그림 15-22 동계 종합 체육 대회(697.069)의 주기

〈그림 15-22〉에 제시된 주기에 따를 경우, "동계 종합 전국 체육 대회 60년사"는 기본 기호에 전국체전을 나타내는 기호 1을 더하여 "697.069 + 1(692.0691 전국체전에서 692.069 다음에 오는 기호) → 697.0691"이 된다(〈그림 15-23〉 참조).

697.069	동계 종합 체육대회
1	692.0691(전국체전)에서 692.069 다음의 기호
697.069 + 1 → 697.0691	

그림 15-23 "동계 종합 전국 체육 대회 60년사"(697.0691)의 분류 기호

- **유사 사례**
  - 동계 올림픽 모음집
    697.069 + 3(692.0693 올림픽에서 692.069 다음에 오는 기호) → 697.0693
  - 아시안 게임 기록집
    697.069 + 5(692.0695 아시안 게임에서 692.069 다음에 오는 기호) → 697.0695

10. 사진집 (668)

사진집은 668에 분류하도록 하고 있다. 668 아래에는 〈그림 15-24〉와 같이 "668.2-.8은 600.42-.48과 같이 세분한다"라는 기호 합성에 대한 주기가 제시되어 있다.

```
668    사진집
       668.2-.8은 600.42-.48과 같이 세분한다. 예: 인물사진집 668.5
       별법: 도서관에 따라 주제별 사진집은 해당주제 아래에 분류할 수 있다.
       예: 무대사진집 681.2
```

그림 15-24 사진집(668)의 주기

〈그림 15-24〉에 제시된 주기에 따를 경우, "우리나라 풍속 사진집"은 "668 + 3(600.43 풍속에서 600.4 다음에 오는 기호) → 668.3"이 된다(〈그림 15-25〉 참조).

```
668         사진집
  3         600.43(풍속)에서 600.4 다음의 기호
─────────────────────────────────────────
668 + 3 → 668.3
```

그림 15-25 "우리나라 풍속 사진집"(668.3)의 분류 기호

■ 유사 사례
- 애완견 사진집
    668 + 49(600.449 동물에서 600.4 다음에 오는 기호) → 668.49
- 고려 시대 불상 사진집
    668 + 22(600.422 불교에서 600.4 다음에 오는 기호) → 668.22

또한 668 아래에는 〈그림 15-24〉와 같이 별법(別法)으로 "도서관에 따라 주제별 사진집은 해당 주제 아래에 분류할 수 있다"라는 주기가 제시되어 있다. 이 별법에 대한 주기에 따를 경우, "화초 사진집"은 화초를 나타내는 주제인 "525.7(화초 재배)"이 된다.

- **유사 사례(별법)**
  - 애완견 사진집(별법)
    527.41(개)
  - 고려 시대 불상 사진집(별법)
    227.6(불상)

제3절 예술류의 적용 사례 분석

①
- 서명: 서양회화사: 조토에서 세잔까지
- 저자명: 마이클 리비 저; 양정무 역
- 출판지: 서울
- 출판사: 시공사
- 출판년: 2000

▶ 653(시대별 국별 회화) + -2(지역구분: 유럽) → 653.2

②
- 서명: 영문 서체 모음집 1(총서)
- 저자명: 이종문화사
- 출판지: 서울
- 출판사: 이종문화사
- 출판년: 2004

▶ 658.31(폰트, 서체 디자인) + -08(표준구분: 전집, 총서) → 658.3108

③
- 서명: 컴퓨터 게임 테마 파크
- 저자명: 박철
- 출판지: 서울
- 출판사: 사이언스북스
- 출판년: 1998

▶ 691.15(컴퓨터 게임)

④
- 서명: (문화예술)100과 사전
- 저자명: 정윤수
- 출판지: 서울
- 출판사: 숨비소리
- 출판년: 2007

▶ 600 - 0 + -03(표준구분: 사전) → 600.3

⑤
- 서명: 독일과 프랑스 음악교육 현장을 가다: 독일 프랑스 음악교육 현장 답사보고서
- 저자명: 전국음악교과모임
- 출판지: 서울
- 출판사: 전국음악교과모임
- 출판년: 2005

▶ 670(음악) - 0 + -071(표준구분: 교육, 양성기관) + 9(각국 음악교육) + -2(지역구분: 유럽) → 670.7192

⑥
- 서명: 주요국가의 문화예술통계
- 저자명: 황동열
- 출판지: 서울
- 출판사: 한국문화정책개발원
- 출판년: 2002

▶ 600.15(예술행정) + -025(표준구분: 통계표) → 600.15025

⑦
- 서명: 김봉제 사진집: 인물
- 저자명: 김봉제
- 출판지: 서울
- 출판사: 컬처북스
- 출판년: 2009

▶ 668(사진집) + -5(600.45 인물) → 668.5

⑧
- 서명: 전통음악의 원리와 교육
- 저자명: 김우현
- 출판지: 서울
- 출판사: 한국음악교육연구회
- 출판년: 1995

▶ 679.07(한국음악 및 동양전통음악 지도법, 연구법)

⑨
- 서명: 유럽지역 무용단 정보
- 저자명: 전문무용수지원센터
- 출판지: 서울
- 출판사: 전문무용수지원센터
- 출판년: 2008

▶ 685(무용) + -09(표준구분: 역사 및 지역구분) + -2(지역구분: 유럽) → 685.092

⑩
- 서명: 현대사진영상학회 논문집(연속간행물)
- 발행기관: 현대사진영상학회
- 발행주기: 연간

▶ 660(사진예술) - 0 + -05(표준구분: 연속간행물) → 660.5

⑪
- 서명: 한국 미술에 삼가고함: 미술평론집
- 저자명: 윤범모
- 출판지: 서울
- 출판사: 현암사
- 출판년: 2005

▶ 601.04(미술 에세이)

⑫
- 서명: 동판공예 이론과 실기
- 저자명: 임정문
- 출판지: 파주
- 출판사: 이담북스
- 출판년: 2009

▶ 630(공예) - 0 + -01(표준구분: 철학 및 이론) → 630.1

⑬
- 서명: 슈만 & 엘가 첼로 협주곡집
- 저자명: R. Schumann & E.Elgar violoncello concerto 저, 다라 음악연구회 편
- 출판지: 서울
- 출판사: 다라
- 출판년: 2013

▶ 675.5(협주곡) + -724(677.24 첼로) → 675.5724

⑭
- 서명: 경기민요
- 저자명: 정동화
- 출판지: 서울
- 출판사: 일조각
- 출판년: 2009

▶ 679.311(민요)

⑮
- 서명: (2011)문화예술교육 교육표준 개발 연구: 디자인 - 전문디자인 교수법
- 저자명: 한국문화예술교육진흥원
- 출판지: 서울
- 출판사: 한국문화예술교육진흥원
- 출판년: 2011

▶ 658(디자인) + -072(표준구분: 교수법) → 658.072

⑯
- 서명: *The Art of Flowers*
- 저자명: Jack Kramer, Eric Strahan(photography)
- 출판지: New York
- 출판사: Watson-Guptill
- 출판년: 2002

▶ 634.4

⑰
- 서명: *German National Cinema*
- 저자명: Sabine Hake
- 출판지: London, New York
- 출판사: Routledge
- 출판년: 2002

▶ 688(영화) + -09(표준구분: 역사 및 지역구분) + -25(지역구분: 독일과 중앙유럽) → 688.0925

⑱
- 서명: *Metalcrafts of Central Asia*
- 저자명: Ken Teague
- 출판지: Shire
- 출판사: Princes Risborough
- 출판년: 1999

▶ 632(금속공예) + -16(지역구분: 중앙아시아) → 632.16

⑲
- 서명: *Folk Music in the United States: An Introduction*
- 저자명: Nettl Bruno, Helen Myers
- 출판지: Detroit
- 출판사: Wayne State University Press
- 출판년: 1976

▶ 673.49(민속음악) + -42(지역구분: 미국) → 673.4942

⑳
- 서명: *Sports Coaching Research: Context, Consequences, and Consciousness*
- 저자명: Anthony Bush [et al.]
- 출판지: New York
- 출판사: Routledge
- 출판년: 2013

▶ 692.076(체육 트레이닝, 코치, 심판)

제16장

700 언 어
(Language)

KDC의 700은 인간의 사상과 감정, 의사 등을 서로 전달하기 위한 기호로 구성된 언어에 대한 주류이다. KDC에서 언어류는 강목 단계에서 먼저 언어별로 구분되고, 그 다음인 요목에서는 언어공통구분별로 구분이 이루어진다. 요목 단계에서 나타나는 언어공통구분은 제6장에서 살펴본 언어공통구분을 활용하여 전개된다. 특히 강목의 전개에서는 한국어를 가장 먼저 배열하고 이어서 우리나라와 밀접한 관련이 있는 중국어와 일본어를 배열하고, 그 다음에 영어, 독일어, 프랑스어 등의 서양 언어를 배열하고 있다.

언어류는 조기표 가운데 국어구분표와 언어공통구분표를 활용하기 때문에, DDC의 언어류와 마찬가지로, 분류표의 전개 및 분류에 패싯식 기호 합성의 성격을 잘 보여주고 있다.[1] 따라서 조기표를 활용한 각국어의 구체적인 분류에 대해서는 제6장의 내용을 함께 참조하기 바란다.

---

1) 오동근, DDC 22의 이해 (대구: 태일사, 2007), 254.

제3부 본표의 분석과 적용

제1절 언어류의 개요와 주요 개정 부분

1. 언어류의 개요

우선 KDC 제4판에서 제6판까지의 700 언어류의 일반적인 개요를 살펴보면, 〈표 16-1〉과 같다.

표 16-1 KDC 제4판~제6판의 언어류의 개요

	제4판	제5판	제6판
700	언어	언어	언어
710	한국어	한국어	한국어
720	중국어	중국어	중국어
730	일본어	**일본어 및 기타 아시아 제어**	일본어 및 기타 아시아 제어
740	영어	영어	영어
750	독일어	독일어	독일어
760	프랑스어	프랑스어	프랑스어
770	스페인어	스페인어 및 포르투갈어	스페인어 및 포르투갈어
780	이탈리아어	이탈리아어	이탈리아어
790	기타 제어	기타 제어	기타 제어

〈표 16-1〉에 나타난 것과 같이, KDC 제4판에서 제6판까지의 언어류 강목의 전개는 조기표 가운데 국어구분표를 그대로 적용하고 있다. 제4판에서 제5판으로 개정할 때 730 일본어가 730 일본어 및 기타 아시아 제어로 조정한 것 외에는 특별한 변경 없이 그대로 유지되고 있다.

아울러 언어류는 두 번째 패싯에서 국어구분표를 사용하게 된다. 따라서 언어류는 국어구분표 및 문학류와 조기성을 갖게 된다(〈표 16-2〉 참조).

표 16-2 언어류(700), 국어구분표, 문학류(800)의 조기성

700 언어류	국어구분표	800 문학류
710 한국어	-1 한국어	810 한국문학
720 중국어	-2 중국어	820 중국문학
730 일본어	-3 일본어	830 일본문학
740 영 어	-4 영 어	840 영미문학
750 독일어	-5 독일어	850 독일문학
760 프랑스어	-6 프랑스어	860 프랑스문학
770 스페인어	-7 스페인어	870 스페인문학
780 이탈리아어	-8 이탈리아어	880 이탈리아문학
790 기타 제어	-9 기타 제어	890 기타 제문학

KDC 제6판 700 언어류의 하위 항목들의 주요 내용은 다음과 같다.

① 700 언 어
- 언어류의 총류로 언어류의 표준구분에 해당
- 701 언어학
- 음운론·음성학·문자학, 이원학·어의학, 사전 편찬하, 어휘론 문법, 작문, 번역법·해석법·회화, 방언학, 문자, 언어 이외의 의사 전달 등의 항목 설정
- 702-709 언어류의 표준구분
- 702 잡 저
- 703 문학 사전
- 3개 이상의 언어로 된 다국어 사전 포함
- 708 문학 전집, 총서
- 709 언어사 및 언어 정책, 언어 행정
- 언어 발달사 및 언어지(言語誌)와 언어 지도를 포함

② 710 한국어
- 710.1-.9 한국어의 표준구분
- 711-718 언어공통구분표를 사용해 합성한 분류 기호들이 전개

제3부 본표의 분석과 적용

- 720-780 언어공통구분표를 동일하게 적용
- 711 한국어 음운, 음성, 문자
- 712 한국어 어원, 어의(語義)
- 713 한국어 사전
  - 713.2-.9 2개 국어 사전
  - 2개 국어 사전은 표제어에 분류하고 해설어를 국어구분의 기호를 사용하여 부가
- 714 한국어 어휘
- 715 한국어 문법
- 716 한국어 작문
- 717 한국어 독본, 독해, 회화
- 718 한국어 방언(사투리)
  - 지역구분표 -111-1199를 적용하여 세분

③ 720 중국어
  - 720.1-.9 중국어의 표준구분
- 721-728 언어공통구분표를 사용하여 합성한 분류 기호 전개
- 721 중국어 음운, 음성, 문자
  - 음운, 사성(四聲), 훈고(訓詁), 주음부호(注音符號) 등의 문자, 한자의 항목 설정
- 728 중국어 방언(사투리)
  - 지역구분표 -121-128을 적용하여 세분

③ 730 일본어
  - 730.1-.9 일본어의 표준구분
- 731-738 언어공통구분표를 사용하여 합성한 분류 기호 전개
- 731 일본어 음운, 음성, 문자
  - 음운, 가나(假名), 철자법 등의 항목 설정

▪ 738 일본어 방언(사투리)
  - 지역구분표 -131-138을 적용하여 세분
▪ 739 기타 아시아 언어
  - 우랄알타이어족, 퉁구스어, 몽골(몽고)제어, 투르크어족, 사모예드어파, 핀우그르어파, 티베트 버마 제어, 동남 아시아 제어, 드라비다어 등의 항목 설정

⑤ 740 영어
  - 740.1-.9 영어의 표준구분
  - 740.9 영어사 및 언어 정책
▪ 741-748 언어공통구분표를 사용하여 합성한 분류 기호 전개
▪ 749 앵글로색슨어

⑥ 750 독일어
  - 750.1-.9 독일어의 표준구분
▪ 751-758 언어공통구분표를 사용하여 합성한 분류 기호 전개
▪ 759 기타 게르만어파
  - 프리지아어, 네덜란드제어, 스칸디나비아어, 스웨덴어, 덴마크어, 노르웨이어 등의 항목 설정

⑦ 760 프랑스어
  - 760.1-.9 프랑스어의 표준구분
▪ 761-768 언어공통구분표를 사용하여 합성한 분류 기호 전개
▪ 769 프로방스어

⑧ 770 스페인어
  - 770.1-.9 스페인어의 표준구분
▪ 771-778 언어공통구분표를 사용하여 합성한 분류 기호 전개
▪ 779 포르투갈어

⑨ 780 이탈리아어
- 780.1-.9 이탈리아어의 표준구분
- 781-788 언어공통구분표를 사용하여 합성한 분류 기호 전개
- 789 루마니아어

⑩ 790 기타 제언어
- 792 인도-유럽어족
- 793 아프리카 제어
- 794 북아메리카 인디언어
- 795 남아메리카 인디언어
- 796 오스트로네시아어족어
- 미크로네시아어족, 폴리네시아제어, 인도네시아어과, 필리핀어, 타갈로그어 등 세분
- 797 셈어족(셈어파)
- 798 함어족(함어파)
- 799 국제어(인공어) 및 기타 언어
- 에스페란토어, 볼라퓌크어 세분

2. 언어류의 주요 개정 부분

제6판에서 언어류는 학문의 발전과 사회 변화, 분류표의 실용성을 위해 다수 항목이 신설, 전개, 이치되었다. 주요 내용은 다음과 같다.

① 외래어 표기법에 대한 기호가 다른 언어와 조기성을 갖도록 하기 위해 중국어와 일본어 일부 세목의 전개를 조정하였다(〈표 16-3〉 참조).

표 16-3 중국어와 일본어의 항목 신설 및 이치

KDC 5	KDC 6
711.27 외국어표기법	711.27 외국어표기법
	721.27 외국어표기법
731.25 외국어 및 외래어의 가나표기법	
	731.265 구두점
.27 구두점	.27 외국어 및 외래어의 가나표기법

② 오스트로네시아어족(796)에 분류되어 있는 동남 아시아어에 대해 아래와 같은 별법(別法)을 마련하여, 해당 언어를 동남 아시아어와 함께 분류하고자 할 경우에 여기에 분류할 수 있도록 하였다(〈표 16-4〉 참조).

표 16-4 오스트로네시아어족의 별법 적용

언 어	표준법	별 법
인도네시아어파	796.7	739.84
말레이어	796.71	739.841
인도네시아국어	796.72	739.842
자바어	796.73	739.843
필리핀어, 타갈로그어	796.8	739.86

③ 739.66에 전개되었던 라플란드어를 739.64 핀란드어에 통합하였다.

④ 792.52의 표목을 "범어(梵語)"에서 "산스크리트어(범어 梵語)"로 변경하였다.

제2절 언어류의 주요 기호 합성에 관한 분석

1. 일본의 언어 정책 (730.9)

일본어의 언어 정책에 대한 분류 기호 730.9 아래에는 〈그림 16-1〉과 같이, 한국어사 및 언어 정책을 적용하여 일본어사 및 언어 정책을 분류할 수 있는 기호 합성 주기를 제시하고 있다.

730.9	일본어사 및 언어정책
	730.91-.98은 710.91-.98과 같이 세분한다. 예: 일본어계통론 730.95

그림 16-1 일본어사 및 언어 정책(730.9)의 주기

〈그림 16-1〉에 제시된 주기에 따를 경우, "일본 근대 국어의 형성"은 일본 언어사를 나타내는 기호에 근대 국어를 나타내는 기호 3을 더하여, "730.9 + 3(710.93 근대 국어에서 710.9 다음에 오는 기호) → 730.93"이 된다(〈그림 16-2〉 참조).

730.9	일본어사 및 언어정책
3	710.93(근대 국어)에서 710.9 다음의 기호

730.9 + 3 → 730.93

그림 16-2 "일본 근대 국어의 형성"(730.93)의 분류 기호

- **유사 사례**
  - 일본의 국어 행정
    730.9 + 8(710.98 국어 정책, 국어 행정에서 710.9 다음에 오는 기호) → 730.98
  - 고대 일본어
    730.9 + 1(710.91 고대 국어에서 710.9 다음에 오는 기호) → 730.91

2. 동양어의 옥편(玉篇) (7△3.02)

한국어 사전의 분류 기호 713 아래에는 한자 문화권의 나라에서 공통적으로 존재하는 특수한 유형의 사전에 대한 세목들이 구체적으로 전개되어 있다. 여기에 포함되어 있는 운서(韻書)(713.01), 자전·옥편(713.02) 등의 기호는 한국어에 전개된 방식을 중국어 사전(723)과 일본어 사전(733)에도 동일하게 적용하도록 하고 있다. 이와 관련하여, 723 중국어 사전 아래에는 〈그림 16-3〉과 같은 기호 합성에 대한 주기가 제시되어 있다.

723	사전(辭典)
	723.01-.02는 713.01-.02와 같이 세분한다. 예: 중국 자전 및 옥편 723.02

그림 16-3 중국어 사전(723)의 주기

〈그림 16-3〉에 제시된 주기에 따를 경우, "중국어 옥편"은 중국어 사전을 나타내는 기호에 옥편을 나타내는 기호 02를 더하여, "723 + 02(713.02 한국어 옥편에서 713 다음에 오는 기호) → 723.02"가 된다(〈그림 16-4〉 참조).[2]

723	중국어 사전
02	713.02(한국어 옥편)에서 713 다음의 기호

723 + 02 → 723.02

그림 16-4 "중국어 옥편"(723.02)의 분류 기호

- **유사 사례**
  - 중국어 운서

    723 + 01(713.01 운서에서 713 다음에 오는 기호) → 723.01
  - 일본어 옥편

    733 + 02(713.02 자전, 옥편에서 713 다음에 오는 기호) → 733.02

---

2) 오동근, 배영활, 여지숙, KDC 5의 이해 (대구: 태일사, 2009), 272.

제3부 본표의 분석과 적용

3. 각국어의 2개 국어 사전 (7△3.1-.9)

한국어와 관련된 2개 국어로 된 사전의 분류 기호 713.2-.9 아래의 주기에서는 2개 국어 사전을 분류하기 위한 구체적인 분류 방법을 지시하고 있다(〈그림 16-5〉 참조).

```
713.2-.9    2개 국어 사전
            2개 국어사전은 표제어에 분류하고 해설어를 국어구분의 기호를 사용하여 부가한다.
            예: 한영사전(표제어; 한국어) 713.4 영한사전 743.1
            710-799와 같이 언어구분한다.
            별법: 도서관에 따라 2개 국어사전은 이용자의 입장에서 비교적 덜 알려진 언어에 분류
            하고 상대어를 부가할 수 있다. 예: 한영(영한)사전 713.4(미국의 입장); 영한(한영)사전
            743.1(한국의 입장)
```

그림 16-5 2개 국어 사전(713.2-.9)의 주기

713.2-.9 아래의 이와 같은 주기 내용은 한국어 2개 국어 사전은 물론 중국어 (723.1-.9), 일본어(733.1-.9), 영어(743.1-.9), 독일어(753.1-.9), 프랑스어(763.1-.9), 스페인어(773.1-.9) 이탈리아어(783.1-.9)의 2개 국어 사전의 분류에도 동일하게 제시되어 있다.

이와 같은 방식에 따라 2개 국어 사전을 분류할 때는 다음과 같은 세 단계의 절차를 거치게 된다.

① 표제어의 언어를 확인하고 그에 대한 기본 기호를 부여한다.
② 언어공통구분에서 사전을 나타내는 기호 -3을 부가한다.
③ 해설어에 대한 국어구분의 기호를 부가한다.

〈그림 16-5〉에 제시된 주기에 따를 경우, "프랑스어-한국어 사전"은 표제어의 언어가 프랑스어이므로 프랑스어의 기본 기호 76을 부여하고, 언어공통구분의 사전에 대

한 기호 -3을 부가한 뒤, 해설어인 한국어의 기호 -1을 부가해야 한다. 따라서 그 분류 기호는 "76 + -3(언어공통구분: 사전) + -1(국어구분: 한국어) → 763.1"이 된다 (〈그림 16-6〉 참조).

76	프랑스어의 기본 기호
-3	사전(언어공통구분)
-1	한국어(국어구분)

76 + -3 + -1 → 763.1

그림 16-6 "프랑스어-한국어 사전"(763.1)의 분류 기호

■ 유사 사례

- 일본어-독일어 사전
  73 + -3(언어공통구분: 사전) + -5(국어구분: 독일어) → 733.5

- 프랑스어-러시아어 사전
  76 + -3(언어공통구분: 사전) + -928(국어구분: 러시아어) → 763.928

KDC의 이와 같은 2개 국어 사전의 분류 방법은 표제어를 분류의 제1기준으로 삼는 DDC의 방식과도 동일하다. 다만 KDC에서는 별법(別法)으로 2개 국어 중 이용자의 입장에서 비교적 덜 알려진 언어를 기준으로 하는 방식을 채택하고 있다. 이러한 별법에 따라 한국 도서관에서 "프랑스어-한국어 사전"과 "한국어-프랑스어 사전"을 분류할 경우, 둘 모두 우리나라에서 비교적 덜 알려진 언어(프랑스어)를 기준으로 분류해야 하기 때문에, 그 기호는 "76 + -3(언어공통구분: 사전) + -1(국어구분: 한국어) → 763.1"이 된다.

4. 각국어의 문법 (7△5)

KDC에서는 각국어의 문법에 관한 분류는 715 한국어 문법 아래의 세목 전개에 따르도록 하고 있다. 715 한국어 문법의 세목 715.1-.9는 품사론(715.1), 명사(715.2), 대명사(715.3), 동사 및 조동사(715.4), 형용사, 관형사, 수사(715.5), 지정사(715.6), 조사, 수사(715.7), 구문법(715.8), 대우법(715.9) 등으로 전개되어 있다. 이와 관련하여, 일본어 문법(735) 아래에는 〈그림 16-7〉과 같은 기호 합성 주기가 제시되어 있다.

735	문법, 어법
	735.1-.9는 715.1-.9와 같이 세분한다. 예: 일본어 품사론 735.1

그림 16-7 일본어 문법(735)의 주기

이러한 주기 내용은 중국어 문법(725), 영어 문법(745), 독일어 문법(755), 프랑스어 문법(765), 스페인어 문법(775), 이탈리아어 문법(785)에도 동일하게 제시되어 있다. 따라서 715.1-.9는 KDC의 언어류에서 문법 공통 구분이라고도 할 수 있을 것이다.[3]

〈그림 16-7〉에 제시된 주기에 따를 경우, "프랑스어 동사론"은 프랑스어 문법을 나타내는 기호에 동사를 나타내는 기호 4를 더하여, "765 + 4(715.4 한국어 동사에서 715 다음에 오는 기호) → 765.4"가 된다(〈그림 16-8〉 참조).

765	프랑스어 문법
4	715.4(한국어 동사)에서 715 다음의 기호
765 + 4 → 765.4	

그림 16-8 "프랑스어 동사론"(765.4)의 분류 기호

---

[3] 오동근, 배영활, 여지숙, KDC 5의 이해 (대구: 태일사, 2009), 276.

■ 유사 사례
• 스페인어 구문법
   775 + 8(715.8 한국어 구문법에서 715 다음에 오는 기호) → 775.8
• 이탈리아어 품사론
   785 + 1(715.1 한국어 품사론에서 715 다음에 오는 기호) → 785.1

그러나 이러한 세분 전개는 715 한국어 문법에서 785 이탈리아어 문법까지에 대해서만 적용된다는 사실에 유의해야 한다. 따라서 790 기타 언어에서 문법 부분을 분류하고자 할 경우에는, 주요 언어와 같은 상세한 세분은 하지 않고, 언어공통구분에서 "문법"을 나타내는 -5까지만을 사용하여 분류해야 한다.[4]

■ 유사 사례
• 러시아어 구문법
   792.8 + 5(715 한국어 문법에서 71 다음에 오는 기호) → 792.85
• 히브리어 품사론
   797.4 + 5(715 한국어 문법에서 71 다음에 오는 기호) → 797.45

---

[4] 오동근, 배영활, 여지숙, KDC 5의 이해 (대구: 태일사, 2009), 277.

5. 일반 국어사전 (713)과 특수 사전

일반 국어사전에 관한 문헌은 713에 분류한다. 아울러 어학 내의 특수 사전의 분류에 대해서는, 713 아래에 〈그림 16-9〉와 같은 주기가 제시되어 있다.

713	사전
	일반 국어사전은 여기에 분류한다. 어학 내의 특수사전은 해당주제 아래에 분류한다. 예: 한국어원사전 712.03; 은어사전 714.03

그림 16-9 사전(713)의 주기

〈그림 16-9〉에 제시된 주기에 따를 경우, "한국어 문법 사전"은 한국어 문법을 나타내는 기본 기호에 사전을 나타내는 표준구분의 기호 -03을 더하여, "715 + -03(표준구분: 사전) → 715.03"이 된다(〈그림 16-10〉 참조).

715	**한국어 문법**
-03	사전(辭典), 사전(事典)(표준구분)
715 + -03 → 715.03	

그림 16-10 "한국어 문법사전"(715.03)의 분류 기호

- **유사 사례**
  - 한국어 동의어 사전
    714.5(동의어) + -03(표준구분: 사전) → 714.503
  - 한국어 작문 사전
    716(작문) + -03(표준구분: 사전) → 716.03

6. 각국어의 독본, 해석, 회화 (7△7)

KDC에서 각국어의 독본(讀本)과 해석, 회화와 관련된 문헌은 717 한국어의 독본, 해석, 회화 아래의 세목의 전개를 따르도록 지시하고 있다.5) 이와 관련하여, 737 일본어의 독본, 해석, 회화 아래에는 〈그림 16-11〉과 같은 기호 합성에 대한 주기가 제시되어 있다.

737	독본, 해석, 회화
	727.2-.5는 717.2-.5와 같이 세분한다. 예: 일본어회화 737.5

그림 16-11 일본어 독본, 해석, 회화(737)의 주기

이러한 주기 내용은 중국어(727), 영어(747), 독일어(757), 프랑스어(767), 스페인어(777), 이탈리아어(787)의 관련 내용에도 동일하게 제시되어 있다. 따라서 717.2-.5는 KDC의 언어류에서 독본, 해석, 회화의 공통 구분이라고도 할 수 있을 것이다.6)

〈그림 16-11〉에 제시된 주기에 따를 경우, "프랑스어 회화"는 프랑스어 독본, 해석, 회화를 나타내는 기호 5를 더하여 "767 + 5(717.5 한국어 회화에서 717 다음에 오는 기호) → 767.5"가 된다(〈그림 16-12〉 참조).

767	기본 기호
5	717.5(한국어 회화)에서 717 다음의 기호

767 + 5 → 767.5

그림 16-12 "프랑스어 회화"(767.5)의 분류 기호

- **유사 사례**
  - 스페인어의 해석

    777 + 4(717.4 한국어 해석에서 717 다음에 오는 기호) → 777.4
  - 이탈리아어의 해석

    787 + 4(717.4 한국어 해석에서 717 다음에 오는 기호) → 787.4

---

5) 오동근, 배영활, 여지숙, KDC 5의 이해 (대구: 태일사, 2009), 277.

6) *Loc. cit.*

7. 서양어의 음운, 음성, 문자 (7△1) (별법)

KDC에서 서양어의 음운, 음성, 문자와 관련된 문헌은 별법(別法)을 적용하여, 741.1-.7의 전개에 따라 추가 세분할 수 있도록 하고 있다. 이와 관련하여, 751 독일어의 음운, 음성, 문자의 아래에는 〈그림 16-13〉과 같은 주기가 제시되어 있다.

751	음운, 음성, 문자	
	별법: 도서관에 따라 741.1-.7과 같이 세분한다. 예: 독일어 철자법 751.5	

그림 16-13 독일어 음운, 음성, 문자(751)의 주기

이러한 별법의 주기 내용은 프랑스어(761), 스페인어(771), 이탈리아어(781)에도 동일하게 제시되어 있다.

〈그림 16-13〉에 제시된 주기에 따를 경우, "프랑스어 음운론"은 프랑스어의 음운, 음성, 문자를 나타내는 기호에 음운, 음성, 발음을 나타내는 기호 1을 더하여, "761 + 1(741.1 영어의 음운, 음성, 발음에서 741 다음에 오는 기호) → 761.1"이 된다(〈그림 16-14〉 참조).

761	프랑스어의 음운, 음성, 문자
1	741.1(영어의 음운, 음성, 발음)에서 741 다음의 기호

761 + 1 → 761.1

그림 16-14 "프랑스어 음운론"(761.1)의 분류 기호(별법)

- 유사 사례(별법)
  - 스페인어 철자법(별법)

    771 + 5(741.5 영어 철자법에서 741 다음에 오는 기호) → 771.5
  - 스페인어 약어(별법)

    771 + 6(741.6 영어 약어에서 741 다음에 오는 기호) → 771.6

8. 동남아 지역 언어의 형성 과정 (709.14)

KDC에서는 언어 발달사와 언어지(言語誌), 언어 지도를 709에 분류하도록 하고 있다. 709 아래에는 〈그림 16-15〉와 같이 지역구분표를 적용하여 각 지역의 언어별로 언어사를 분류할 수 있는 기호 합성 주기를 제시하고 있다.

> 709   **언어사 및 언어정책, 언어행정**
>   언어발달사, 언어지 및 언어지도를 포함한다.
>   지역구분표에 따라 세분한다. 예: 아시아언어지 709.1

그림 16-15 언어사 및 언어 정책, 언어 행정(709)의 주기

〈그림 16-15〉에 제시된 주기에 따를 경우, "동남아 지역 언어의 형성 과정"은 언어 발달사를 나타내는 기호에 동남아 지역을 나타내는 기호 -14를 더하여, "709 + -14(지역구분: 동남아시아) → 709.14"가 된다. 이를 그림으로 나타내면 〈그림 16-16〉과 같다.[7]

> 709   **언어사 및 언어정책, 언어행정**
> -14   동남아시아(지역구분)
>
> 709 + -14 → 709.14

그림 16-16 "동남아시아 지역 언어의 형성 과정"(709.14)의 분류 기호

- **유사 사례**
  - 북아메리카 언어 발달사
    709 + -4(지역구분: 북아메리카) → 709.4
  - 파푸아뉴기니 지역 언어 발달사
    709 + -64(지역구분: 파푸아뉴기니) → 709.64

---

7) 오동근, 배영활, 여지숙, KDC 5의 이해 (대구: 태일사, 2009), 271.

9. 중국어 방언 (728.1-.8)

KDC에서는 중국 각 지방의 방언에 대한 분류 기호 728.1-.8 아래에 〈그림 16-17〉과 같은 주기를 제시하고 있다.

> 728.1-.8　**각 지방의 방언**
> 　　　　지역구분표 -121-128과 같이 세분한다. 예: 광동방언 728.33

그림 16-17 중국 각 지방의 방언(728.1-.8)의 주기

이 주기에 따를 경우, "중국 동북 지역의 방언"은 중국의 방언을 나타내는 기호에 중국의 동북 지역을 나타내는 기호 5를 더하여, "728 + 5(-125(지역구분: 중국 동북 지역)에서 -12 다음에 오는 기호) → 728.5"가 된다(〈그림 16-18〉 참조).

> 728　　**각 지방의 방언(중국어)**
> 　　5　　동북 지역(중국) -125(지역구분)에서 -12 다음의 기호
> ─────────────────────────────
> 728 + 5 → 728.5

그림 16-18 "중국 동북 지역의 방언"(728.5)의 분류 기호

■ **유사 사례**
- 타이완(臺灣)의 방언
  728 + 4(지역구분: -124 타이완에서 -12 다음에 오는 기호) → 728.4
- 산동성 지역 방언
  728 + 13(지역구분: -1213 산동성에서 -12 다음에 오는 기호) → 728.13

이러한 주기 내용은 한국어(718)는 물론 한국에서 많이 사용되는 외국어인 일본어(738), 영어(748)에도 동일하게 적용할 수 있도록 하고 있다.

■ 유사 사례
· 제주도 지역 방언

   718 + 99(지역구분: -1199 제주도에서 -11 다음에 오는 기호) → 718.99
· 일본 규슈 지역 방언

   738 + 4(지역구분: -134 일본 규슈에서 -13 다음에 오는 기호) → 738

10. 중국어의 표준구분 (720.1-.9)

KDC에서 중국어 관련 문헌의 표준구분 적용에 관한 분류 기호는 〈그림 16-19〉와 같이, 720.9 중국어사 및 언어 정책 항목만이 제시되어 있다.

720	**중국어**
.9	중국어사 및 언어정책

그림 16-19 중국어 표준구분(720)의 주기

〈그림 16-19〉에 제시된 기호에 따라, "중국어학회 인명록"은 중국어의 기본 기호에 학회 등 단체를 나타내는 표준구분의 기호 -06을 더하여, "72 + -06(표준구분: 각종 단체 등) → 720.6"이 된다(〈그림 16-20〉 참조).

72	**중국어의 기본 기호**
-06	각종 단체, 조직(표준구분)

72 + -06 → 720.6

그림 16-20 "중국어학회 인명록"(720.6)의 분류 기호

■ 유사 사례
· 중국어 지도 방법

   72 + -07(표준구분: 연구법, 지도법 및 교육, 교육 자료) → 720.7
· 중국어 연구(연속간행물)

   72 + -05(표준구분: 연속간행물) → 720.5

제3절　언어류의 적용 사례 분석

①
- 서명: 라틴어 문법
- 저자명: 이화남
- 출판지: 대구
- 출판사: 영한
- 출판년: 2001

▶ 792.2(라틴어) + -5(언어공통구분: 문법) → 792.25

②
- 서명: 국어 음운론
- 저자명: 신승용
- 출판지: 서울
- 출판사: 역락
- 출판년: 2013

▶ 71(한국어의 기본 기호) + -1(언어공통구분: 음운 및 문자) + 1(본표 추가 세분: 음운, 음성, 발음) → 711.1

③
- 서명: 영독·독영 유사단어 대역사전
- 저자명: 김이섭, 최경은
- 출판지: 서울
- 출판사: 한국문화사
- 출판년: 1999

▶ 74(영어의 기본 기호) + -3(언어공통구분: 사전) + -5(국어구분: 독일어) → 743.5

▶ 별법: 75(독일어의 기본 기호) + -3(언어공통구분: 사전) + -4(국어구분: 영어) → 753.4

④ • 서명: 사전편찬론: 예술성과 장인정신 - 사전편찬기법의 이해
  • 저자명: 시드니 I. 랜도우 저; 김영안, 강신권 역
  • 출판지: 서울   • 출판사: 한국문화사
  • 출판년: 2002

  ▶ 701.3(사전편찬학)

⑤ • 서명: 사자소학 한자성어 천자문 연습
  • 저자명: 한국교육연구회
  • 출판지: 대구   • 출판사: 문창사
  • 출판년: 2006

  ▶ 71(한국어의 기본 기호) + -1(언어공통구분: 음운 및 문자) + 47(본표 추가 세분: 한자 교습서) → 711.47

⑥ • 서명: (만화로 배우는)일본어 회화술
  • 저자명: 金子史朗, 黒川美紀子, 深田みのり, 宮下智子
  • 출판지: 서울   • 출판사: 씨앤톡
  • 출판년: 2008

  ▶ 73(일본어의 기본 기호) + -75(언어공통구분: 회화) → 737.5

⑦ • 서명: 불어 문법사전
  • 저자명: 권녕서   • 출판지: 서울
  • 출판사: 新論社   • 출판년: 1995

  ▶ 76(프랑스어의 기본 기호) + -5(언어공통구분: 문법) + -03(표준구분: 사전) → 765.03

⑧
- 서명: (신세기)漢韓字典
- 저자명: 동화사사서부
- 출판사: 동화사
- 출판지: 서울
- 출판년: 1999

▶ 713(한국어사전) + 02(본표 추가 세분: 자전, 옥편) → 713.02

⑨
- 서명: 言語硏究(연속간행물)
- 발행기관: 大邱言語學會
- 발행주기: 연간

▶ 700(언어) - 00 + -05(표준구분: 연속간행물) → 705

⑩
- 서명: (알기쉬운)에스페란토어 입문
- 저자명: 외국어연구보급회
- 출판사: 명지출판사
- 출판지: 서울
- 출판년: 1995

▶ 799.1(에스페란토어)

⑪
- 서명: 日本方言基礎語彙の研究
- 저자명: 久野マリ子 著
- 출판사: おうふう
- 출판지: 東京
- 출판년: 2005

▶ 73(일본어의 기본 기호) + -8(언어공통구분: 방언) → 738

⑫
- 서명: 베트남어 회화사전
- 저자명: 송정남
- 출판사: 문예림
- 출판지: 서울
- 출판년: 2012

▶ 739.82(베트남어)

⑬
- 서명: 초급 프랑스어
- 저자명: 서울대학교 프랑스어 교재편찬위원회
- 출판지: 서울
- 출판사: 서울대학교출판문화원
- 출판년: 2013

▶ 76(프랑스어의 기본 기호) + -7(언어공통구분: 독본, 회화) → 767

⑭
- 서명: 한국어 정책의 이해
- 저자명: 최용기
- 출판지: 서울
- 출판사: 한국문화사
- 출판년: 2010

▶ 710.9(국어사 및 국어정책) + 8(본표 추가 세분: 정책 및 행정) → 710.98

⑮
- 서명: 스페인어 어원 및 계통론
- 저자명: 이재학
- 출판지: 서울
- 출판사: 송산출판사
- 출판년: 2002

▶ 77(스페인어의 기본 기호) + -2(언어공통구분: 어원, 어의) → 772

⑯
- 서명: *Dialectology*
- 저자명: J. K. Chambers, Peter Trudgill
- 출판지: Peking, Cambridge
- 출판사: Peking University Press; Cambridge University Press
- 출판년: 2002

▶ 701.8(방언학)

⑰
- 서명: *Deutsche Grammatik: Schnell Kapiert*
- 저자명: Lothar W.Schmidt
- 출판지: Essen
- 출판사: LWS Easy-Buchreihe
- 출판년: 2003

▶ 75(독일어의 기본 기호) + -5(언어공통구분: 문법) → 755

⑱
- 서명: *Italian Dictionary: Italian-English, English-Italian*
- 저자명: Clari, Michela. Love, Catherine E. Lexus (Firm) HarperCollins (Firm) Arnoldo Mondadori editore
- 출판지: London, Milano
- 출판사: HarperCollins, A. Mondadori
- 출판년: 2001

▶ 78(이탈리아어의 기본 기호) + -3(언어공통구분: 사전) + -4(국어구분: 영어) → 783.4

⑲
- 서명: *Fonética para Aprender Español: Pronunciación*
- 저자명: Poch Olivé, Dolors
- 출판지: Madrid
- 출판사: Edinumen
- 출판년: 1999

▶ 77(스페인어의 기본 기호) + -1(언어공통구분: 음운 및 문자) → 771

⑳
- 서명: *Essays Towards English Semantics*
- 저자명: Yamaguchi, Hideo
- 출판지: Tokyo
- 출판사: Shinozaki Shorin
- 출판년: 1961

▶ 74(영어의 기본 기호) + -2(언어공통구분: 어원, 어의) → 742

제17장

800 문 학
(Literature)

KDC는 800 문학류를 먼저 각 언어별로 구분하고, 그 다음으로 각 문학 형식별로 구분하고 있다. 특히 언어별 구분은 제5장에서 살펴본 국어구분을 활용하고, 문학 형식은 제7장에서 살펴본 문학형식구분을 활용하여 전개된다.

문학류는 국어구분을 활용하여 각국 언어를 구분한 언어류와 동일하게 우리나라와 밀접한 관련이 있는 중국 문학과 일본 문학을 우리나라 다음에 전개하고, 이어서 영미 문학, 독일 문학, 프랑스 문학 등 서양 문학의 순으로 전개하고 있다.

문학류는 조기표 가운데 국어구분표와 문학형식구분표를 이용하기 때문에, DDC 문학류의 경우와 마찬가지로, 패싯식 기호 합성의 성격이 강하다.[1] 문학형식구분표를 사용한 문학의 구체적인 분류에 대해서는 제7장의 내용을 함께 참조하기 바란다.

제1절 문학류의 개요와 주요 개정 부분

1. 문학류의 개요

우선 KDC 제4판에서 제6판까지의 800 문학류의 일반적인 개요를 살펴보면, 〈표 17-1〉과 같다.

---

[1] 오동근, DDC 22의 이해 (대구: 태일사, 2007), 320.

제3부 본표의 분석과 적용

표 17-1 KDC 제4판~제6판의 문학류의 개요

	제4판	제5판	제6판
800	문학	문학	문학
810	한국문학	한국문학	한국문학
820	중국문학	중국문학	중국문학
830	일본문학	**일본문학 및 기타 아시아문학**	일본문학 및 기타 아시아 제문학
840	영미문학	영미문학	영미문학
850	독일문학	독일문학	독일문학
860	프랑스문학	프랑스문학	프랑스문학
870	스페인문학	**스페인 및 포르투갈문학**	스페인 및 포르투갈문학
880	이탈리아문학	이탈리아문학	이탈리아문학
890	기타 제문학	기타 제문학	기타 제문학

〈표 17-1〉에 나타난 바와 같이, KDC 제4판에서 제6판까지의 문학류 강목의 전개는 언어류와 마찬가지로, 조기표 가운데 국어구분표를 그대로 적용하고 있다. 제4판에서 제5판으로 개정할 때 830 일본 문학이 830 일본 문학 및 기타 아시아 제문학으로 조정한 것 외에는 특별한 변경 없이 그대로 유지되고 있다.

문학류는 두 번째 패싯에서 국어구분표를 사용하게 된다. 따라서 문학류는 국어구분표 및 언어류와 조기성을 갖게 된다(〈표 17-2〉 참조).

표 17-2 문학류(800)와 국어구분표, 언어류(700)의 조기성

800 문학류	국어구분표	700 언어류
810 한국문학	-1 한국어	710 한국어
820 중국문학	-2 중국어	720 중국어
830 일본문학	-3 일본어	730 일본어
840 영미문학	-4 영어	740 영어
850 독일문학	-5 독일어	750 독일어
860 프랑스문학	-6 프랑스어	760 프랑스어
870 스페인문학	-7 스페인어	770 스페인어
880 이탈리아문학	-8 이탈리아어	780 이탈리아어
890 기타 제문학	-9 기타 제어	790 기타 제어

또한 KDC는 앞서 살펴본 것처럼, 한국 문학(810)을 시작으로 동양 3국의 문학을 순서대로 전개하고 아시아 제문학을 839로 배치하고 있으며, 840 이후에 서양 문학과 기타 문학을 배정하고 있다.

KDC 제6판 800 문학류의 하위 항목들의 주요 내용은 다음과 같다.

① 800 문 학
  - 문학류의 총류로 문학류의 표준구분에 해당
  - 800.9 비교 문학
  ▪ 801 문학 이론
  - 문학 미학, 문학 심리학으로 세분
  ▪ 802 문장 작법, 수사학
  - 802.04 각국어 문장 작법
  - 802.06 각종의 문장 작법
  - 802.1-802.7의 전개는 문학형식구분의 순서에 따라 전개.
    즉 802.1은 운율학, 시작법(詩作法), 802.2는 희곡, 극작법, 802.3은 소설 작법, 802.4는 수필, 소품 작법, 802.5는 연설법, 802.6은 일기, 서간, 기행 문학, 802.7은 풍자의 순서로 전개
  ▪ 803 문학 사전, 사전
  ▪ 808 문학 전집, 총서
  - 808.1-.8 문학 형식에 따른 전집의 세분
  - 808.9 특수한 분야 문학 전집: 여성, 해양, 전쟁, 추리 문학의 전집 등에 적용
  - 아동문학(808.91), 인용구집(808.98) 항목 설정
  ▪ 809 문학사, 평론
  - 809.1-.8 각 문학 형식 역사를 세분할 수 있도록 전개
  - 809.9 특수 문학사, 평론

② 810 한국 문학
  - 810.1-.9 한국 문학의 표준구분
- 811-818 문학형식구분표를 사용하여 합성한 분류 기호 전개
- 811 한국시
  - 한국시의 특성을 살릴 수 있도록 세분하여 항목 전개
  - 향가, 가사, 시조, 민요 및 속요, 동시, 한시 등의 항목 설정
- 812 한국 희곡
- 813 한국 소설
  - 고려, 조선, 20세기, 21세기 등 시대별로 항목을 세분하고 동화 항목 설정
- 814 한국 수필
- 815 한국 연설, 웅변
- 816 한국 일기, 서간 기행
- 817 한국 풍자 및 유머
- 818 한국 르포르타주 및 기타

③ 820 중국 문학
  - 820.1-.9 중국 문학의 표준구분
- 821-828 문학형식구분표를 사용하여 합성한 분류 기호 전개
- 823 중국 소설
  - 중국 역사의 시대 구분을 적용하여 고대, 중세, 명 시대, 청 시대, 현대로 항목 전개

④ 830 일본 문학
  - 830.1-.9 일본 문학의 표준구분
- 831-838 문학형식구분표를 사용하여 합성한 분류 기호 전개

- 831 일본시
  - 와카(和歌),²⁾ 렌카(連歌),³⁾ 831.2, 하이카이(俳諧),⁴⁾ 가요, 한시 등의 항목 설정
- 832 일본 희곡
  - 일본 전통 고전 연극을 전개
  - 요쿄쿠(謠曲), 교겐(狂言),⁵⁾ 가부키(歌舞伎) 각본 등의 항목 설정
- 839 기타 아시아 제문학
  - 우랄알타이문학, 퉁구스문학, 몽골(몽고)문학, 투르크문학, 사모에드문학, 핀우그르문학, 티베트 버마 문학, 동남 아시아 문학, 드라비다 문학 등의 항목 설정

⑤ 840 영미 문학
  - 840.1-.9 영미 문학의 표준구분
- 841-848 문학형식구분표를 사용하여 합성한 분류 기호 전개
- (849) 미국 문학
  - 영국 문학과 미국 문학을 구분하고자 할 경우 미국 문학 분류(별법)

⑥ 850 독일 문학
  - 850.1-.9 독일 문학의 표준구분
- 851-858 문학형식구분표를 사용하여 합성한 분류 기호 전개
- 859 기타 게르만 문학
  - 서부 게르만 문학, 프리지아 문학, 네덜란드 제문학, 저지(북부)독일 문학, 스칸디나비아 문학, 고대 스칸디나비아 문학, 스웨덴 문학, 덴마크, 노르웨이 문학, 고트 문학 등의 항목 설정

---

2) 와카(和歌)는 일본의 전통적인 정형시로, 중국에서 온 한시(漢詩)와 대조하여 이르는 말.
3) 렌카(連歌)는 일본의 전통적인 시 형식의 하나로, 여러 사람이 시를 주고받는 형식의 장르.
4) 俳諧連歌(하이카이 렌가)의 준말로, 무로마찌(室町)시대 말기에 시작된 익살스러운 형식의 렌가(連歌), 익살스러운 와카(和歌).
5) 교겐(狂言)은 일본의 대표적인 전통 희극.

⑦ 860 프랑스 문학
- 860.1-.9 프랑스 문학의 표준구분
■ 861-868 문학형식구분표를 사용하여 합성한 분류 기호 전개
■ 869 프로방스 문학

⑧ 870 스페인 및 포르투갈 문학
- 870.1-.9 스페인 문학의 표준구분
■ 871-878 문학형식구분표를 사용하여 합성한 분류 기호 전개
■ 879 포르투갈 문학

⑨ 880 이탈리아 문학
- 880.1-.9 이탈리아 문학의 표준구분
■ 881-888 문학형식구분표를 사용하여 합성한 분류 기호 전개
■ 889 루마니아 문학

⑩ 890 기타 제문학
■ 891 미사용 기호
■ 892 인도 유럽계 문학
- 그리스 문학, 라틴 문학, 켈트 문학, 인도 문학, 발트 문학 그리고 러시아 문학 등의 항목 설정
■ 893 아프리카 제문학
■ 894 북아메리카 인디언 문학
■ 895 남아메리카 인디언 문학
■ 896 오스트로네시아 문학
■ 897 셈족 문학
- 시리아 문학, 히브리 문학 아랍 문학 등의 항목 설정
■ 898 함족 문학
■ 899 기타 문학

2. 문학류의 주요 개정 부분

제6판에서 문학류는 학문의 발전과 사회 변화, 분류표의 실용성을 위해 다수 항목이 신설, 전개, 이치되었다. 주요 내용은 다음과 같다.

① 한국 현대 소설을 추가적으로 세분할 수 있도록 813.6 (한국 현대 소설) 20세기 1910-1999 아래에 마련된 별법(別法)의 일부를 〈표 17-3〉과 같이 개정하였다.

표 17-3 한국 현대 소설 813.6 20세기의 별법 일부 수정

KDC 5	KDC 6
813.62 1945-1999 　도서관에 따라 다음과 같이 추가 세분할 수 있다. 　.602 단편소설 　.603 역사, 전기, 정치, 사회소설 　.604 로맨스, 연애, 애정소설 　.605 추리, 탐정, 모험소설 　.607 과학(SF), 공상, 판타지소설 　.608 기타소설	813.6 20세기 1910-1999 　별법: 도서관에 따라 다음과 같이 추가 세분할 수 있다. 　.602 단편소설 　.603 역사, 전기소설 　.604 정치, 사회소설 [전 .603] 　.605 로맨스, 연애, 애정소설 [전 .604] 　.607 추리, 탐정, 모험소설 [전 .605], 괴기, 유령, 공포소설[전 .606] 　.608 과학(SF), 공상, 판타지소설 [전 .607] 　.609 기타소설

② 오스트로네시아문학(896)에 분류되어 있는 동남아시아 문학에 대해 별법을 마련하여, 해당 문학을 동남아시아어와 함께 분류하고자 할 경우에 여기에 함께 분류할 수 있도록 하였다(〈표 17-4〉 참조).

표 17-4 동남아시아 문학에 대한 별법 신설

문 학	표준법	별 법
인도네시아문학	896.7	839.84
말레이문학	896.71	839.841
인도네시아문학	896.72	839.842
자바문학	896.73	839.843
필리핀, 타갈로그문학	896.8	839.86

③ 739.66에 전개되었던 라플란드 문학을 739.64 핀란드 문학에 통합하였다.

④ 792.52의 표목을 "범문학(梵語)"에서 "산스크리트 문학(범문학 梵文學)"으로 변경하였다.

제2절 문학류의 주요 기호 합성에 관한 분석

1. 고려 시대 서간문 모음집 (816.4)

한국 문학의 서간문에 대한 분류 기호 816 아래에는 〈그림 17-1〉과 같이 한국 문학사에서 사용한 시대구분인 810.903-.907의 전개를 따라 세분할 수 있도록 하는 추가 세분을 위한 주기가 제시되어 있다.

816	일기, 서간(書簡), 기행(紀行)
	816.3-.7은 810.903-.907과 같이 세분한다. 예: 조선시대의 일기 816.5

그림 17-1 한국 문학 일기, 서간, 기행(816)의 주기

아울러 810.9 한국 문학사 아래에는 810.903-.907까지 시대별로 삼국 시대를 포함하는 고전 문학(810.903), 고려 시대(810.904), 조선 시대(810.905), 20세기, 1910-1999(810.906), 21세기, 2000- (810.907)로 구분하고 있다.

이러한 항목 전개에 따를 경우, "고려 시대 서간문 모음집"은 일기, 서간을 나타내는 기본 기호에 고려 시대를 나타내는 기호 4를 더하여, "816 + 4(810.904 고려시대 문학사에서 810.90 다음에 오는 기호) → 816.4"가 된다(〈그림 17-2〉 참조).

816	일기, 서간, 기행(한국문학)
4	810.904(고려시대 문학사)에서 810.90 다음의 기호

816 + 4 → 816.4

그림 17-2 "고려 시대 서간 모음집"(816.4)의 분류 기호

■ **유사 사례**
- 조선 시대 기행문

  816 + 5(810.905 조선 시대 문학사에서 810.90 다음에 오는 기호) → 816.5
- 현대 서간문

  816 + 6(810.906 20세기 문학에서 810.90 다음에 오는 기호) → 816.6

이러한 시대 구분은 814 한국문학 수필에서도 동일하게 적용된다. 즉 814에서도 〈그림 17-3〉과 같이, 810.903-.907의 시대 구분을 이용하여 기호를 합성하도록 지시하고 있다.

814	수 필
	814.3-.7은 810.903-.907과 같이 세분한다. 예: 20세기 수필 814.6

그림 17-3 한국 문학 수필(814)의 주기

■ **유사 사례**
- 조선 시대 명문 수필

  814 + 5(810.905 조선 시대 문학사에서 810.90 다음에 오는 기호) → 814.5
- 20세기 대표 수필선

  814 + 6(810.906 20세기 문학에서 810.90 다음에 오는 기호) → 814.6

2. 문장 작법 일반 (802)과 각국어 문학 문장 작법

KDC에서 문장 작법 일반에 관한 문헌은 802에 분류한다. 아울러 각국어 문학의 문학 형식별 문장 작법과 관련해서는, 802 아래에 〈그림 17-4〉와 같이, "각국 문학 형식의 작법은 02를 부가하여 사용한다"라는 주기가 제시되어 있다.

802	문장작법, 수사학
	각국 문학형식의 작법은 02를 부가하여 사용한다. 예: 일본시작법 831.02

그림 17-4 문장 작법(802)의 주기

이 주기는 각국의 문학 형식별 문장 작법의 기호 합성을 위해 각국의 문학 형식별 기호에 802에서 8 다음의 기호인 02를 문학 형식별 문장 작법을 나타내는 기호로 추가하도록 한 것이다. 이를 따를 경우, "영미시 작법"은 영미시를 나타내는 기호에 문장 작법을 나타내는 기호 02를 더하여 "841 + 02(802 문장 작법에서 8 다음에 오는 기호) → 841.02"가 된다(〈그림 17-5〉 참조).

841	영미시
02	802(문장작법)에서 8 다음의 기호

841 + 02 → 841.02

그림 17-5 "영미시 작법"(841.02)의 분류 기호

- **유사 사례**
  - 스페인어 소설 작법
    873(스페인어 소설) + 02(802에서 8 다음에 오는 기호) → 873.02
  - 일본 수필 작법
    834(일본어 수필) + 02(802에서 8 다음에 오는 기호) → 834.02

3. 개별 문학 형식의 역사 (809.1-.8)

809는 문학에 표준구분 -09 역사 및 지역구분을 적용한 문학사의 분류 기호이다. 809.1-.8은 각 문학 형식별 역사를 다룬 자료들을 분류하기 위해 마련된 기호로, 그 아래에는 〈그림 17-6〉과 같은 기호 합성 주기가 제시되어 있다.

> **809.1-.8 각 문학 형식의 역사**
> 문학형식구분표에 따라 세분한다. 예: 소설사 809.3
> 문학형식에 의한 각국 문학사는 해당 문학 아래에 분류한다. 예: 중국소설사 823.09

그림 17-6 각 문학 형식의 역사(809.1-.8)의 주기

〈그림 17-6〉에 제시된 주기에 따를 경우, "수필사"는 문학 형식의 역사를 나타내는 기호에 문학형식구분에서 수필을 나타내는 기호 -4를 더하여, "809 + -4(문학형식구분: 수필) → 809.4"가 된다(〈그림 17-7〉 참조).

> **809 각 문학 형식의 역사**
> **-4 수필(문학형식구분)**
>
> 809 + -4 → 809.4

그림 17-7 "수필사"(809.4)의 분류 기호

- **유사 사례**
  - 현대 시사(詩史)
    809 + -1(문학형식구분: 시) → 809.1
  - 유머의 역사
    809 + -7(문학형식구분: 유머) → 809.7

4. 논문 작성법 (802.066)의 추가 세분 (별법)

KDC에서 논문 작성법 및 해설법에 관한 문헌은 802.066에 분류하도록 하고 있다. 아울러 이 802.066 아래에는 도서관에 따라 주제 분야별 논문 작성법을 해당 주제에 따라 추가 세분할 수 있도록 하기 위한 별법(別法)을 마련하고 있다. 즉 "별법: 001-999와 같이 전주제구분할 수 있다"라는 전주제(全主題) 구분의 기호 합성에 대한 주기가 제시되어 있다(〈그림 17-8〉 참조).

> **802.066** 논문 작성법, 해설법
> 별법: 001-999와 같이 전주제구분할 수 있다. 예: 의학논문작성법 802.06651

그림 17-8 논문 작성법, 해설법(802.066)의 주기

〈그림 17-8〉에 제시된 별법에 대한 주기에 따라, "심리학 논문 작성법"은 "802.066 + 180(심리학) - 0 → 802.06618"이 된다(이 때 소숫점 이하의 0은 생략한다)(〈그림 17-9〉 참조).

> **802.066**　　**논문 작성법, 해설법**
> 　　180　　심리학
>
> 802.066 + 180 - 0 → **802.06618**

그림 17-9 "심리학 논문 작성법"(802.06618)의 분류 기호(별법)

- **유사 사례(별법)**
  - 민속학 논문 작성법(별법)
    802.066 + 380(민속학) - 0 → 802.06638
  - 체육학 논문 작성법(별법)
    802.066 + 690(체육학) - 0 → 802.06669

5. 기타 각국어 문장 작법 (802.042-.049)

KDC에서 한국어를 제외한 기타 각국어의 문장 작법에 관한 문헌은 802.042-.049에 분류하도록 하고 있다. 이 802.042-.049 아래에는 〈그림 17-10〉과 같이 "720-790과 같이 세분한다"라는 기호 합성에 대한 주기가 제시되어 있다.

802.042-.049	기타 각국어 문장작법
	720-790과 같이 언어구분에 따라 세분한다. 예: 일본어문장작법 802.043; 영어 문장작법 802.044

그림 17-10 기타 각국어 문장 작법(802.042-.049)의 주기

〈그림 17-10〉에 제시된 주기에 따를 경우, "독일어 문장 작법"은 각국어의 문장 작법을 나타내는 기호에 독일어의 기호 -5를 더하여, "802.04 + 5(750 독일어에서 7 다음에 오는 기호) → 802.045"가 된다(〈그림 17-11〉 참조). 이는 각국어의 문장 작법을 나타내는 기호에 독일어의 기호 750을 더하여, "802.04 + 5(750 독일어에서 7 다음에 오는 기호) → 802.045"가 된다고 설명할 수도 있을 것이다(이 때 소숫점 이하의 0은 생략하였다)(〈그림 17-11〉 참조).

802.04	기타 각국어 문장작법
-5	독일어(국어구분)/750에서 7 다음의 기호

802.04 + -5 → 802.045

그림 17-11 "독일어 문장 작법"(802.045)의 분류 기호

- **유사 사례**
  - 중국어 문장 작법

    802.04 + -2(국어구분: 중국어) → 802.042

    802.04 + -20(720 중국어에서 7 다음에 오는 기호) - 0 → 802.042
  - 포르투갈어 문장 작법

    802.04 + -79(국어구분: 포르투갈어) → 802.0479

    802.04 + 79(779 포르투갈어에서 7 다음에 오는 기호) → 802.0479

제3부 본표의 분석과 적용

6. 제주도 방언 문학 연구 (810.91-.99)

한국의 방언 문학은 지방 문학사에 포함시켜 분류한다. 한국 지방 문학사의 분류 기호 810.91-.99 아래에는 〈그림 17-12〉와 같은 기호 합성의 주기가 제시되어 있다.

> 810.91-.99   지방 문학사
> 　　　　　　방언문학을 포함한다.
> 　　　　　　지역구분표 -111-1199와 같이 세분한다. 예: 호남문학사 810.99

　　그림 17-12 한국의 지방 문학사(810.91-.99)의 주기

〈그림 17-12〉에 제시된 주기에 따를 경우, "제주도 방언 문학 연구"는 지방 문학사를 나타내는 기호에 제주도를 나타내는 기호 99를 더하여, "810.9 + 99(-1199 지역구분: 제주도에서 -11 다음에 오는 기호 → 810.999"가 된다(〈그림 17-13〉 참조).

> 810.9   지방 문학사
> 　99　　-1199(지역구분: 제주도)에서 -11 다음의 기호
> ―――――――――――――――――――――――――
> 810.9 + 99 → 810.999

　　그림 17-13 "제주도 방언 문학 연구"(810.999)의 분류 기호

- **유사 사례**
  - 영동 문학사
    　810.9 + 4(지역구분: -114 강원도에서 -11 다음에 오는 기호) → 810.94
  - 호서 문학사
    　810.9 + 7(지역구분: -117 충청도에서 -11 다음에 오는 기호) → 810.97

7. 현대 중국 우수 희곡선 (822.7)

현대 중국 희곡(822)은 822.2-.7까지에 시대별로 전개할 수 있다. 이 항목들은 현대 중국 문학사(820.9)에 세분되어 있는 것을 적용하는 것으로, 822에는 〈그림 17-14〉와 같은 기호 합성에 대한 주기가 제시되어 있다.

```
822      희곡
         822.2-.7은 820.902-.907과 같이 세분한다. 예: 원곡(元曲) 822.4
```

그림 17-14 중국 희곡(822)의 주기

이 주기에 따를 경우, "현대 중국 우수 희곡선"은 중국 희곡을 나타내는 기호에 현대를 나타내는 기호 7을 더하여, "822 + 7(820.907현대 중국 문학사에서 820.90 다음에 오는 기호) → 822.7"이 된다(〈그림 17-15〉 참조).

```
822      희곡(중국)
  7      820.907(현대 중국 문학사)에서 820.90 다음의 기호
─────────────────────────────────────
822 + 7 → 822.7
```

그림 17-15 "현대 중국 우수 희곡선"(822.7)의 분류 기호

■ 유사 사례
  ◦ 중국 청시대 희곡
     822 + 6(820.906 청시대 중국 문학사에서 820.90 다음에 오는 기호) → 822.6
  ◦ 명시대 희곡 분석
     822 + 5(820.905 명시대 중국 문학사에서 820.90 다음에 오는 기호) → 822.5

제3부 본표의 분석과 적용

8. 세계 문학 전집, 총서 (808)

KDC에서 특정 언어에 국한되지 않은 세계 문학 전집, 총서에 관한 문헌은 808에 분류하도록 하고 있다. 이 808 문학 전집, 총서 아래에는 〈그림 17-16〉과 같은 기호 합성에 대한 주기가 제시되어 있다.

```
808    전집, 총서
       808.1-.8은 문학형식구분표에 따라 세분한다. 예: 세계소설전집 808.3
```

그림 17-16 문학 전집, 총서(808)의 주기

〈그림 17-16〉에 제시된 기호에 따를 경우, "세계 명수필 선집"은 "808 + -4(문학형식구분: 수필) → 808.4"가 된다(〈그림 17-17〉 참조).

```
808        전집, 총서
  -4       수필(문학형식구분)
────────────────────────────────
808 + -4 →  808.4
```

그림 17-17 "세계 명수필 선집"(808.4)의 분류 기호

- 유사 사례
  • 세계 희곡 전집
    808 + -2(문학형식구분: 희곡) → 808.2
  • 21세기 시선집
    808 + -1(문학형식구분: 시) → 808.1

9. 영미 문학의 시대 구분 (840) (별법)

KDC에서 영미 문학에 관한 문헌은 840에 분류하도록 하고 있다. 이 840 영미 문학 아래에는 〈그림 17-18〉과 같은 시대구분을 위한 기호 합성에 대한 주기가 제시되어 있다.

```
840    영미 문학
         별법: 도서관에 따라 다음과 같은 시대구분을 추가할 수 있다.
         .1          -1557   엘리자베스 여왕 이전 시대
         .2     1558-1625   엘리자베스 여왕 시대
         .3     1625-1799   엘리자베스 여왕 이후-18세기
         .4     1800-1899   19세기
         .5     1900-1999   20세기
         .6     2000-            21세기

841    시
842    희곡
```

그림 17-18 영미 문학(840)의 주기

〈그림 17-18〉에 제시된 별법의 기호에 따를 경우, "19세기 영미시 감상"은 "841 + 4(시대구분: 19세기) → 841.4"가 된다(〈그림 17-19〉 참조).

```
841          영미시
   4       1800-1899  19세기(시대구분)

841 + 4 → 841.4
```

그림 17-19 "19세기 영미시 감상"(841.4)의 분류 기호

- **유사 사례**
  - 셰익스피어 4대 비극

    842 + 2(문학시대구분: 엘리자베스여왕 시대) → 842.2
  - 21세기 영미시 이해

    841 + 6(문학시대구분: 21세기) → 841.6

10. 국가별 영문학 (840)의 추가 세분 (별법)

KDC에서 영어권 국가의 문학 작품과 해당 문학에 관한 문헌은 국가별 구분이 없이 모두 840에 분류된다. KDC에서는 이러한 각국의 영문학을 별도로 구분하여 분류하고자 하는 도서관을 위해 두 가지의 별법(別法)을 따로 마련하고 있다.

① 미국 문학의 별도 분류를 위한 별법(849)
KDC의 849에는 미국 문학을 영국 문학과 구분하여 분류하고자 하는 도서관을 위해, 〈그림 17-20〉과 같은 별법을 마련하고, 그 아래에 각 문학 형식별로 추가 세분한 별법을 함께 제시하고 있다.

```
(849)     미국문학(美國文學) American literature in English
          영국문학과 미국문학을 구분하고자 할 경우는 미국문학을 여기에 분류할 수 있다.
   (.1)   시 Poetry
   (.2)   희곡 Drama
   (.3)   소설 Fiction
```

그림 17-20 미국 문학을 별도로 분류하기 위한 별법(849)의 주기

〈그림 17-20〉의 별법에 따를 경우, "노인과 바다 / 헤밍웨이 (미국 소설)"는 "849 + -3(문학형식구분: 소설) → 849.3"이 된다(〈그림 17-21〉 참조).

```
849       미국 문학
   -3     소설(문학형식구분)
─────────────────────────────
849 + -3 → 849.3
```

그림 17-21 "노인과 바다 / 헤밍웨이"(849.3)의 분류 기호

■ 유사 사례(별법)
  ◦ 미국 수필 200년(별법)
    849 + -4(문학형식구분: 수필) → 849.4
  ◦ 미국 대통령 명연설문집(별법)
    849 + -5(문학형식구분: 연설, 웅변) → 849.5

② 문자를 사용한 각국 영문학의 별도 분류

840 아래에는 영미 문학을 각 지역이나 국가별로 구분하여 분류하고자 하는 도서관을 위해 별도의 알파벳 문자를 사용할 수 있도록 하는 별법을 제시하고 있다(〈그림 17-22〉 참조).

840	영미 문학
	별법: 도서관에 따라 미국문학은 U, 아일랜드문학은 Ir, 스코틀랜드문학은 S, 웨일즈문학은 W, 오스트레일리아문학은 A, 뉴질랜드문학은 N을 추가하여 사용할 수 있다. 예: 뉴질랜드소설 N843

그림 17-22 지역별 국가별 구분을 위한 영미 문학(840)의 별법에 대한 주기

〈그림 17-22〉에 제시된 별법에 대한 기호에 따를 경우, "스코틀랜드의 수필"은 영미 수필이 가지는 기호에 스코틀랜드를 나타내는 문자 S를 앞에 더하여 "S + 844 → S844"가 된다(〈그림 17-23〉 참조).

S	스코틀랜드를 나타내는 문자
844	영미 수필

S + 844 → S844

그림 17-23 "스코틀랜드의 수필"(S844)의 분류 기호

제3부 본표의 분석과 적용

■ 유사 사례(별법)

· 아일랜드 소설(별법)

   Ir(아일랜드) + 843(영미 소설) → Ir843

· 뉴질랜드 희곡(별법)

   N(뉴질랜드) + 842(영미 희곡) → N842

제3절 │ 문학류의 적용 사례 분석

①
- 서명: (영문인을 위한)현대 영문학 개론
- 저자명: 박양근
- 출판사: 학문사
- 출판지: 서울
- 출판년: 2007

▶ 84(영미 문학의 기본 기호) + -01(표준구분: 철학 및 이론) → 840.1

②
- 서명: 세계문학전집
- 저자명: 문학동네 편집부 편
- 출판사: 문학동네
- 출판지: 서울
- 출판년: 2010

▶ 808(전집)

③
- 서명: 도쿄타워
- 저자명: 에쿠니 가오리 저; 신유희 역
- 출판지: 서울
- 출판사: 소담출판사
- 출판년: 2005

▶ 83(일본 문학의 기본 기호) + -3(문학형식구분: 소설) + -6(본표 추가 세분: 현대소설) → 833.6

④
- 서명: 영남지역의 언어와 문학
- 저자명: 김태엽 [등]
- 출판지: 경산
- 출판사: 대구대학교출판부
- 출판년: 2003

▶ 81(한국 문학의 기본 기호) + -9(표준구분: 역사 및 지역구분) + 8(지역구분: 경상도) → 810.98

⑤
- 서명: 중국고대 명시선
- 저자명: 도잠 [등] 저; 허세욱 역
- 출판지: 서울
- 출판사: 혜원출판사
- 출판년: 2001

▶ 82(중국 문학의 기본 기호) + -1(문학형식구분: 시) + 2(본표 추가 세분: 고대) → 821.2

⑥
- 서명: 안나 까레니나
- 저자명: 레프 똘스또이 저; 박형규 역
- 출판지: 서울
- 출판사: 뿌쉬낀하우스
- 출판년: 2013

▶ 892.8(러시아 문학) + -3(문학형식구분: 소설) → 892.83

⑦
- 서명: 프랑스 문학: 역사와 작품
- 저자명: 다니엘 노니, 알랭 앙드레 저; 이재희, 이규식 역
- 출판지: 서울
- 출판사: 탐구당
- 출판년: 1992

▶ 86(프랑스 문학의 기본 기호) + -09(표준구분: 역사) → 860.9

⑧
- 서명: 손에 잡히는 웃기는 유머로 시간 죽이기
- 저자명: 인터넷동호회
- 출판지: 서울
- 출판사: 꿈과 희망
- 출판년: 2004

▶ 81(한국 문학의 기본 기호) + -7(문학형식구분: 풍자 및 유머) → 817

⑨
- 서명: 로미오와 줄리엣
- 저자명: 윌리엄 셰익스피어 저; 홍유미 역
- 출판지: 서울
- 출판사: 시공사
- 출판년: 2012

▶ 84(영미 문학의 기본 기호) + -2(문학형식구분: 희곡) + 2(본표 추가 세분: 1558-1625) → 842.2

⑩
- 서명: 만요슈: 고대 일본을 읽는 백과사전
- 저자명: 구정호
- 출판지: 서울
- 출판사: 살림
- 출판년: 2005

▶ 83(일본 문학의 기본 기호) + -1(문학형식구분: 시) + 15(본표 추가 세분: 만요슈) → 831.15

⑪
- 서명: 라틴 아메리카의 문학과 사회
- 저자명: 서성철, 김창민
- 출판지: 서울
- 출판사: 까치글방
- 출판년: 2001

▶ 87(스페인 문학의 기본 기호) + -09(표준구분: 역사) → 870.9

⑫
- 서명: 관촌수필
- 저자명: 이문구
- 출판지: 서울
- 출판사: 랜덤하우스중앙
- 출판년: 2004

▶ 81(한국 문학의 기본 기호) + -3(문학형식구분: 소설) + 6(본표 추가 세분: 20세기) → 813.6

⑬
- 서명: 사회과학 논문작성법
- 저자명: 정병기
- 출판지: 서울
- 출판사: 서울대학교 출판부
- 출판년: 2008

▶ 802(문장 작법) + 066(본표 추가 세분: 논문작성법) +3(전주제구분: 300 사회과학) → 802.0663

⑭
- 서명: 송강가사 연구
- 저자명: 김삼불
- 출판지: 서울
- 출판사: 한국문화사
- 출판년: 1999

▶ 81(한국 문학의 기본 기호) + -1(문학형식구분: 시) + 25(본표 추가 세분: 조선가요) → 811.25

⑮
- 서명: 중국문학 비평용어사전
- 저자명: 임종욱
- 출판지: 서울
- 출판사: 이회문화사
- 출판년: 2011

▶ 82(중국 문학의 기본 기호) + -03(표준구분: 사전) → 820.3

⑯
- 서명: *Literary Aesthetics: A Reader*
- 저자명: Allen Singer, Alan Dunn
- 출판지: Oxford, UK / USA
- 출판사: Malden, Mass.; Wiley-Blackwell
- 출판년: 2000

▶ 801.17(문학미학)

⑰
- 서명: *Teaching and Researching Writing*
- 저자명: Ken Hyland
- 출판지: Harlow
- 출판사: Pearson Education
- 출판년: 2002

▶ 802(문장 작법) + 04(본표 추가 세분: 문장 작법) + -07(표준구분: 연구법 및 교육) → 802.0407

⑱
- 서명: *The Modern French Drama: Seven Essays*
- 저자명: Augustin Filon(by), Janet E. Hogarth(Translated by), W. L. Courtney(introduction by)
- 출판지: Whitefish, MT
- 출판사: Kessinger Publishing
- 출판년: 2005

▶ 86(프랑스 문학의 기본 기호) + -2(문학형식구분: 희곡) → 862

⑲
- 서명: *A History of South African Literature*
- 저자명: Christopher Heywood
- 출판지: Cambridge
- 출판사: Cambridge University Press
- 출판년: 2010

▶ 893(아프리카문학) + -09(표준구분: 역사) → 893.09

⑳
- 서명: *William Wordsworth: Selected Poems*
- 저자명: William(by Wordsworth), Sandra Anstey(edited by)
- 출판지: Oxford
- 출판사: Oxford University Press
- 출판년: 2006

▶ 84(영미 문학) + -1(문학형식구분: 시) + 4(본표 추가 세분: 19세기) → 841.4

제18장

900 역 사
(History)

900 역사류에는 역사와 함께 지리 및 전기도 함께 전개되어 있다. 그러나 특정한 주제를 가지는 역사는 해당 주제 아래에 분류하며, 지리 및 전기도 동일하게 특정한 주제를 가지는 지리와 전기도 그 해당 주제에 분류한다.

역사류는 910에서 970까지 역사를 전개하고, 980에 지리, 990에 전기를 국가와 지역별로 구분하여 전개하고 있다. 따라서 900에 전개된 강목 및 요목의 기호들은 지역구분과 조기성을 갖게 된다.

제1절 역사류의 개요와 주요 개정 부분

1. 역사류의 개요

우선 KDC 제4판에서 제6판까지의 900 역사류의 일반적인 개요를 살펴보면, 〈표 18-1〉과 같다.

제3부 본표의 분석과 적용

표 18-1 KDC 제4판~제6판의 역사류의 개요

	제4판	제5판	제6판
900	역사	역사	역사
910	아시아	아시아	아시아
920	유럽(구라파)	**유럽**	유럽
930	아프리카	아프리카	아프리카
940	북아메리카(북미)	**북아메리카**	북아메리카
950	남아메리카(남미)	**남아메리카**	남아메리카
960	오세아니아(대양주)	**오세아니아**	**오세아니아, 양극지방**
970	양극지방	양극지방	**[미사용]**
980	지리	지리	지리
990	전기	전기	전기

〈표 18-1〉에 나타난 바와 같이, KDC 제4판에서 제6판까지의 역사류 강목의 전개는 다소 조정이 있었다. 제4판에서 제5판으로 개정할 때 항목 표기가 한글로 변환되면서 괄호 안의 한자 표기가 모두 삭제되었다. 따라서 920 유럽(구라파), 940 북아메리카(북미), 950 남아메리카(남미)는 920 유럽, 940 북아메리카, 950 남아메리카로 명칭이 조정되었다.

제5판에서 제6판으로 개정할 때는 조기표 가운데 지역구분표가 개정되면서 970 양극 지방이 960 오세아니아로 이치되면서 "960 오세아니아, 양극 지방"으로 조정되고, 970은 미사용 기호로 남게 되었다.

아울러 역사류와 지역구분표는 서로 조기성을 가지며, 이 지역구분표는 국어구분표와도 상당 부분 조기성을 갖는다. 국어구분표는 앞서 살펴본 것처럼, 언어류(700), 문학류(800)와 조기성을 갖는다. 또한 지리(980)와 전기(990)의 세목들도 이들과 조기성을 갖는다. 따라서 역사류는 언어류와 문학류, 지리 및 전기와 조기성을 유지하고 있다(〈표 18-2〉 참조). 아울러 각 지역의 지리는 역사, 전기, 지역구분표와 완벽한 조기성을 유지하고 있다(〈표 18-3〉 참조).

표 18-2 역사류, 언어류, 문학류, 지리, 전기의 조기성

역사류	언어류	문학류	지 리	전 기
911 한 국	710 한국어	810 한국문학	981.1 한국지리	991.1 한국전기
912 중 국	720 중국어	820 중국문학	981.2 중국지리	991.2 중국전기
913 일 본	730 일본어	830 일본문학	981.3 일본지리	991.3 일본전기
924 영 국	740 영 어	840 영미문학	982.4 영국지리	992.4 영국전기
925 독 일	750 독일어	850 독일문학	982.5 독일지리	992.5 독일전기
926 프랑스	760 프랑스어	860 프랑스문학	982.6 프랑스지리	992.6 프랑스전기
927 스페인	770 스페인어	870 스페인문학	982.7 스페인지리	992.7 스페인전기
928 이탈리아	780 이탈리아어	880 이탈리아문학	982.8 이탈리아지리	992.8 이탈리아전기
	790 기타 제어	890 기타 제문학		

표 18-3 역사, 지리, 전기, 지역구분표의 조기성

역 사	지 리	전 기	지역구분표
910 아시아	981 아시아지리	991 아시아	-1 아시아
920 유 럽	982 유럽지리	992 유 럽	-2 유 럽
930 아프리카	983 아프리카지리	993 아프리카	-3 아프리카
940 북아메리카	984 북아메리카지리	994 북아메리카	-4 북아메리카
950 남아메리카	985 남아메리카지리	995 남아메리카	-5 남아메리카
960 오세아니아, 양극지방	986 오세아니아와 양극지리	996 오세아니아와 양극전기	-6 오세아니아, 양극지방

KDC 제6판 900 역사류의 하위 항목들의 주요 내용은 다음과 같다.

① 900 역 사
  - 역사류의 총류로 역사류의 표준구분에 해당
  ▪ 901 역사 철학 및 이론
  ▪ 902 역사 보조학
  - 연대학, 고고학, 금석학, 전화학(錢貨學), 역사 지리학, 고문서학 등의 항목 설정

제3부 본표의 분석과 적용

- 903 역사 사전, 사전
- 908 역사 전집, 총서
- 909 세계사, 세계 문화사

② 910 아시아
  - 910 아시아의 역사로, 한국을 비롯한 동양 삼국의 역사를 전개한 후 기타 아시아 지역의 역사 전개
  - 910.1-.6 아시아 역사를 시대별로 세분
- 911 한국사
  - 911.001-.0099 한국 역사 표준구분 적용
  - 911.001 한국 사관(史觀)
  - 911.002 보조학으로 902와 동일하게 전개
  - 911.009는 역사 기술의 소재가 되는 문헌이나 유물 등의 자료인 사료(史料)를 매우 상세하게 취급
  - 911.01-.082는 한국 역사를 시대별로 세분. 이 항목들은 다른 주제에 시대를 나타내는 기호로도 사용
  - 911.01-.082 한국의 시대별 역사
  - 911.1-.999 한국 지역 구분, 이 항목들은 다른 주제에서 한국 지역을 나타내는 기호로 사용
  - 911.1-.999 한국 지역별 역사
- 912 중국사
  - 912.001-.0099는 911.001-.0099 한국 역사의 표준구분에서 적용한 항목들을 그대로 적용할 수 있는 중국 역사의 표준구분
  - 912.01-.08은 중국 역사의 시대구분으로, 중국의 시대별 역사를 세분
  - 912.1-.8 중국의 지역 구분으로, 지역별 중국 역사 전개

- 913 일본사
  - 913.001-.0099는 911.001-.0099 한국 역사의 표준구분에서 적용한 항목들을 그대로 적용할 수 있는 일본 역사의 표준구분
  - 913.01-.08은 일본 역사의 시대구분. 일본의 시대별 역사 세분
  - 913.1-.8은 일본의 지역 구분. 지역별 일본 역사 전개
- 914 동남아시아 역사
  - 베트남, 라오스, 캄보디아, 타이, 미얀마, 말레이시아, 인도네시아, 필리핀 등의 항목 설정
- 915 인디아와 남부아시아 역사
  - 915.01-.05 인도 역사의 시대 구분이며, 915.1-.59 인도의 각 지방을 구분한다.
  - 915.6 파키스탄, 915.7 방글라데시, 915.8 히말라야 지방, 915.9 인도양 제도 등의 항목 설정
- 916 중앙아시아 역사
  - 아프가니스탄, 키르기스스탄, 카자흐스탄, 타지키스탄, 우즈베키스탄, 투르크메니스탄 및 코카시아 지역의 역사 항목 설정
- 917 시베리아 역사
  - 시베리아 극동, 시베리아 동부, 시베리아 서부 등의 항목 설정
- 918 서남아시아, 중동 역사
  - 이란, 이라크, 시리아, 레바논, 이스라엘, 요르단, 터키 등의 항목 설정
- 919 아라비아 반도와 인접 지역의 역사
  - 예멘, 아랍에미리트, 사우디아라비아, 바레인 등의 항목 설정

③ 920 유럽
  - 920.01-.099 911.001-.0099 한국 역사의 표준구분에서 적용한 항목들을 그대로 적용할 수 있는 유럽 역사의 표준구분
  - 920.1-.6 유럽 역사의 시대 구분

제3부 본표의 분석과 적용

- 921-929 각 국가마다 세목에 그 국가의 역사구분에 맞게 시대를 별도로 구분
- 921 고대 그리스(희랍 고대사)
- 922 고대 로마
- 923 스칸디나비아
  - 스웨덴, 노르웨이, 핀란드, 덴마크, 아이슬란드 등의 항목 설정
- 924 영국, 아일랜드
- 925 독일과 중앙 유럽
- 926 프랑스와 인접 국가
- 927 스페인과 인접 국가
- 928 이탈리아와 인접 국가
- 929 러시아와 동부 유럽

④ 930 아프리카
  - 930.2-.6 아프리카 역사의 시대 구분
  - 931.1 이집트에서만 이집트 역사의 시대 구분을 전개
  - 나머지 세목은 전체 아프리카를 개개의 국가가 아닌 지역으로 구분하였기 때문에 각 국가마다 시대 구분을 하지 않음
- 931 북아프리카
- 932-933 미사용 기호
- 934 서아프리카
- 935 미사용 기호
- 936 중앙아프리카
- 937 동아프리카
- 938 남아프리카
- 939 남인도양 제도

⑤ 940 북아메리카
  - 940.1 북아메리카 인디언에 관한 종합적인 저작 취급
  ▪ 941 캐나다
  - 941.03-08 캐나다 역사의 시대구분
  - 941.1-.98 캐나다의 각 지역으로 구분된 세목
  ▪ 942 미국(미합중국)
  - 942.03-08 미국 역사의 시대구분
  - 942.1-.9 미국의 각 지역으로 구분된 세목
  ▪ 943 멕시코
  - 943-949 각 국가별 시대 구분을 하지 않음
  ▪ 944 중앙아메리카(중미 제국)
  ▪ 945 과테마라, 벨리즈, 엘살바도르
  ▪ 946 온두라스
  ▪ 937 니카라과
  ▪ 948 코스타리카, 파나마
  ▪ 949 서인도 제도

⑥ 950 남아메리카
  - 950.1 남아메리카 인디언에 관한 종합적인 저작 취급
  - 951-959 국가들은 시대구분이나 지역구분을 하지 않음
  ▪ 951 콜롬비아
  ▪ 952 베네수엘라와 기아나 지역
  ▪ 953 브라질
  ▪ 954 에콰도르
  ▪ 955 페 루
  ▪ 956 볼리비아

제3부 본표의 분석과 적용

- 957 파라과이, 우루과이
- 958 아르헨티나
- 959 칠 레

⑦ 960 오세아니아, 양극 지방
- 961 미사용 기호
- 962 오스트레일리아(호주)
- 963 뉴질랜드
- 964 파푸아뉴기니
- 965 멜라네시아
- 966 미크로네시아와 인접 국가
- 967 폴리네시아와 하와이
- 968 대서양 제도
- 969 양극 지방

⑧ 970 미사용 기호
- 971-979 미사용 기호

⑨ 980 지 리
- 특정한 주제 분야의 지리는 해당 주제 아래에 분류
- 980.1-.9 지리 표준구분
- 980.2 명승 안내, 여행으로, 이 기호를 제외하고는 표준구분의 전개와 동일
- 981-987 각 대륙의 지리 전개
- 역사와 지리, 전기는 조기성을 갖지만, 지역구분표와는 완전하게 조기성을 갖지는 않음
- 각 지역의 지리는 역사, 지리, 전기, 지역구분표는 완벽한 조기성 유지
- 981-988 모든 지역의 지역구분은 지역구분표에 따라 세분

- 981 아시아 지리
- 982 유럽 지리
- 983 아프리카 지리
- 984 북아메리카 지리
- 985 남아메리카 지리
- 986 오세아니아와 양극 지리
- 987 지역구분 일반 지리
  - 특정 대륙, 국가, 지방의 지역구분과 병용하지 않음
- 988 해 양
  - 해양 지역의 지리
  - 988.1-.8 해양 지역의 세분
- 989 지도 및 지도책
  - 지구의와 지리 모형, 세계 지도 등을 포함하며, 지역구분표에 따라 세분
  - 별법으로 도서관에 따라 지도는 989 대신에 M을 분류기호 앞에 붙여 사용 가능

⑩ 990 전 기
  - 특수 주제에 관련 되지 않은 일기, 일화집, 언행록, 인물 평론, 추도록, 서한, 초상, 사진집, 전기적 서지 등도 전기 자료에 포함[1]
  - 990.3 특수한 지역이나 주제에 속할 수 없는 세계 인명사전
  - 990.9 특수 전기로, 서지학자, 사서, 백과사전 편찬자 등 특수인에 대한 전기를 취급
  - 991-997 특정한 대륙이나 국가에 속하는 인물의 전기 취급
  - 특정 지역의 전기는 위의 〈표 18-3〉과 같이 역사 및 지리류와 조기성을 유지
- 991 아시아 전기
- 992 유럽 전기

---

[1] 한국도서관협회 편, 한국십진분류법, 제3권 해설서, 제6판 (서울: 한국도서관협회, 2013), 279.

제3부 본표의 분석과 적용

- 993 아프리카 전기
- 994 북아메리카 전기
- 995 남아메리카 전기
- 996 오세아니아와 양극 전기
- 998 주제별 전기
  - 998 주제별 전기로, 주제별 전기는 해당 주제 아래에 분류하는 것이 일반적이다. 그러나 전기를 한 곳에 모으고자 하는 도서관은 이 기호를 사용할 수 있다.
- 999 계보, 족보
  - 999.1-.7 지역별 계보와 족보로, 지역구분표에 따라 세분한 다음 성(姓)의 자모순으로 배열
  - 999.8 씨족, 귀족, 왕족에는 씨족, 귀족, 왕족의 기원이나 유래 등에 대해 연구한 문헌을 분류하기 위한 기호

2. 역사류의 주요 개정 부분

제6판에서 역사류는 학문의 발전과 사회 변화, 분류표의 실용성을 위해 다수 항목이 신설, 전개, 이치되었다. 주요 내용은 다음과 같다.

① 제6판을 개정하면서 지역구분표가 개정됨에 따라, 제5판의 960 오세아니아와 970 양극 지방을 통합하여 제6판에서는 "960 오세아니아와 양극 지방"을 설정하고, 970은 미지정 기호로 남겨 두었다.

② 한국 시대구분사에서 역사 관련 용어를 최신의 학술적 용어로 수정하였다(〈표 18-4〉 참조).

제18장 900 역 사

표 18-4 한국 시대구분사의 변경된 역사 관련 용어

KDC 5		KDC 6
안시성혈전	→	안시성전투
황산야전	→	황산벌전투
복신과 도침의 의병	→	복신과 도침의 백제부흥운동
사육신의 변	→	단종복위운동
정유왜란	→	정유재란
신유사옥	→	신유박해
동학란	→	동학농민운동
갑오경장	→	갑오개혁
육십만세사건	→	육십만세운동
광주학생사건	→	광주학생항일운동
9·28 수도탈환	→	9·28 서울수복
정전회담	→	휴전회담

③ 한국사 관련 문헌을 분류하는 데 도움을 주기 위해 한국 관련 지역구분표를 본 표 911.1-.91에 수록하였다.

④ 911 한국사 아래에 전개된 911.001-.0099의 역사 보조학 항목들을 910 아시아, 912 중국, 913 일본, 920 유럽 등의 해당 항목에서 참조하는 방법을 통일시켰다.

표 18-5 역사 보조학 항목의 표기 통일

KDC 5	KDC 6
913 일 본 　913.001-.0099는 911.001 -.0099와 같이 세분한다. 예: 일본사료 913.009; 일본고전류 913.0093	**913 일 본** 　.001-.0099 일본사관, 보조학, 사료 　　911.001-.0099와 같이 세분한다. 예: 일본사료 913.009; 일본고전류 913.0093
920 유 럽 　920.01-.099는 911.001-.0099와 같이 세분한다. 예: 서양사사전 920.03	**920 유 럽** 　.01-.099 유럽 역사관, 보조학, 사료 　　911.001-.0099와 같이 세분한다. 예: 서양사사전 920.03

제3부 본표의 분석과 적용

⑤ 시대구분이 세분되어 있지 않거나 역사 관련 주기가 설정되어 있지 않은 국가의 경우 주기를 신설하였으며, 기존의 주기 내용도 수정하였다.

⑥ 분류표의 실용성을 높이기 위해 일부 항목들을 이치하였다(〈표 18-6〉 참조).

표 18-6 역사류의 이치 분류 항목

분류 기호	분류 항목
919.89 → 919.3	예멘인민공화국
925.4 → 925.2	자알란트
929.98 → 918.7	터키(유럽)
967.11 → 965.6	피 지
968 → 967.8	하와이
969.1 → 968.1	포클랜드
969.2 → 968.2	세인트헬레나
970 → 969	양극지방
971 → 969 .1	북극지방
973 → 969 .3	그린란드
978 → 969 .8	남극지방
979 → 969 .9	외계지역

제2절 역사류의 주요 기호 합성에 관한 분석

1. 해 양 (988)

KDC에서 세계 각 해양의 지리에 대한 분류 기호 988 아래에는 〈그림 18-1〉과 같은 기호 합성에 대한 주기가 제시되어 있다.

988 **해 양**
　　해양지, 어업, 생물학 등에 이용되나, 육지의 지역구분과 병용하지 않는다. 지역구분표 -8에 따라 세분한다.

그림 18-1 해양(988)의 주기

〈그림 18-1〉에 제시된 주기에 따를 경우, "동해 해양 지리"는 기본 기호에 동해를 나타내는 기호 113를 더하여, "988 + 113(-8113 해양구분: 동해에서 -8 다음에 오는 기호) → 988.113"이 될 것이다(〈그림 18-2〉 참조).

988 　　**해 양**
　-113　　동해(지역구분 -8113에서 -8 다음의 기호)
―――――――――――――――――――――――――――
988 + -113 → 988.113

그림 18-2 "동해 해양 지리"(988.113)의 분류 기호

■ 유사 사례
- 남대서양의 해양 지리 탐구
    988 + 55(지역구분 -855 남대서양에서 -8 다음에 오는 기호) → 988.55
- 홍해의 해양 지리
    988 + 45(지역구분 -845 홍해에서 -8 다음에 오는 기호) → 988.45

2. 역사관, 보조학, 사료 (910.01-.099)

KDC는 역사를 해석하고 설명하는 사관(史觀)을 비롯해 연대학, 고고학, 고문서학 등의 역사 보조학 및 사료(史料) 등 사학의 기초 분야라 할 수 있는 내용들을 911 한국 역사 아래에 세분하고 있다. 이 세분된 항목들의 내용은 다른 지역의 역사 항목 전개에서도 동일하게 적용하도록 주기로 기술하고 있다.

예를 들면, KDC에서 아시아의 역사관과 보조학, 사료의 분류 기호 910.01-.099 아래에는 〈그림 18-3〉과 같이, 한국 역사의 세목 전개(911.001-.0099)를 적용하여 기호를 합성하는 주기가 제시되어 있다.

910.01-.099	아시아 역사관, 보조학, 사료 911.001-.0099와 같이 세분한다. 예: 동양고고학 910.025

그림 18-3 아시아 역사관, 보조학, 사료(910.01-.099)의 주기

〈그림 18-3〉의 주기에 기술된 911.001-.0099는 한국 역사와 관련된 세목으로, 911.001은 한국 사관(史觀)을, 911.002는 연대학, 고고학, 금석학, 전화학(錢貨學)을 포함하는 역사 보조학을 나타낸다. 911.003-.008은 표준구분의 -03-08의 기호가 갖는 의미대로 전개가 된다. 즉 911.003은 국사 사전, 911.004는 강연집·사평(史評), 911.005는 연속간행물, 911.006은 학회·단체·회의, 911.007은 지도법 및 연구법, 911.008은 전집·총서를 각각 나타낸다. 911.009는 사료(史料)를 나타내는 기호로, 이 사료에는 사료적 가치가 있는 자료에 한하며 고문서류와 기록류, 전고류(典故類), 야승류(野乘類), 제도류 등으로 다시 세분되고 있다.

〈그림 18-3〉에 제시된 기호에 따를 경우, "아시아 역사 고문서류"는 아시아 역사를 나타내는 기호에 고문서를 나타내는 기호 91을 더하여, "910.0 + 91(911.0091 한국 사료에서 911.00 다음에 오는 기호) → 910.091"이 된다(〈그림 18-4〉 참조).

910.0	아시아 역사관, 보조학, 사료의 기본 기호
91	911.0091(한국 사료)에서 911.00 다음의 기호

910.0 + 91 → 910.091

그림 18-4 "아시아 역사 고문서"(910.091)의 분류 기호

- **유사 사례**
  - 아시아 역사 평론

    910.0 + 4(911.004 한국 역사 강연집, 사평(史評)에서 911.00 다음에 오는 기호) → 910.04
  - 아시아 고고학

    910.0 + 25(911.0025 한국 고고학에서 911.00 다음에 오는 기호) → 910.025

또한 이러한 주기 내용은 중국사(912.001-.0099)와 일본사(913.001-.0099)의 관련 항목에서도 동일하게 제시되어 있으므로, 이를 동일한 방식으로 적용할 수 있을 것이다.[2]

- **유사 사례**
  - 중국 사관(史觀)

    912.00 + 1(911.001 한국 사관에서 911.00 다음에 오는 기호) → 912.001
  - 일본의 종교, 풍속 문서

    913.00 + 917(911.00917 한국 종교, 풍속 문서에서 911.00 다음에 오는 기호) → 913.00917

---

[2] 오동근, 배영활, 여지숙, KDC 5의 이해 (대구: 태일사, 2009), 311.

3. 지리의 표준구분 (980.1-.9)

KDC의 980 지리는 인문지리학, 지지학(地誌學), 취락 지리학을 포함하지만, 경제 지리, 생물 지리, 언어 지리 등과 같은 특수 주제에 관한 지리는 해당 주제 아래에 분류하게 된다.

981-987의 지리의 세분 전개는 본표에는 요목까지만 전개해두고, 지역구분의 기호를 사용하여 추가 전개하도록 하고 있다. 이와 관련하여, 981 아시아 지리 아래에는 〈그림 18-5〉와 같은 기호 합성의 주기가 제시되어 있다.

> 981   아시아 지리
> 　　　　지역구분표 -1에 따라 세분한다. 예: 한국지리 981.1; 중국기행 981.202

그림 18-5 아시아 지리(981)의 주기

〈그림 18-5〉에 제시된 기호에 따를 경우, "일본 지리"는 아시아 지리를 나타내는 기호에 일본을 나타내는 기호 3을 더하여, "981 + 3(-13 지역구분: 일본에서 -1 다음에 오는 기호) → 981.3"이 된다(〈그림 18-6〉 참조).

> 981   아시아 지리
> 　3　　-13(지역구분: 일본)에서 -1 다음의 기호
> ────────────────────────────
> 981 + 3 → 981.3

그림 18-6 "일본 지리"(981.3)의 분류 기호

- **유사 사례**
    - 프랑스 지리
        982 + 6(-26 지역구분: 프랑스에서 -2 다음에 오는 기호) → 982.6
    - 뉴욕 지리
        984 + -221(-4221 지역구분: 뉴욕(미국)에서 -4 다음에 오는 기호) → 984.221

한편 980 지리 아래의 980.1-.9는 지리의 표준구분표에 해당되는 항목들이다.[3] 따라서 이 항목들은 981-987에 전개되어 있는 각 지역의 지리에도 이를 공통적으로 적용하여 추가로 기호를 합성할 수 있다. 다만 〈그림 18-5〉에 제시된 주기의 예시 "중국 기행 981.202"에서도 그 활용 사례를 확인할 수 있는 것처럼, 특히 980.208-.29에는 기본적인 표준구분표와는 달리, 명승 안내나 여행을 수용하기 위한 변형된 기호들이 사용된다는 사실에 유의해야 한다. 주기에 예시된 "중국 기행"은 아시아 지리에 중국을 나타내는 지역구분의 기호 2를 더하고 여기에 여행을 의미하는 기호 02를 더하여, "981 + 2(-12 지역구분: 중국에서 -1 다음에 오는 기호) + 02(980.2 명승 안내, 여행에서 98 다음에 오는 기호) → 981.202"가 된다(〈그림 18-7〉 참조).

981	아시아 지리
2	-12(지역구분: 중국)에서 -1 다음의 기호
02	980.2(명승 안내, 여행)에서 98 다음의 기호

981 + 2 + 02 → 981.202

그림 18-7 "중국 기행"(981.202)의 분류 기호

■ 유사 사례

• 아프리카 탐험기

    983 + 029(980.29 탐험기, 발견기에서 98 다음에 오는 기호) → 983.029

• 미국 지리 연구(연속간행물)

    984 + 2(-42 지역구분: 미국에서 -4 다음에 오는 기호) + 05(980.5 지리 연속간행물에서 98 다음에 오는 기호, 또는 표준구분: 연속간행물) → 984.205

• 인도 기행

    981 + 5(-15 지역구분: 인도에서 -1 다음에 오는 기호) + 02(980.2 명승안내, 여행에서 98 다음에 오는 기호) → 981.502

---

[3] 한국도서관협회 편, 한국십진분류법, 제3권 해설서, 제6판 (서울: 한국도서관협회, 2013), 276.

제3부 본표의 분석과 적용

4. 지도 및 지도책 (989)

지도를 비롯해 지구의(地球儀)와 지리 모형 등에 관한 문헌은 989에 분류한다. 989에는 지역구분표를 적용하여 세분하도록 하는 주기와 별법(別法)으로 분류 기호에 영문자 M을 분류기호 앞에 붙여 사용하도록 하는 주기가 포함되어 있다(〈그림 18-8〉 참조).

> **989 지도 및 지도책**
> 지역구분표에 따라 세분한다.   예: 아시아지도 989.1
> 별법: 도서관에 따라 지도는 989 대신 M을 분류 기호 앞에 붙여서 사용할 수 있다.
> 예: 아시아지도 M981
> 특수주제의 지도 및 지도책은 해당주제 아래에 분류한다.   예: 역사지도 902.89

그림 18-8 지도 및 지도책(989)의 주기

① 지역구분을 사용한 추가 세분

지도 및 지도책은 〈그림 18-8〉의 "지역구분표에 따라 세분한다"라는 주기에 따라, 각 지역별 또는 국가별로 추가 세분할 수 있다. 예를 들면 "일본 지도"는 지도를 나타내는 기호에 일본을 나타내는 기호 -13을 더하여, "989 + -13(지역구분: 일본) → 989.13"이 된다(〈그림 18-9〉 참조).

> **989   지도 및 지도책**
>   -13   일본(지역구분)
> ─────────────────────
> 989 + -13 → 989.13

그림 18-9 "일본 지도"(989.13)의 분류 기호

■ 유사 사례
- 아프리카 지도

    989 + -3(지역구분: 아프리카) → 989.3
- 하와이 지도

    989 + -678(지역구분: 하와이) → 989.678

② 문자 M을 사용하는 방법(별법)

지도 및 지도책은 〈그림 18-8〉의 "별법: 도서관에 따라 지도는 989 대신 M을 분류 기호 앞에 붙여서 사용할 수 있다"라는 주기에 따를 경우, "989 대신에 각 지역별 지리 기호 앞에 M(Map)을 붙여서 분류할 수 있다."[4] 이 별법을 택하고자 하는 도서관은 〈그림 18-9〉에 예시된 일본 지도에 대한 분류 기호 989.13 대신에 일본 지리를 나타내는 분류 기호인 981.3 앞에 M을 붙인 M981.3을 사용하게 된다. 980에 전개된 요목들의 지도를 예로 들어 비교해 보면 〈표 18-7〉과 같다.[5]

표 18-7 지도 및 지도책(989)의 분류 기호 비교표

구 분	숫자 기호	문자 기호 (별법)
아시아지도	989.1	M981
유럽지도	989.2	M982
아프리카지도	989.3	M983
북아메리카지도	989.4	M984
남아메리카지도	989.5	M985
오세아니아, 양극지도	989.6	M986

---

[4] 한국도서관협회 편, 한국십진분류법, 제3권 해설서, 제6판 (서울: 한국도서관협회, 2013), 278.
[5] 오동근, 배영활, 여지숙, KDC 5의 이해 (대구: 태일사, 2009), 314.

5. 전기의 지역별 분류 (99△) (별법)

KDC에서 전기(傳記)는 원칙적으로 해당 주제 아래에 분류한다. 다만 특수 전기나 지역 전기를 함께 모으고자 하는 도서관의 경우에는 다음과 같은 세 가지 중 하나의 별법을 선택할 수 있을 것이다.

① 모든 전기에 99 또는 B 등의 기호를 부여하는 방법

전기(900) 아래에는 "별법: 도서관에 따라 개인전기는 99, B 등으로 간략하게 분류할 수 있다"라는 주기를 제시하고 있다. 이것은 모든 전기를 간단하게 한 곳에 모아 분류하고자 하는 도서관을 위한 별법으로, "주제와 상관없이 모든 전기에 99 또는 B 등의 기호를 부여하여 간략하게 분류한 다음 피전자 이름의 자모순으로 배열할 수 있도록 하는"[6] 것이다.

② 모든 주제의 전기를 998에 함께 모으는 방법: 다음 소절(p.430) 참조.

③ 99△의 기호를 사용하여 각 지역별로 전기를 함께 모으는 방법[7]

이 방법은 모든 전기를 각 지역별로 구분하여 함께 모으고자 하는 도서관을 위한 별법으로, 991부터 996에 각 지역별 전기를 분류하기 위한 기호를 배정하고 있다. 아울러 〈그림 18-10〉과 같이 지역구분표의 -1-6에 따라 해당되는 지역의 기호를 적용하여 추가적으로 세분할 수 있도록 하고 있다.

---

(991) 아시아 전기
　　지역구분표 -1에 따라 세분한다.　　예: 한국인총전 991.1

그림 18-10 아시아 전기(991)의 주기

---

6) 한국도서관협회 편, 한국십진분류법, 제3권 해설서, 제6판 (서울: 한국도서관협회, 2013), 279.
7) 한국도서관협회 편, 한국십진분류법, 제1권 본표, 제6판 (서울: 한국도서관협회, 2013), 961.

〈그림 18-10〉과 같은 주기 내용은 유럽 전기(992), 아프리카 전기(993), 북아메리카 전기(994), 남아메리카 전기(995), 오세아니아와 양극 전기(996) 등에서도 동일한 방식으로 제시되어 있다.

이 주기에 따를 경우, "인도를 빛낸 인물전"은 전기를 나타내는 기호에 인도를 나타내는 기호 5를 더하여, "991 + 5(-15 지역구분: 인디아에서 -1 다음에 오는 기호) → 991.5"가 된다(〈그림 18-11〉 참조).

991	아시아 전기
5	-15 인디아(지역구분)에서 -1 다음의 기호

991 + 5 → 991.5

그림 18-11 "인도를 빛낸 인물전"(991.5)의 분류 기호

■ 유사 사례(별법)
- 프랑스 위인전(별법)
    992 + 6(-26 지역구분: 프랑스에서 -2 다음에 오는 기호) → 992.6
- 러시아 인물전(별법)
    992 + 9(-29 지역구분: 러시아에서 -2 다음에 오는 기호) → 992.9

6. 주제별 전기 (998) (별법)

KDC에서 전기는 원칙적으로 전기의 대상이 되는 피전자(被傳者)가 갖는 주제 배경에 따라 해당 주제 아래에 분류한다. 그러나 모든 주제의 전기를 한 곳에 모으고자 하는 도서관은 별법(別法)으로 분류 기호 998을 사용하여 분류할 수 있도록 하고 있다. 아울러 이 998 아래에는 추가 세분을 위해 "100-990과 같이 주제구분한다"라는 주기가 제시되어 있다(〈그림 18-12〉 참조).

> (998)　**주제별 전기**
> 　　이 주제별 전기는 990 아래에 전기서를 일괄 집중시켜 분류하고자 경우에 별법으로 여기에 분류할 수 있다. 주제별 전기는 예컨대 철학가, 종교가, 예술가, 문학가 등과 같이 그 인물과 주제가 밀접한 관련을 갖고 있으므로 일반적으로는 해당주제 아래에 분류한다. 예: 수학자전기 410.99; 고승전 220.99
> 　　주제와 관련을 갖는 각전 및 총전을 포함한다. 100-990과 같이 주제구분(강목 이상)한다. 예: 수학자전기 998.41; 고승전 998.22; 최남선전기 998.9

그림 18-12 주제별 전기(998)의 주기

〈그림 18-12〉에 제시된 별법의 주기에 따를 경우, "모차르트 평전"은 주제별 전기를 나타내는 기호에 음악의 분류 기호를 더하여, "998 + 670(음악) - 0 → 998.67"이 된다(이 때 소숫점 이하의 0은 생략하였다)(〈그림 18-13〉 참조).

> 998　　**주제별 전기**
> 　670　　음 악
> ―――――――――――――――――――
> 998 + 670 - 0 → 998.67

그림 18-13 "모차르트 평전"(998.67)의 분류 기호

그러나 KDC에서는 주제별 전기는 〈그림 18-12〉의 주기에서 볼 수 있는 것처럼, 피전자의 주제 배경과 같은 주제 아래에 분류하는 것을 원칙으로 하고 있다. 따라서 일반적인 대부분의 도서관의 경우, "모차르트 평전"은 음악의 기본 기호에 전기를 나타내는 표준구분의 기호를 더하여, "670 - 0 + -099(표준구분: 전기) → 670.99"에 분류하게 될 것이다.

7. 중국 북부 지방사 (912.1)

KDC에서 중국 북부(화북 華北) 지역의 지방사에 관한 자료는 912.1에 분류하도록 하고 있다. 이 912.1 아래에는 〈그림 18-14〉와 같은 기호 합성에 대한 주기가 제시되어 있다.

```
912.1    중국 북부(화북 華北)
         지역구분표 -121에 따라 세분한다.
```

그림 18-14 중국 북부 지방사(912.1)의 주기

〈그림 18-14〉의 주기에 따를 경우, "허베이성(河北省) 지방의 역사와 문화"는 기본 기호에 허베이(河北)를 나타내는 2를 더하여, "912.1 + 2(-1212 허베이성, 톈진, 베이징에서 -121 다음에 오는 기호) → 912.12"가 된다(〈그림 18-15〉 참조).

```
912.1    중국 북부(화북 華北)
    2    -1212(허베이성, 톈진, 베이징)에서 121 다음의 기호
912.1 + 2 → 912.12
```

그림 18-15 "허베이성(河北省) 지방의 역사와 문화"(912.12)의 분류 기호

■ 유사 사례
- 역사의 보고-베이징(北京)
    912.1 + 26(지역구분 -12126 베이징에서 -121 다음에 오는 기호) → 912.126
- 산동성(山東省)의 변천
    912.1 + 3(지역구분 -1213 산동성에서 -121 다음에 오는 기호) → 912.13

8. 한국사의 표준구분 (911.001-.009)

KDC에서 한국사에 대한 분류 기호 911 아래에는 〈그림 18-16〉과 같이, 911.001에 한국사 이론에 해당하는 한국 사관(史觀)이 전개되어 있고, 911.01-.08에는 한국 시대사를 나타내기 위한 기호들이 전개되어 있다. 따라서 분류 기호의 중복을 막기 위해서는, 한국사에 표준구분을 적용할 경우에 패싯 지시 기호 0을 하나 더 추가해야 한다는 사실에 유의해야 한다.

```
911         한국(韓國)
            한국통사 및 문화사 등을 포함한다.
   .001     한국 사관(史觀)
   .01      원시시대
```

그림 18-16 한국사 표준구분(911.001-.009)의 주기

〈그림 18-16〉에 제시된 기호를 따를 경우, "한국사 백과사전"은 기본 기호에 0을 추가한 후, 사전을 나타내는 표준구분의 기호를 더하여, "911 + 0(패싯 지시 기호) + -03(표준구분: 사전) → 911.003"이 된다(〈그림 18-17〉 참조).

```
911         한국의 역사
   0        패싯 지시 기호
   -03      사전(표준구분)
─────────────────────────────
911 + 0 + -03 → 911.003
```

그림 18-17 "한국사 사전"(911.003)의 분류 기호

■ 유사 사례
- 한국사 교육

    911 + 0(패싯 지시 기호) + -07(표준구분: 연구법 및 교육, 교육 자료) → 911.007
- 한국사 연구(연속간행물)

    911 + 0(패싯 지시 기호) + -05(표준구분: 연속간행물) → 911.005

9. 세계 여행 안내 (980.24)와 특정 지역 여행 안내

특정 지역의 여행 및 안내기에 대한 분류 기호 980.24 아래에는 〈그림 18-18〉과 같이, "특정 지역의 세계 여행, 안내기는 해당 지역에 분류한다"라는 기호 합성에 대한 주기가 제시되어 있다.

```
980.24    세계 여행, 안내기
          특정지역의 세계 여행, 안내기는 해당지역에 분류한다. 예: 유럽여행안내기 982.024
```

그림 18-18 세계 여행, 안내기(980.24)의 주기

〈그림 18-18〉에 제시된 주기에 따를 경우, "하와이 여행 안내"는 기본 기호에 하와이를 나타내는 기호와 여행 안내를 나타내는 024를 더하여 "98 + -678(지역구분: 하와이) + 024(980.24 세계 여행, 안내기에서 98 다음에 오는 기호) → 986.78024"가 된다(〈그림 18-19〉 참조)

```
98        지리의 기본 기호
 -678     하와이(지역구분)
 024      980.24(세계 여행, 안내기)에서 98 다음의 기호
─────────────────────────────────────────────
98 + -678 + 024 → 986.78024
```

그림 18-19 "하와이 여행 안내"(986.78024)의 분류 기호

■ 유사 사례
- 터키 여행 안내
    98 + -187(지역구분: 터키) + 024(980.24 여행, 안내기에서 98 다음에 오는 기호) → 981.87024
- 마다가스카르 여행기
    98 + -391(지역구분: 마다가스카르) + 024(980.24 여행, 안내기에서 98 다음에 오는 기호) → 983.91024

10. 각 지역의 계보, 족보 (999.1-.7)

KDC에서 계보와 족보는 999에 분류한다. 999.1-.7 아래에는 세계 여러 지역의 계보 및 족보를 분류하기 위해 지역구분표에 따라 세분한 다음 성(姓)의 자모순 그리고 동성은 본관 또는 분파명의 자모순으로 배열하도록 하는 주기를 제시하고 있다(〈그림 18-20〉 참조).

```
999         계보, 족보
  .1-.7     지역별 계보, 족보
            지역구분표에 따라 세분한 다음 성의 자모순 그리고 동성은 본관 또는 분파명의
            자모순으로 배열한다. 예: 한국인 족보 999.11; 중국인 계보 999.12
```

그림 18-20 지역별 계보, 족보(999.1-.7)의 주기

〈그림 18-20〉의 주기에 따를 경우, "안동 권씨 족보"는 족보를 나타내는 기호에 한국을 나타내는 기호 -11을 더하여, "999 + -11(지역구분: 대한민국) → 999.11"이 될 것이다(〈그림 18-21〉 참조).

```
999         지역별 계보, 족보
  -11       대한민국(지역구분)
─────────────────────────────────
999 + -11 → 999.11
```

그림 18-21 "안동 권씨 족보"(999.11)의 분류 기호

■ 유사 사례
- 해주 오씨 족보
    999 + -11(지역구분: 한국) → 999.11
- 독일인의 계보
    999 + -25(지역구분: 독일) → 999.25

한편 이러한 지시에 따를 경우, 한국인의 족보는 모두 999.11의 기호를 갖게 된다. 이와 관련하여, 999.1-.7 아래의 주기에서는 지역구분을 적용한 뒤 성의 자모순으로 배열하고, 같은 성씨의 경우는 본관이나 분파명의 자모순으로 배열하도록 구체적으로 지시하고 있다.

제3절 역사류의 적용 사례 분석

①
- 서명: 韓國史論文集: 七里 李光麟 敎授 退職記念
- 저자명: 서강대학교 동아연구소
- 출판지: 서울
- 출판사: 서강대학교 출판부
- 출판년: 1989

▶ 911(한국사) + 004(본표 추가 세분: 강연집, 사평) → 911.004

②
- 서명: (테마가 있는)일본기행
- 저자명: 권혁건
- 출판지: 서울
- 출판사: J&C
- 출판년: 2003

▶ 981.3(일본지리) + -02(980.2 명승 안내, 여행에서 98 다음에 오는 기호)
  → 981.302

③
- 서명: 프랑스사 연구(연속간행물)
- 발행기관: 한국프랑스사학회
- 발행주기: 연2회

▶ 952.4(프랑스령 기아나 역사) + 0 + -05(표준구분: 연속간행물) → 952.4005

④
- 서명: 스페인역사 다이제스트100
- 저자명: 이강혁
- 출판지: 서울
- 출판사: 가람기획
- 출판년: 2012

▶ 927(스페인 역사)

⑤
- 서명: 베트남 역사 읽기
- 저자명: 송정남
- 출판지: 서울
- 출판사: 한국외국어대학교출판부
- 출판년: 2010

▶ 914.1(베트남 역사)

⑥
- 서명: 유럽 여행 지도
- 저자명: 시공사
- 출판지: 서울
- 출판사: 시공사
- 출판년: 2009

▶ 989(지도) + -2(지역구분: 유럽) → 989.2
▶ 별법: M982

⑦
- 서명: 간디: 인도의 위대한 영혼
- 저자명: 정기석, 정금석
- 출판지: 고양
- 출판사: 한국차일드아카데미
- 출판년: 2010

▶ 990(전기) - 0 + -15(지역구분: 인도) → 991.5

⑧
- 서명: 삼총사 사기단의 세계여행 프로젝트: 36개국 447일간의 오지 탐험기
- 저자명: 김건하, 이수정, 조수정
- 출판지: 서울
- 출판사: 중앙 M&B
- 출판년: 2002

▶ 980(지리) + 29(본표 추가 세분: 탐험기, 발견기) → 980.29

⑨
- 서명: 한국사연구(연속간행물)
- 발행기관: 한국사연구회
- 발행주기: 계간

▶ 911 + 0(패싯 지시 기호) + -05(표준구분: 연속간행물) → 911.005

⑩
- 서명: 고대 로마: 세계를 지배한 문명의 역사
- 저자명: 안나 마리아 리베라티, 피비오 부르봉 저; 김숙 역
- 출판지: 서울
- 출판사: 생각의 나무
- 출판년: 2003

▶ 922(고대 로마 역사)

⑪
- 서명: 티벳 속으로
- 저자명: 여동완
- 출판지: 서울
- 출판사: 이레
- 출판년: 2000

▶ 98(지리의 기본 기호) + 128(지역구분: 티벳) + 024(본표 추가 세분: 세계여행) → 981.28024

⑫
- 서명: 安東權氏僕射公派梅軒公系譜
- 저자명: 동국고전연구원
- 출판지: 서울
- 출판사: 우신사
- 출판년: 2001

▶ 999(계보, 족보) + -11(지역구분: 한국) → 999.11

⑬
- 서명: 日本史文獻事典
- 저자명: 黑田日出男… [等] 編
- 출판지: 동경
- 출판사: 弘文堂
- 출판년: 2003

▶ 913(일본사) + 0(패싯 지시 기호) + -03(표준구분: 사전) → 913.003

⑭
- 서명: 태극기
- 저자명: 행정안전부 의정담당관실
- 출판지: 서울
- 출판사: 행정안전부 의정담당관실
- 출판년: 2008

▶ 999.99(국기, 휘장)

⑮
- 서명: 중국의 考古學
- 저자명: 최무장
- 출판지: 서울
- 출판사: 민음사
- 출판년: 1989

▶ 912(중국사) + 0025(본표 911.0025: 고고학) → 912.0025

⑯
- 서명: *Encyclopedia of World Geography*
- 저자명: R. W. McColl
- 출판지: New York
- 출판사: Facts On File, Golson Books
- 출판년: 2005

▶ 980(지리) - 0 + -03(표준구분: 사전) → 980.3

⑰
- 서명: *Historical Geography: Progress and Prospect*
- 저자명: Michael Pacione
- 출판지: Abingdon, Oxon
- 출판사: Routledge
- 출판년: 2011

▶ 902.8(역사지리학)

⑱
- 서명: *Deutschland: Von Bismarck bis Heute*
- 저자명: Harald Steffahn
- 출판지: Stuttgart
- 출판사: Klett-Cotta
- 출판년: 1990

▶ 925.06(독일 역사, 제2제국)

⑲
- 서명: *A Brief History of Brazil*
- 저자명: Teresa A. Meade
- 출판지: New York
- 출판사: Facts On File
- 출판년: 2003

▶ 953(브라질 역사)

⑳
- 서명: *The Macmillan Dictionary of Women's Biography*
- 저자명: Jennifer S. Uglow
- 출판지: London
- 출판사: Macmillan
- 출판년: 1982

▶ 990.94(전기: 여성) + -03(표준구분: 사전) → 990.9403

참고문헌

강순애. 2011. "KDC 제5판 '한국음악[전 국악] 및 동양 전통음악'의 항목 전개와 개선 방안에 관한 연구." 서지학연구 49: 107-142.

곽철완. 2009. "한국십진분류법 역사(900) 분야 개정에 대한 연구." 한국비블리아 20(3): 149-161.

국립문화재연구소. 1997. 한국전통음악자료분류법. 서울: 국립문화재연구소.

권영규. 1988. "한국십진분류법의 한의학 분류에 대한 소고." 동서의학 38: 31-48.

_____. 1996. "한국도서분류법의 한의학분야 개정안에 관한 연구." 경산대 동서의학 66: 3-38.

김성원. 1989. DDC 기호의 조기성에 대한 연구. 연세대학교 대학원 석사학위논문.

_____. 2012. "한국십진분류법(KDC) 한국소설항목의 세분방안에 대한 연구 : 공공도서관을 중심으로." 한국문헌정보학회지 46(3): 57-78.

김수정. 2013. "KDC 제6판 디자인학 분야 개선방안에 관한 연구." 한국비블리아학회지 24(3): 53-72.

김자후. 2012. "KDC 5판 기초법학 부문 개선방안 연구." 한국도서관·정보학회지 43(4): 5-22.

김정소. 1983. 자료분류론. 대구: 계명대학교출판부.

김정현. 2009. 문헌분류의 실제. 개정판. 대구: 태일사.

_____. 2006. "초등학교도서관을 위한 한국십진분류법 간략판 개발에 관한 연구." 한국도서관·정보학회지 37(2): 5-23.

_____. 문지현. 2001. "한국십진분류법 농학류의 분류기호 수정전개에 관한 연구." 한국문헌정보학회지 32(1): 223-248.

참고문헌

김태수. 2000. 분류의 이해. 서울: 문헌정보처리연구회.

남태우. 1992. "분류기호법에서의 조기성 연구." 도서관학 22: 179-217.

도태현. 1988. "KDC 법학분야의 체계와 문제점." 동의논집 28(1): 589-610

박옥화. 1997. "한국십진분류법 제4판 철학류의 분석." 한국문헌정보학회지 31(3): 7-22.

박재혁, 김비연. 2013. "통계학의 학문적 특성에 따른 KDC 문헌분류의 개선방안." 한국도서관·정보학회지 44(2): 399-422.

배영활, 오동근. 2002. "한국십진분류법의 우선순위표 설정에 관한 연구." 한국도서관·정보학회지 33(2): 167-187.

서울시도서관연구위원회. 1997. "우리나라 십진식 분류법의 변천 과정 고찰: KDC를 중심으로." 도서관연구 14: 39-60.

심의순. 1987. "DDC와 KDC의 문학분야 비교연구." 도서관학논집 14: 39-70.

_____. 1998. "KDC와 DDC의 전자공학분야 비교연구." 도서관학논집 15: 179-205.

여지숙, 공성훈, 오동근. 2013. "KDC 제5판 건축학 분야 전개의 개선방안." 한국문헌정보학회지 47(2): 359-376.

_____, 박미성, 황면, 오동근. 2008, "KDC 제4판 컴퓨터과학분야 전개의 개선방안." 한국도서관·정보학회지 39(3): 345-368.

_____, 이준만, 오동근. 2008. "KDC 제4판 화학공학(570)분야 전개의 개선방안." 한국도서관·정보학회지 39(2): 249-266.

오동근. 1998. "분석적 합성식 문헌분류법에 관한 연구." 한국문헌정보학회지 32(2): 55-76.

_____. 2000. 도서관인 박봉석의 생애와 사상. 대구: 태일사.

_____. 2001. DDC 연구. 대구: 태일사.

_____. 2007. DDC 22의 이해. 대구: 태일사.

_____, 배영활, 여지숙. 2002. KDC의 이해. 대구: 태일사.

_____, 배영활, 여지숙. 2009. KDC 5의 이해. 대구: 태일사.

_____, 배영활, 여지숙. 2008. "KDC 제4판 언어 및 문학류 전개의 개선방안." 한국문헌정보학회지 42(4): 141-157.

_____, 배영활, 여지숙. 2011. "DDC 제23판의 특성과 KDC 제5판 개정을 위한 함의." 한국도서관·정보학회지 42(3): 209-227.

_____, 여지숙. 2000. "한국도서관을 위한 DDC 종교류(200)의 재전개 방안." 한국도서관·정보학회지, 31(2): 253-278.

오진호. 2011. "한국십진자료분류법(KDC) 제5판 한국음악(국악) 분류체계 개선안 연구." 한국음악문화연구 2: 161-183.

윤희윤. 2013. 정보자료분류론. 개정증보 제4판. 대구: 태일사.

이창수. 2010. 정보자료의 분류와 주제명. 서울: 한국도서관협회.

_____. 2013. "KDC 역사보조학 분야 분류체계의 개선방안." 한국도서관·정보학회지 44(3): 29-49.

정연경. 1999. "학문분류, 문헌분류, 연구분류에 관한 비교분석." 이화여대사회과학연구논총 3: 175-196

_____. 2000. "DDC 21과 KDC 4의 비교분석 및 개선방안에 관한 연구." 한국문헌정보학회지 34(1): 181-205.

정옥경. 2011. "KDC 제5판의 주기분석에 관한 연구." 한국비블리아학회지 22(3): 207-228.

_____, 이장익, 최정희. 2013. "KDC 제6판 약학 분야의 분류항목 전개 개선방안." 한국비블리아 24(4): 281-299.

정필모. 1991. 문헌분류론. 서울: 구미무역.

정해성. 2007. "한국십진분류법 제5판 개정 방안." 한국도서관·정보학회지 38(4): 529-546.

志保田務, 高鷲忠美. 2008. 資料組織法. 第6版 東京: 第一法規.

최정태 등저. 2007. 문헌분류의 이론과 실제. 부산: 부산대학교출판부.

한경신. 2012. "한국십진분류법 한국음악 분류체계에 관한 연구." 한국도서관·정보학회지 43(4): 297-316.

한국도서관협회. 1964. 한국십진분류법. 서울: 한국도서관협회.

_____. 1966. 한국십진분류법. 수정판. 서울: 한국도서관협회.

_____. 1980. 한국십진분류법. 제3판. 서울: 한국도서관협회.

참고문헌

한국도서관협회. 1996. 한국십진분류법. 제4판. 서울: 한국도서관협회.

_____. 1997. 개정 제4판 한국십진분류법해설. 서울: 한국도서관협회.

_____. 2009. 한국십진분류법. 제5판. 서울: 한국도서관협회.

_____. 2013. 한국십진분류법. 제6판. 서울: 한국도서관협회.

Bloomsberg, Marty & Weber, Hans. *An Introduction to classification and number building in Dewey.* Colorado: Libraries Unlimited, 1976.

Chan, Lois Mai, et. al. 1996. *Dewey Decimal Classification: A practical guide.* 2nd ed. New York: Forest Press.

Dewey, Melvil. 2011. *Dewey Decimal Classification and Relative Index.* 23rd ed. New York: Forest Press.

Oh, Dong-Geun. 2012. Developing and Maintaining a National Classification System, Experience from Korean Decimal Classification. *Knowledge Organization.* 39(2): 72-82.

_____ & Ji-Suk, Yeo. 2001. "Suggesting an Option for DDC Class Religion (200) for Nations in which Religious Diversity Predominates." *Knowledge Organization* Vol. 28, No.2: 75-84.

Saye, Jerry D. 2000. *Manheimer's Cataloging and Classification.* 4th ed. New York: Marcel Dekker, Inc.

Taylor, A. G. 2006. *Wyner's Introduction to Cataloging and Classification.* 10th ed. Englewood, Col.; Libraries Unlimited, Inc.

부 록

Ⅰ. KDC 제6판의 개요표
Ⅱ. KDC 제6판의 조기표
Ⅲ. KDC 제6판과 DDC 제23판의 강목 대비표

부록 I

KDC 제6판의 개요표

주 류 표

000　　　총　　류
100　　　철　　학
200　　　종　　교
300　　　사회과학
400　　　자연과학
500　　　기술과학
600　　　예　　술
700　　　언　　어
800　　　문　　학
900　　　역　　사

부 록

강 목 표

000	**총 류**		500	**기술과학**
010	도서학, 서지학		510	의 학
020	문헌정보학		520	농업, 농학
030	백과사전		530	공학, 공업일반, 토목공학, 환경공학
040	강연집, 수필집, 연설문집		540	건축, 건축학
050	일반 연속간행물		550	기계공학
060	일반 학회, 단체, 협회, 기관, 연구기관		560	전기공학, 통신공학, 전자공학
070	신문, 저널리즘		570	화학공학
080	일반 전집, 총서		580	제 조 업
090	향토자료		590	생활과학
100	**철 학**		600	**예 술**
110	형이상학		610	[미 사 용]
120	인식론, 인과론, 인간학		620	조각, 조형예술
130	철학의 체계		630	공 예
140	경 학		640	서 예
150	동양철학, 동양사상		650	회화, 도화, 디자인
160	서양철학		660	사진예술
170	논 리 학		670	음 악
180	심 리 학		680	공연예술, 매체예술
190	윤리학, 도덕철학		690	오락, 스포츠
200	**종 교**		700	**언 어**
210	비교종교		710	한 국 어
220	불 교		720	중 국 어
230	기 독 교		730	일본어 및 기타 아시아 제어
240	도 교		740	영 어
250	천 도 교		750	독 일 어
260	[미 사 용]		760	프랑스어
270	힌두교, 브라만교		770	스페인어 및 포르투갈어
280	이슬람교(회교)		780	이탈리아어
290	기타 제종교		790	기타 제어
300	**사회과학**		800	**문 학**
310	통계자료		810	한국문학
320	경 제 학		820	중국문학
330	사회학, 사회문제		830	일본문학 및 기타 아시아 제문학
340	정 치 학		840	영미문학
350	행 정 학		850	독일문학
360	법률, 법학		860	프랑스문학
370	교 육 학		870	스페인 및 포르투갈 문학
380	풍속, 예절, 민속학		880	이탈리아문학
390	국방, 군사학		890	기타 제문학
400	**자연과학**		900	**역 사**
410	수 학		910	아 시 아
420	물 리 학		920	유 럽
430	화 학		930	아프리카
440	천 문 학		940	북아메리카
450	지 학		950	남아메리카
460	광 물 학		960	오세아니아, 양극지방
470	생명과학		970	[미 사 용]
480	식 물 학		980	지 리
490	동 물 학		990	전 기

부록 I. KDC 제6판의 개요표

요 목 표
총 류

000	총 류		050	일반연속간행물
001	지식 및 학문 일반		051	한 국 어
002	[미 사 용]		052	중 국 어
003	이론 체계 및 시스템		053	일 본 어
004	컴퓨터과학		054	영 어
005	프로그래밍, 프로그램, 데이터		055	독 일 어
006	[미 사 용]		056	프랑스어
007	[미 사 용]		057	스페인어
008	[미 사 용]		058	기타 제언어
009	[미 사 용]		059	연 감
010	도서학, 서지학		060	일반 학회, 단체, 협회, 기관, 연구기관
011	저 작		061	아 시 아
012	필사본, 판본, 제본		062	유 럽
013	출판 및 판매		063	아프리카
014	개인서지 및 목록		064	북아메리카
01	국가별 서지 및 목록		065	남아메리카
016	주제별 서지 및 목록		066	오세아니아, 양극지방
017	특수서지 및 목록		067	일반지역
018	일반서지 및 목록		068	해 양
019	장서목록		069	박물관학
020	문헌정보학		070	신문, 저널리즘
021	도서관 행정 및 재정		071	아 시 아
022	도서관 건축 및 설비		072	유 럽
023	도서관 경영, 관리		073	아프리카
024	수서, 정리 및 보존		074	북아메리카
025	도서관 봉사 및 활동		075	남아메리카
026	일반 도서관		076	오세아니아, 양극지방
027	학교 및 대학 도서관		077	일반지역
(028)	기록관리		078	특정주제의 신문
029	독서 및 정보매체의 이용		079	[미 사 용]
030	백과사전		080	일반 전집, 총서
031	한 국 어		081	개인의 일반전집
032	중 국 어		082	2인 이상의 일반 전집, 총서
033	일 본 어		083	[미 사 용]
034	영 어		084	[미 사 용]
035	독 일 어		085	[미 사 용]
036	프랑스어		086	[미 사 용]
037	스페인어		087	[미 사 용]
038	이탈리아어		088	[미 사 용]
039	기타 제언어		089	[미 사 용]
040	강연집, 수필집, 연설문집		090	향토자료
041	한 국 어		091	[미 사 용]
042	중 국 어		092	[미 사 용]
043	일 본 어		093	[미 사 용]
044	영 어		094	[미 사 용]
045	독 일 어		095	[미 사 용]
046	프랑스어		096	[미 사 용]
047	스페인어		097	[미 사 용]
048	이탈리아어		098	[미 사 용]
049	기타 제언어		099	[미 사 용]

부 록

철 학

100	**철 학**	**150**	**동양철학, 사상**	
101	철학 및 이론의 효용	151	한국 철학, 사상	
102	잡 저	152	중국 철학, 사상	
103	사전, 사전, 용어사전	153	일본 철학, 사상	
104	강연집, 수필집	154	동남아시아 제국 철학, 사상	
105	연속간행물	155	인도 철학, 사상	
106	학회, 단체, 협회, 기관, 회의	156	중앙아시아 제국 철학, 사상	
107	지도법, 연구법 및 교육, 교육자료	157	시베리아 철학, 사상	
108	총서, 전집, 선집	158	서남아시아 제국 철학, 사상	
109	철 학 사	159	아라비아반도 철학, 사상	
110	**형이상학**	**160**	**서양철학**	
111	방 법 론	161	[미 사 용]	
112	존 재 론	162	미국철학	
113	우주론 및 자연철학	163	북구철학	
114	공 간	164	영국철학	
115	시 간	165	독일, 오스트리아 철학	
116	운동과 변화	166	프랑스, 네덜란드 철학	
117	구 조	167	스페인철학	
118	힘과 에너지	168	이탈리아철학	
119	물량과 질량	169	러시아철학	
120	**인식론, 인과론, 인간학**	**170**	**논 리 학**	
121	인 식 론	171	연 역 법	
122	인 과 론	172	귀 납 법	
123	자유 및 필연	173	변증법적 논리학	
124	목 적 론	174	기호, 수리 논리학	
125	가 치 론	175	오 류	
126	철학적 인간학	176	삼단논법	
127	[미 사 용]	177	가설, 가정	
128	[미 사 용]	178	유 추	
129	[미 사 용]	179	논증, 설득	
130	**철학의 체계**	**180**	**심 리 학**	
131	관념론 및 연관철학	181	심리학각론	
132	비판철학	182	차이심리학	
133	합 리 론	183	발달심리학	
134	인문주의	184	이상심리학	
135	경 험 론	185	생리심리학	
136	자연주의	186	임상심리학	
137	유 물 론	187	심령연구 및 비학, 초심리학	
138	과학주의	188	상법, 운명판단	
139	기 타	189	응용심리학 일반	
140	**경 학**	**190**	**윤리학, 도덕철학**	
141	역류(한역)	191	일반윤리학 각론	
142	서 류	192	가정윤리	
143	시 류	193	국가 및 정치 윤리	
144	예 류	194	사회윤리	
145	악 류	195	직업윤리 일반	
146	춘 추 류	196	오락 및 경기 윤리	
147	효 경	197	성윤리 및 생식윤리	
148	사 서	198	소비윤리	
149	[미 사 용]	199	도덕훈, 교훈	

종 교

200	종 교	250	천 도 교
201	종교철학 및 종교사상	251	교리, 교의
202	잡 저	252	창시자(교주) 및 제자
203	사전, 사전	253	경전, 성전
204	자연종교, 자연신학	254	신앙록, 신앙생활, 수도생활
205	연속간행물	255	선교, 포교, 전도, 교육 활동
206	학회, 단체, 협회, 기관, 회의	256	종단, 교단
207	지도법, 연구법 및 교육, 교육자료	257	예배형식, 의식, 의례
208	총서, 전집, 선집	258	동학교분파
209	종 교 사	259	단군교, 대종교
210	비교종교	260	[미사용]
211	교 리	261	[미 사 용]
212	종교창시자(교주) 및 제자	262	[미 사 용]
213	경전, 성전	263	[미 사 용]
214	종교신앙, 신앙록, 신앙생활, 수도생활	264	[미 사 용]
215	선교, 포교, 전도, 교육활동	265	[미 사 용]
216	종단, 교단(교당론)	266	[미 사 용]
217	예배형식, 의식, 의례	267	[미 사 용]
218	종파, 교파	268	[미 사 용]
219	신화, 신화학	269	[미 사 용]
220	불 교	270	힌두교, 브라만교
221	불교교리	271	교리, 교의
222	부처, 보살, 불제자	272	창시자(교주) 및 제자
223	경전(불전, 불경, 대장경)	273	경전, 성전
224	종교신앙, 신앙록, 신앙생활	274	신앙록, 신앙생활, 수도생활
225	포교, 교육, 교화활동	275	선교, 포교, 전도, 교육 활동
226	사원론	276	종단, 교단
227	법회, 의식, 행사(의궤)	277	예배형식, 의식, 의례
228	종 파	278	종파, 교파
229	라 마 교	279	자이나교
230	기 독 교	280	이슬람교(회교)
231	기독교신학, 교의학(조직신학)	281	교리, 교의
232	예수 그리스도, 사도	282	창시자(교주) 및 제자
233	성서(성경)	283	경전, 성전
234	종교신앙, 신앙록, 신앙생활	284	신앙록, 신앙생활, 수도생활
235	전도, 교육, 교화활동, 목회학	285	선교, 포교, 전도, 교육 활동
236	교 회 론	286	종단, 교단
237	예배, 의식, 성례	287	예배형식, 의식, 의례
238	교 파	288	종파, 교파
239	유대교(유태교)	289	조로아스터교(요교, 배화교)
240	도 교	290	기타 제종교
241	교의, 신선사상	291	아 시 아
242	교주, 개조(장도릉)	292	유 럽
243	도 장	293	아프리카
244	신앙록, 신앙생활	294	북아메리카
245	포교, 전도, 교육, 교육활동	295	남아메리카
246	사원론(도관)	296	오세아니아, 양극지방
247	행사, 법술	297	[미 사 용]
248	교 파	298	[미 사 용]
249	[미 사 용]	299	기타 다른 기원의 종교

부 록

사회과학

300	사회과학		350	행정학
301	사회사상		351	아 시 아
302	잡　저		352	유　럽
303	사전, 사전		353	아프리카
304	강연집, 수필집, 연설문집		354	북아메리카
305	연속간행물		355	남아메리카
306	학회, 단체, 협회, 기관, 회의		356	오세아니아, 양극지방
307	연구법, 연구방법 및 교육, 교육자료		357	일반지역
308	총서, 전집, 선집		358	[미 사 용]
309	사회·문화 사정		359	지방자치 및 지방행정
310	통계자료		360	법률, 법학
311	아 시 아		361	국 제 법
312	유　럽		362	헌　법
313	아프리카		363	행 정 법
314	북아메리카		364	형　법
315	남아메리카		365	민　법
316	오세아니아, 양극지방		366	상　법
317	일반지역		367	사법제도 및 소송법
318	[미 사 용]		368	기타 제법
319	인구통계		369	각국 법 및 예규
320	경 제 학		370	교 육 학
321	경제각론		371	교육정책 및 행정
322	경제정책		372	학교 행정 및 경영, 보건 및 교육지도
323	산업경제 일반		373	학습지도, 교육방법
324	기업경제		374	교육과정
325	경　영		375	유아 및 초등교육
326	상업, 교통, 통신		376	중등교육
327	금　융		377	대학, 전문, 고등교육
328	보　험		378	평생교육
329	재　정		379	특수교육
330	사회학, 사회문제		380	풍속, 예절, 민속학
331	사 회 학		381	의식주의 풍습
332	사회조직 및 제도		382	연령별, 성별, 신분별 사회계층의 풍습
333	[미 사 용]		383	사회생활의 풍습
334	사회문제		384	관혼상제
335	생활문제		385	예　절
336	[미 사 용]		386	축제, 세시풍속
337	여성문제		387	[미 사 용]
338	사회복지		388	민 속 학
339	사회단체		389	문화인류학
340	정 치 학		390	국방, 군사학
341	국가형태		391	군사행정
342	국가와 개인 및 집단		392	전략, 전술
343	[미 사 용]		393	군사 교육 및 훈련
344	선　거		394	군사 시설 및 장비
345	입　법		395	군특수기술근무
346	정　당		396	육　군
347	[미 사 용]		397	해　군
348	[미 사 용]		398	공　군
349	외교, 국제관계		399	고대병법

자연과학

400	자연과학	450	지 학
401	철학 및 이론	451	지구물리학
402	잡저(편람, 제표, 서지, 인명록)	452	지 형 학
403	사전, 백과사전	453	기상학, 기후학
404	강연집, 수필집, 연설문집	454	해 양 학
405	연속간행물	455	구조지질학
406	학회, 단체, 기관, 회의	456	지 사 학
407	지도법, 연구법 및 교육, 교육자료	457	고생물학(화석학)
408	전집, 총서	458	응용지질학 일반 및 광상학
409	과학사	459	암 석 학
410	수 학	460	광 물 학
411	산 수	461	원소광물
412	대 수 학	462	황화광물
413	통 계 학	463	할로겐화광물
414	해 석 학	464	산화광물
415	기 하 학	465	규산 및 규산염광물
416	위상수학	466	기타 산화물을 포함한 광물
417	삼 각 법	467	유기광물
418	해석기하학	468	[미 사 용]
419	기타 산법	469	결 정 학
420	물 리 학	470	생명과학
421	고체역학	471	인 류 학
422	유체역학	472	생 물 학
423	기체역학	473	생명론, 생물철학
424	음향학, 진동학	474	세포학(세포생물학)
425	광 학	475	미생물학
426	열 학	476	생물진화
427	전기학 및 전자학	477	생물지리학
428	자 기	478	현미경 및 현미경검사법 일반
429	현대물리학	479	생물 채집 및 보존
430	화 학	480	식 물 학
431	이론화학과 물리화학	481	일반 식물학
432	화학 실험실, 기기, 시설	482	은화식물
433	분석화학	483	엽상식물
434	합성화학 일반	484	조 균 류
435	무기화학	485	현화식물, 종자식물
436	금속원소와 그 화합물	486	나자식물
437	유기화학	487	피자식물
438	고리형화합물	488	단자엽식물
439	고분자화합물과 기타 유기물	489	쌍자엽식물
440	천 문 학	490	동 물 학
441	이론천문학	491	일반 동물학
442	실지천문학	492	무척추동물
443	기술천문학	493	원생동물, 해면동물, 자포동물, 선형동물
444	[미 사 용]	494	연체동물, 의연체동물
445	지 구	495	절지동물, 곤충류
446	측 지 학	496	척삭(척색)동물
447	항해천문학	497	어류, 양서류, 파충류
448	역법, 측시법	498	조 류
449	각국의 역	499	포 유 류

부 록

기술과학

500	**기술과학**	550	**기계공학**
501	기술 철학 및 이론	551	기계 역학, 요소 및 설계
502	잡 저	552	공구와 가공장비
503	사전, 백과사전, 용어집	553	열공학과 원동기
504	강연집, 수필집, 연설문집	554	유체역학, 공기역학, 진동학
505	연속간행물	555	정밀기계
506	학회, 단체, 기관, 회의	556	자동차공학
507	연구법 및 교육지도법	557	철도차량, 기관차
508	전집, 총서	558	항공우주공학, 우주항법학
509	기 술 사	559	기타 공학
510	**의 학**	560	**전기공학, 통신공학, 전자공학**
511	기초의학	561	전기 회로, 계측, 재료
512	임상의학 일반	562	전기 기계 및 기구
513	내 과 학	563	발 전
514	외 과	564	송전, 배전
515	치과의학, 이비인후과학, 안과학 및 기타 임상의학	565	전등, 조명, 전열
516	산부인과, 소아과학	566	[미 사 용]
517	건강증진, 공중보건 및 예방의학	567	통신공학
518	약 학	568	무선공학
519	한 의 학	569	전자공학
520	**농업, 농학**	570	**화학공학**
521	농업기초학	571	공업화학약품
522	농업경제	572	폭발물, 연료 공업
523	재배 및 보호	573	음료기술
524	작 물 학	574	식품공학
525	원 예	575	납, 유지, 석유, 가스 공업
526	임학, 임업	576	요업 및 관련공업
527	축 산 학	577	세탁, 염색 및 관련공업
528	수 의 학	578	고분자화학공업
529	수산업, 생물자원의 보호, 수렵업	579	기타 유기화학공업
530	**공학, 공업일반, 토목공학, 환경공학**	580	**제 조 업**
531	토목공학	581	금속제조 및 가공업
532	토목역학, 토목재료	582	철 및 강철제품
533	측 량	583	철기류 및 소규모철공
534	도로공학	584	제재업, 목공업, 목제품
535	철도공학	585	피혁 및 모피공업
536	교량공학	586	펄프, 종이 및 관련공업
537	수리공학	587	직물 및 섬유 공업
538	항만공학	588	의류제조
539	위생, 도시, 환경공학	589	소형상품제조
540	**건축, 건축학**	590	**생활과학**
541	건축재료	591	가정관리 및 가정생활
542	건축 시공 및 적산	592	의 복
543	구조역학 및 건축일반구조	593	몸치장(몸단장), 화장
544	친환경건축 및 특정목적건축	594	식품과 음료
545	건물 세부구조	595	주택관리 및 가정설비
546	건축 환경, 설비, 배관 및 파이프의 부설	596	공동주거용 주택 시설관리
547	난방, 환기 및 공기조화 공학	597	가정위생
548	건축마감 및 인테리어	598	육 아
549	각종 건물	599	[미 사 용]

예 술

600	예 술	650	회화, 도화, 디자인
601	미술이론, 미학	651	채색 이론 및 실제
602	미술 재료 및 기법	652	회화의 재료 및 기법
603	미술 용어사전, 백과사전	653	시대별 및 국별 회화
604	미술의 주제	654	주제별 회화
605	미술 연속간행물	655	[미 사 용]
606	미술분야의 학회, 단체, 기관, 회의	656	소묘, 도화
607	미술의 지도법, 연구법 및 교육, 교육자료	657	만화, 삽화
608	미술 전집, 총서	658	디 자 인
609	미 술 사	659	판 화
610	[미 사 용]	660	사진예술
611	[미 사 용]	661	사진기, 사진재료
612	[미 사 용]	662	사진촬영기술
613	[미 사 용]	663	음화처리
614	[미 사 용]	664	양화처리(인화)
615	[미 사 용]	665	[미 사 용]
616	[미 사 용]	666	특수사진술
617	[미 사 용]	667	사진응용
618	[미 사 용]	668	사 진 집
619	[미 사 용]	669	[미 사 용]
620	조각, 조형미술	670	음 악
621	[미 사 용]	671	음악 이론 및 기법
622	조소 재료 및 기법	672	종교음악
623	목 조	673	성 악
624	석 조	674	극음악, 오페라
625	금 동 조	675	기악합주
626	점토조소, 소조	676	건반악기 및 타악기
627	기타 재료	677	현 악 기
628	전각, 인장	678	관악기(취주악기)
629	제 상	679	한국음악 및 동양전통음악
630	공 예	680	공연예술, 매체예술
631	도자공예, 유리공예	681	극장, 제작, 연출, 연기
632	금속공예	682	연 희
633	보석, 갑각, 패류, 알 공예	683	[미 사 용]
634	목, 죽, 화훼, 왕골 공예	684	각종 연극
635	칠 공 예	685	무용, 발레
636	염직물공예, 섬유공예	686	라디오극(방송극) 및 음성(소리)매체 예술
637	고무, 플라스틱 공예	687	텔레비전극 및 시청각매체 방송 예술
638	미술가구	688	영 화
639	[미 사 용]	689	대중연예
640	서 예	690	오락, 스포츠
641	한자서체	691	오 락
642	한자서법	692	체육학, 스포츠
643	한글서체	693	체조, 놀이
644	기타 서법	694	육상경기
645	[미 사 용]	695	구 기
646	펜 습 자	696	수상경기, 공중경기
647	낙관, 수결(서명)	697	동계스포츠
648	서보, 서첩, 법첩	698	무예 및 기타 경기
649	문 방 구	699	기타 오락 및 레저스포츠

부 록

언 어

700	언 어		750	독 일 어
701	언 어 학		751	음운, 음성, 문자
702	잡 저		752	어원, 어의
703	사 전		753	사 전
704	강연집, 수필집		754	어 휘
705	연속간행물		755	문 법
706	학회, 단체, 기관, 회의		756	작 문
707	지도법, 연구법 및 교육, 교육자료		757	독본, 해석, 회화
708	전집, 총서		758	방언(사투리)
709	언어사 및 언어정책, 언어행정		759	기타 게르만어파
710	한 국 어		760	프랑스어
711	음운, 음성, 문자		761	음운, 음성, 문자
712	어원, 어의		762	어원, 어의
713	사 전		763	사 전
714	어 휘		764	어 휘
715	문 법		765	문 법
716	작 문		766	작 문
717	독본, 해석, 회화		767	독본, 해석, 회화
718	방언(사투리)		768	방언(사투리)
719	[미 사 용]		769	프로방스어
720	중 국 어		770	스페인어 및 포르투갈어
721	음운, 음성, 문자		771	음운, 음성, 문자
722	어원, 어의		772	어원, 어의
723	사 전		773	사 전
724	어 휘		774	어 휘
725	문법, 어법		775	문 법
726	작 문		776	작 문
727	독본, 해석, 회화		777	독본, 해석, 회화
728	방언(사투리)		778	방언(사투리)
729	[미 사 용]		779	포르투갈어
730	일본어 및 기타 아시아 제어		780	이탈리아어
731	음운, 음성, 문자		781	음운, 음성, 문자
732	어원, 어의		782	어원, 어의
733	사 전		783	사 전
734	어 휘		784	어 휘
735	문법, 어법		785	문 법
736	작 문		786	작 문
737	독본, 해석, 회화		787	독본, 해석, 회화
738	방언(사투리)		788	방언(사투리)
739	기타 아시아 제어		789	루마니아어
740	영 어		790	기타 제어
741	음운, 음성, 문자		791	[미 사 용]
742	어원, 어의		792	인도-유럽어족
743	사 전		793	아프리카 제어
744	어 휘		794	북아메리카 인디언어
745	문 법		795	남아메리카 인디언어
746	작 문		796	오스트로네시아어족
747	독본, 해석, 회화		797	셈어족(셈어파)
748	방언(사투리)		798	함어족(함어파)
749	앵글로색슨어		799	국제어(인공어) 및 기타 언어

문 학

800	문 학		850	독일문학
801	문학이론		851	시
802	문장작법, 수사학		852	희 곡
803	사전, 사전		853	소 설
804	수필집, 강연집		854	수 필
805	연속간행물		855	연설, 웅변
806	학회, 단체, 기관, 회의		856	일기, 서간, 기행
807	지도법 및 연구법, 교육, 교육자료		857	풍자 및 유머
808	전집, 총서		858	르포르타주 및 기타
809	문학사, 평론		859	기타 게르만문학
810	한국문학		860	프랑스문학
811	시		861	시
812	희 곡		862	희 곡
813	소 설		863	소 설
814	수 필		864	수 필
815	연설, 웅변		865	연설, 웅변
816	일기, 서간, 기행		866	일기, 서간, 기행
817	풍자 및 유머		867	풍자 및 유머
818	르포르타주 및 기타		868	르포르타주 및 기타
819	[미 사 용]		869	프로방스문학
820	중국문학		870	스페인 및 포르투갈문학
821	시		871	시
822	희 곡		872	희 곡
823	소 설		873	소 설
824	수 필		874	수 필
825	연설, 웅변		875	연설, 웅변
826	일기, 서간, 기행		876	일기, 서간, 기행
827	풍자 및 유머		877	풍자 및 유머
828	르포르타주 및 기타		878	르포르타주 및 기타
829	[미 사 용]		879	포르투갈문학
830	일본문학 및 기타 아시아문학		880	이탈리아문학
831	시		881	시
832	희 곡		882	희 곡
833	소 설		883	소 설
834	수 필		884	수 필
835	연설, 웅변		885	연설, 웅변
836	일기, 서간, 기행		886	일기, 서간, 기행
837	풍자 및 유머		887	풍자 및 유머
838	르포르타주 및 기타		888	르포르타주 및 기타
839	기타 아시아 제문학		889	루마니아문학
840	영미문학		890	기타 제문학
841	시		891	[미 사 용]
842	희 곡		892	인도-유럽계문학
843	소 설		893	아프리카 제문학
844	수 필		894	북아메리카 인디언문학
845	연설, 웅변		895	남아메리카 인디언문학
846	일기, 서간, 기행		896	오스트로네시아문학
847	풍자 및 유머		897	셈족문학
848	르포르타주 및 기타		898	함족문학
(849)	미국문학		899	기타 문학

부 록

역 사

900	**역 사**	950	**남아메리카**
901	역사 철학 및 이론	951	콜롬비아
902	역사보조학	952	베네수엘라, 기아나 지역
903	사전, 사전	953	브 라 질
904	강연집, 사평	954	에콰도르
905	연속간행물	955	페　루
906	학회, 단체, 기관, 회의	956	볼리비아
907	지도법, 연구법 및 교육, 교육자료	957	파라과이, 우루과이
908	전집, 총서	958	아르헨티나
909	세계사, 세계문화사	959	칠　레
910	**아 시 아**	960	**오세아니아, 양극지방**
911	한　국	961	[미 사 용]
912	중　국	962	오스트레일리아(호주)
913	일　본	963	뉴질랜드
914	동남아시아	964	파푸아뉴기니
915	인디아와 남부아시아	965	멜라네시아
916	중앙아시아	966	미크로네시아와 인접국가
917	시베리아	967	폴리네시아와 하와이
918	서남아시아, 중동	968	대서양제도
919	아라비아반도와 인접지역	969	양극지방
920	**유 럽**	970	**[미 사 용]**
921	고대 그리스(희랍고대사)	971	[미 사 용]
922	고대 로마	972	[미 사 용]
923	스칸디나비아	973	[미 사 용]
924	영국, 아일랜드	974	[미 사 용]
925	독일과 중앙유럽	975	[미 사 용]
926	프랑스와 인접국가	976	[미 사 용]
927	스페인과 인접국가	977	[미 사 용]
928	이탈리아와 인접국가	978	[미 사 용]
929	러시아와 동부유럽	979	[미 사 용]
930	**아프리카**	980	**지　리**
931	북아프리카	981	아시아지리
932	[미 사 용]	982	유럽지리
933	[미 사 용]	983	아프리카지리
934	서아프리카	984	북아메리카지리
935	[미 사 용]	985	남아메리카지리
936	중아프리카	986	오세아니아와 양극 지리
937	동아프리카	987	지역구분 일반지리
938	남아프리카	988	해　양
939	남인도양제도	989	지도 및 지도책
940	**북아메리카**	990	**전　기**
941	캐나다	991	아시아전기
942	미국(미합중국)	992	유럽전기
943	멕시코	993	아프리카전기
944	중앙아메리카(중미제국)	994	북아메리카전기
945	과테말라, 벨리즈, 엘살바도르	995	남아메리카전기
946	온두라스	996	오세아니아와 양극 전기
947	니카라과	997	[미 사 용]
948	코스타리카, 파나마	998	주제별전기
949	서인도제도	999	계보, 족보

부록 II

KDC 제6판의 조기표

조 기 표

1. **표준구분표**
    - -01   철학 및 이론
    - -02   잡저(雜著)
    - -03   사전(辭典), 사전(事典), 인용어사전, 용어집, 약어집
    - -04   강연집, 수필집, 연설문집
    - -05   연속간행물
    - -06   각종 단체, 조직(학회, 단체, 협회, 기관, 회의) 및 경영
    - -07   지도법, 연구법 및 교육, 교육자료
    - -08   총서, 전집, 선집
    - -09   역사 및 지역구분

2. **지역구분표**
    - -1   아시아
    - -11   대한민국
    - -12   중국
    - -13   일본
    - -14   동남아시아
    - -15   인디아와 남부아시아
    - -16   중앙아시아
    - -17   시베리아
    - -18   서남아시아, 중동(中東)
    - -19   아라비아반도와 인접지역

부 록

　　-2　　　　　유　　럽
　　　-21　　　　고대 그리스
　　　-22　　　　고대 로마
　　　-23　　　　스칸디나비아
　　　-24　　　　영국, 아일랜드
　　　-25　　　　독일과 중앙유럽
　　　-26　　　　프랑스와 인접국가
　　　-27　　　　스페인과 인접국가
　　　-28　　　　이탈리아와 인접국가
　　　-29　　　　러시아와 동부유럽
　　-3　　　　아프리카
　　-4　　　　북아메리카
　　　-41　　　　캐나다
　　　-42　　　　미국(미합중국)
　　　-43　　　　멕시코
　　　-44　　　　중앙아메리카(중미제국)
　　　-45　　　　과테말라, 벨리즈, 엘살바도르
　　-5　　　　남아메리카(남미)
　　-6　　　　오세아니아, 양극지방 [전 오세아니아]
　　-7　　　　지역구분 일반
　　-8　　　　해　　양

[3. 한국지역구분표]

한국지역구분표는 지역구분표로 통합한다.
지역구분표 -111-1199와 같이 세분한다.

[4. 한국시대구분표]

한국시대구분표는 본표의 기호로 대체한다.
본표 911.01-.082와 같이 세분한다.

3. 국어구분표

- -1　　　한국어
- -2　　　중국어
- -3　　　일본어
- -39　　　기타 아시아 제어
- -4　　　영어
- -5　　　독일어
- -59　　　기타 게르만어
- -6　　　프랑스어
- -7　　　스페인어
- -79　　　포르투갈어
- -8　　　이탈리아어
- -9　　　기타 제어
- -928　　　러시아어

4. 문학형식구분표

- -1　시
- -2　희곡
- -3　소설
- -4　수필, 소품
- -5　연설, 웅변
- -6　일기, 서간, 기행
- -7　풍자 및 유머
- -8　르포르타주 및 기타

7. 언어공통구분표

- -1　음운 및 문자
- -2　어원
- -3　사전
- -4　어휘
- -5　문법
- -6　작문
- -7　독본, 해석, 회화
- -8　방언(사투리)

8. 종교공통구분표

- -1　　　교리, 교의
- -2　　　종교창시자(교주) 및 제자
- -3　　　경전, 성전
- -4　　　종교신앙, 신앙록, 신앙생활, 수도생활
- -5　　　선교, 포교, 전도, 교화(교육) 활동
- -6　　　종단, 교단
- -7　　　예배형식, 의식, 의례
- -8　　　종파, 교파

KDC 제6판과 DDC 제23판의 강목 대비표

KDC		DDC	
000	총 류	000	Computer science, knowledge & systems
010	도서학, 서지학	010	Bibliographies
020	문헌정보학	020	Library & information sciences
030	백과사전	030	Encyclopedias & books of facts
040	강연집, 수필집, 연설문집	040	[Unassigned]
050	일반 연속간행물	050	Magazines, journals & serials
060	일반 학회, 단체, 협회, 기관, 연구기관	060	Associations, organizations & museums
070	신문, 저널리즘	070	News media, journalism & publishing
080	일반 전집, 총서	080	Quotations
090	향토자료	090	Manuscripts & rare books
100	철 학	100	Philosophy
110	형이상학	110	Metaphysics
120	인식론, 인과론, 인간학	120	Epistemology
130	철학의 체계	130	Parapsychology & occultism
140	경 학	140	Philosophical schools of thought
150	동양철학, 동양사상	150	Psychology
160	서양철학	160	Philosophical logic
170	논 리 학	170	Ethics
180	심 리 학	180	Ancient, medieval & eastern philosophy
190	윤리학, 도덕철학	190	Modern western philosophy
200	종 교	200	Religion
210	비교종교	210	Philosophy & theory of religion
220	불 교	220	The Bible
230	기 독 교	230	Christianity
240	도 교	240	Christian practice & observance
250	천 도 교	250	Christian pastoral practice & religious orders
260	[미 사 용]	260	Christian organization, social work & worship
270	힌두교, 브라만교	270	History of Christianity
280	이슬람교(회교)	280	Christian denominations
290	기타 제종교	290	Other religions

부 록

KDC		DDC	
300	사회과학	300	Social sciences, sociology & anthrophology
310	통계자료	310	Statistics
320	경제학	320	Political science
330	사회학, 사회문제	330	Economics
340	정치학	340	Law
350	행정학	350	Public administration & military science
360	법률, 법학	360	Social problems & social services
370	교육학	370	Education
380	풍속, 예절, 민속학	380	Commerce, communications & traortation
390	국방, 군사학	390	Customs, etiquette & folklore
400	자연과학	500	Sciences
410	수학	510	Mathematics
420	물리학	520	Astronomy
430	화학	530	Physics
440	천문학	540	Chemistry
450	지학	550	Earth sciences & geology
460	광물학	560	Fossils & prehistoric life
470	생명과학	570	Biology
480	식물학	580	Plants (Botany)
490	동물학	590	Animals (Zoology)
500	기술과학	600	Technology
510	의학	610	Medicine & health
520	농업, 농학	620	Engineering
530	공학, 공업 일반, 토목공학, 환경공학	630	Agriculture
540	건축, 건축학	640	Home & family management
550	기계공학	650	Management & public relations
560	전기공학, 통신공학, 전자공학	660	Chemical engineering
570	화학공학	670	Manufacturing
580	제조업	680	Manufacture for specific uses
590	생활과학	690	Construction of buildings
600	예술	700	Arts
610	[미사용]	710	Area planning & landscape architecture
620	조각, 조형예술	720	Architecture
630	공예	730	Sculpture, ceramics & metalwork
640	서예	740	Graphic arts & decorative arts
650	회화, 도화, 디자인	750	Painting
660	사진예술	760	Printmaking & prints
670	음악	770	Photography, computer art, film, video
680	공연예술, 매체예술	780	Music
690	오락, 스포츠	790	Sprots, games & entertainment

부록 Ⅲ. KDC 제6판과 DDC 제23판의 강목대비표

KDC		DDC	
700	언 어	400	Language
710	한국어	410	Linguistics
720	중국어	420	English & Old English languages
730	일본어 및 기타 아시아제어	430	German & related languages
740	영 어	440	French & related languages
750	독일어	450	Italian, Romanian & related languages
760	프랑스어	460	Spanish, Portuguese, Galician
770	스페인어 및 포르투갈어	470	Latin & Italic languages
780	이탈리아어	480	Classical & modern Greek languages
790	기타 제어	490	Other languages
800	문 학	800	Literature, rhetoric & criticism
810	한국문학	810	American literature in English
820	중국문학	820	English & Old English literatures
830	일본문학 및 기타 아시아 제문학	830	German & related literatures
840	영미문학	840	French & related literatures
850	독일문학	850	Italian, Romanian & related literatures
860	프랑스문학	860	Spanish, Portuguese, Galician literatures
870	스페인 및 포르투갈문학	870	Latin & Italic literatures
880	이탈리아문학	880	Classical & modern Greek literatures
890	기타 제문학	890	Other literatures
900	역 사	900	History
910	아시아	910	Geography & travel
920	유 럽	920	Biography & genealogy
930	아프리카	930	History of ancient world (to ca. 499)
940	북아메리카	940	History of Europe
950	남아메리카	950	History of Asia
960	오세아니아, 양극지방	960	History of Africa
970	[미사용]	970	History of North America
980	지 리	980	History of South America
990	전 기	990	History of other areas

국문색인

ㄱ

각과간호(512.83-.86)의 주기 / 311
각국
    영화사 및 영화평론(688.091-.097) / 349
    외교(349.1-.7) / 242-244
        주기 / 243
    저작권(011.21-.27) / 166
    중앙 행정(351-357) / 244-245
        주기 / 244
    헌법(362.01-.07) / 254-255
        주기 / 254
각국 교회사(236.91-979) / 219
각국 및 각 시대의 미술사(609)의 주기 / 344
각국 신문 / 165
각국어
    독본, 해석, 회화(7△7) / 373
    문법(7△5) / 370-371
    2개 국어사전(7△3.1-.9) / 368-369
각 문학형식의 역사(809.1-.8)의 주기 / 393
각 지역
    계보, 족보(999.1-.7) / 434-435
    일반통계자료(311-317) / 249
    지층(457.09) / 284
    특허, 규격, 상표(502.9) / 308-310
        주기 / 309
각 지역의 방언 / 111
강목 / 5, 13

강목표 / 24
개별 문학형식의 역사(809.1-.8) 393
개요표 / 24
    다단계 / 25
    단일단계 / 25
개정방침 / 22
경성제국대학 부속도서관
    양서분류표 / 4
    화한서분류표 / 3
경영(325) / 231
경제정책(322) / 231
경제학(320) / 231
경학(140) / 180
계층적 구조 / 12, 14-15
    분류기호 / 18
계층적 분류표 / 12
고등교육(377) / 236
고려시대 서간문 모음집(816.4) / 390-391
고재창 / 4
공업특허, 규격, 상표(530.029)의 주기 / 310
공연 예술 및 매체 예술(680) / 334
공예(630) / 329
공학(530) / 296
과일주 및 제조(573.2) / 317
과일주 재료, 처리, 조작(573.201-209)의 주기 / 317
광물학(460) / 267
교육과정(374) / 252-254

색 인

주기 / 251
교육학(370) / 235
구약성서(233.1) (별법) / 220-221
    주기 / 220
국가별 영문학(840)의 추가세분(별법) / 400-402
국가심리학(182.69) / 194
국내 대학도서관의 KDC 및 DDC 이용실태 / 8
국내도서관의 KDC 이용실태 / 8
국립중앙도서관 / 8, 18
국악(679) / 334
국어구분표 / 89-99
  개요 / 90-91
  기호합성 분석 / 95-96
  본표와의 조기성 / 91
  사용법 / 92-94
  적용사례분석 / 97-99
  지역구분표와의 조기성 / 91
국연십진분류표 / 4
국제법(361) / 234
국제십진분류법(UDC) / 5
군사학(390) / 237
금융(327) / 231
기계 공학(550) / 299
기독교(230) / 206
  윤리(234.17) / 217
기독교인의 전기 (230.99) (별법) / 221-222
  주기 / 221
기본엔트리 / 26
기술과학류(500) / 291-326
  개요 / 291-303
  개정부분 / 304-308
  기호합성 / 308-321
  적용사례분석 / 322-326

표준구분 / 292
기술 박물관(506.9) / 292
기초 과학 / 261
기초 의학 / 293
기타 각국어 문장작법(802.042-.049) / 395
기타 언어로 된 백과사전(039) / 164
기타 종교건물(549.24-.29) / 319
기타 서양 제국 철학(169.9) / 191
기타 전문직과 직업(195.9) / 193
기호 칼럼 / 26

ㄴ

논문작성법(802.066)의 추가세분(별법) / 394
논문작성법, 해설법(802.066)의 주기 / 394
논리학(170) / 183
농업(520) / 295
농학(520) / 295

ㄷ

대학정책 및 행정(377.1) / 248
도교(240) / 207
도덕철학(190) / 184
도로 공학(534) / 296
도서(島嶼) 생물학(477.2) / 273-274
독일어 어원 / 110
독일어 음운, 음성, 문자(757)의 주기 / 374
동계 종합체육대회(697.069) / 350
동남아 지역 언어의 형성과정(709.14) / 375
동물 병리학(491.21-.29)의 주기 / 277
동물 생리학(491.1) / 279
동물학(490) / 270
동양 각국의 건축사 / 80-81
동양어의 옥편(7△3.02) / 367

색 인

동양철학, 동양사상의 표준구분(150.01-.09) / 196
듀이십진분류법(DDC) / 4
등위류 / 15
디자인(650) / 331

ㅁ

문장작법일반(802)과 각국어 문학 문장작법 / 392
문장작법(802)의 주기 / 392
문학 언어결정 / 121
문학류 (800) / 383-407
    국어구분표, 언어류(700)와의 조기성 / 384
    개요 / 383-388
    개정부분 / 389-390
    기본 구조 / 119
    기호합성 / 390-402
    분류 유의 사항 / 125-126
    역사류, 언어류, 문학류, 지리, 전기와의 조기성 / 411
    적용사례분석 / 402-407
문학시대 / 125
    구분 / 124
문학전집, 통서(808)의 주기 / 400
문학형식 / 119
문학형식구분표 / 117-132
    개요 / 118
    기호 합성 / 126-128
    국어구분표와의 조기성 / 120
    분류과정 / 122
    사용법 / 119-120
    열거 순서 / 119
    적용 사례 분석 / 128-132
문헌정보학(020) / 154
물리학(420) / 264

미국문학을 별도로 분류하기 위한 별법(849)의 주기 / 400
미국의회도서관분류법 / 4, 5
미생물학의 발생, 성숙, 유전(475.13) / 283
미술의 표준구분(601-609) / 339
    예술의 표준구분(600.1-600.9)과의 관계 / 339-340
미술재료 및 기법(602.1-.7) / 341
민속학(380) / 236
민족심리학 (182.67) / 188

ㅂ

바라문교(270) / 207
박물관학(069) / 155
박봉석 / 4
백과사전(030) / 155
범례 / 25
법학(360) / 234
Bacon의 학문 분류와 DDC 및 KDC의 주류 배열 / 10-11
별법 / 23
    구약성서(233.1) / 220-221
    국가별 영문학(840)의 추가세분 / 400-402
    기독교인의 전기(230.99) / 221-222
    논문작성법(802.066)의 추가세분 / 392
    미국문학을 별도로 분류하기 위한 별법(849)의 주기 / 400
    불교 종파, 교파(228) / 218
    서양어의 음운, 음성, 문자(7△1) / 374
    석경(140.9) / 190
    시스템 프로그래밍(005.42) / 167
    영미문학 시대구분(840) / 399
    영미문학 지역별, 국가별 구분 별법 주기 / 401
    2개국어사전(7△3.1-.9) / 369

색　인

　　이슬람교(280)/ 215
　　전기 지역별 분류(99△) / 428-429
　　주제별 전기(998) / 429-430
　　지도 및 지도책(989) / 427
　　지역별, 국가별 구분을 위한 영미문학(740)
　　　의 별법에 대한 주기 / 401
　　치과간호(512.851) 분류기호 / 312
　　향토 자료(090) / 169
　　현대각국어성서(233.077) / 214
병리생리학(472.21) / 278
보험(328) / 232
복수주제 / 36
본표 / 26-30
부가지시사항
　　지역구분표의 사용 / 71-76
　　지역구분표의 사용예(026.1) / 71
　　표준구분표의 확장 및 전개 / 54
　　한국지역구분표의 사용예(453.909118295) / 80
분류 규정 / 33, 35-37
분류 기호 칼럼 / 27
분류법
　　개정방침 / 22-23
　　해설서 / 23, 33
분류위원회보고 / 22
분류작업 / 34-35
분류표에 없는 새로운 주제 / 37
분산된 관련항목 / 30
분석합성식 분류법 / 104, 117
불교(220) / 205
　　경전(223) / 206
　　종파, 교파(228) (별법)/ 218
불교와 사회의 관계(225.82)의 주기 / 211
브라만교(270) / 207

비교, 대조 / 36
비교종교 / 133, 205

ㅅ

사상 의학 / 2935
사용법 / 23
사전(713)의 주기 / 372
사지, 사적 (226.9) / 216
사진 예술(660) / 332
사진집(668) / 351
사회과학류(300) / 229-260
　　개요 / 229-238
　　개정부분 / 238-242
　　기호합성 / 242-255
　　적용사례분석 / 256-260
사회문제(330) / 232
사회학(330) / 232
상관색인 / 11-12, 18, 30-33
상위류 / 15
생명 과학(470) / 268
생활 과학(590) / 303
서설 / 23
서양 각국의 예술사(600.921-969)의 주기 / 345
서양어의 음운, 음성, 문자(7△1)(별법) / 374
서양철학(160) / 182
서예(640) / 330
석경(140.9) (별법) / 190
성서(233) / 206
세계문학전집, 총서(808) / 400
세계사(909) / 412
세계여행, 연내기(980.24)의 주기 / 433
세계여행안내(980.24)와 특정 지역 여행안내 / 433
세목 / 5, 14

색 인

소화기관 외과학(514.43) / 312-313
수리공학(537) / 297
수사학(802) / 385
수산경제학(529.2) / 316
수서, 정리 및 보존(024) / 163
수학(410) / 263
순수 기호법 / 16, 18
스포츠(690) / 335
시대구분 / 43
시대별 및 국별 미술사(609) / 344-345
시대별 및 국별 회화(653) / 342-343
시스템 프로그래밍 (005.42)(별법) / 167
    분류기호(별법) / 167
시험 대비용 교재 및 문제집 / 58-59
식물학(480) / 269
신문(070) / 156
신화, 신화학(219) / 213
심리학 사전(180.3) / 192
십진식에 의한 전개 / 15

ㅇ

아시아 역사관, 보조학, 사료(910.01-.099)의 주기 / 422
아시아 전기(991)의 주기 / 428
아시아 지리(981)의 주기 / 424
약학(518) / 294
양서분류표 / 4
언어공통구분표 / 101-116
    개요 / 101-102
    기호 합성 / 110-111
    사용법 / 103-109
    언어류와 문학류와의 조기성 / 103
    열거순서 / 104
    적용사례분석 / 112-116

    한국어 요목 / 102
언어류(700) / 359-382
    국어구분표, 문학류(800)와의 조기성 / 361
    개요 / 360-364
    개정부분 / 364-365
    기본구조 / 103
    기호합성 / 366-377
    역사류, 언어류, 문학류, 지리, 전기와의
      조기성 / 411
    열거순서 / 104
    적용사례분석 / 378-382
언어사 및 언어 정책, 언어 행정(709)의 주기 / 375
언어에 의한 인종의 구별(471.8) / 282
언어의 제요소 / 104
여성학(337) / 232
여행(980.2) / 416
역사류, 언어류, 문학류, 지리, 전기의 조기성 / 411
역사류(900) / 409-440
    개요 / 409-418
    개정부분 / 418-420
    기호합성 / 421-435
    언어류, 문학류, 지리, 전기와의 조기성 / 411
    적용사례분석 / 435-4340
    지리(981-987), 전기(991-997), 지역구분표
      와의 조기성 / 411
역사관, 보조학, 사료(910.01-.099) / 422-423
연감(059) / 170
연극(680) / 334
열거 순서 / 104, 119, 135
영미문학
    시대구분(840) (별법) / 399
    주기 / 399
    지역별, 국가별 구분 별법 주기 / 401

471

색 인

영(0)의 사용규칙 / 49-53
"영한사전"(743.1)의 분류기호(별법) / 109
영화(688) / 334
예방의학(517) / 294
예술류(600) / 327-357
   개요 / 327- 335
   개정부분 / 336-338
   기호합성 / 339-352
   적용사례분석 / 352-357
   표준구분 / 328
예술과 미술의 표준구분(600)의 주기 / 339
예술에 관한 표준구분(600.1-.9) / 339
오락, 스포츠(690) / 335
오르간의 악보(676.58) / 346
오르간(676.5)의 주기 / 346
온라인 종합 목록 / 8
요목 / 5, 14
요목표 / 24
운동(690) / 335
육군의 군사행정(396.1) / 250
육류(594.24)의 주기 / 320
윤리학(190) / 184
윤리학사, 윤리 사상가(190.109) / 187
원예(525) / 295
위상수학(416) / 264
위생(517) / 294
의복의 표준구분(592.001-.009) / 318
의학(510) / 293
음악(670) / 333
2개국어사전(7△3.1-.9) / 107-109
   별법 / 369
   분류기호 / 108-109
   분류지시 / 107

분류절차 / 368
주기 / 368
이슬람교(280) (별법)/ 215
2인 이상의 일반 전집, 총서 (082) / 170
인과관계 / 36
인덴션 / 27, 32
인류학(471) / 268
인식론(120) / 179
인체 생리학(511.1)과 인체해부학(511.4)의
   조기성 비교표 / 293
일반 국어사전(713)과 특수사전 / 372
일반 음악이론 및 기법(671)과
   특수주제음악의 이론 및 기법 / 348
일본문학(830) / 386
일본십진분류법(NDC) / 5
일본어
   독본, 해석, 회화(737)의 주기 / 373
   문법(735)의 주기 / 370
일본어사 및 언어정책(730.9)의 주기 / 366
일본의 언어정책(730.0) / 366
일정적 조기성 / 17
임상의학 / 293

ㅈ

자연과학류(400) / 261-289
   개요 / 262-290
   개정부분 / 271-273
   기호합성 / 273-284
   적용사례분석 / 285-289
자이나교(279) / 207
재료별 요리(594.55) / 320-321
재배치 / 19
재분류 / 19

재정(329) / 232
전기(999) / 417
    역사류, 언어류, 문학류, 지리와의 조기성 / 411
    지역별 분류(99△) (별법) / 428-429
전기공학(560) / 300
전자공학(560) / 301
전주제구분 / 57, 155, 156, 1913 236, 3924
정치학(340) / 233
제6판(KDC)
    개요표 / 24
    범례 / 25
    분류의 실제 / 34
    상관색인 / 30
    서설 / 23
    포맷 / 21
    해설서 / 33
제조업(580) / 302
제주도 방언문학연구(810.91-.99) / 396
조각(620) / 329
조기성 / 16, 18, 91
    도입 / 16-17
조기표 / 23-24, 41-145
    국어구분표 / 89-99
    문학형식구분표 / 117-132
    언어공통구분표 / 101-116
    종교공통구분표 / 133-145
    지역구분표 / 65-88
    표준구분표 / 41-64
    한국시대구분표 / 79-80
    한국지역구분표 / 79-80
조로아스터교(289) / 207
조류학(498.01-.08) / 281
조세의 표준구분(329.4001-.4009) / 247

조선십진분류표 / 4, 5
조선총독부도서관 분류법 / 3
종교공통구분표 / 133-145
    개요 / 133-134
    개정사항 / 134
    기호합성 / 139-140
    불교(220)세목과의 비교 / 136
    비교종교와의 조기성 / 136
    사용법 / 134-138
    열거순서 / 135
    적용사례분석 / 143-147
종교류(200) / 203-228
    개요 / 203-208
    개정부분 / 208-210
    기호합성 / 210-222
    적용사례분석 / 223-228
종교와 사회의 관계(215.82) / 210-212
    주기 / 210
족보(999) / 418
주기사항 / 30
주기칼럼 / 26
주류 / 5, 12
주류표 / 24
주제별 음악(673.68) / 347
주제별 전기(998)(별법) / 429-430
    주기 / 430
주제별회화(654) / 331
주제
    연구방법과의 관계 / 36
    파악과 결정방법 / 34
    형식과의 관계 / 36
중국 문학(820) / 386
중국 북부 지방사(912.1) / 431

색 인

중국어(720) / 362
 각 지방의 방언(728.1-.8)의 주기 / 376
 방언(728.1-.8) / 376-377
 사전(723)의 주기 / 367
 표준구분(720.1-.9) / 377
중국희곡(822)의 주기 / 397
중앙아시아 제국의 철학, 사상 / 189
지구의(989) /417
지도 / 426
지도 및 지도책(989) /426
 별법 / 427
 분류기호 비교표 / 427
 주기 / 426
지리(980) / 416
 역사류, 언어류, 문학류, 전기의 조기성 / 411
 표준구분(980.1-.9) / 424-425
지리구분 / 65
지역구분표 / 65-88
 개요 / 66-68
 개정 부분 / 68-70
 계층적구조 / 68
 대륙구분 / 66
 사용법 / 70-78
  부가 지시 사항 / 71-76
  표준구분의 -09 사용 / 76-78
 적용사례분석 / 83-88
지역별, 국가별 구분을 위한 영미문학(740)의 별법에 대한 주기 / 401
지역별 계보, 족보(999.1-.7)의 주기 / 434
지학(450) / 266

ㅊ

척추동물의 바이러스성 질병(496.6234) / 276-277

분류기호 / 277
척추동물학(496.61-.69)의 주기 / 276
천도교(250) / 207
 종교공통구분표 사용지시의 예 / 139
천문학(440) / 266
철학류(100) / 177-201
 개요 / 177-184
 개정부분 / 185-186
 기호합성 / 187-197
 적용사례분석 / 197-201
체계적조기성 / 17
초등교육지도(375.3) / 246
총류(100) / 151-176
 개요 / 152-156
 개정부분 / 156-159
 기호합성 / 159-171
 적용사례분석 / 171-176
 철학, 학설, 법칙을 다룬 저작 / 56-57
총서(080) / 156
축산학(527) / 314
측면적 분류표 / 10
치과간호(512.851) / 310-312
 분류기호 / 311
 분류기호(별법) / 312

ㅋ

카피 편목 / 19
컴퓨터과학(004) / 153
KDC
 계층적 구조 / 12-15
 단점 / 19
 발행의 역사(표) / 5
 십진식 전개 / 15-16

역사 / 5
이용 현황 / 7
　　국내 대학도서관 / 8
　　국내도서관 / 8
제5판 / 6
제4판 / 6
제3판 / 6
제2판 / 6
장점 / 18-19
조기성 / 16-17
주요 특성 / 10-17
초판 / 5
학문에 의한 분류에 대한 주제에 의한 분류의 보완 / 10-12

ㅌ

토목 공학(531) / 296
통계학(310) / 231
특정분야에 대한 심리학의 응용(189) / 195
특정 분야의 영재교육 / 251
특정 주제나 학문분야의 서지, 목록(016) / 159-161
　　주기 / 160
특수주제음악의 이론 및 기법 / 348
특정주제의 신문(078) / 161-162
　　주기 / 161
　　분류기호 / 162
특정 지역 여행안내 / 433
특정 작업 종사자를 위한 저작 / 57-58
특허, 규격, 상표(502.9)의 주기 / 309

ㅍ

판화(659) / 332
패싯지시기호 / 47

표목 / 27
　인덴션 / 27
표에 의한 조기성 / 17
표제어가 한국어인 "한영사전"(743.1)의 분류기호(별법) / 109
표준구분표 / 41-64
　-09를 사용하는 방법 / 76-78
　개요 / 41-44
　개정 부분 / 44-45
　기호 합성 분석 / 56-59
　부가지시사항 / 54
　사용법 / 47-55
　사용할 수 없는 경우 / 55
　　영(0)의 사용규칙 / 49-53
　의미 변형 / 55
　전체 주제에 상당하는 기호에 대한 적용 / 53-54
　적용 단계 / 47-49
　적용 사례분석 / 60-64
　적용상의 기타유의사항 / 53-55
　지역구분의 사용지시 /
　총류와의 조기성 / 43
　특성 / 46-47
　항목구분 / 43
　확장·전개 / 54-55
프로그래밍(005) / 151

ㅎ

하위류 / 15
한국도서관협회 / 5, 18
　분류위원회 / 5, 6
한국 문학(810) / 386
한국사의 표준구분(911.001-.009) / 432
한국 수필(814)의 주기 / 391

색 인

한국시대구분표 / 24
   적용 사례 분석 / 79-80
   사용법 / 79-80
한국일기, 서간, 기행(816)의 주기 / 390
한국의 지방문학사(810.91-.99)의 주기 / 396
한국지역구분표 / 24
   적용사례분석 / 79-80
   사용법 / 79-80
"한영 사전"(713.4)의 분류기호 / 109
한은분류표 / 4
한의진단학(519.21) / 315
한의학(519) / 294
한화도서분류법 / 5
향토 자료(090) (별법) / 169
해리스 / 10

해설서 / 33
해양(988) / 421
해양생물학(477.3) / 273-274
해저지형학(454.054) / 280
행정학(350) / 234
헌법(362) / 234
현대각국어성서(233.077)(별법) / 214
현대 중국 우수 희곡선(822.7) / 397
화학(430) / 265
화학 공학(570) / 301
화학의 표준구분(430.01-.09) / 275
화한서분류표 / 5
회교(280) / 207
회화(650) / 331
힌두교(270) / 207

색 인

A
analytico-synthetic classification / 104
Arts / 327

B
Bacon, F / 10
bilingual dictionaries / 107

C
Cataloging-in-Publication / 35
CIP / 35
citation order / 104, 119
classificaion code / 35
coordinate class / 15
copy cataloging / 19

D
DDC / 4, 5
Dewey Decimal Classification / 4
distributed relatives / 30
divisions / 12, 13

E
entry / 26

F
facet indicator / 47, 311

G
general works / 151

H
Harris, W. T. / 10
heading / 27
History / 409

L
Language / 359
LCC / 5
literary periods / 123
Literature / 383

M
main classes 12
memorabikiuty / 16
mnemonics / 16

N
natural scinces / 261
NDC / 5

P
philosophy / 177
pure notation / 16, 19

색 인

R

reclassificaton / 19
relative index / 18
religion / 203
relocation / 19

S

scheduled mnemonics / 17
sections / 12, 14
social sciences / 229
Standard subdivisions(DDC) / 41

standing room / 30
subdivisions / 12, 14
subordinate class / 15
superordinate class / 15
systematic mnemonics / 17

T

technology / 291

U

UDC / 5

◈ 저자소개 ◈

- **오 동 근(吳東根)**

    문학사(영어영문학), 이학사(전자계산학), 경영학사(경영학)
    중앙대학교대학원 도서관학과 (도서관학석사)
    경북대학교대학원 경영학과 (경영학석사)
    중앙대학교대학원 문헌정보학과 (문학박사)
    교육인적자원부 도서관정책자문위원 역임
    국립어린이청소년도서관 자문위원 역임
    한국도서관·정보학회 이사, 학술위원장, 윤리위원장, 편집위원장, 학회장 역임
    한국문헌정보학회 이사, 편집위원장 역임
    대구광역시 달서구립도서관 운영위원장, 수성구립도서관 운영위원장 등 역임
    한국도서관협회 분류위원회 위원장(현재)
    Scopus등재 국제학술지 *Journal of Information Science Theory and Practice* 공동편집위원장(2012-현재)
    국제전문학술단체 I-LISS(International Library and Information Science Society) 회장(2017-현재)
    계명대학교 문헌정보학과 교수(1992-현재)

    〈주요 저서 및 역서〉
    문헌분류이론(공역)(구미무역출판부, 1989)
    도서관문화사(공저)(구미무역출판부, 1991)
    공공도서관운영론(공역)(구미무역출판부, 1991)
    영미편목규칙 제2판 간략판(공역)(구미무역출판부, 1992)
    도서관경영론(공역)(계명대학교출판부, 1993)
    서지정보의 상호교류(공역)(아세아문화사, 1993)
    도서관정보관리편람(공편)(한국도서관협회, 1994)
    문헌정보학 연구 입문: 의의와 방법(공역편)(계명대학교출판부, 1995)
    정보사회와 공공도서관(역)(한국도서관협회, 1996)
    한국십진분류법 제4판(공편)(한국도서관협회, 1996)
    도서관·정보센터경영론(공역)(계명대학교출판부, 1997)
    개정제4판 한국십진분류법 해설(공편)(한국도서관협회, 1997)
    학위논문의 작성과 지도(공역)(계명대학교출판부, 1999)
    도서관인 박봉석의 생애와 사상(엮음)(도서출판 태일사, 2000)
    DDC 연구(저)(도서출판 태일사, 2001)
    KDC의 이해(공저)(도서출판 태일사, 2002)
    MARC의 이해(역)(도서출판 태일사, 2002)
    학술정보론(공역)(도서출판 태일사, 2002)
    주·참고문헌 어떻게 작성할 것인가(공저)(도서출판 태일사, 2002)
    국제표준서지기술법(단행본용 2002년판)(공역편)(도서출판 태일사, 2003)
    객관식 자료조직론 해설 I: 문헌분류편(편저)(도서출판 태일사, 2004)
    메타데이터의 이해(역)(도서출판 태일사, 2004)
    도서관·정보센터의 고객만족경영(공역)(도서출판 태일사, 2004)
    객관식 자료조직론 해설 II: 목록조직편(편저)(도서출판 태일사, 2005)
    영미편목규칙 제2판 핸드북(역)(도서출판 태일사, 2005)
    영미편목규칙 제2판 간략판 제4판(역)(도서출판 태일사, 2006)
    MARC 21 전거레코드의 이해(역)(도서출판 태일사, 2006)
    DDC 22의 이해(저)(도서출판 태일사, 2006)
    KORMARC의 이해(공저)(도서출판 태일사, 2006)
    〈계 속〉

⟨주요 저서 및 역서⟩⟨계속⟩
문헌정보학연구의 현황과 과제(역)(도서출판 태일사, 2007)
객관식 자료조직론 해설 Ⅲ: 목록이론·서지기술편(편저)(도서출판 태일사, 2008)
객관식 자료조직론 해설 Ⅳ: 표목·목록자동화편(편저)(도서출판 태일사, 2008)
한국십진분류법 제5판(공편)(서울: 한국도서관협회, 2009)
객관식자료조직론해설Ⅰ: 문헌분류편, 제3개정판(도서출판 태일사, 2009)
공공도서관경영론(역)(도서출판 태일사 2009)
FRBR의 이해(공역)(도서출판 태일사, 2010)
공공도서관 어린이서비스(공역)(도서출판 태일사, 2010)
도서관서비스의 평가와 측정(역)(도서출판 태일사, 2010)
문헌정보학 용어 사전(역)(도서출판 태일사, 2011)
랑가나단 박사의 도서관학의 5법칙에서 배우는 도서관이 나아갈 길(역)(도서출판 태일사, 2012)
한국십진분류법 제6판(공편)(서울: 한국도서관협회, 2013)
한국십진분류법 제6판의 이해와 적용(공저)(도서출판 태일사, 2014)
최신분류론(도서출판 태일사, 2015)
정보자원의 조직화와 제공(역)(도서출판 태일사, 2016)
문헌정보학의 기초(공역)(도서출판 태일사, 2017)
정보자원의 사회제도와 경영(공역)(도서출판 태일사, 2017)
도서관 경영의 이론과 실제(역)(도서출판 태일사, 2021)

- 여 지 숙(呂志淑)
  계명대학교 문헌정보학과 졸업 (문헌정보학사)
  계명대학교 대학원 문헌정보학과 졸업 (도서관학석사)
  계명대학교 대학원 문헌정보학과 졸업 (문학박사)
  한국도서관협회 분류위원회 위원 (현재)
  계명대학교 문헌정보학과 강사 (현재)

  ⟨주요 저서 및 역서⟩
  KDC의 이해(공저)(도서출판 태일사, 2002)
  KORMARC의 이해(공저)(도서출판 태일사, 2006)
  공공도서관 어린이서비스(공역)(대구: 태일사, 2010)
  한국십진분류법 제6판(공편)(서울: 한국도서관협회, 2013)
  한국도서관을 위한 DDC21판 임의규정의 적용방안
  한국형 CIP제도의 도입방안에 관한 연구
  Suggesting an Option for DDC Ciass Religion(200) for Nations in which Religious Diversity Predominates(공동) 외 학술논문 다수

- 배 영 활(裵永活)
  경북대학교 문헌정보학과 졸업 (도서관학사)
  경북대학교 대학원 문헌정보학과 졸업 (도서관학석사)
  계명대학교 대학원 문헌정보학과 박사과정 수료
  한국도서관협회 분류위원회 위원 (현재)
  계명대학교 사서교육원 강사 (현재)

  ⟨주요 저서 및 역서⟩
  KDC의 이해(공저)(도서출판 태일사, 2002)
  KORMARC의 이해(공저)(도서출판 태일사, 2006)
  한국십진분류법 제6판(공편)(서울: 한국도서관협회, 2013)
  분류표의 교육학분야 비교분석 외 학술논문 다수

한국십진분류법 제6판의 이해와 적용

2014년 2월 28일 1쇄 발행
2021년 10월 1일 2쇄 발행

지은이 _ 오동근·여지숙·배영활
펴낸이 _ 김선태
발행처 _ 도서출판 태일사(www.taeilsa.kr)
　　　　대구광역시 중구 2·28길 26-5(남산1동)
　　　　전화 (053)255-3602 ｜ 팩스 (053)255-4374
등록일자 _ 1991. 10. 10.
등록번호 _ 제01-03-440호

값 26,000원

ⓒ오동근 외 2021　ISBN 979-11-87268-55-0　93020

이 책은 저작권법에 따라 보호받는 저작물이므로 무단 전재와 무단 복제를 금하며,
이 책 내용의 전부 또는 일부를 사용하려면 반드시 저작권자와 태일사의 사전동의를 받아야 합니다.